中国餐饮业中央厨房与餐饮食品工业化发展研究

王存山　何至伟　主　编

中国农业大学出版社

·北京·

内 容 简 介

本书依托国家统计数据、调查问卷数据、国家信息中心、商务部采集数据等渠道发布的权威数据，针对中央厨房行业的发展历史与优势、中央厨房及餐饮业发展环境、市场调查与发展趋势、企业品牌建设与经营管理、前景与趋势、投资与风险、各区域中央厨房建设状况、重点中央厨房设备厂商及有亮点的中央厨房应用企业进行客观严谨、数据翔实的分析，并在此基础上进行总结与分析，指出餐饮业中央厨房与餐饮食品工业化未来的发展前景以及投资风险。

图书在版编目(CIP)数据

中国餐饮业中央厨房与餐饮食品工业化发展研究 / 王存山，何至伟主编. — 北京 ：中国农业大学出版社，2017.12(2021.2 重印)

ISBN 978-7-5655-1933-8

Ⅰ.①中… Ⅱ.①王…②何… Ⅲ.①饮食业—工业化生产—研究—中国 Ⅳ.①F719.3

中国版本图书馆 CIP 数据核字(2017)第 265390 号

书　　名　中国餐饮业中央厨房与餐饮食品工业化发展研究

作　　者　王存山　何至伟　主编

策划编辑　梁爱荣　　　　**责任编辑**　张　玉

封面设计　郑　川

出版发行　中国农业大学出版社

社　　址　北京市海淀区圆明园西路 2 号　　　　**邮政编码**　100193

电　　话　发行部 010-62818525，8625　　读者服务部 010-62732336

编辑部 010-62732617，2618　　出　版　部 010-62733440

网　　址　http://www.caupress.cn　　**E-mail** cbsszs @ cau.edu.cn

经　　销　新华书店

印　　刷　涿州市星河印刷有限公司

版　　次　2017 年 12 月第 1 版　　2021 年 2 月第 2 次印刷

规　　格　787×1 092　　16 开本　　20.75 印张　　510 千字

定　　价　109.00 元

编　委　会

顾　问　张立强

主　编　王存山　何至伟

副主编　肖　岚

编　委　冯　霖　唐建华　刘大志

安攀宇　崔明杰　王晓华

贾贵龙　王俊铁

前言 PREFACE

当前我国餐饮业处于连锁化、规模化、品牌化的发展态势，对于中餐连锁企业来说，连锁之“锁”一直是个难题，中央厨房便是这样一把重要的“锁”，这把“锁”可以锁定工艺、锁定标准、锁定流程、锁定品质、锁定成本，从而可以推动快餐业迅速地发展。

从法律层面解读，中央厨房是指由餐饮单位建立的，具有独立场所及设施设备，集中完成食品成品或半成品加工制作并配送的食品经营者。从行业层面理解，中央厨房是食品行业与餐饮行业的交叉细分业态；中央厨房是一种由设备设施硬件系统和管理软件系统组成的有机载体，体现了集约化、标准化、专业化、产业化生产特征，进行量化生产的工业化、多元化的、复杂的食物加工系统，是餐饮企业连锁化、规模化、品牌化发展的一种有效经营模式及现代餐饮管理理念的体现。

中央厨房是现代餐饮食品工业化的基础和物理载体，建立中央厨房运行系统，是提高对整个供应链掌控能力的需要，是扩大经营范围拓展市场空间的需要，是降低成本的需要，是企业研发、培训、发展的需要，是食品安全与统一监管的需要。中央厨房已成为餐饮企业连锁化、规模化、品牌化发展的助推器，其作用无异于心脏之于人体。中国餐饮业的中央厨房时代已经到来。

餐饮企业在高速发展过程中面临的“五高一低”（食材成本高、房租成本高、人工成本高、能耗成本高、安全风险高、利润低）困境，俨然成为制约餐饮企业发展的重要瓶颈，而中央厨房经营模式的应用正是解决餐饮业这一瓶颈的最为有效方式。当下，中央厨房行业发展处于十字路口及转型升级阶段，解决好中央厨房筹建与运营过程中的痛点不但可以推动中央厨房的快速发展，促进餐饮企业实现定量化、标准化和工业化，而且为消费者提供了安全可靠的食品，响应了政府食品安全政策的号召。

随着餐饮业态的发展、食品工艺技术的深入应用及产品的细分，目前正呈现出新的发展趋势——专业化服务于餐饮企业的餐饮食品工厂，并且中央厨房与餐饮食品工业化两种形态在相当长一段时间内共同存在服务于整个餐饮业。当前中央厨房基本形态有团餐中央厨房、连锁餐饮中央厨房、生鲜净菜（配菜）中央厨房、中央厨房＋互联网、第三方中央厨房（含主食）、中央厨房产业园，产业覆盖面正不断增大。随着中央厨房的发展，其在咨询、研发、技术、培训、管理输出等第三方服务产业正在形成专业化、系统化、全面化的服务体系。从国外的发展规律看，中央厨房是餐饮业发展的必然选择。

为此，我国中央厨房行业第三方专业服务公司深圳市普凡逊中央厨房科技有限公司与上海论宇商务咨询有限公司联合牵头，组织扬州大学、四川旅游学院及中央厨房行业的资深专家、教授等共同撰写出版《中国餐饮业中央厨房与餐饮食品工业化发展研究》。此专著内容具有前瞻性、引领性、实用性，是国内中央厨房三十多年发展历史上第一本聚焦于餐饮业中央厨房与餐饮食品工业化发展的专题研究成果，具有开创性的里程碑意义，树立了行业标杆。

此专著依托国家统计数据、调查问卷数据、国家信息中心、商务部采集数据等渠道发布的权威数据，针对中央厨房行业的发展历史与优势、中央厨房及餐饮业发展环境、市场调查与发展趋势、企业品牌建设与经营管理、前景与趋势、投资与风险、各区域中央厨房建设状况、重点中央厨房设备厂商及有亮点的中央厨房应用企业进行客观严谨、数据翔实的分析，并在此基础上进行总结与分析，指出餐饮业中央厨房与餐饮食品工业化未来的发展前景以及投资风险。

此专著是广大中央厨房应用型企业、设备厂家、行业协会、政府机构准确把握中央厨房行业发展趋势，洞悉行业竞争格局，规避经营和投资风险，制定正确竞争和投资战略的重要决策之一；同时也为广大读者和研究者更加清楚地认识中央厨房，发现其自身优点和不足之处，有利于在研究中对其进行完善。本专著是全面了解行业以及对本行业进行投资不可或缺的重要工具。

目录

CONTENTS

第1部分　行业概况 …… 1

第1章　中国中央厨房概况 …… 3

1.1　中央厨房行业定义 …… 3

1.1.1　法律定义 …… 3

1.1.2　行业理解 …… 3

1.2　中央厨房的分类 …… 5

1.2.1　中央厨房的行业分类 …… 5

1.2.2　中央厨房的产品分类 …… 6

1.3　中央厨房的优势 …… 6

1.4　中央厨房产品定位 …… 7

1.5　中央厨房建设后发生的变化 …… 7

1.5.1　企业管理战略层面 …… 8

1.5.2　企业管理运营层面 …… 10

1.5.3　企业管理操作层面 …… 10

1.6　中央厨房行业的发展历史 …… 11

1.6.1　中央厨房行业发展大事记 …… 11

1.6.2　中央厨房的主要功能 …… 12

1.6.3　中央厨房的主要特点 …… 13

1.6.4　中央厨房建设的必要性 …… 13

1.6.5　中央厨房运营的痛点 …… 17

1.6.6　中央厨房行业发展所处生命周期 …… 17

1.7　中央厨房行业人才培养 …… 18

1.7.1　中央厨房在高等教育中的现状 …… 18

1.7.2　高校及社会专职机构开设中央厨房课程的必要性 …… 19

1.7.3　中央厨房行业人才培养现状 …… 19

1.8 中央厨房的品牌建设 …… 20
1.8.1 中央厨房品牌建设的现状与窘境 …… 20
1.8.2 中央厨房品牌建设的重要因素 …… 21
1.8.3 中央厨房如何进行品牌建设 …… 22
第 2 章 我国餐饮业发展概况 …… 23
2.1 餐饮行业的定义 …… 23
2.2 餐饮行业的分类 …… 23
2.3 中国餐饮业的发展历程 …… 24
2.4 中国餐饮业的发展现状 …… 25
2.4.1 行业市场规模 …… 25
2.4.2 餐饮业总体盈利能力 …… 26
2.4.3 影响餐饮业发展的主要因素 …… 26
2.5 “十三五”餐饮业前景展望 …… 28
第 3 章 中央厨房及餐饮业发展环境 …… 30
3.1 宏观经济环境 …… 30
3.1.1 GDP 走势 …… 30
3.1.2 CPI、PPI 走势 …… 32
3.1.3 居民生活水平变化 …… 36
3.2 政策环境 …… 38
3.2.1 宏观政策 …… 38
3.2.2 中央厨房政策 …… 38
3.2.3 餐饮业政策 …… 39
3.3 餐饮业环境 …… 41
3.3.1 餐饮业发展现状 …… 41
3.3.2 餐饮业数据统计 …… 43
3.3.3 餐饮业发展趋势 …… 43
3.4 社会发展环境 …… 44
3.4.1 人口环境 …… 44
3.4.2 饮食文化环境 …… 45
3.4.3 消费环境 …… 48
第 2 部分 市场调查 …… 49
第 4 章 中国中央厨房及餐饮业市场分析 …… 51
4.1 中央厨房市场分析 …… 51
4.1.1 中央厨房企业数据 …… 51

4.1.2 中央厨房营业面积统计 …… 52
4.1.3 中央厨房企业设计产能与实际产能统计分析 …… 53
4.1.4 中央厨房企业中央厨房投资额统计分析 …… 54
4.1.5 中央厨房设备市场规模分析 …… 54
4.1.6 中央厨房服务市场规模分析 …… 54
4.2 餐饮业市场分析 …… 56
4.2.1 2016年中国餐饮市场特点 …… 56
4.2.2 2016年餐饮业收入统计 …… 57
4.2.3 中国餐饮市场增长的原因 …… 58
4.2.4 团餐市场发展运行情况 …… 59
4.2.5 连锁餐饮行业发展运行情况 …… 59
4.2.6 生鲜净菜行业发展运行情况 …… 60
4.2.7 餐饮行业“互联网＋”行业发展运行情况 …… 61
4.3 中央厨房将成为未来连锁餐饮业发展主流 …… 61
4.3.1 餐饮业增速放缓、连锁业态是热点 …… 61
4.3.2 中央厨房助力连锁餐饮业发展 …… 61
4.3.3 现代加工工艺打破传统饮食观念 …… 62
第5章 中国重点地区中央厨房及餐饮食品工业化市场情况 …… 63
5.1 北京地区 …… 65
5.1.1 餐饮业发展现状 …… 65
5.1.2 中央厨房建设情况 …… 65
5.2 上海地区 …… 67
5.2.1 餐饮业发展现状 …… 67
5.2.2 中央厨房建设情况 …… 67
5.3 广东地区 …… 70
5.3.1 餐饮业发展现状 …… 70
5.3.2 中央厨房建设情况 …… 70
5.4 山东地区 …… 72
5.4.1 餐饮业发展现状 …… 72
5.4.2 中央厨房建设情况 …… 73
5.5 重庆地区 …… 73
5.5.1 餐饮业发展现状 …… 73
5.5.2 中央厨房建设情况 …… 74
第3部分 工艺与技术 …… 77
第6章 中央厨房的工艺与功能 …… 79

6.1 中央厨房工艺的设计原则 …… 79
6.1.1 营养平衡原则 …… 79
6.1.2 卫生安全原则 …… 79
6.1.3 时间保证原则 …… 79
6.1.4 烹调技术原则 …… 80
6.2 中央厨房功能的设计要求 …… 80
6.2.1 仓储中心的功能 …… 81
6.2.2 生产与加工中心的功能 …… 82
6.2.3 配送与物流中心的功能 …… 83
第7章 中央厨房核心工艺 …… 87
7.1 中央厨房车间主要工艺构成 …… 87
7.1.1 蔬菜加工车间工艺 …… 87
7.1.2 肉类加工车间工艺 …… 87
7.1.3 水产类加工车间工艺 …… 88
7.1.4 禽蛋类加工车间工艺 …… 88
7.1.5 调理(腌制)半成品加工车间工艺 …… 88
7.1.6 配料与配菜车间工艺 …… 88
7.1.7 热调理加工车间工艺 …… 88
7.1.8 米饭加工车间工艺 …… 88
7.1.9 冷却车间工艺 …… 88
7.1.10 内包装车间工艺 …… 88
7.1.11 外包装车间工艺 …… 89
7.1.12 清洗消毒车间工艺 …… 89
7.2 食品的采购与供应 …… 89
7.2.1 采购需关注的内容 …… 89
7.2.2 进货的关键控制点 …… 89
7.3 食品储存的关键点及相关参数或标准 …… 89
7.4 原料加工场所 …… 90
7.4.1 蔬菜的加工 …… 91
7.4.2 食品的解冻 …… 92
7.4.3 食品加工 …… 92
7.5 食品烹饪制作场所 …… 93
7.5.1 食品烹饪的关键点及参数或标准 …… 93
7.5.2 烹饪热厨房的设备 …… 93
7.6 物流配送 …… 94

7.6.1 备货 …… 94
7.6.2 储存 …… 94
7.6.3 分拣及配货 …… 94
7.6.4 配装 …… 94
7.6.5 配送运输 …… 94
7.6.6 送达服务 …… 94
7.7 中央厨房常见的产品工艺 …… 95
7.7.1 馒头类工艺流程 …… 95
7.7.2 中式包子类工艺流程 …… 96
7.7.3 粽子类工艺流程 …… 96
7.7.4 蛋糕类工艺流程 …… 97
7.7.5 酱卤熟食类工艺流程 …… 97
7.8 其他相关工艺与要求 …… 97
7.8.1 餐具清洗消毒流程 …… 97
7.8.2 设备清洗和消毒 …… 97
7.8.3 良好的个人卫生 …… 98
7.8.4 环境卫生 …… 98
7.8.5 清洁计划表 …… 98
第 8 章 热链工艺及其应用 …… 106
8.1 热链工艺名称解释 …… 106
8.2 热链食品的分装 …… 106
8.3 热链工艺流程 …… 106
第 9 章 冷链工艺及其应用 …… 108
9.1 冷链工艺 …… 108
9.2 冷链作用 …… 108
9.3 冷却设施或场所 …… 109
9.4 冷链包装 …… 109
9.5 冷链食品储存的要点 …… 109
9.6 星期/颜色标识 …… 109
9.6.1 星期/颜色标识的判断标准 …… 109
9.6.2 星期/颜色标识的使用方法 …… 110
9.6.3 星期/颜色标识的处置 …… 110
9.7 食品冷藏时的变化 …… 110
9.8 完整的冷链系统 …… 111
第 10 章 调理食品 …… 112

10.1 调理食品的定义 …… 112
10.2 调理食品的特点 …… 112
10.3 调理食品的工艺 …… 112
第11章 新型技术在中央厨房行业的应用 …… 114
11.1 食品安全溯源系统的应用 …… 114
11.1.1 可追溯信息化技术的发展特点 …… 114
11.1.2 可追溯信息化技术在中央厨房中的运用 …… 114
11.2 现代食品安全快速检测技术的应用 …… 116
11.2.1 食品快速检测的概念 …… 116
11.2.2 食品快速检测的分类 …… 116
11.2.3 传统实验室检测与快速检测比较 …… 116
11.2.4 中央厨房常用的食品快速检测项目 …… 116
11.2.5 食品快速检测在突发事件中的应用 …… 117
11.2.6 食品快速检测在重大事件保障中的应用 …… 117
11.3 高温灭菌技术的应用 …… 117
11.4 真空快速预冷技术的应用 …… 118
11.5 气调保鲜技术的应用 …… 119
11.5.1 气调保鲜在生鲜肉类中的应用 …… 119
11.5.2 气调保鲜在熟肉制品中的应用 …… 120
11.5.3 气调保鲜在盒饭中的应用 …… 120
11.6 超高压灭菌技术的应用 …… 120
11.7 液氮快速冷却(冷冻)技术的应用 …… 121
11.7.1 液氮快速冷却(冷冻)发展概况 …… 121
11.7.2 液氮食品速冻装置 …… 122
11.7.3 流态化食品速冻理论和装置 …… 123
11.7.4 流态化食品速冻的基本原理 …… 123
11.8 在线无菌包装技术的应用 …… 125
11.8.1 技术原理 …… 125
11.8.2 使用范围 …… 125
11.8.3 技术优势 …… 125
11.9 净化技术(消减技术)的应用 …… 126
11.9.1 技术原理 …… 126
11.9.2 技术特点 …… 126
11.9.3 应用领域 …… 126
11.10 金属探测仪的应用 …… 126

11.11 IT 技术的应用 …… 127
11.11.1 中央厨房 ERP 管理系统 …… 127
11.11.2 物联网技术的应用 …… 128
11.11.3 大数据和人工智能技术的应用 …… 129
11.11.4 智能远程控制系统的应用 …… 130
11.12 餐厨垃圾转化生物质新能源技术的应用 …… 130

第 4 部分 应用与发展 …… 133

第 12 章 中央厨房的应用与发展 …… 135
12.1 团餐 …… 135
12.1.1 中小学配餐 …… 135
12.1.2 企业员工餐 …… 136
12.1.3 高校供餐 …… 136
12.1.4 部队供餐 …… 137
12.1.5 机关事业单位供餐 …… 137
12.1.6 工矿、工厂供餐 …… 137
12.1.7 航空供餐 …… 138
12.1.8 铁路供餐 …… 138
12.1.9 典型案例 …… 138
12.2 特殊餐饮服务 …… 139
12.2.1 社区养老与医院供餐 …… 139
12.2.2 体育赛事供餐 …… 140
12.2.3 会展供餐 …… 141
12.2.4 典型案例 …… 141
12.3 快餐连锁餐饮 …… 142
12.4 生鲜净菜 …… 143
12.5 美食广场 …… 143
12.6 中央厨房式 O2O …… 143
12.7 第三方中央厨房 …… 144

第 13 章 中央厨房建设与运营 …… 145
13.1 中央厨房建设运营流程 …… 145
13.2 中央厨房建设运营的三阶段 …… 145
13.3 第一阶段——中央厨房投资可行性研究 …… 146
13.3.1 项目立项建议书 …… 146
13.3.2 项目可行性研究 …… 147

13.3.3 项目评估 …… 148
13.3.4 项目设计任务书 …… 148
13.4 第二阶段——中央厨房规划建设 …… 149
13.4.1 中央厨房建设准备 …… 149
13.4.2 中央厨房设计施工 …… 150
13.4.3 项目竣工验收 …… 153
13.5 第三阶段——中央厨房运营管理 …… 153
13.5.1 中央厨房开荒与保洁 …… 153
13.5.2 中央厨房培训 …… 154
13.5.3 中央厨房试生产 …… 155
13.5.4 中央厨房研发与标准化 …… 155
13.5.5 中央厨房组织与制度 …… 156
13.5.6 中央厨房性质定位分析 …… 156
13.5.7 中央厨房利润的演变 …… 157

第 5 部分 企业与管理 …… 159

第 14 章 中央厨房应用企业分析 …… 161
14.1 福记食品服务控股有限公司 …… 161
14.1.1 公司介绍 …… 161
14.1.2 公司市场动态 …… 163
14.1.3 公司发展策略 …… 165
14.2 四川海底捞餐饮股份有限公司 …… 165
14.2.1 公司介绍 …… 165
14.2.2 公司市场动态 …… 166
14.2.3 公司发展策略 …… 167
14.3 眉州东坡集团 …… 167
14.3.1 公司介绍 …… 167
14.3.2 公司市场动态 …… 168
14.3.3 公司发展策略 …… 168
14.4 真功夫餐饮管理有限公司 …… 168
14.4.1 公司介绍 …… 169
14.4.2 公司市场动态 …… 169
14.4.3 公司发展策略 …… 169
14.5 味千(中国)控股有限公司 …… 170
14.5.1 公司介绍 …… 170

14.5.2 公司市场动态 …… 170
14.5.3 公司发展策略 …… 171
14.6 广州蒸烩煮食品有限公司 …… 171
14.6.1 公司介绍 …… 171
14.6.2 公司市场动态 …… 172
14.6.3 公司发展策略 …… 172
14.7 潘多拉餐饮集团 …… 172
14.7.1 公司介绍 …… 173
14.7.2 公司市场动态 …… 173
14.7.3 公司发展策略 …… 173
14.8 广州多满分食品有限公司 …… 173
14.8.1 公司介绍 …… 173
14.8.2 公司市场动态 …… 174
14.8.3 公司发展策略 …… 174
第 15 章 中央厨房第三方服务商 …… 175
15.1 深圳市普凡逊中央厨房科技有限公司 …… 175
15.1.1 公司介绍 …… 175
15.1.2 公司定位 …… 175
15.1.3 公司竞争力 …… 175
15.1.4 业务范畴 …… 176
15.1.5 目标客户群 …… 176
15.2 上海论宇商务咨询有限公司 …… 177
15.2.1 公司介绍 …… 177
15.2.2 业务范畴 …… 177
15.2.3 公司竞争力 …… 177
15.2.4 目标客户群 …… 177
15.3 吉林省食品工业设计研究院 …… 178
15.3.1 研究院介绍 …… 178
15.3.2 业务范畴 …… 178
15.3.3 研究院竞争力 …… 178
15.3.4 目标客户群 …… 178
第 16 章 中央厨房常用经营管理模式 …… 179
16.1 中央厨房的组织与流程 …… 179
16.1.1 定位 …… 179
16.1.2 组织架构 …… 179

16.1.3 业务流程 …… 181
16.2 中央厨房的信息计划 …… 182
16.2.1 作用 …… 182
16.2.2 组织架构 …… 182
16.2.3 信息计划部的主业务流程 …… 183
16.2.4 信息计划部的子业务流程 …… 183
16.3 中央厨房的生产管理 …… 185
16.3.1 产品研发及控制 …… 185
16.3.2 采购流程及控制 …… 185
16.3.3 验收流程及控制 …… 185
16.3.4 加工流程及控制 …… 185
16.3.5 配送及控制 …… 186
16.3.6 半成品验收及控制 …… 186
16.3.7 出品原则及控制 …… 186
16.3.8 能源使用及控制 …… 186
16.3.9 物料管理及控制 …… 186
16.3.10 人员管理及控制 …… 186
16.4 中央厨房基础管理模型 …… 186
16.5 中央厨房运营管理现状 …… 187
16.6 中央厨房运营管理优化升级建议 …… 187
16.6.1 突破“两个改变” …… 187
16.6.2 坚持“两个系统” …… 188
16.6.3 科学认知 …… 188
16.6.4 发展趋势 …… 188

第6部分 前景与趋势 …… 189

第17章 中央厨房应用发展新模式 …… 191
17.1 中央厨房+连锁门店模式 …… 191
17.2 中央厨房+C客户模式 …… 191
17.3 中央厨房APP模式 …… 192
17.4 中央厨房+互联网+取餐机模式 …… 192
17.5 共享中央厨房(中央厨房产业园)模式 …… 193
17.6 餐饮工厂集群模式 …… 194
17.7 冷链配送体系+第三方物流平台模式 …… 194
17.8 生产基地+中央厨房+餐饮门店模式 …… 196

第 18 章 行业发展趋势 …… 197
18.1 餐饮食品工业化展望 …… 197
18.1.1 餐饮食品工业化发展的必要性 …… 197
18.1.2 如何发展餐饮食品工业化 …… 198
18.1.3 标准化是餐饮工食品业化的基础 …… 199
18.1.4 餐饮食品工业化是餐饮业未来发展趋势 …… 200
18.2 中国餐饮行业发展趋势分析 …… 200
18.2.1 餐饮 O2O 依然强劲 …… 200
18.2.2 餐厅智能化进一步发展 …… 201
18.2.3 绿色健康食材受欢迎 …… 203
18.2.4 专注小单品,可获大回报 …… 204
18.2.5 菜品返璞归真最好卖 …… 204
18.2.6 快餐经营连锁化品牌化 …… 204
18.2.7 餐饮混搭风兴起 …… 204
18.2.8 品牌效应加大,更多资本介入 …… 206
18.3 中央厨房产业发展前景预测 …… 206
18.4 中央厨房产业发展面临的挑战 …… 206

第 7 部分 投资与风险 …… 209

第 19 章 行业风险评价 …… 211
19.1 风险因素及识别 …… 211
19.1.1 市场风险 …… 211
19.1.2 竞争风险 …… 211
19.1.3 政策风险 …… 211
19.1.4 组织管理风险 …… 212
19.2 风险评估 …… 212
19.3 风险防范对策 …… 213
第 20 章 行业投资建设建议 …… 214
20.1 中央厨房选址建议 …… 214
20.1.1 选址基本原则 …… 214
20.1.2 选址基本要求 …… 214
20.1.3 厂区和道路 …… 215
20.2 中央厨房总平面设计建议 …… 215
20.2.1 总平面布置图 …… 215
20.2.2 竖向布置 …… 215

20.2.3 厂区道路设计 …… 216
20.2.4 水、电、气等工程管线设计 …… 216
20.3 中央厨房工艺设计建议 …… 216
20.3.1 工艺的设计内容 …… 216
20.3.2 工艺设计所需要的资料 …… 216
20.3.3 工艺设计要点 …… 217
20.3.4 产物料计算 …… 218
20.3.5 工艺设备选择 …… 218
20.3.6 工艺设计对建筑物的要求 …… 218
20.4 中央厨房公用工程设计建议 …… 221
20.4.1 给水设施 …… 221
20.4.2 排水设施 …… 221
20.4.3 供电设施 …… 221
20.4.4 供蒸汽设施 …… 222
20.4.5 供燃气设施 …… 222
20.4.6 送风、排风设施 …… 222
20.4.7 采暖设施 …… 223
20.4.8 空调设施 …… 223
20.4.9 制冷设施 …… 223
20.5 中央厨房物流和生产平衡设计建议 …… 224
20.6 中央厨房运营管理建议 …… 225
20.6.1 中央厨房管理要素 …… 225
20.6.2 中央厨房管理模块 …… 225
20.6.3 中央厨房管理目标 …… 226
20.6.4 中央厨房管理手法 …… 226
20.6.5 中央厨房管理绩效 …… 226
20.7 中央厨房品质控制的建议 …… 226
20.7.1 品控部门职能定位 …… 226
20.7.2 建立品控管理体系 …… 227
20.8 中央厨房食品安全管理的建议 …… 227
20.8.1 中央厨房建设应考虑 HACCP 或 ISO22000 质量体系的要求 …… 227
20.8.2 建立食品安全管理小组 …… 228
20.9 中央厨房产品标准化的建议 …… 228
20.9.1 消费群体定位 …… 228
20.9.2 产品定位 …… 228

20.9.3 规模定位 …… 229
20.9.4 重视食品安全 …… 229
20.9.5 终端销售标准化 …… 229
20.9.6 新兴食品科技及设备应用 …… 229
20.9.7 加大科研力度 …… 229
20.10 餐饮业投资方向建议 …… 230
20.11 中央厨房建设与运营的关注点 …… 230
20.11.1 能否建设中央厨房 …… 230
20.11.2 企业建设中央厨房的时机 …… 230
20.11.3 是先有市场还是先有中央厨房 …… 230
20.11.4 如何规划建设中央厨房 …… 230
20.11.5 建设什么类型中央厨房 …… 231
20.11.6 中央厨房产品研发思路 …… 231
20.11.7 中央厨房建设与运营难点 …… 231
20.11.8 中央厨房管理者具备何种资历 …… 231
20.11.9 何为合格的中央厨房 …… 231
20.11.10 何为中央厨房产销模式 …… 231
附录1 中央厨房设备厂商(部分) …… 232
1 希恩机械设备有限公司 …… 232
1.1 公司介绍 …… 232
1.2 公司市场动态 …… 232
1.3 公司发展策略 …… 232
2 浙江翔鹰厨房设备有限公司 …… 233
2.1 公司介绍 …… 233
2.2 公司市场动态 …… 233
2.3 公司发展策略 …… 234
3 深圳市繁兴科技股份有限公司 …… 234
3.1 公司介绍 …… 234
3.2 公司市场动态 …… 235
3.3 公司发展策略 …… 235
4 大江机械设备有限公司 …… 236
4.1 公司介绍 …… 236
4.2 公司市场动态 …… 236
4.3 公司发展策略 …… 237

附录 2　中央厨房相关法律法规(部分) …… 238
中央厨房许可审查规范 …… 238
食品经营许可管理办法 …… 242
餐饮业和集体用餐配送单位卫生规范 …… 250
中华人民共和国卫生行业标准　学生营养餐生产企业卫生规范(WS 103—1999) …… 271
广东省食品药品监督管理局　关于食品经营许可的实施细则(试行) …… 276
食品安全地方标准　集体用餐配送膳食生产配送卫生规范(DB 31/2024—2014) …… 283
食品安全地方标准　中央厨房卫生规范(DB31 2008—2012) …… 295
参考文献 …… 308
致谢 …… 310

第1部分　行业概况

第 1 章　中国中央厨房概况

第 2 章　我国餐饮业发展概况

第 3 章　中央厨房及餐饮业发展环境

第1章　中国中央厨房概况

中央厨房的概念是从国外引入的，国外连锁餐饮业重视并建设中央厨房已有几十年的历史，甚至可以溯源至20世纪四五十年代。中央厨房及餐饮食品工业化的发展与城市化进程密切相关，中央厨房在国外餐饮业中之所以发展较早，主要是由于国外城市化进程早且城市化率高。随着城市化进程的不断推进，“在外就餐”逐渐成为主要的就餐方式，从而带动餐饮食品工业化的发展。

以日本为例，许多成功的餐饮连锁企业都是在店面开设初期就积极运筹建设中央厨房。1970年，吉野家在日本仅有几家店，但其在1971年便建设了中央厨房，这为其目前在全球开设超过1 100家店面奠定了坚实的基础。纵观日本，大多数成功的餐饮企业在发展初期便运筹帷幄；运用中央厨房经营模式推动企业的餐饮食品工业化发展，中央厨房配套服务产业也逐步形成了专业化、系统化、全面化的服务体系。

中国的城市化进程正在如火如荼地进行中，对比日本餐饮业的发展，有理由相信，标准化、工业化也必然是中式餐饮发展的趋势。

1.1　中央厨房行业定义

1.1.1　法律定义

国家食品药品监督管理局在2011年7月1日颁布的《中央厨房许可审查规范》，第一次对中央厨房作为独立的新名词给予统一的解释，并确立了其是介于食品工业和餐饮服务业之间的一种新业态。中央厨房——系指由餐饮连锁企业建立的，具有独立场所及设施设备，集中完成食品成品或半成品加工制作，并直接配送给餐饮服务单位的单位。

国家食品药品监督管理局在2015年10月1日颁布的《食品经营许可管理办法》，对中央厨房定义重新进行了界定。中央厨房——系指由餐饮单位建立的，具有独立场所及设施设备，集中完成食品成品或者半成品加工制作并配送的食品经营者。

1.1.2　行业理解

从广义上讲，中央厨房的范围是大于《食品经营许可管理办法》中的定义内涵，除了连锁餐饮业的中央厨房，在市场上还存在航空食品中央厨房、团膳中央厨房等。而中央厨房涉及的行业包括中央厨房、中央厨房设计、中央厨房设备制造等。

中央厨房又称加工配送中心。其主要生产过程是将原料按菜单要求分别制作加工成净菜、半成品或成品，配送到各连锁经营门店进行现场烹调或二次加热或伍配组合后销售给顾客，也可直接将加工成品与销售组合后直接配送销售给顾客。

中央厨房是餐饮行业的一个细分业态，是现代餐饮业管理理念的体现。中央厨房也可以理解为由设备设施硬件系统和管理软件系统组成的载体（平台），见图 1-1。

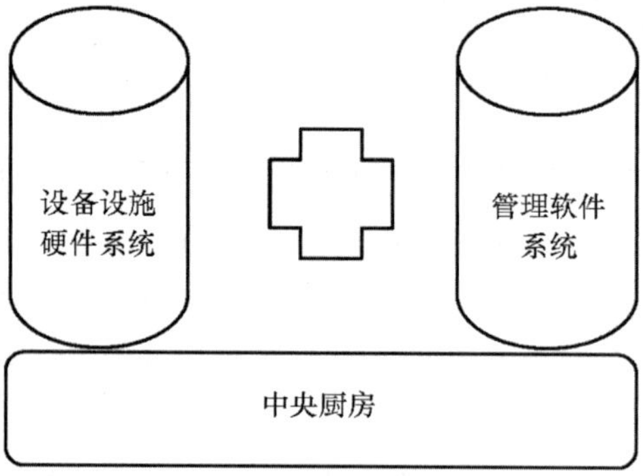

图 1-1　中央厨房系统构成

- **中央厨房硬件系统**

中央厨房是一个特殊的工厂，其硬件系统主要由车间建筑、公用系统及辅助设施有机组成；每个生产车间又有若干功能区域，见图 1-2。

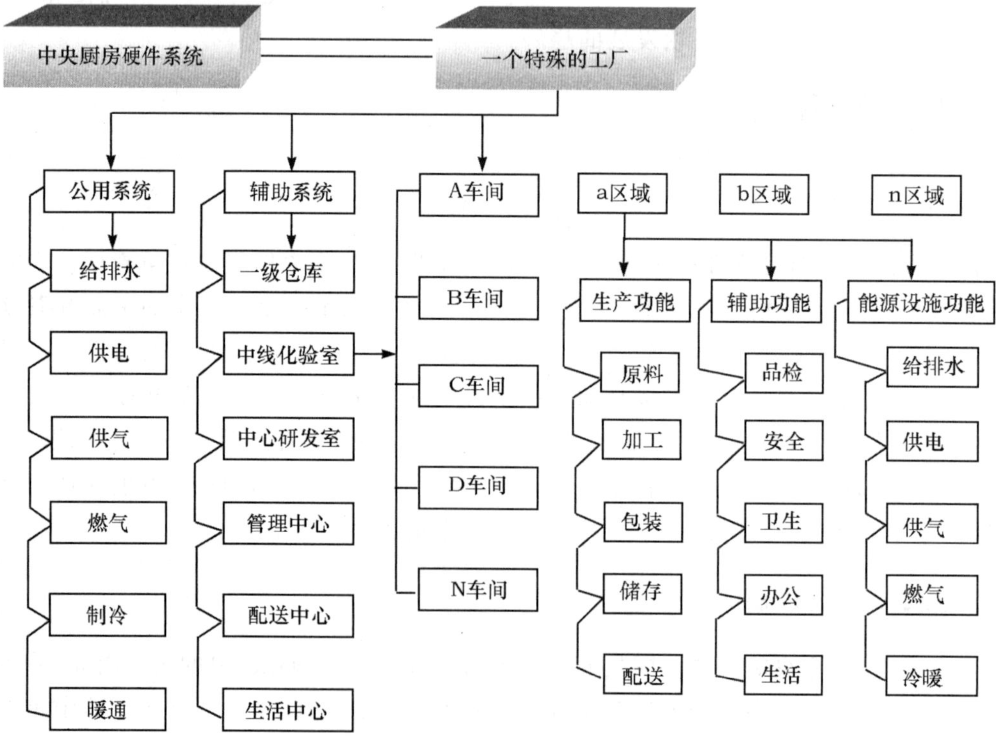

图 1-2　中央厨房硬件系统

· 中央厨房软件系统

中央厨房的软件系统是由“三个模块”和“五个链条”组成的一个完整管理体系，结合了企业管理理念、链条、方法及功能，见图 1-3。

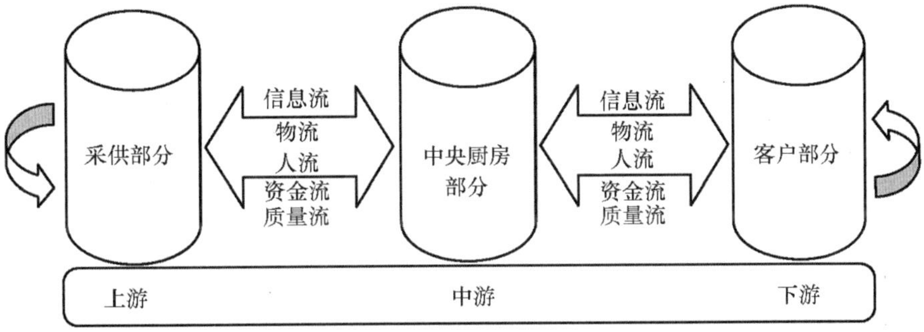

图 1-3　中央厨房软件系统

1.2　中央厨房的分类

1.2.1　中央厨房的行业分类

· 按经营模式(图 1-4)、服务业态划分

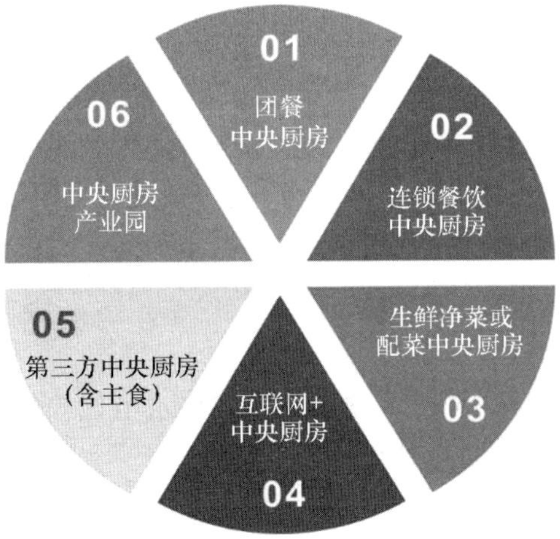

图 1-4　中央厨房按经营模式划分

· 按工艺划分

全热链、全冷链、冷热链混合。

· 按业态多少划分

单业态专业性、多业态综合性。

· 按流程划分

全流程工艺、半流程工艺。

1.2.2 中央厨房的产品分类

·按原料性质分

谷物类、杂粮类、果蔬类、水产类、乳品类、肉类、蛋类、饮料类等。

·按产品加工深度分

即食食品、粗加工食品、精加工食品、深加工食品等。

·按包装形态分

预包装、散装。

·按包装技术分

真空和充气包装、阻气包装、冷冻包装、软罐头包装、无菌包装、热成型和热收缩包装。

·按食用方法分

热食、冷食、生食。

·按储运形式分

冷藏食品(4～10℃)、冷冻食品(－18℃以下)、热食食品(65℃以上)、常温食品(18～25℃)。

·按消费者群体分

婴幼儿群体(0～6周岁)、少年儿童群体(6～15岁)、青年群体(15～30岁)、中年群体(30～60岁)、老年群体(60岁以上)。

1.3 中央厨房的优势

中央厨房经营模式是一种标准化、规范化、工业化、科学高效的现代餐饮经营运作模式,适用于连锁经营的酒楼、火锅、宾馆、酒店等,是当代餐饮最先进的模式,也是目前餐饮经营向数字化、工业化生产的最佳运作方式。

中央厨房运作模式的优点:

(1)可以集中采购、降低进货成本;

(2)可以集中统一收藏保管、加工清洗、解冻,减少水电气等能源成本;

(3)可以减少设备的使用量和准备量;

(4)可以合理利用人力资源,减少因营业的特殊性影响人力成本;

(5)统一进货可以保证原材料质量,控制好菜品质量第一关;

(6)方便备货,减少准备不当影响经营和质量;

(7)可以合理分级利用原材料,降低单位原材料成本;

(8)方便数字化管理、提高和管控原材料净料率,有效控制成本;

(9)中央厨房运作模式,能有效减少人为影响菜品品质;

(10)中央厨房运作模式可以降低餐厨垃圾产生,降低废气、废水的排放。

1.4　中央厨房产品定位

中央厨房属于第二产业，采用的是生产加工型管理模式；传统餐饮属于第三产业，采用的是服务型管理模式，两者管理要求和关注重点不同。虽然中央厨房几乎可以生产传统餐饮的所有产品，但中央厨房的产品设计与选型需要慎重考虑。企业即使想让中央厨房的产品包罗万象，也需要进行细分，区别批量生产品项与少量生产品项。

- **一般适合中央厨房加工的产品**

(1)可批量生产的；

(2)店铺每天使用量少，保存期限短的商品；

(3)加工过程复杂，烹饪时间较长的商品；

(4)容易受个人技术而影响品质的商品；

(5)利用专门机器加工，能够提高商品品质的商品。

图 1-5 为适合中央厨房加工的部分产品。

图 1-5　适合中央厨房加工的部分产品

- **一般不适合中央厨房加工的产品**

(1)已工业化生产的；

(2)新鲜度或品质劣化很快的；

(3)加工时间短的。

1.5　中央厨房建设后发生的变化

中央厨房建设后企业的战略层面、运营层面、操作层面管理工作均发生显著变化，企业管理工作的优化升级成为中央厨房企业不得不面对的一道坎儿。

图 1-6 为中央厨房建设后发生的变化。

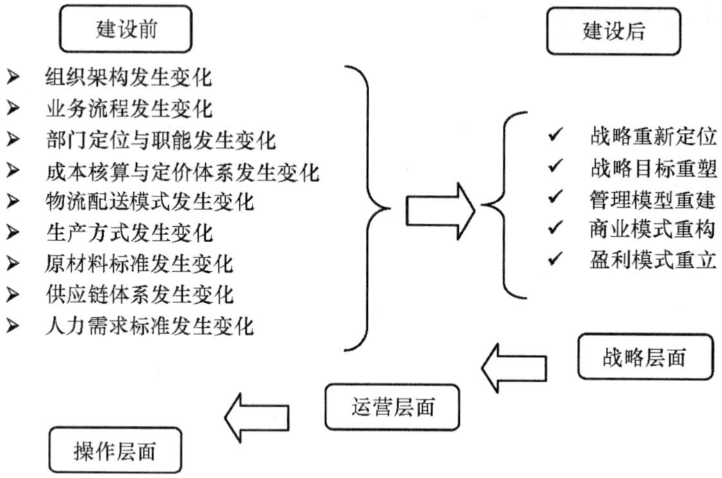

图 1-6　中央厨房建设后发生的变化

1.5.1　企业管理战略层面

战略层面工作的优化升级，可以分别从管理和技术两个维度入手改善。

1.5.1.1　管理维度

• **组织与人力资源**

(1)梳理战略定位、战略目标、实现目标的方式；

(2)梳理组织架构、职能分解、主业务流程、人力标准；

(3)建立商业模式、盈利模式及管理理念。

• **生产营运控制**

(1)单证管理；

(2)物料计划；

(3)生产计划；

(4)配送计划；

(5)投诉处理。

• **财务审计**

(1)成本统计与核算；

(2)资产管理。

1.5.1.2　技术维度

• **研发**

(1)清晰定位产品、市场及目标客户群；

(2)建立中央菜单体系。

售卖终端菜单系统：健康风味，中华美食(各地美食精选、地方特色餐)，自助餐或简式中餐，中式面点（各类传统面食、粥品及五谷杂粮），亚洲简餐（日韩、东南亚、印度餐），特色西餐（美式、意式、法式餐），病人餐、女性营养餐、月子餐、清真等特殊要求餐食，便当组合（简单复热和外送需求的餐食），年节菜、大盆菜、特色小吃等。

中央厨房产成品系统：生鲜净菜，配菜（快捷菜），速冻调理品，菜肴熟制（半）成品，汤料包，复合调味包，馅料，速冻面团，盒饭（冷或热链），米制品，中西式点心等。

• **标准化**

（1）标准化建立的目的：实现企业管理工作的可复制化。即：复杂事件可简单化—简单化事件可量化—量化事件可流程化—流程化事件可标准化—标准化事件可复制扩张。

（2）标准化体系的构成见图 1-7。

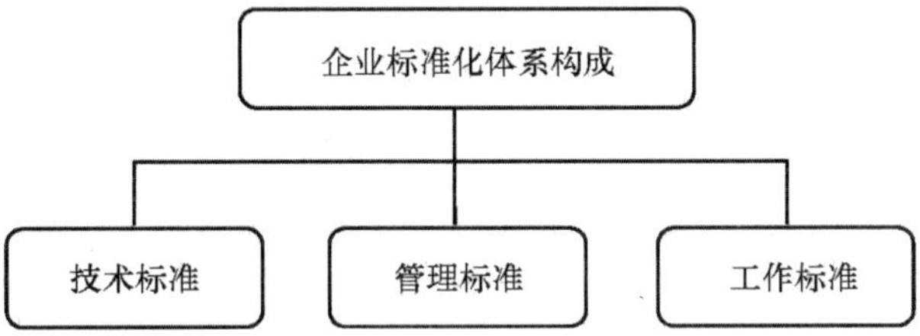

图 1-7 企业标准化体系的构成

（3）标准化的中长期目标：建立以技术标准为主体，管理标准和工作化标准为辅的企业标准体系。

（4）标准化的一年目标：以与质量有关的技术标准为切入点，以产品标准为核心的标准化体系。

（5）企业产品标准构成见图 1-8。

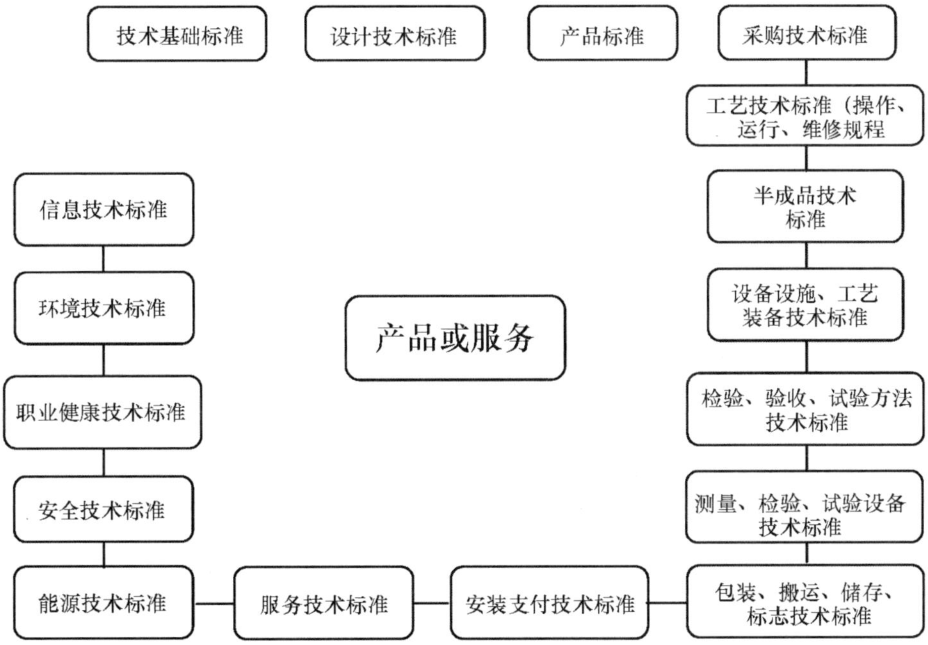

图 1-8 企业产品标准构成

• 卫生安全飞行巡检

企业通过内部单设机构或与外部第三方监管服务机构合作，采取不定期、不通知、不指定、突然到达现场巡查了解真实情况。

(1)岗位描述，包括人员卫生和食品储存两个部分；

(2)原物料控制；

(3)清洁；

(4)设备和工器具的维护；

(5)餐具清洗和消毒；

(6)食物留样；

(7)文件与记录；

(8)其他有卫生安全风险的发现；

(9)巡检工作结果量化成百分比得分评价。分为四类：优等(分数≥80%，且重点条款没有不符合项)，合格(分数≥60%，且重点条款有≤3个不符合项)，有条件合格(分数≥60%，且重点条款有≤5个不符合项)，不合格(分数<60%，或重点条款有>5个不符合项)。

1.5.2 企业管理运营层面

经营层面工作的优化升级，可以分别从以下方面入手改善。

(1)重点考虑“食品的餐饮化”和“餐饮的食品化”，拓宽企业利润点；

(2)加强研发体系的建设与创新，采用“产品经理”思维研发；

(3)明确原材料采购标准与价格；

(4)解决生产、包装、保鲜技术、能耗等问题；

(5)建立大品控体系；

(6)建立仓储物流体系；

(7)建立年度工作规划、年度财务预算、产品成本核算体系等；

(8)充分利用现有设备，提升产能与效率；

(9)提升快速烹制与现场服务能力。

1.5.3 企业管理操作层面

操作层面工作的优化升级，可以分别从以下方面入手改善，制定加工作业指导书，明确规定流程、方法、步骤及标准，并有效执行：

(1)计划、采购、验收、收货、储存、领用、粗加工、精加工、面点加工、热调理、冷却、分装、配送、现场服务；

(2)厂房、设备维修与保养；

(3)能耗管控；

(4)食品添加剂使用；

(5)餐器具回收、清洗、消毒及保洁；

(6)食品留样、检测;

(7)人员卫生管理;

(8)虫害控制。

1.6　中央厨房行业的发展历史

1.6.1　中央厨房行业发展大事记

自首个中央厨房落户我国以来,行业发展进程中具有重要意义的事件整理如下:

(1)20 世纪 80 年代,中国首家中外合资企业在北京成立,由此诞生了中国第一家中央厨房项目;建设于 1980 年的北京航空食品有限公司中央厨房主要为民航航空配餐,北京航食便成为中国航空配餐业的“开路先锋”。

(2)20 世纪 90 年代,中国首家中外合资学生餐配餐企业在北京成立,1995 年成立的北京都丽梦食品有限公司中央厨房,主要以“热链”方式向北京市中、小学生供应营养餐,以“冷链”方式向世界百胜集团大中国区(必胜客、肯德基)、中国国际航空公司,提供各类快餐产品。

(3)2004 年 12 月份,国内首个以中央厨房经营模式为核心的餐饮企业(福记食品服务控股有限公司)在香港联交所主板上市。

(4)2011 年年初,国务院中宣办提出了“中央厨房”加工的新概念,这是国家层面第一次提及该名词。

(5)2011 年 5 月份,国家食品药品监督管理局制定了《中央厨房许可审查规范》,从此中央厨房项目建设规划走上了法制化的轨道。

(6)2012 年 10 月份,国内中央厨房行业第一家社会团体组织(中国餐饮业中央厨房产业技术创新战略联盟)成立,其主要致力于餐饮产业技术进步、中央厨房相关技术与产品的研究、开发及服务。

(7)2013 年 4 月份,国内中央厨房行业第一家专业咨询服务机构(深圳市普凡逊中央厨房科技有限公司)成立,其主要专注于中央厨房的研究、应用及推广。

(8)2014 年 5 月份,商务部出台了“关于加快发展大众化餐饮的指导意见”,文中提到鼓励建设中央厨房。

(9)2015 年 8 月份,国内中央厨房行业第一个教育品牌“中央厨房第一课堂”诞生,主要从事中央厨房及关联领域的培训、交流及研讨。

(10)2015 年 10 月份,国家食品药品监督管理总局令第 17 号《食品经营许可管理办法》对中央厨房定义进行重新修正界定。

(11)2015 年 12 月份,国内中央厨房行业第一个公益行活动“中央厨房第一课堂走进企业帮扶公益行”起航,由行业知名专家免费帮助具有成长性、代表性及社会责任感的中央厨房企业解决实际管理与运营过程中存在的问题,以期提升企业的管理水平、从业人员综合能力、从而推动中央厨房行业的进步与发展。该公益活动由深圳市普凡逊中央厨房科技有限公司创始人王存山先生倡议发起。

(12)2016 年 3 月份，商务部发布了《关于推动餐饮业转型发展的指导意见》，提出积极建设中央厨房。

(13)2016 年 5 月份，国内中央厨房行业第一本专著《中央厨房设计概论》出版，该书籍既有理论性和实践性，又有系统性和针对性，填补了国内空白。

(14)2016 年 9 月份，中国饭店协会餐饮食品工业化指导委员会于山东济南成立，该委员会将致力于推动中国餐饮食品工业化发展。

(15)2016 年 11 月份，农业部发布的《全国农产品加工业与农村一二三产业融合发展规划(2016—2020 年)》提出，要建设 3 300 个中央厨房、主食加工、预制菜肴项目，从国家层面明确指出中央厨房与餐饮食品工业化在社会经济发展中的作用和价值，并给出中央厨房建设的指导依据。

(16)2016 年 12 月份，2017 年中央一号文件，提出要大力推广“生产基地＋中央厨房＋餐饮门店”“生产基地＋加工企业＋商超销售”等产销模式。

(17)2017 年 4 月份，国务院办公厅关于“加快发展冷链物流保障食品安全促进消费升级的意见”，鼓励发展“中央厨房＋食材冷链配送”模式。

(18)2017 年 6 月份，行业第一份专题研究《中国餐饮业中央厨房与餐饮食品工业化发展研究报告 2017》在无锡预发布。该研究报告是国内中央厨房行业 30 多年发展历史上第一本聚焦于餐饮业中央厨房与餐饮食品工业化发展的专题研究成果，具有开创性的里程碑意义，树立了行业标杆。

1.6.2 中央厨房的主要功能

中央厨房主要功能，概括起来有以下几点：

(1)信息处理功能：中央厨房是连锁餐饮企业发展的核心发动机，相当于餐饮企业的“CPU”；企业的信息计划部是中央厨房的业务流程枢纽中心、控制与协调中心，相当于中央厨房的“CPU”，以计划为运作龙头，向各业务部门发出执行指令，如：采购指令单、领料指令单、生产指令单、配送指令单等。

(2)集中采购功能：各餐饮门店、食堂或便利店等统一向中央厨房下达订货指令单，结合中央厨房仓库库存和各供应商供应情况制定采购指令单，向采购部下达采购指令。

(3)生产加工功能：中央厨房要按照统一的品种规格和质量要求，将大批量采购回来的原辅材料加工成成品或半成品。

(4)检验功能：企业的品控部对到货的原辅材料、包装材料等进行质量检验，对供应商资质进行核查，不符合收货标准的原辅材料、包装材料不入库；品控部对生产过程进行制程检验和管控，不符合产成品标准的半成品或成品不入成品库。

(5)统一包装功能：企业的研发部在研发过程对产品的包装材料、包装规格提出具体要求，并根据企业 CIS 系统要求统一设计内包装或外包装，对各种半成品或成品进行统一包装。

(6)冷冻储藏功能：中央厨房设有原料、半成品、成品冷库，用来储存蔬菜、冻品、禽蛋等原材料和车间内部待用或待发货的净料、半成品及成品。

(7)配送运输功能：中央厨房根据产品特性及储存运输要求，应配备常温或冷藏运输车辆，根据各店的订货指令单，按时按量将产品送到连锁门店。

1.6.3　中央厨房的主要特点

中央厨房是一种由设备设施硬件系统和管理软件系统组成的有机载体，体现集约化、标准化、专业化、产业化生产特征的，进行量化生产的工业化、多元化的食物加工系统及运营模式(图 1-9)。

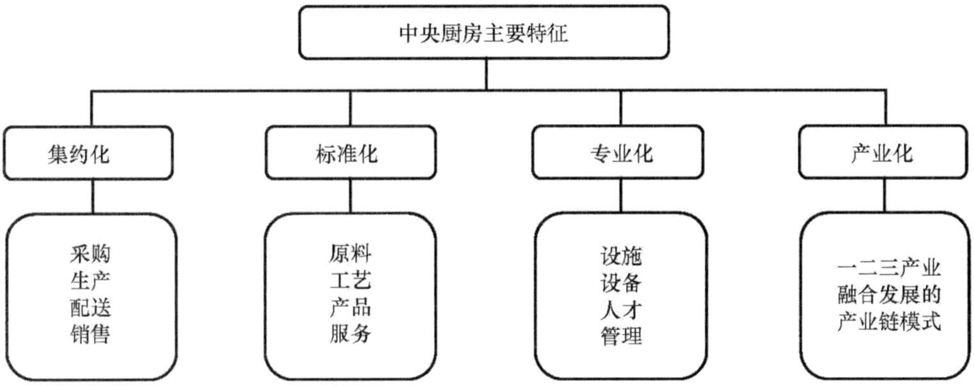

图 1-9　中央厨房的主要特征

1.6.4　中央厨房建设的必要性

1.6.4.1　建立中央厨房的意义

(1)为连锁门店或食堂、便利店、消费者提供品质更稳定、卫生安全更可靠的、标准的、一致性产品；

(2)可通过集中采购、生产、控制价格，降低运作成本提高企业利润；

(3)可降低连锁门店或食堂的加工成本、减少库存，降低损耗；

(4)可快速有效地应对连锁门店或食堂、便利店的订货需求，实现多品种、小批量、高效率配送服务，降低物流成本；

(5)降低人事成本；

(6)降低物业成本；

(7)提高服务水平，提高工作效率；

(8)中央厨房一头连着农业、农村、农民，一头连着工业、城市和市民，沟通城乡、亦工亦农亦服，门类多、主体多、覆盖面广，是为耕者谋利、为食者造福的产业。

1.6.4.2 建立中央厨房的必要性

(1)连锁餐饮企业经营必须抓住“统一经营”这个核心,结合餐饮生产经营的特点积极扩张形成一定的业务规模,是连锁的前提。建立中央厨房实行统一配送,通过多种途径提高餐饮业的科技水平和管理水平,则是目前餐饮业实现规范化连锁经营的必要条件,只有这样才能产出规模效益。

(2)建立中央厨房是统一加工的必要保证。中式餐饮业连锁的难题之一就是菜肴无法统一加工,造成同一品种的菜品品质不一致。中餐食品大多具有热敏性,且大多适合热食,这决定了其不能像其他工业产品和工业化生产的食品那样集中生产、分散供应。目前,行业内大多是后厨现场进行初加工,客人点菜后现烹制、现出售,靠师傅个人掌握火候,控制原料配比。由于主观因素的影响,中式菜肴制作从原料选择、初加工、烹调、摆盘及色香味形等环节都会有一定差异,甚至同一师傅在不同时间制出的菜肴也有质量差别。反观西餐,各店质量基本一致、食品外观品质都差不多,究其原因是制作的标准化、统一化。配送中心(即中央厨房)的建立是制作标准化、统一化的前提和保证。

(3)成功的西式快餐一般都建有完善的中央厨房或者使用中央厨房产品,原料采购、加工(包括分选、去杂、切配、初步熟处理)等工序全部由中央厨房完成,再配送至各连锁店,各连锁店分别按统一加工方法进行加工。经统一配比后送到连锁店的菜肴在定量化、标准化方面具有一致性,这样既能突出集中生产的优势,提高和统一产品质量,又能发挥各连锁店现场制作的作用,保证菜品在色、香、味、形、质等方面的统一和标准化,以满足人们的需要。中央厨房通过大批量进货减少中间环节,使企业具有价格优势。集中加工提高了原料综合利用能力,边角余料可以通过再加工进行使用,减少浪费,降低成本。中国各大菜系历来有选料讲究、投料严格的传统,但准备过程既复杂又难统一。中央厨房的建设,使原有餐饮门店缩小或取消了自有厨房,不仅可以改善环境,而且还扩大了餐厅经营面积,减少了后厨人员。各门店只需将订货指令单下达给中央厨房,中央厨房便能以最快速度将所需物品送至门店,有效提高了门店的效益。同时,餐饮门店精简了复杂的初加工操作,操作岗位简单化、工序专业化,有利于提高餐饮业标准化程度与科技含量。

(4)中央厨房为保证原材料质量稳定,最佳方式是建立原料基地。首先要拥有自己的或合作的种养殖基地,在原辅材料品质稳定的前提下,门店菜品品质才稳定一致。对于一些特殊产品,可以指定厂家进行特殊加工。由于进货量大,可以对原料的规格标准、质量要求、运送方式等做出全面规定,保证原料新鲜优质。原辅材料进入中央厨房到物流配送前会经过原料检验、制程检验、出货检验,净料、半成品、成品配送到门店经过实物质量检查、单据确认后才能收货,为门店制作出统一优质的菜品提供基本保证。国内成功的餐饮连锁企业都采用中央厨房经营模式发展壮大的,如真功夫、味千拉面、海底捞。

(5)中央厨房要满足少则几个、多则几百个门店的原辅材料的庞大需求,靠手工劳作是无法完成的,只有实行工厂化管理,充分利用机械化设备,统一原料加工方法和配比,质量才能统一。借助于市场上或食品工业生产中的前处理设备,如蔬菜、水果前处理中使用的多功能切菜机、洗菜机、甩干机、漂烫机、冷却池以及肉禽蛋前处理中使用的微波解冻装置、自动调温油炸锅、多功能切肉绞肉机、打蛋机、丸子成型机、真空包装机及气调包装机等，才能大规模、高质量地完成配餐配送的任务。

1.6.4.3 发展中央厨房是推进农业供给侧结构性改革的重要手段

国家层面已认识到中央厨房产业上游是连接“三农”、下游是连接市场和百姓，促进农产品加工增值、农民增收、消费升级的作用非常突出，正日益成为“稳增长、调结构、惠民生”的重要力量。

当前我国已进入质量兴农、品牌发展的新时代，未来 5～10 年，将是中国农业品牌发展壮大的黄金时期。要举起“品牌”这杆大旗，推动“种养业与加工业”发展，用品牌覆盖农业全产业链条，打造区域品牌、企业品牌、产品品牌“新三品”，促进种养、加工上水平、农业质量效益全提升。大力发展第二产业，加快中央厨房在原材料基地附近建设，将经过分选、初加工及深加工并具有一定保鲜期或保质期的农副产品进入流通领域，降低运输成本及损耗，农副产品的废弃物或不可食部分就近环保处理，作为农业农村创新的领域，优化农业资源配置，增强供给结构的适应性和灵活性，推动农业转型升级、农业供给侧结构性改革开创新局面。

2017 年中央一号文件《中共中央国务院关于深入推进农业供给侧结构性改革加快培育农业农村发展新动能的若干意见》指出：大力推广“生产基地＋中央厨房＋餐饮门店”“生产基地＋加工企业＋商超销售”等产销模式。

1.6.4.4 发展中央厨房是破解农产品难卖滞销、促进农民增收的重要途径

通过鼓励餐饮企业建立中央厨房原料生产基地，引导餐饮产业链向前端延伸带动农户建设原料基地，向后端延伸建设物流营销和服务网络。鼓励中央厨房企业、农产品加工企业与上下游各类市场主体组建产业联盟，确实解决农产品难卖滞销的问题，带动农民致富。

早前，国家农业部农产品加工局已启动现代主食加工业提升行动，科技部农村中心已启动中式菜肴及预制调理食品工业化项目，商务部已启动早餐工程和社区快餐项目，国家粮食局已启动主食产业化项目。

1.6.4.5 中央厨房对精准扶贫的重大作用

- **中央厨房是第一、二、三产业融合的有机载体**

《中共中央关于制定国民经济和社会发展第十三个五年规划的建议》提出，大力推进农业现代化。推动粮经饲统筹、农林牧渔结合、种养加一体、一二三产业融合发展，走产出高效、产品安全、资源节约、环境友好的农业现代化道路。中央厨房建立原料生产基地、产品加工及食品销售符合了提出的一二三产业融合发展的政策，有力推进了农业现代化的进程。

中央厨房生产加工的净菜、半成品、成品，可以配送服务于很多的销售终端（如餐饮企业、学校、医院、航空、铁路、便利店、电商平台及家庭等），中央厨房经营模式价值不但体现在中央厨房的采购、仓储、生产、加工、配送和销售终端的熟化、烹调、售卖及服务，更主要是推动了中央厨房、销售终端越过原材料中间商直接与原材料种养殖基地的信息沟通与连接的可能性。这里，原材料种养殖基地属于第一产业，中央厨房属于第二产业，销售终

端属于第三产业。

从中央厨房的供应链体系来分析信息的流向，销售终端向中央厨房下达订货指令，中央厨房向种养殖基地下达采摘指令，种养殖基地根据采摘指令后安排采摘工作。从中央厨房的供应链体系来分析货物的流向，上游种养殖基地的原材料经过采摘、分选、预冷、包装、运输，到中游中央厨房粗加工、切配、烹调制作、包装等多道程序，到下游餐饮门店、食堂、用餐单位、便利店及其他销售终端。市场需求信息由第三产业—第二产业—第一产业传导，农产品由第一产业—第二产业—第三产业运输，实现了市场需求信息拉动农产品种养殖与生产加工。

当市场稳定增长时通过预测市场销售计划、原材料需求计划、农产品种养殖计划，即可实现“订单农业”模式，可以促进第一产业的种养殖企业、农业合作社和农民（农业职工）扩大规模和提升管理水平得到实惠，第二产业中央厨房便有了更稳定的原材料，第三产业各销售终端及消费者就能得到品质好、安全性高、卫生有保障、价格适中的农产品，提升消费者信心、增加购买频次。这就是一种将农作物种植（第一产业）、农产品加工（第二产业）和销售（第三产业）融为一体，提高农业附加值的经营模式，由于一二三产业相加或相乘都等于六，所以称为“第六产业”，形成了独具特色的“第六产业”，成功地走出了农业产业化之路。图 1-10 为以中央厨房为核心的一二三产发展融合模式。

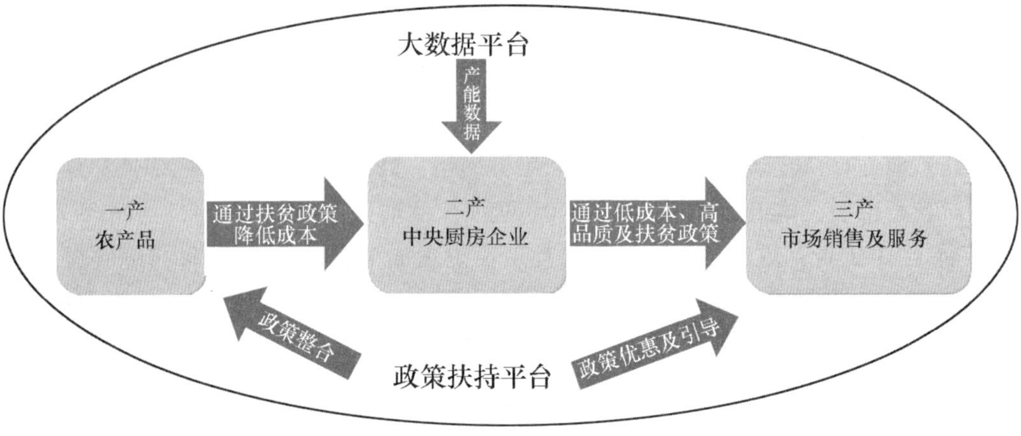

图 1-10　中央厨房为核心的一二三产发展融合模式

2016 年农业部发布的《全国农产品加工业与农村一二三产业融合发展规划（2016—2020 年）》指出：到 2020 年，在大中城市郊区，发展 1 000 个为城乡居民生活配套的中央厨房；在县级区域，发展 2 000 个为县域居民生活配套的传统面、米等谷物类主食加工生产线；在优势农产品产地，发展 300 个预制菜肴加工项目。

• 中央厨房是人民脱贫致富和增加就业的需要

餐饮业是扩大城镇就业的重要渠道。“十二五”期间，餐饮产业平均每年创造 200 万个就业岗位。这些岗位从餐饮业的原料生产基地、辅料生产基地遍布到大街小巷的各类餐饮网点，为扩大城镇就业做出了重要贡献。随着中央厨房出现与餐饮食品工业化到来，各类餐饮网点更多出现。通过中央厨房的建设可推动中央厨房管理人员的职业化和专业化，有利于企业快速实现店面的扩张，有助于提高“零就业”家庭人员和社会低收入群体的就业。餐饮企业的连锁化将更大范围地扩大用工需求，从线上到线下，需要更多的从业人员，从而解决社会就业问题，提高人们的可支配收入，有利于脱贫致富。

1.6.5　中央厨房运营的痛点

随着餐饮业连锁化发展，中央厨房逐步成为各餐饮公司发展路上的主要选项，但作为一个新生事物，我国中央厨房在发展过程中面临着各种问题，能够娴熟运用中央厨房经营模式推动餐饮企业快速发展的案例不多，为此，行业内对中央厨房的存在和发展出现不同的声音，甚至部分人对其作用、价值及应用前景持有否定态度。

由于现阶段商品细分化和服务细分化不够深入，绝大部分餐饮企业有自建中央厨房的需求。中央厨房虽是中式餐饮食品工业化发展进程中的阶段性产物，但采用中央厨房和服务于餐饮的食品工厂两种方式比较起来还有很大差异。

生产加工是中央厨房的首要职能，以满足供应链范围内门店对各类食材的加工处理需求，生产加工的品种多、加工程度深浅不一，正是中央厨房生产加工的特点；同样的原辅料直接委托食品工厂生产净菜、半成品、成品却难以满足中餐消费需求，食品工厂专业化的生产能力和更精细化的管理更利于成本控制和标准化，这是未来的一个方向。这也是中央厨房与食品工厂的重要区别之一。更为重要的是，中高档中式餐饮强调的菜品样式和口味的独特性永远是中餐吸引顾客的不二妙招，从这点上来讲短期内对中餐而言，工厂化生产尚无法满足顾客对餐饮的消费需求，尤其是中高档中餐。

西式快餐可以采用非常标准化的工业冷冻肉制品做配料，但是中西餐饮烹饪方式和消费习惯差异很大，食用中餐时，消费者依然更追求消费鲜活的产品，对冷冻产品和鲜活产品的辨别能力似乎是中国人的基本生活能力之一。这个消费习惯会直接影响到餐饮企业的经营，正如中国人喜欢禽类产品而牛肉制品的消费量一直偏低一样，麦当劳在中国的发展也一直落后于肯德基。

物流配送功能是食品工厂无法替代中央厨房的。中央厨房承担着连锁餐饮业供应链中任务最重要也是最核心职能之一的配送工作。对连锁餐饮业而言，中央厨房是生鲜及日杂物流配送和食品生产加工的功能结合体，形象的描述就是中央厨房是“1号店＋多功能的食品工厂”。所以未来中央厨房会在连锁餐饮行业承担越来越重要的任务，中央厨房也会随着中餐的连锁化趋势而有一个很大的发展需求。

研发思路缺乏创新。研发思路仍沿用传统餐饮研发思维，研发与销售的产品品种不匹配，研发与设备利用不匹配。忽视产品标注化工作，品质不稳定，储存运输过程损耗高，冷链物流未实现无缝对接而且可追溯性难，组合型加工产品更无法实现可追溯性。企业主业务流程与中央厨房业务流程不匹配。

1.6.6　中央厨房行业发展所处生命周期

我国中央厨房近年来发展异常迅速。目前，国内百强餐饮企业中，超过56%的比例建有中央厨房；为学生餐、列车餐、航空配餐、连锁便利店提供餐饮服务的集团配餐公司100%建有中央厨房。中央厨房发展历程见图1-11。

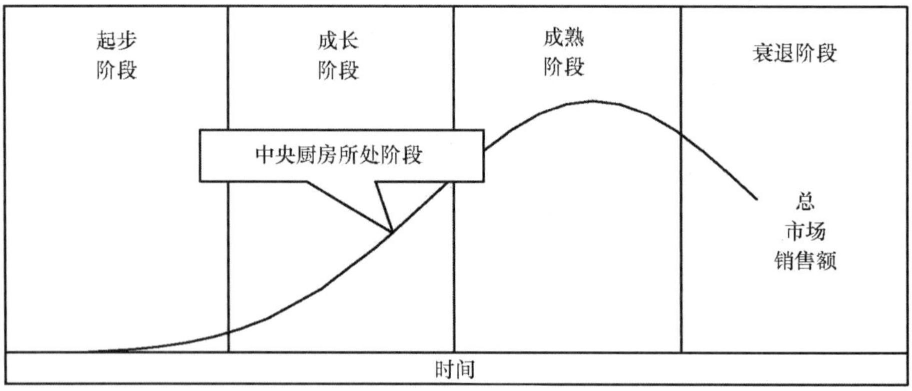

图1-11　中央厨房发展历程

经历了30多年的发展，中央厨房行业已从餐饮行业和食品行业分离出来单独成为一种新兴业态，形成了完整的产业链。这主要体现在以下几方面：

（1）有完整的原料供应及物流配送体系。这一环节的企业一部分是屠宰、农产品初加工或食品加工的企业向下延伸，还有一部分本来是食品或餐饮企业，向上拓展到原料的生产与配送，甚至联合组建农业合作社，以确保原料品质。产业链双向延伸避免了农产品原料基地生产的盲目性，保障了原料供需渠道的畅通和食品的安全性。

（2）营销体系健全。当前中央厨房的运行主要模式有“中央厨房＋餐饮门店”“加工企业＋连锁专卖店”“团餐企业＋终端客户”“加工企业＋社区商超网点”“加工企业＋零售商”等；业态典型代表有味千拉面与和合谷等餐饮企业、得利斯等食品加工企业，全家超市等商超企业。

（3）配套服务企业形成规模。围绕中央厨房产业所形成的设备生产、安全检测、咨询、研发、培训、管理输出等产业群日趋成熟。

（4）设施设备厂商已有成熟的系列产品。国内从事中央厨房设备生产的企业多达上百家，产品有洗切设备、净化设备、热加工设备、冷却设备、包装设备、洗消设备等系列。

（5）新技术不断被研发和应用。比如中食（北京）净化科技有限公司研发的水触媒净化技术，市场反响良好，在大鸭梨等餐饮企业试用取得了良好的净化效果。中食国钛科技（北京）有限公司的纳米钛空间净化技术也将在中央厨房的运行中大展拳脚。

1.7　中央厨房行业人才培养

1.7.1　中央厨房在高等教育中的现状

食品学科人才培养在专业层次上有中专、大专、本科和硕士、博士等完整设置，专业上包括食品科学与工程、食品质量与安全、粮食工程、乳品工程、酿酒工程。学习课程除公共课程外，分别包括化学系列、生物与营养卫生学系列、机械工程系列、管理学系列和食品加工系列等，这些专业的培养目标决定了其毕业生的知识结构和工作能力，适合于农畜产品加工与贮藏、食品的开发、生产与技术管理，以及相关的防疫卫生与检验或医院病人特殊食品配餐，几乎不具有餐饮业工作的知识或能力。虽然食品类专业的毕业生也能够在中央厨房行业发挥作用，为中央厨房行业发展和产业扩张升级贡献力量，实际上极少有这方面的毕业生到中央厨房企业服务和发展。

目前，虽有 285 所高校开设食品科学与工程专业，但设置有中央厨房课程的高校几乎没有。比如，江南大学在发酵食品及粮油方面都极具特色；河南工业大学(原郑州粮食学院)是中国规模最大的粮油食品工业高等学院；郑州轻工业学院则被同行誉为培养烟草专业人才的"黄埔"；华南理工大学在制糖工程方面独占鳌头；西南农业大学的农产品贮藏与加工方面为全国重点学科；云南农业大学在蜂学方面独树一帜，建有专门的蜂学研究所。目前，国内本科院校中只有四川旅游学院开设了"中央厨房设计与管理"课程，另有扬州大学烹饪营养与教育专业、四川旅游学院的烹饪营养与教育专业开设有"烹饪"相关本科课程。另外，哈尔滨商业大学建有中式快餐研究发展中心博士后科研基地，四川旅游学院建有四川省 2011 计划"川菜产业化和国际化协同创新中心""烹饪科学四川省高等学校重点实验室"以及号称亚洲最大厨房的"烹饪与食品实验管理中心"。

1.7.2 高校及社会专职机构开设中央厨房课程的必要性

中央厨房在日本、美国等发达国家的连锁餐饮业中应用已有几十年的历史，中央厨房已经形成较好的运行模式。相比之下，我国的中央厨房建设则起步较晚，其产业还处于初级发展阶段，具体表现为高校教育培训滞后、行业管理水平较低、从业人员综合能力偏低、业内专业人才稀少等。

目前，中央厨房高校学科建设与社会培训存在的问题表现为，我国大中院校尚未建立中央厨房专业，社会化中央厨房专职教育也处在探讨与萌芽中，专业人才缺乏。

随着我国大众餐饮与一二三产融合发展，需要建设大量的中央厨房和餐饮食品工厂，未来将更加需要专业化的人才才能满足市场的发展。

当前打造全面化、专业化、系统化的中央厨房教育培训平台和专业人才培养教育学校势在必行。

1.7.3 中央厨房行业人才培养现状

中央厨房行业在日本、美国等发达国家已形成较为成熟的人才培养模式。我国中央厨房行业只是近十几年才逐步得到发展，同时高校人才培养与社会需求严重脱节，导致中央厨房行业人才匮乏、从业人员的专业素养普遍偏低。与中央厨房行业发展相适应的经营模式、服务方式、管理方式、产品定位、生产技术、机械设备等尚处于摸索和总结阶段，因此行业人才也只能逐步培养。

目前，中央厨房生产技术和管理的人才接受过高等教育的比例不高，这些人中大多数人的专业知识是烹饪、食品科学及管理，其本身的知识结构并不能完全适应中央厨房行业发展需求。比如，烹饪专业背景的员工大多没有受过大专以上教育，他们的知识结构和工作能力仅适合于传统餐饮制作与配餐管理。同样，管理专业背景的员工缺少食品加工及食品卫生安全的基本知识，食品科学专业背景的员工缺少烹饪及管理的基本知识。由于员工们知识结构的不合理，阻碍了中央厨房的进一步快速发展和提高。

中国烹饪协会数据显示，目前，全国规模以上餐饮企业约有 500 万家，将近 2 200 万从业人员。市面上有 70%的餐饮企业建立中央厨房，按照 70%的占有率计算，中央厨房企业所有从业人员约有 1 500 万人，而专职中央厨房的人员只占其中一部分比例，中央厨房部分的从业人数假如按照 10%的比例计算，则有 150 万人，其人才需求量也较为庞大。

中央厨房行业涉及餐饮、食品、工程、物流、供应链、卫生等领域知识，因而对人才的要求较高，应具有多种才能和复合知识结构。因此，中央厨房企业应加强对员工的培训，员工自身也需要加强有关知识的学习，随着技术和管理经验的积累，相关知识将不断丰富，复合知识结构才能进一步研究开发餐饮食品并实现其工业化。同时，各高校应准确定位人才培养目标，调整应用型人才培养方向、结合市场与企业需求调整课程内容、加强实践教学课程，培养出掌握餐饮食品工业化领域的基本知识和基本技能，能在餐饮食品的生产、加工、流通及与餐饮食品有关的教育、研究、进出口、卫生监督、安全管理等部门从事餐饮食品的科学研究、技术开发、工程设计、生产管理、品质控制、产品销售、检验检疫、教育教学等方面工作，具有宽广的知识面、多领域适应能力的应用型人才。

1.8 中央厨房的品牌建设

1.8.1 中央厨房品牌建设的现状与窘境

- **中央厨房设备商品牌**

中央厨房设备行业准入门槛相对较低，利润相对较高，有越来越多的品牌逐步崛起。一些大企业凭借自身的品牌优势，成功占据了一定的市场份额，一些小品牌还在市场竞争中挣扎，研发能力很弱，走上了抄袭的道路。小微企业在品牌建设上缺乏明确的品牌主张，影响这些企业品牌化道路发展的主要因素有：

第一，思想僵化、观念滞后，质量意识、品牌意识淡薄，缺乏争创名牌的开拓和创新精神。

第二，缺乏清晰的品牌思维，与企业发展战略缺乏有效协同。许多中央厨房企业的品牌定位与核心能力相脱节，不能基于自身核心能力规划品牌的价值定位和差异化品牌策略，企业的品牌建设也没能与企业核心竞争能力建设有效结合，从而造成品牌发展失位与错位，难以发展不可复制的品牌价值，难以发展基于自身核心能力的差异化竞争策略，由此导致企业的品牌价值成长缓慢，企业发展受挫。

第三，生产与营销缺乏技术支撑，限制了中央厨房产品价值的提升。比如，不少中央厨房产品具有转化为品牌的先天条件，但因为没有技术，内在价值提升困难，甚至连加工、外观设计等美化方面与使用便捷方面也无法实现，品牌打造无从谈起。

• **中央厨房应用企业品牌**

目前，中央厨房应用企业部分建立了良好的品牌，中央厨房的建设有利于连锁品牌扩张。但是在餐饮连锁百强企业中，中国餐饮企业仍处于弱势，在品牌运营上不论是多品牌运营和单品牌运营上，都没有形成对品牌的极好的细分。

目前，主要存在以下问题：

(1)新的品牌不断加入竞争，竞争环境更加激烈；

(2)部分品牌企业缺乏自主创新，存在抄袭与复制；

(3)品牌意识有待加强；

(4)品牌推广力度需要加大。

• **中央厨房教育品牌**

目前，有 285 所高校开设食品科学与工程专业，但几乎没有设置中央厨房课程，在学科宣传方面也缺少力度。其在品牌建设上，还处于初期探索阶段，还没有真正建立起具有一定影响力的教育品牌。

社会化的教育培训机构主要是针对烹饪专业设置的课程，中央厨房涉猎很少，其品牌建设更为落后。行业内只有“中央厨房第一课堂”品牌系统地开设中央厨房教育培训，但开课次数不多。

• **中央厨房服务品牌**

在中央厨房第三方专业服务市场上，专业服务机构较少，品牌知名度较弱。从目前普凡逊、论宇、众联等几家有代表性的企业发展情况来看，其品牌建设力度也相对较弱，品牌建设有待进一步加强。

1.8.2 中央厨房品牌建设的重要因素

• **中央厨房设备厂商品牌建设的重要因素**

中央厨房行业发展至今，经过时间的积淀和市场的洗礼，涌现出众多大大小小的品牌，市场竞争更是激烈。对于中央厨房设备公司来说，向高端品牌进发是最好的出路，在确保产品质量的同时也要做好包装宣传。

(1)高品质的产品是企业的发展基石。

产品是企业发展、品牌建设的基础，所以高质量的生产设备是中央厨房设备厂商品牌成长的重要基石。有些设备厂商虽然创立时间比较短，但是能及时洞悉市场发展趋势和企业需求，依靠其准确定位企业品牌、客户群体，良好的售后服务，很快从激烈的市场竞争中异军突起。有些中央厨房设备厂商虽然创立时间很早并有一定的市场份额，但长期故步自封，不去了解市场需求和客户痛点，吝啬于设备的研发和改良，企业现已呈现出发展后劲乏力的现象。

(2)到位的包装宣传成就高品质中央厨房品牌。

包装宣传的意义是消费者认可该中央厨房设备企业所打造的是高品质的品牌形象，它既包含最初的品牌定位，又涵盖品牌宣传历程。国内中央厨房设备品牌有三类表现形式：一种是普通产品品质但包装宣传到位，利润丰厚但好景不长；一种是中档品质定位高端，迎合不成熟的高品质厨房设备受众，有一定市场；最后一种就是真正的高品质厨房设备，既有顶级产品质量又有成熟到位的包装宣传，前景良好。

总的来说，中央厨房设备公司想要成就知名品牌，产品质量是基础，包装宣传是推动力，集优质产品和到位包装于一体是关键。

·中央厨房应用企业品牌建设的重要因素

(1)餐饮的本质——产品。

餐饮好吃不贵、性价比高，是消费者追求的崇高目标，当下餐饮业竞争越发激烈，同质化现象比较严重，同时人工、食材、房租、能耗等成本居高不下，看似红火表象中却暗含危机，这时较明智的方法无疑是回归餐饮的本源，即把控好产品质量。

(2)厨房及餐厅的卫生环境。

环境卫生是餐饮经营的最基本条件，良好的环境卫生不会使消费者感到格外的满意，但失去这个要素或达不到消费者的要求则会削弱顾客对餐厅服务的信心。餐厅和菜品的清洁卫生是顾客选择餐厅重要关注点。

1.8.3 中央厨房如何进行品牌建设

中央厨房品牌的塑造是一个循序渐进的过程，不管是在产品特质、渠道模式还是营销方式上都需要讲究策略。

·在产品特质与渠道模式上下功夫

中央厨房设备企业要想真正实现销量突破，除了品牌营销方面下功夫外，设备外观、设备功能、售后服务要与同行竞争者有鲜明的区隔性。成功的中央厨房企业，不仅在品牌塑造方面给消费者带来极其高端的品牌满足感，更需要在产品特质与渠道模式上下功夫，让产品形象和品牌形象达到完美契合。

·直营是最好的精准销售方式

直营是让产品抵达消费者心中最好的市场销售模式。直营模式能保证将独具特色的产品精准推向消费者，众所周知，加盟商对产品的理解和品牌商对产品的理解总会有差距，直营能更好地保证消费者对产品的理解不出偏差。所以，中央厨房品牌要针对消费者想买的做功夫，产品价格针对买得起的精准定位。

第2章　我国餐饮业发展概况

我国餐饮业发展历史悠久，随着经济发展、社会进步、居民生活水平日益提高，我国餐饮业获得了良好的发展空间，餐饮业也逐步形成正餐、快餐、火锅、休闲餐、饮料与冷饮及其他餐饮等许多细分业态，目前正餐服务业依然是我国规模以上餐饮业的主要市场，但近年来快餐服务业、饮料与冷饮服务业发展增速较快，是餐饮业市场发展的亮点。2016年，中国餐饮业营业收入突破3.5万亿元；2020年，这个数字有望达到5万亿元，继续保持两位数的增长，中国的餐饮业在国民经济中的重要性越发显著。

2.1　餐饮行业的定义

餐饮行业是通过即时加工制作、商业销售和服务性劳动于一体，向消费者专门提供各种酒水、食品、消费场所及设施的食品生产经营行业。按欧美《标准行业分类法》的定义，餐饮业是指以商业赢利为目的的餐饮服务机构。在我国，据《国民经济行业分类注释》的定义，餐饮业是指在一定场所，对食物进行现场烹饪、调制，并出售给顾客，主要供现场消费的服务活动。

2.2　餐饮行业的分类

根据国家统计局对餐饮业细分行业的数据统计方式，我国餐饮业细分行业分为正餐、快餐、饮料及冷饮和其他餐饮。具体情况如表2-1所示：

表2-1　餐饮行业的分类

代码			类别名称	说明
大类	中类	小类		
62			餐饮业	指通过即时加工制作、商业销售和服务性劳动等，向消费者提供食品和消费场所及设施的服务
	621	6210	正餐服务	指在一定场所内提供以中餐、晚餐为主的各种中西式炒菜和主食，并由服务员送餐上桌的餐饮活动
	622	6220	快餐服务	指在一定场所内提供快捷、便利的就餐服务
	623		饮料及冷饮服务	指在一定场所内以提供饮料和冷饮为主的服务
		6231	茶馆服务	
		6232	咖啡馆服务	

续表 2-1

代码			类别名称	说明
大类	中类	小类		
		6233	酒吧服务	
		6239	其他饮料及冷饮服务	
	629		其他餐饮业	
		6291	小吃服务	指提供全天就餐的简便餐饮服务,包括路边小饭馆、农家饭馆、流动餐饮和单一小吃等餐饮服务
		6292	餐饮配送服务	
		6299	其他未列明餐饮业	

2.3 中国餐饮业的发展历程

我国成立初期,餐饮行业经历了十年公私合营、十年发展停滞两个阶段。据统计,1978 年全国餐饮业销售额仅为 54.8 亿元,人均餐饮消费不足 6 元。

随着改革开放程度不断提高,中国餐饮行业规模逐步扩大,经营模式逐步改善,大众在饮食上从吃得饱过渡到了吃得好,从吃食物过渡到了吃文化。一派欣欣向荣的餐饮行业不仅提高了大众的饮食质量,同时也为国家第三产业的发展做出了积极贡献。我国餐饮业的发展历程见图 2-1。

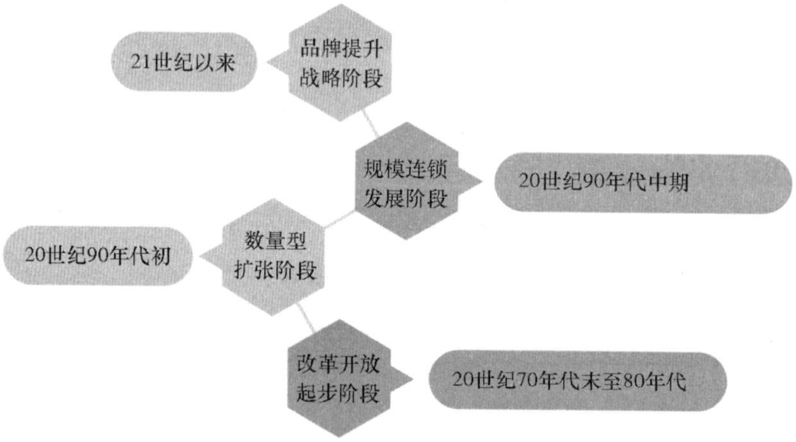

图 2-1 餐饮业的发展历程

中国餐饮业改革开放以来,经历了如下几个阶段:

(1)改革开放起步阶段。20 世纪 70 年代末至 80 年代,我国餐饮业在政策上率先放开,各种经济成分共同投入,使餐饮行业发展取得了新的突破和发展,社会网点迅速增加,这一时期的餐饮业经营模式主要以单店作坊式餐饮店为主。

(2)数量型扩张阶段。20 世纪 90 年代初,社会投资餐饮业资本大幅增加,餐饮网点快速涌现，行业蓬勃发展。

(3)规模连锁发展阶段。20 世纪 90 年代中期，餐饮企业连锁经营发展步伐明显加快，在全国范围内，很多品牌企业跨地区经营并抢占了当地餐饮业的制高点，企业逐步走向连锁化、规模化成为这一时期的显著特点。这一时期，外资餐饮公司凭借先进的经营管理制度、高效的物流配送体系，在中国大力发展连锁餐饮店。著名餐饮集团百胜、麦当劳在中国成功开设了肯德基、必胜客、麦当劳等品牌连锁店，同时为国内餐饮同行带来了全新的经营理念。

(4)品牌提升战略阶段。进入 21 世纪，我国餐饮业发展更加成熟，增长势头不减，整体水平提升，一批知名的餐饮企业在外延发展的同时，更加注重内涵文化建设，培养提升企业品牌，综合水平和发展质量不断提高，并开始输出品牌与经营管理，品牌创新和连锁经营力度增强，现代餐饮发展步伐加快。

2.4　中国餐饮业的发展现状

2.4.1　行业市场规模

根据国家统计局发布的数据，我国餐饮收入从 2000 年的 3 753.44 亿元增长到 2015 年的 32 310.00 亿元，增长了约 8.61 倍，复合增长率达 15.43%，实现了较大幅度的持续增长。2011—2013 年，餐饮收入增长率开始逐年略有下滑。2014—2015 年，餐饮收入增长率开始逐年回升。2014 年，全国餐饮企业单位增至 243.1 万个，同比增长 1.3%，餐饮企业从业人数 1 445.2 万人，同比增长 14.8%。2015 年，全国餐饮收入增长率为 11.7%，比 2013 年的 9.0%增长了 2.7 个百分点(图 2-2)。

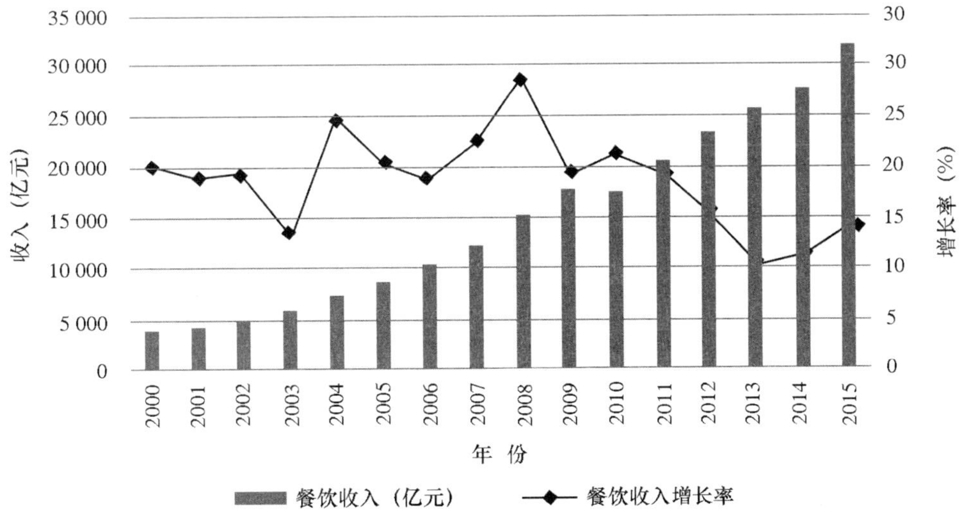

图 2-2　2000—2015 年我国餐饮收入增长情况

数据来源：国家统计局

根据国家统计局最新发布的数据，2016 年 12 月份，全国餐饮收入 3 353 亿元，同比增长 10.6%；1～12 月份，餐饮收入 35 779 亿元，同比增长 10.8%。从限额以上单位餐饮收入来看，12 月份，限额以上单位餐饮收入 946 亿元，同比增长 6.7%；1～12 月份，限额以上单位餐饮收入 9 213 亿元，同比增长 6.0%(表 2-2)。

表 2-2　2016 年 1～12 月份餐饮业数据

月份	全国		限额以上单位	
	营业收入	同比增长	营业收入	同比增长
2 月份	3 353 亿元	10.6%	946 亿元	6.7%
1～12 月份	35 779 亿元	10.8%	9 213 亿元	6.0%

数据来源：国家统计局

总体来看，前 12 个月餐饮业发展速度上行，目前止于 10.8%，超过社会消费品零售总额增幅(10.4%)。

2.4.2　餐饮业总体盈利能力

在经济下行压力加大的背景下，餐饮业原材料、人工、房租、能源费用等多项成本持续高涨。2015 年餐饮百强企业各项成本中，房租同比增幅最高达到 50%以上。同时，"用工难"和"用工荒"已成餐饮业普遍存在的"顽疾"，再加上税费负担，餐饮企业的利润增长面临压力。2016 年餐饮百强企业平均净利润率同比净增 28.8%，餐饮百强门店净利润增长率超过 10%的门店占 50%以上。

2016 年餐饮百强企业平均净利润率为 4.7%，同比上升 0.7 个百分点(图 2-3)。

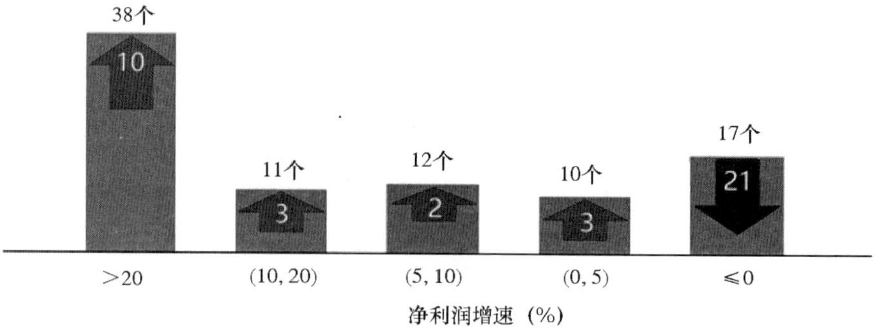

图 2-3　2016 年餐饮百强企业净利润增速分布状况

数据来源：国家统计局

2.4.3　影响餐饮业发展的主要因素

未来几年我国餐饮业发展的推动因素主要有：

• **城镇化水平与城镇居民收入水平**

中国乡镇的餐饮业发展将成为“十三五”期间行业经济增长点。餐饮业发展在新型城镇建设中的经济带动效应明显，餐饮消费所带动的新型城镇商业综合体、特色美食街区、旅游文化产业的繁荣，将成为解决城镇居民就业、增加税收、提升城镇化水平的重要手段，地方政府结合城镇规划必将配套各种相应的餐饮投资政策。“十二五”期间居民收入持续稳定增长带动了旅游市场的蓬勃发展和外出就餐的强劲刚需势头，大众化餐饮市场需求凸显，成为餐饮业趋稳回暖的最大动力。中国城镇化率走势见图 2-4。

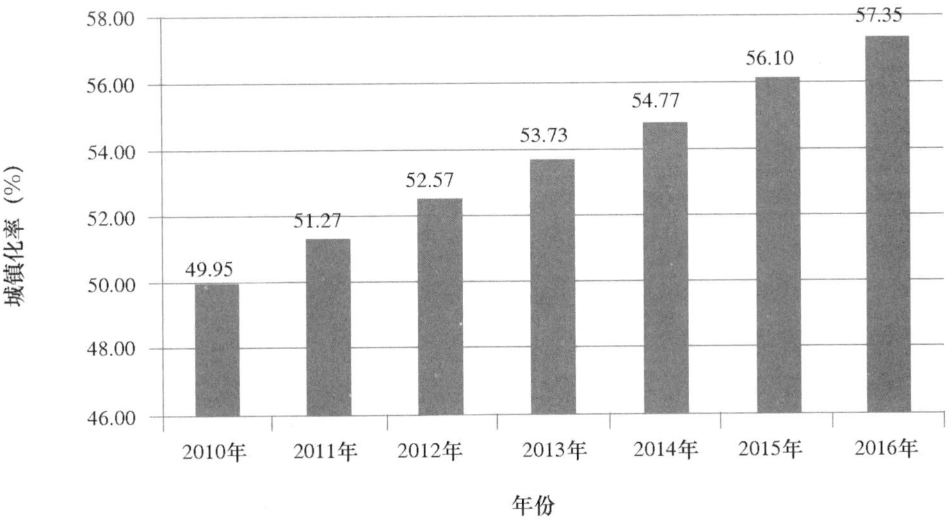

图 2-4　中国城镇化率走势

数据来源：国家统计局

• **人口增长是餐饮业发展的必要条件**

“婴儿潮一代”和“千禧一代”都对餐饮业发展起到了至关重要的作用。中央政府已经开始着手人口结构调控，例如放开二胎政策，人口增量可能呈现趋势性增加。中国城市化率正在逐步提高，城市居住人口每年都有增幅。伴随着城市化的推进，尤其是大型城市的发展，餐饮业将会有更好的发展空间。

• **借力“互联网＋”实现经营模式的快速转变**

互联网作为一种先进生产力，对传统行业的渗透持续加深，特别是移动端的极速普及，一方面为处于转型发展关口的传统餐饮业提供了一种营销新思维，“餐饮＋互联网”正在由目前的线上驱动逐步转向线下驱动，开始构建全渠道餐饮新模式，成为大众化餐饮企业全新商业版图拓展的战略性发展新方向；另一方面，源自互联网基因的新生代餐饮“双创”群体凭借其与生俱来的品牌营销优势，对传统餐饮业产生了强大的“鲶鱼效应”，成为推动传统餐饮业根本性变革的巨大引擎。

• 消费者生活方式转变和消费需求提升催生餐饮品类定制化发展

随着时代环境变化，高端消费者的消费习惯也发生了改变，他们不再追求高大上的“土豪式”消费，而是希望获得更有品位、更具个性、更符合需求的餐饮服务。

随着顾客对个性化体验需求的不断上升，市面上已经有部分餐厅敏锐捕捉到高端顾客的心理变化，适时推出“私人定制”服务，完全依据顾客要求的主题、目的、档次等因素，打造独一无二的个性宴会。未来私人定制市场将成为高端餐饮生长的“肥沃土壤”。

• 消费升级及其带来的对外出就餐需求的变化

随着居民消费水平的不断提升及城市居民生活节奏的不断加快，外出就餐或者叫送外卖已经成为一种生活方式。根据中国烹饪协会的调查显示，除工作就餐外，其余时间在外就餐次数每周 4 次以上的占 6.2%，每周在外就餐 2～3 次的占 51.1%，每周在外就餐仅 1 次或 1 次以下的占 38.8%，而 3.9%的受访者几乎天天都在外用餐(图 2-5)。

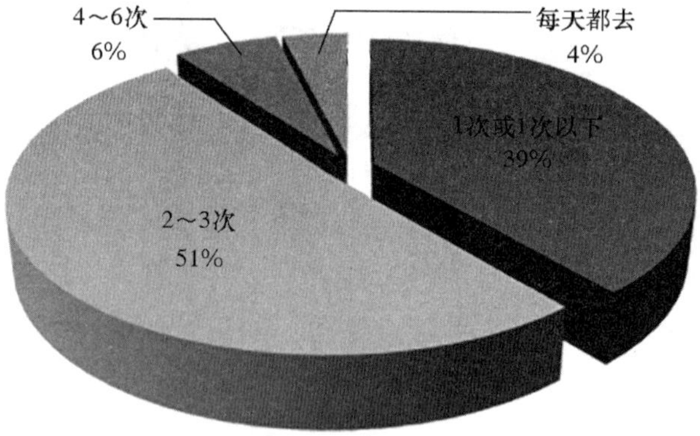

图 2-5　每周在外就餐需求调查

数据来源：中国烹饪协会

• 国家一系列政策的出台推动了餐饮业的健康发展

我国商务部于 2016 年 3 月发布了《关于推动餐饮业转型发展的指导意见》，深入贯彻党的十八大、十八届三中、四中、五中全会和中央经济工作会议精神，牢固树立创新、协调、绿色、开放、共享的发展理念，以供给侧结构性改革引领餐饮业发展的新常态，以创新为动力，推动餐饮业健康、持续、快速发展，满足人民群众日益增长的餐饮服务需求。通过优化环境，引导餐饮企业加速转型，为消费者提供安全、营养、健康、方便、美味的餐饮服务，推动餐饮业向大众化、信息化、标准化、集约化、国际化方向发展。力争用 5 年的时间，培育一批连锁化、品牌化餐饮企业，基本形成以大众化餐饮为主体、区域布局合理、城乡协同、各业态协调的发展格局，满足多层次、多样化消费需求的餐饮服务体系。

2.5　“十三五”餐饮业前景展望

“十三五”时期，餐饮业将坚持立足行业优势，认清面临的机遇与挑战，做好准备，趋利避害，不断探索，积极作为，坚持以人为本、服务民生的基本原则，树立创新、协调、绿色、开放、共享的发展理念，从业态创新、精细化管理、节能低碳绿色发展、品牌战略和“互联网＋”五个层面进一步推动转型发展，优化结构，创新模式，优质服务，增强动力，系统谋划整个行业的前进方向。“十三五”期间，中国餐饮业仍将保持年均10%以上的增长速度，到2020年餐饮收入将迈向5万亿元规模的新天地(图2-6)。

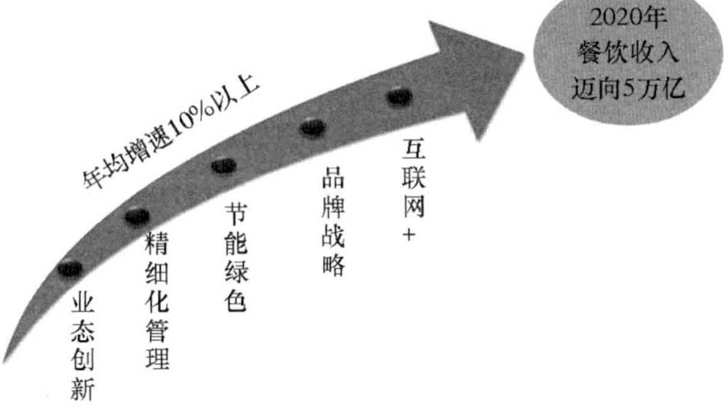

图2-6　“十三五”我国餐饮业发展前景预测

第3章　中央厨房及餐饮业发展环境

外部发展环境对中央厨房的发展起到了较大的推动作用。首先，国内宏观经济形势的好坏直接影响到餐饮企业的外部需求环境和人们消费能力。其次，国家发布的政策环境对餐饮业和中央厨房企业同样重要。最后，餐饮业的整体大环境、人口环境、饮食文化、消费环境等均对中央厨房的发展产生重要的影响。只有洞察外部发展环境、积极做好防范措施，才能在激烈的竞争中立于不败之地。下面将介绍这些外部因素的具体情况。

3.1　宏观经济环境

3.1.1　GDP走势

根据国家统计局公布数据，2016年我国GDP增速为6.7%，全年国内生产总值为744 127亿元。2016年我国经济增长处于合理运行区间，是中高速增长，在世界范围内也是比较高的速度，同时还伴随着经济结构优化、发展方式转变。“经济运行处在合理区间”与“经济增长的质量和效益提高”是过去一年新常态特征明显的两个主要标志。从结构优化看，2016年，服务业的比重继续提高，消费贡献率占了将近2/3。从方式来看，2016年，单位GDP能耗下降5%，清洁能源比重上升，企业效益提高。从产业看，第一产业增加值63 671亿元，比上年增长3.3%；第二产业增加值296 236亿元，增长6.1%；第三产业增加值384 221亿元，增长7.8%(图3-1)。

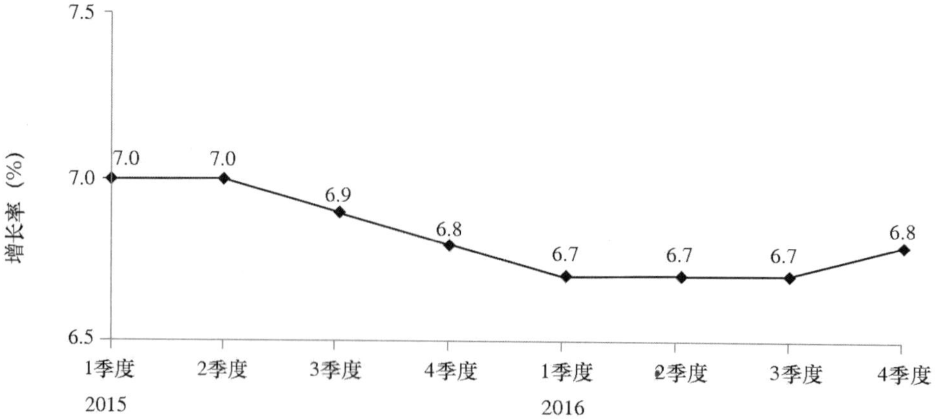

图3-1　国内生产总值增长速度(季度同比)

数据来源：国家统计局

IMF(国际货币基金组织)发布报告,2016 年中国为全球经济增速贡献了 1.2 个百分点,美国和欧洲分别是 0.3 和 0.2 个百分点。按此比例,中国对全球经济增长的贡献超过 30%。从 2009 年首次成为世界经济增长第一大贡献国以来,持续为全球经济提供了充足的动能。中国对世界经济的贡献会越来越大。根据此前北京大学国民经济核算和增长中心发布的《中国经济增长报告 2016》,中国在 2020 年按汇率法计算的人均 GDP 接近或达到目前高收入国家组行列的下限,GDP 总额可能接近或者达到美国的水平(表 3-1)。

表 3-1　26 省市、自治区 2016 年 GDP 增速及 2017 年预期目标

省(自治区、直辖市)	2016 年增速	2017 年目标
西藏	11.5%	11.0%以上
重庆	10.7%	10.0%左右
贵州	10.5%	10.0%
天津	9.0%	8.0%
江西	9.0%	8.5%左右
安徽	8.7%	8.5%左右
福建	8.5%	8.5%左右
云南	8.5%	8.5%左右
河南	8.0%	7.5%左右
湖北	8.0%	8.0%左右
湖南	8.0%	8.0%左右
青海	8.0%	7.5%左右
宁夏	8.0%	8.0%左右
陕西	7.6%	8.0%左右
甘肃	7.6%	7.5%
新疆	7.6%	7.0%以上
浙江	7.5%	7.0%以上
四川	7.5%	7.5%左右
广东	7.4%	7.0%以上
广西	7.3%	7.5%左右
内蒙古	7.3%	7.5%左右
吉林	6.9%	7.0%左右
河北	6.8%	7.0%左右
北京	6.7%	6.5%左右
上海	6.7%	6.5%左右
山西	4.5%	5.5%左右
辽宁	—	6.5%左右
黑龙江	—	6%～6.5%
江苏	—	—
山东	—	—
海南	—	—

数据来源:国家统计局

3.1.2 CPI、PPI走势

2016年12月份，全国居民消费价格总水平同比上涨2.1%。其中，城市上涨2.1%，农村上涨1.9%；食品价格上涨2.4%，非食品价格上涨2.0%；消费品价格上涨1.8%，服务价格上涨2.5%。2016年，全国居民消费价格总水平比上年上涨2.0%。

12月份，全国居民消费价格总水平环比上涨0.2%。其中，城市上涨0.2%，农村上涨0.3%；食品价格上涨0.4%，非食品价格上涨0.2%；消费品价格上涨0.3%，服务价格上涨0.2%（表3-2、图3-2）。

表3-2　2016年12月份居民消费价格主要数据

项目	12月份		2016年
	环比涨跌幅(%)	同比涨跌幅(%)	涨跌幅(%)
居民消费价格	**0.2**	**2.1**	**2.0**
其中:城　市	0.2	2.1	2.1
农　村	0.3	1.9	1.9
其中:食　品	0.4	2.4	4.6
非食品	0.2	2.0	1.4
其中:消费品	0.3	1.8	1.9
服　务	0.2	2.5	2.2
其中:不包括食品和能源	0.1	1.9	1.6
其中:不包括鲜菜和鲜果	0.2	2.0	1.8
分类别			
一、食品烟酒	0.3	2.2	3.8
粮　食	0.3	0.9	0.5
食用油	0.2	1.9	1.7
鲜　菜	0.1	2.6	11.7
畜肉类	0.2	4.8	11.0
猪肉	0.2	6.2	16.9
牛肉	0.1	0.0	0.1
羊肉	1.5	−1.3	−5.8
水产品	0.3	4.3	4.6
蛋　类	−1.1	−4.5	−3.2
奶　类	−0.1	−0.2	−0.1
鲜　果	2.9	3.2	−2.6
烟　草	0.0	−0.2	2.3
酒　类	0.1	0.6	0.4
二、衣　着	−0.1	1.1	1.4
服　装	−0.1	1.1	1.4
衣着加工服务费	0.5	4.3	4.0
鞋　类	−0.2	0.9	1.4

续表 3-2

项目	12 月份		2016 年
	环比涨跌幅(%)	同比涨跌幅(%)	涨跌幅(%)
三、居住	0.2	2.1	1.6
租赁房房租	0.0	2.9	2.8
水电燃料	0.4	0.7	−0.5
四、生活用品及服务	0.2	0.4	0.5
家用器具	0.2	−1.4	−1.2
家庭服务	0.5	4.7	4.4
五、交通和通信	0.5	0.9	−1.3
交通工具	−0.1	−1.4	−2.0
交通工具用燃料	3.0	10.6	−4.0
交通工具使用和维修	0.3	1.6	1.5
通信工具	0.0	−3.9	−3.5
通信服务	0.0	−0.3	−0.3
邮递服务	0.0	0.1	0.5
六、教育文化和娱乐	0.1	2.3	1.6
教育服务	0.1	3.2	2.5
旅　游	0.2	4.0	2.0
七、医疗保健	0.5	4.6	3.8
中　药	0.5	5.3	4.8
西　药	0.5	6.4	4.3
医疗服务	0.6	3.7	3.5
八、其他用品和服务	−0.3	4.0	2.8

数据来源：国家统计局

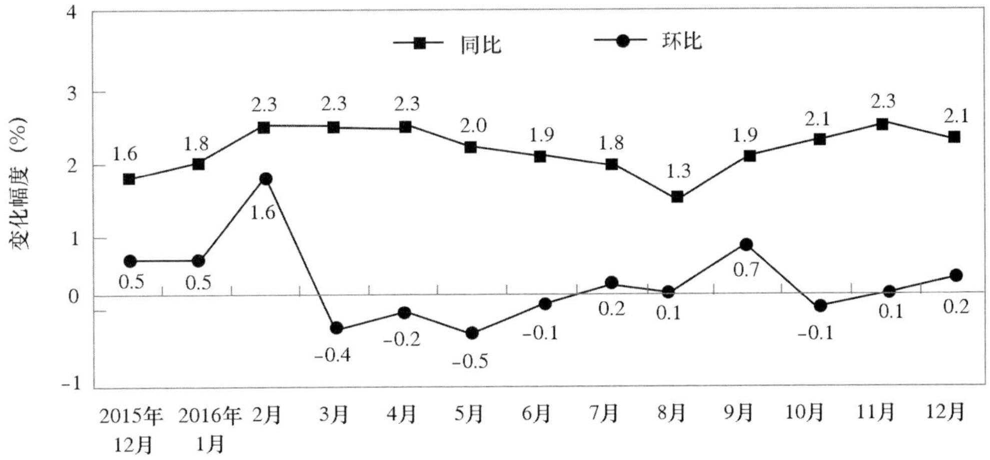

图 3-2　2015—2016 年全国居民消费价值涨跌幅

数据来源：国家统计局

2016 年 12 月份，全国工业生产者出厂价格环比上涨 1.6%，同比上涨 5.5%。工业生产者购进价格环比上涨 1.9%，同比上涨 6.3%。2016 年，工业生产者出厂价格同比下降 1.4%，工业生产者购进价格同比下降 2.0%（表 3-3、图 3-3）。

表 3-3　2016 年 12 月份工业生产者价格主要数据

项目	12 月份		2016 年
	环比涨跌幅（%）	同比涨跌幅（%）	同比涨跌幅（%）
一、工业生产者出厂价格	1.6	5.5	−1.4
生产资料	2.0	7.2	−1.8
采开掘	2.7	21.1	−4.6
原材料	2.7	9.8	−3.3
加工	1.6	5.1	−1.0
生活资料	0.3	0.8	0.0
食品	0.4	1.3	0.6
衣着	0.3	1.3	0.9
一般日用品	0.4	1.3	0.0
耐用消费品	0.1	−0.8	−1.5
二、工业生产者购进价格	1.9	6.3	−2.0
燃料、动力类	2.3	10.1	−4.4
黑色金属材料类	4.1	15.1	−2.3
有色金属材料及电线类	3.3	14.9	−2.1
化工原料类	2.4	5.3	−2.4
木材及纸浆类	1.4	2.1	−0.3
建筑材料及非金属类	1.1	4.1	−2.4
其他工业原材料及半成品类	0.8	1.7	−0.9
农副产品类	1.1	2.8	0.1
纺织原料类	0.7	2.5	−0.3
三、工业生产者主要行业出厂价格			
煤炭开采和洗选业	3.4	34.0	−1.7
石油和天然气开采业	3.9	19.7	−16.4
黑色金属矿采选业	4.4	18.2	−3.5
有色金属矿采选业	1.5	16.9	2.3
非金属矿采选业	0.4	1.1	−1.0
农副食品加工业	0.9	2.4	0.2
食品制造业	0.4	0.6	−0.2
酒、饮料和精制茶制造业	0.2	−0.7	−0.9
烟草制品业	0.0	0.0	0.1
纺织业	0.3	1.8	−1.3
纺织服装、服饰业	0.4	1.0	0.5
木材加工和木、竹、藤、棕、草制品业	0.1	0.4	−0.3
造纸和纸制品业	2.8	3.7	−0.2

续表 3-3

项目	12月份		2016年
	环比涨跌幅(%)	同比涨跌幅(%)	同比涨跌幅(%)
印刷和记录媒介复制业	0.4	0.5	−0.6
石油加工、炼焦和核燃料加工业	4.3	16.6	−6.7
化学原料和化学制品制造业	2.5	6.6	−2.8
医药制造业	0.1	0.8	0.4
化学纤维制造业	2.4	4.6	−5.0
橡胶和塑料制品业	0.7	0.3	−2.3
非金属矿物制品业	0.7	3.7	−1.5
黑色金属冶炼和压延加工业	8.0	35.0	2.5
有色金属冶炼和压延加工业	2.4	17.1	−2.0
金属制品业	1.2	3.4	−1.4
通用设备制造业	0.2	−0.1	−1.0
汽车制造业	0.0	−0.8	−1.1
铁路、船舶、航空航天和其他运输设备制造业	0.1	0.5	−0.3
计算机、通信和其他电子设备制造业	0.4	−0.2	−1.4
电力、热力生产和供应业	0.3	−3.2	−3.1
燃气生产和供应业	1.0	−4.7	−9.6
水的生产和供应业	0.2	2.1	1.9

数据来源:国家统计局

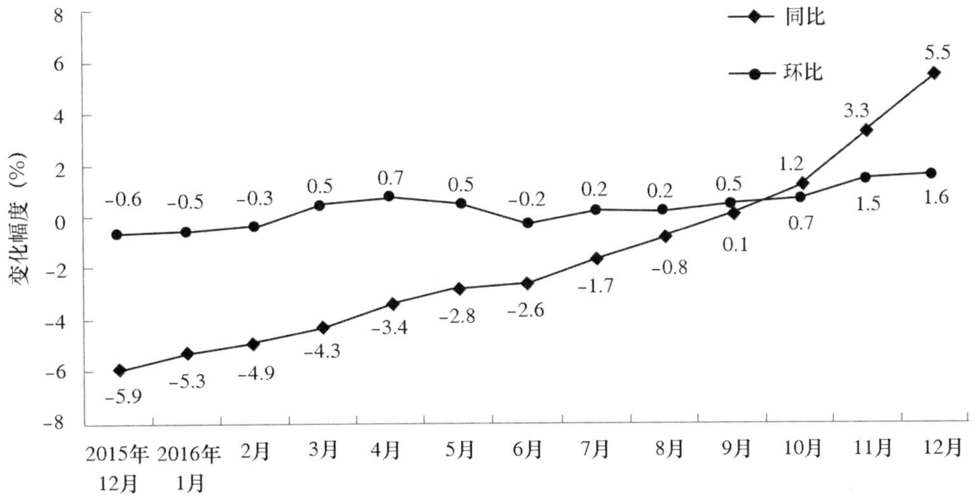

图 3-3 2015—2016 年工业生产者出厂价格涨跌幅

数据来源:国家统计局

3.1.3 居民生活水平变化

据对全国16万城乡居民家庭的抽样调查，2016年，全国居民人均可支配收入23 821元，比上年名义增长8.4%，扣除价格因素，实际增长6.3%，与前三季度持平；全国居民人均消费支出17 111元，名义增长8.9%，扣除价格因素，实际增长6.8%，比前三季度提高0.4个百分点。全国居民收入稳步增长，居民消费进一步改善。

3.1.3.1 居民收入稳步增长

(1)人均居民收入实际增长略快于人均GDP增长。2016年，全国国内生产总值即GDP实际增速为6.7%，2016年人口自然增长率为0.586%，扣除人口总量自然增长因素后的人均GDP实际增速为6.1%。尽管全国居民人均可支配收入实际增速略低于GDP总量增速，但从可比角度看，全国居民人均可支配收入的实际增速高于人均GDP实际增速0.2个百分点。

(2)农村居民收入增长继续快于城镇居民。按常住地分，城镇居民人均可支配收入33 616元，比上年名义增长7.8%，实际增长5.6%；农村居民人均可支配收入12 363元，名义增长8.2%，实际增长6.2%。农村居民人均收入名义增速和实际增速分别高于城镇居民0.4和0.6个百分点。城乡居民收入比由上年同期的2.73下降为2.72，城乡居民的收入差距继续缩小。

(3)工资、经营、财产三项收入稳步增长。2016年，全国居民人均工资收入13 455元，比上年名义增长8.0%。其中，城镇居民人均工资收入20 665元，名义增长6.9%。主要是交通运输仓储和邮政、金融、房地产、科教文卫等服务行业从业人员的收入增长较快，对冲了采矿、制造、建筑、批发零售、住宿餐饮等行业工资增长放缓乃至下降对工资收入的负面影响。农村居民人均工资收入5 022元，名义增长9.2%。主要是农民工返乡和就近务工增加使本地农民工数量增长3.4%，农民工月均收入水平增长6.6%，两项因素叠加带动农村居民工资性收入仍然增长较快。全国居民人均经营净收入4 218元，名义增长6.6%，其中人均财产经营净收入增长10.6%。全国居民人均财产净收入1 889元，名义增长8.6%，其中出租房屋财产性收入增长9.9%，转让承包土地经营权租金净收入增长12.4%。

(4)转移收入加快增长。2016年，全国居民人均转移净收入4 259元，名义增长11.7%，增速比前三季度提高1.4个百分点。主要是各地全面落实中央关于改善民生和打赢脱贫攻坚战的要求，综合扶贫力度空前加大，低保、医疗标准陆续提高，企业退休人员基本养老金继续上调，惠农补贴陆续发放到位。调查结果表明，全国居民人均社会救济扶贫和补助补贴收入增长13.7%，其中农村居民人均获得的直接到户扶贫款增长187.0%；人均从政府得到的实物产品和服务收入增长30.4%；人均报销医疗费增长14.4%，人均离退休、养老金收入增长12.9%。

(5)居民收入稳步增长为实现翻番目标又打下一个好基础。2010 年全国居民人均可支配收入为 12 520 元,2016 年为 23 821 元,2011—2016 年全国居民人均可支配收入名义增长 11 301 元,扣除物价水平,累计实际增长 62.6%,为到 2020 年实现居民收入比 2010 年翻番的目标又打下一个好基础。据此测算,在未来四年内,只要居民收入年均实际增速在 5.33%以上,到 2020 年居民收入比 2010 年翻番的目标就可实现。

3.1.3.2 居民消费进一步改善,恩格尔系数继续下降

(1)城乡居民消费平稳增长。2016 年,城镇居民人均消费支出 23 079 元,比上年名义增长 7.9%,实际增长 5.7%;农村居民人均消费支出 10 130 元,名义增长 9.8%,实际增长 7.8%。农村居民人均消费名义增速和实际增速分别高于城镇居民 1.9 和 2.1 个百分点。

(2)食品消费支出比重(恩格尔系数)继续下降。2016 年,全国居民人均食品烟酒消费支出增长 7.0%,占消费支出的比重为 30.1%,比上年回落 0.5 个百分点。其中,城镇居民和农村居民的食品烟酒消费支出比重分别为 29.3%和 32.2%,分别比上年下降 0.4 和 0.8 个百分点;全国居民人均衣着支出增长 3.3%,在消费支出中的比重为 7.0%,比上年下降 0.4 个百分点。

(3)与个人发展和享受相关的支出增长迅猛。居民人均居住、用品及服务、医疗保健、交通通信支出分别增长 9.6%、9.7%、12.3%和 12.0%,增速比上年提高 2.8、2.8、0.8 和 0.4 个百分点,人均文化教育支出也保持了 11.2%的较快增长。更进一步看,体育健身活动支出增长 13.7%,购买化妆品等个人用品的支出增长 16.8%,美容、美发、洗浴支出增长 12.2%,购买汽车等交通工具支出增长 19.8%。居民也更加乐于购买社会化服务,居民人均用于家政服务的支出增长 24.7%,居民人均用于旅馆住宿的支出增长 11.7%。

(4)居住条件和环境不断改善。2016 年城镇居民人均居住面积 36.6 米^2,比上年增长 2.2%,农村居民人均居住面积 45.8 米^2,比上年增长 4.2%。2016 年全国居民中有管道供水入户的户比重为 87.1%,比上年提高 2.6 个百分点;有安全饮用水的户比重为 90.3%,比上年提高 1.5 个百分点;有卫生厕所的户比重为 70.7%,比上年提高 2.5 个百分点;有洗澡设施的户比重为 78.9%,比上年提高 3.7 个百分点;获取饮用水无困难的户比重为 94.3%,比上年提高 0.9 个百分点;居住竹草土坯房的户比重为 1.2%,比上年下降 0.3 个百分点。

(5)耐用消费品升级换代趋势明显。2016 年全国居民每百户家用汽车拥有量为 27.7 辆,比上年增长 21.9%;每百户助力车拥有量为 53.2 辆,比上年增长 11.6%;每百户空调拥有量为 90.9 台,比上年增长 11.5%;每百户电冰箱拥有量为 93.5 台,比上年增长 5.0%;每百户抽油烟机拥有量为 48.6 台,比上年增长 6.3%;每百户热水器拥有量为 76.2%,比上年增长 7.0%。其中,农村居民耐用消费品升级换代趋势更加明显,部分耐用消费品拥有量上升速度较快,每百户家用汽车、空调、热水器、抽油烟机拥有量分别比上年增长 31.3%、22.7%、13.6%、19.9%。

3.2 政策环境

3.2.1 宏观政策

2017年政策总基调可能仍是“稳中求进”，政策以稳为主，宏观调控将继续采取“积极财政、稳健货币”组合。为稳定经济增长、加快经济转型，2017年财税体制改革、投融资体制改革、供给侧改革及国企改革等多领域改革将有新举措和新突破。

·政策：宽财政＋稳货币

中央经济工作会议是2017年经济工作的基石，因此，明确经济工作主要任务，确定政策基调甚为关键。2017年宏观政策将在以稳为主的同时继续采取“积极财政＋稳健货币”组合。

2017年宏观政策出现明显调整的可能性较小，财政政策仍将维持较为积极的水平，并适度加大力度。主要政策措施需从刺激中长期投资转向降费减税。货币政策转向总量宽松的可能性较低，仍将保持整体稳健中性、松紧适度的特征。这方面需考虑到维稳汇率、美联储加息进程的掣肘，以及抑制资产泡沫和防范经济金融风险等因素。

·改革：新举措＋新突破

鉴于经济进入结构转换期是“十三五”期间的最大特征，因此，通过改革推进经济转型、加快结构转换是明年经济发展的一大看点。中央经济工作会议将对明年结构性改革做出新的部署，多领域改革将迎来新突破。

供给侧结构性改革作为“十三五”主线，其相关政策将在2017年做出适当调整和完善。

值得关注的是，去杠杆方面，最近已发布政策文件，国务院同意建立由发改委牵头的积极稳妥降低企业杠杆率工作部际联席会议制度。

降成本方面，预计会继续降税减费，制造业增值税税率可考虑下调。继续减轻企业用工成本，“五险一金”仍有下调空间。物流成本方面，2016年8月交通运输部印发《关于推进供给侧结构性改革，促进物流业“降本增效”的若干意见》，并同步制定落实《意见》的3年行动方案，明确2016年至2018年具体工作举措。接下来，要抓好《意见》的落实情况。

补短板方面，预计将全面加大对减贫脱贫的支持力度，提高公共服务水平，加快改善中西部基础设施，加快科技创新，发展高新技术。

除供给侧结构性改革将推出一系列新举措外，国企改革、金融体制改革也将有新动作。供给侧改革依赖于基础性改革的全面推出，预计2017年在收入分配改革、金融体制改革及国有企业经营改革方面会出台新的相关政策，一系列基础性改革将迎来新突破。

3.2.2 中央厨房政策

近年来，国家相关部门出台了关于中央厨房的一系列法律法规，使得中央厨房建设与运营有法可依。

(1)2011年，国务院中宣办提出了“中央厨房加工”的新概念。

(2)2011年1月26日，中央机构编制委员会发布《中央机构编制委员会办公室关于明确中央厨房和甜品站食品安全监管职责有关问题的通知》(中央编办发〔2011〕3号)。

(3)2011 年 5 月 17 日,国家食品药品监督管理总局发布《中央厨房许可审查规范》,从此,中央厨房项目建设规划走上了法制化的轨道。

(4)2011 年 8 月,国家食品药品监督管理总局制定了《餐饮服务食品安全操作规范》,其中对中央厨房的概念也进行了规定。

(5)2012 年 3 月,国家食品药品监管总局发布了《关于进一步加强餐饮连锁企业食品安全工作的通知》,其中对中央厨房管理等做出了多方面强化,落实了主体责任。

(6)2012 年年底,上海市食品药品监督管理总局制定了上海市食品安全地方标准《中央厨房卫生规范》,于 2013 年 2 月 1 日正式实施。

(7)辽宁、浙江、北京根据《中央厨房许可审查规范》的要求,分别颁布了各省市中央厨房禁止配送的高风险食品目录。

(8)2015 年 8 月 31 日,国家食品药品监管总局发布了《食品经营许可管理办法》,对中央厨房的概念重新进行了规定,2015 年 10 月 1 日实施。

3.2.3　餐饮业政策

• 行业管理体制

餐饮行业管理体制为政府职能部门的宏观调控结合行业自律组织的协作规范。国家商务部是餐饮行业的主管部门,对餐饮行业实施宏观管理。在具体的行业管理实践中,商务部会同卫生防疫部门、质量技术监督管理部门以及餐饮服务业的全国性行业组织对餐饮业进行具体管理。我国的餐饮业的全国性行业组织包括中国烹饪协会、中国饭店协会、中国连锁经营协会等,协助商务部、卫生防疫部门和质量技术监督管理部门对餐饮业的行业标准、市场准入、从业资质、服务准则、卫生管理、环保要求等方面,制定相关法规、管理办法和行业标准,对餐饮业进行管理。餐饮业法律法规见表 3-4。

• 法律法规

表 3-4　餐饮业法律法规

时间	部门	法律法规	主要内容
1993 年 2 月 22 日	全国人民代表大会常务委员会	《中华人民共和国产品质量法》	国家为了加强对产品质量的监督管理,提高产品质量水平,明确产品质量责任,保护消费者的合法权益,维护社会经济秩序,制定了中华人民共和国产品质量法。1993 年 2 月 22 日第七届全国人民代表大会常务委员会第三十次会议通过,自 1993 年 9 月 1 日起施行
2005 年 6 月 27 日	卫生部	餐饮业和集体用餐配送单位卫生规范	为贯彻落实《国务院关于进一步加强食品安全工作的决定》要求,加强餐饮业和集体用餐配送单位食品安全卫生管理,规范食品生产经营行为,保障消费者身体健康和生命安全,中华人民共和国卫生部组织制定了《餐饮业和集体用餐配送单位卫生规范》

续表 3-4

时间	部门	法律法规	主要内容
2005 年 9 月 1 日	国家质量监督检验检疫总局	《食品生产加工企业质量安全监督管理实施细则(试行)》	为加强食品生产加工企业质量安全监督管理,提高食品质量安全水平,保障人民群众安全健康,根据《中华人民共和国产品质量法》《中华人民共和国工业产品生产许可证管理条例》《国务院关于进一步加强食品安全工作的决定》和国务院赋予国家质量监督检验检疫总局的职能等有关规定,制定本细则
2006 年 2 月 27 日	卫生部	《食品卫生许可证管理办法》	为贯彻落实《国务院关于进一步加强食品安全工作的决定》和《中编办关于进一步明确食品安全监管部门职责分工有关问题的通知》精神,进一步规范食品卫生许可证的管理,保障卫生行政部门有效实施食品卫生监督管理,维护正常的食品生产经营秩序,保护消费者健康,中华人民共和国卫生部特制定了《食品卫生许可证管理办法》
2007 年 1 月 31 日	国务院	《商业特许经营管理条例》	为规范商业特许经营活动,促进商业特许经营健康、有序发展,维护市场秩序,制定本条例
2007 年 12 月 24 日	商务部	《餐饮企业经营规范)》	《餐饮企业经营规范》从餐饮企业经营应具备的基本要求、经营场地、设备设施、规章制度、卫生安全和后续处理方面提出了规范要求,适用于各种经济类型的餐饮企业。标准在提倡餐饮业规模化经营的同时,兼顾了中小型餐饮企业的经营特点,具有较强的行业指导性和可操作性
2014 年 6 月	商务部	《关于加快发展大众化餐饮的指导意见》	五年内,健全大众化餐饮服务体系,力争大众化餐饮占全国餐饮市场比重由当前的 80%提高到 85%以上,并提出 21 条引导型措施
2014 年 11 月 1 日	商务部、国家发展改革委	《餐饮业经营管理办法(试行)》	明确鼓励餐饮经营者发展特色餐饮、快餐、早餐、团膳、送餐等大众化餐饮,提供标准化菜品,方便消费者自主调味,发展可选套餐,提供小份菜
2014 年 11 月	国务院办公厅	《关于促进内贸流通健康发展的若干意见》	国家将继续加大力度优化餐饮产业结构,加快发展大众化餐饮,推动餐饮业向现代生活服务业转型,促进行业健康可持续发展,引导餐饮业积极创新转型
2015 年 4 月 24 日	全国人民代表大会常务委员会	《中华人民共和国食品安全法(2015 年修订)》	新法中对八个方面的制度构建进行了修改,完善统一权威的食品安全监管机构;明确建立最严格的全过程监管制度,进一步强调食品生产经营者的主体责任和监管部门的监管责任
2016 年 3 月 11 日	商务部	《关于推动餐饮业转型发展的指导意见》	餐饮业在保障和改善民生、扩大消费、促进就业、拉动经济增长等方面具有重要作用,为进一步优化餐饮业发展环境,切实减轻餐饮企业负担,推动餐饮业加快转型发展

续表 3-4

时间	部门	法律法规	主要内容
2016 年 3 月 15 日	国家食品药品监管总局	《网络食品安全违法行为查处办法》	宣告互联网餐饮再也不是法外之地
2017 年 2 月 10 日	国家食品药品监管总局	《网络餐饮服务监督管理办法(征求意见稿)》	利用互联网提供餐饮服务的,应当具有实体店铺并依法取得食品经营许可证

· **相关政策**

(1)党的十七大报告提出“加快发展现代服务业,提高服务业的比重和水平”。国务院《关于加快发展服务业的若干意见》及国务院办公厅《关于加快发展服务业若干政策措施的实施意见》,为服务业加快发展奠定了良好政策基础,为餐饮业发展带来了难得的机遇。

(2)2012 年出台的《国务院关于深化流通体制改革加快流通产业发展的意见》(简称国 39 条)作为指导流通产业降低流通成本、提高流通效益的纲领性文件,对于餐饮业减负具有重要的推动作用,之后随着国家“正税清费”各项配套政策的出台,餐饮业的政策环境得到了极大的优化,整个宏观趋势日益向好。

(3)2016 年 5 月 1 日起“营改增”全面实施。作为被纳入试点范围的生活服务业成为备受关注的焦点,因税率及纳税方法的转变使得餐饮企业以及供应链、租金等方面都开始出现相应的调整,餐企在成本上有一定减少。财政部、国家税务总局发布《关于明确金融、房地产开发、教育辅助服务等增值税政策的通知》又将外卖税率确定为 6% 。

(4)刷卡手续费:2016 年 3 月,发改委、央行印发通知,宣布完善银行卡刷卡手续费定价机制,从总体上较大幅度降低收费水平,于 9 月 6 日起正式实施。此举改善餐饮企业经营环境,促进商贸流通。

(5)网络监管:北京、上海、青岛等多地食药监局相继出台《网络食品经营监督管理办法》,2016 年 7 月国家食药总局正式发布《网络食品安全违法行为查处办法》,宣告互联网餐饮再也不是法外之地。

(6)双证合一:2016 年 1 月 13 日,国务院常务会议决定,整合饭馆、咖啡馆、酒吧、茶座 4 类餐饮服务公共场所的卫生许可证和食品经营许可证,由食品药品监管部门一家许可、统一监管,并承担相应行政责任,完善食品安全保障机制。餐饮服务公共场所的卫生许可证和食品经营许可证的“两证合一”,大大减轻了企业的负担和成本。

(7)2016 年 11 月,农业部印发《全国农产品加工业与农村一二三产业融合发展规划(2016—2020 年)》,积极引导龙头企业向前延伸发展自身的标准化原料基地,并借助基地发展以观光、采摘为主的休闲农业,同时发展流通业和餐饮业。

3.3 餐饮业环境

3.3.1 餐饮业发展现状

餐饮服务指向消费者提供调制好的食品和消费场所及设施等商业活动。中国的持续发展及城市化推动了可支配收入增加、人民生活水平的日益提高，带动了“外出就餐”热潮的兴起，中国餐饮市场也随着经济稳定增长而保持可持续增长。

目前，我国餐饮业发展呈现如下特征：

• 产业规模呈阶梯状增长

全国餐饮收入从 2011 年的 20 635 亿元增加到 2015 年的 32 310 亿元，年均增加量为 2 335 亿元，2015 年更在“十二五”开局年突破 2 万亿元关口的基础上，以突破 3 万亿元收官。整个“十二五”时期的餐饮收入比“十一五”时期增长了 0.75 倍，接近翻一番。2016 年 12 月份，餐饮收入 3 353 亿元，同比增长 10.6%；1～12 月份，餐饮收入 35 779 亿元，同比增长 10.8%。

• 业态结构：正餐是主导，快餐竞争力更突出，新业态在培育中

正餐和快餐依然是餐饮产业的主要业态，而且快餐的综合竞争力不断增强。随着产业的转型和消费需求的多元化，业态分化明显，不管是正餐还是快餐，都在进行以品牌、产品或服务的市场细分，这些细分市场如果发展态势良好，有望形成餐饮产业的新业态。

• 发达地区体量大增长乏力，欠发达地区体量小增长迅猛

餐饮从业人员基本上集中于经济较发达的北京、长三角（上海、江苏、浙江）、广东、山东等地。广东省餐饮从业人员最多，接近 90 万人，北京位列第二，不到 60 万人。值得注意的是，人口密集省份也是餐饮从业人员集中的区域，如四川、河南、湖南的餐饮从业人员都突破了 30 万人，这说明河南、四川等作为劳务输出大省，餐饮产业的发展为解决本地人员就业创业发挥了重要作用。

总体来看，经济发达地区餐饮产业规模体量相对较大，但由于基数大和劳动力产业转移，开始进入慢增长态势；欠发达地区的餐饮产业具备吸纳产业转移劳动力的能力，尽管规模体量的影响力有限，但起点低，后发优势足，目前还处于相对粗放的快增长期，从长远来看，也会很快进入餐饮产业的调整期。

• 增长潜力：限额以上和连锁餐饮企业低位缓慢增长

受 2012 年的八项规定影响，不管是限上单位还是连锁餐饮企业的收入/营业额都在整体下滑的态势下一路走低，其中限额以上单位所受冲击最大，连锁餐饮企业因为门店的广泛分布在一定程度上减缓了营业额下滑的趋势。尽管 2013 年后整个餐饮市场逐步回暖，增长态势日渐乐观，但是限额以上餐饮企业营业额依然处于继续下探的阶段。

整个“十二五”餐饮产业增长态势相比“十一五”有明显的减缓，作为产业增长潜力的主要助推力量限额以上和连锁餐饮企业目前还处于低位缓慢增长的阶段。

• 产业活力：投资减速，用工需求不旺

餐饮业作为劳动密集型的传统行业，资金和资源是衡量产业活力的重要因素。一方面产业固定资产投资不仅体现了资金对餐饮产业的认可程度，也反映了产业的活跃程度；另一方面用工需求是反映餐饮业景气与否的晴雨表，旺盛而可持续的人力资源供给和需求是产业发展的原动力。

“十二五”期间的产业投资吸引力呈下探趋势。尽管住宿和餐饮业城镇固定资产投资在“十二五”期间是逐年增加的，但是自2013年以来增速明显放缓，并在2014年跌至谷底，2015年才略有回升。从长期趋势来看，整个“十二五”住宿和餐饮业城镇固定投资额的增幅呈“滑梯”式的一路下探，整期的平均增速仅比全国平均水平高0.36个百分点，但比“十一五”期间下降了近1倍。餐饮行业因疲软态势使得用工需求不旺。

3.3.2 餐饮业数据统计

2016年我国餐饮业数据统计见表3-5。

表3-5 2016年我国餐饮业数据统计

日　期	当月值	当月同比(%)	累计值	累计同比(%)
2016年12月	3 352.00	10.60	35 799.00	10.80
2016年11月	3 342.00	10.10	32 447.00	10.80
2016年10月	3 492.00	10.00	29 105.00	10.90
2016年9月	3 011.00	10.60	25 614.00	11.00
2016年8月	3 036.00	10.30	22 603.00	11.10
2016年7月	2 884.00	10.90	19 567.00	11.20
2016年6月	2 907.00	11.10	16 683.00	11.20
2016年5月	2 878.00	10.90	13 776.00	11.30
2016年4月	2 596.00	11.60	10 898.00	11.40
2016年3月	2 651.00	11.40	8 302.00	11.30
2016年2月	—	—	5 651.00	11.30

数据来源：国家统计局

2016年1～4季度大中型住宿和餐饮业企业主要经济指标见表3-6。

表3-6 2016年1～4季度大中型住宿和餐饮业企业主要经济指标

指标名称	1～4季度	比去年同期增长(%)
法人单位数(个)	517	—
主营业务收入(亿元)	666.86	2.2
税金总额(亿元)	15.97	−56.0
营业利润(亿元)	45.27	84.6

数据来源：国家统计局

3.3.3 餐饮业发展趋势

- **大众餐饮成为主流**

国家商务部于2014年6月发布了《关于加快发展大众化餐饮的指导意见》，明确指出“加快发展大众化餐饮，是厉行勤俭节约、反对铺张浪费，推动餐饮业回归理性消费的客观要求，是优化餐饮业发展结构、引导高端餐饮转型、提升餐饮业发展水平的有效途径，是保障和改善人民生活、扩大内需、促进就业的现实需要”。截至 2014 年 6 月，我国大众化餐饮占全国餐饮市场的 80%，商务部在上述《指导意见》中确定了将大众化餐饮占全国餐饮市场的 85%以上的发展目标，并与人民群众餐饮消费需求基本相适应。大众化餐饮消费需求将呈现进一步发展势头。

• 新生群体成为重要消费群体

随着新生代群体(80 后和 90 后)逐渐成为重要的消费群体，消费市场呈现消费体需求多元化和差异化的特点。一方面体现在新生代群体与父辈(60 后和 70 后)的消费需求差异；另一方面也体现在新生代群体内部需求的多样化。我国大众化正餐服务行业市场进一步细分，出现新兴的市场存量。

• 电子商务刺激消费者需求

移动互联网为消费者提供了在社交平台“主动发声”的机会，方便了消费者线上点评、表达情绪，如实地反映了大众对餐饮业的各种需求。这些数据不仅会被潜在的顾客加以参考，刺激消费，同时从事餐饮行业的企业可以通过对线上点评数据进行分析，整体把握消费者需求。与传统调研相比，线上收集的数据覆盖更广泛、内容更准确，能够有效地根据顾客需求改进口味、服务、环境、上菜速度等因素，进一步拉动消费者需求，实现双赢。另外，相对于一般的高端餐饮和超低价餐饮，连锁餐饮是最适合 O2O 的细分行业，主要原因是连锁餐饮企业店面分布广泛，能够消化互联网企业引来的客源。

3.4 社会发展环境

3.4.1 人口环境

2016 年年末全国内地总人口 138 271 万人，比上年年末增加 809 万人，其中城镇常住人口 79 298 万人，占总人口比重(常住人口城镇化率)为 57.35%，比上年年末提高 1.25 个百分点。户籍人口城镇化率为 41.2%，比上年末提高 1.3 个百分点。全年出生人口 1 786 万人，出生率为 1.295%；死亡人口 977 万人，死亡率为 0.709%；自然增长率为 0.586%。全国人户分离的人口 2.92 亿人，其中流动人口 2.45 亿人(表 3-7)。

表 3-7　2016 年年末人口数及其构成

指　标	年末数(万人)	比重(%)
全国总人口	138 271	100.0
其中：城　镇	79 298	57.35
乡　村	58 973	42.65
其中：男　性	70 815	51.2
女　性	67 456	48.8
其中：0～15 岁(含不满 16 周岁)	24 438	17.7
16～59 岁(含不满 60 周岁)	90 747	65.6

续表 3-7

指　标	年末数(万人)	比重(%)
60 周岁及以上	23 086	16.7
其中:65 周岁及以上	15 003	10.8

数据来源:国家统计局

2016 年,80 后和 90 后群体已突破 4 亿人,占全国总人口的近 1/3,是餐饮消费的主力军。20～35 岁的年轻消费者贡献功效了 74%的餐饮消费。

以年轻人为主体的中产阶层人数超过 1 亿,到 2030 年将会超过 2.5 亿,将占全国人口中的 20%。这一人口的出现以及持续增长,将会给中国的消费结构带来历史性的变化。

3.4.2　饮食文化环境

• 饮食与饮食文化

(1)饮食。中国的饮食历史悠久,中国饮食历史的分期,有多种划分方法和观点,最具代表性的有三种:

一是主要以生产力水平和烹饪技艺水平作为进步的标志来划分,有史前熟食、陶器烹饪、青铜器烹饪、铁器烹饪等阶段;二是以历史朝代来划分,有史前时期、夏商周时期、春秋战国时期、汉魏六朝时期、唐宋时期、元明清时期等;三是以饮食发展的进程来划分,有萌芽时期、形成时期、发展时期、成熟时期、繁荣时期等。

(2)饮食文化。中国饮食文化源远流长,博大精深。它是人类在长期饮食过程中形成的一种文化。饮食文化的含义有狭义和广义之分。狭义的饮食文化是与烹饪文化相对的。

一般而言,烹饪文化是指人们在长期的饮食品的生产加工过程中创造和积累的物质财富和精神财富的总和,是关于人类食物是什么、怎么做、为什么做的学问,涉及食物原料、烹饪工具、烹饪工艺等。(生产文化)

狭义的饮食文化,则是指人们在长期的饮食品的消费过程中创造和积累的物质财富和精神财富的总和,是关于人类吃什么、怎么吃、为什么吃的学问,涉及饮食品种、饮食器具、饮食习俗、饮食服务等。(消费文化)

• 中国饮食文化与餐饮业发展

随着现代人们生活水平的提高和人们生活方式的改变,生活节奏越来越快,这时中式快餐的出现影响着我们的生活习惯。与西式快餐相比,中式快餐菜式种类繁多、做法丰富而复杂,更有营养,更符合中国人的口味、饮食习惯和饮食文化;中式快餐的价位也普遍低于西式快餐;中式快餐行业进入门槛较低;中式快餐菜式种类繁多,烹饪方法多样化,但是普遍缺乏自己的特色和独特的文化,核心竞争力缺失;制作方法主要依赖手工操作,在质量、口味方面难以实现标准化。

作为中华民族悠久的历史文化的一部分,饮食文化散发着耀眼的光辉。目前,我国的饮食文化正在影响着中式快餐企业的发展与规模,国内有众多餐饮企业从事中式快餐,中式快餐以独特的适合国人的“中国味道”吸引着原本经常光顾“洋快餐”的时尚一族,并为被“洋快餐”隔离在外的大部分普通消费者提供物美价廉的快餐服务，迅速抢占大量的市场地位。

• **中国民俗文化与餐饮业发展**

餐饮行业作为服务业在我国国民经济中占有的比重越来越大，在面临国外餐饮抢占国内市场份额的情况下，本土餐饮业更要进行推陈出新吸引顾客。与国外西餐、日韩泰式料理等相对应，中国本土餐馆从传统民俗文化入手，以最地道的全方位民俗文化餐饮体验来吸引顾客，成为中国餐饮业的亮点。像云海肴、南京大排档、湘粤情等民俗文化类的主题餐厅以服务之上，融入文化元素，唤醒顾客对传统文化的情怀。

(1)有形的民俗文化。人们在具有民俗文化特色的餐厅用餐，不仅要品尝特色菜肴的色香味形，还要体验纯正的地方民俗文化，体味其中的精髓。因此此类餐厅招待顾客的方式不仅限于特色菜肴，还有独特的就餐环境，主要包括装潢布置、服务人员和烹饪方式，这三点可归结为餐厅的有形文化。随着社会的发展，人们对餐饮的环境要求越来越高，餐饮空间除了满足用餐的需要，它已成为人们休闲、享受、交往的场所，其精神功能已上升为主要需求，人们要求环境幽雅舒适、有文化品位、有个性特色，使人从中获得精神享受。在这一方面，南京大排档就为顾客打造了不一样的用餐体验，这里除了有地道的南京小食和家常烹煮，它的装潢布置更吸引眼球。南京大排档的招牌是一块刻有烫金大字的木匾，繁体字更显古典怀旧；室内装潢体现了江南古朴的风格。开放式的厨房设计成街边的小吃摊，厨师用南京话吆喝叫卖，场面热闹非凡。最具亮点的是在餐馆中心位置搭建的一个戏台，时常有艺人在此演奏琵琶，表演南京评弹，生动地再现了金陵的繁华。

其次，餐厅的服务质量是决定餐厅受欢迎程度的关键因素之一，而服务人员直接决定了服务质量的好坏。如南京大排档的服务人员无论着装，还是服务态度都展现了清末民初南京酒馆的风格。民俗文化的有形部分还体现在烹饪以及食用的方式上，如广为人知的兰州拉面，这里的厨师在开放的空间向顾客表演拉面的制作过程以招待顾客。又如北京烤鸭，其烹饪方式不仅考究，还分为不同流派，主要有挂炉烤鸭和焖炉烤鸭两大类。挂炉烤鸭的代表是全聚德，这一烹饪方式是从宫廷流传至民间；焖炉烤鸭则以便宜坊为代表，这一烹饪方法可追溯到明朝，发源于南京。另外，不同的地区的菜系以及独特的烹饪方式也是地方民俗的体现，各地烹饪方法不同，形成了不同的菜肴特色。

(2)无形的民俗文化。无形的餐饮民俗文化主要指餐厅内的看不见的蕴意有趣或深刻的饮食现象。无形文化主要体现在吉利美好的菜名，经典菜品的传统做法以及对传统手工艺制作的传承等。中国幅员辽阔，各地美食皆有其独特风味，甚至同一种食物在不同地区的叫法也不同，如云吞、馄饨和抄手。中国人喜欢点一些名字好听、吉祥的菜品，如年年有鱼、锦鲤跃塘(水煮鱼)、大珠小珠落玉盘(杂肉丸)。这些菜名的使用就比一些生硬的西餐名称有韵味的多，比如 fish and chips(炸土豆条和鱼)，pepper steak(黑椒牛排)。

掌握某些经典菜品的秘方是许多餐饮企业制胜的法宝，这一法宝也是一种无形文化的体现，与民俗文化密不可分的餐厅越来越注重这种非物质文化的传承。西贝莜面村花费 600 万元巨资购买了《舌尖上的中国》第二季中挂面爷爷张世新老人的空心挂面做法。大型纪录片《舌尖上的中国》创造的收视神话表明了国人对各地传统美食的期待和向往，西贝莜面村的做法也轰动一时，吸引了很多食客。这就是运用无形民俗文化的一个成功案例。

除了菜名和秘方的传承之外，一些有历史渊源名菜肴也是无形文化的一大体现，比如过桥米线，它是云南滇南地区特有的汉族小吃，以其高热的盖有滚油的大骨汤为特色；山西臊子面有庆祝及祝福长命之意；腊八粥的故事是为了教育后人勤俭节约；状元及第粥有好兆头等。民俗文化的无形部分在中国人心中形成了一种情结，是一种情感寄托，将这种美好的希冀融入现代餐饮经营中不失为一种好的经营理念。

(3)"走出去"的民俗文化。如今中国餐馆遍布全球，不仅为国外的中国同胞提供了家乡味道，更让外国人体验了一把中国风味儿。国外的中国餐厅价位各不相同，菜品风味也存在巨大差异，随着 20 世纪以来的移民浪潮，中国社区成为国外越来越大的重要团体。从经济利益角度看，中国餐馆只需在企业经营中加入中国元素、菜品有中国特色，就可以吸引顾客；从文化角度看，餐饮的"走出去"也可以将中国文化带给世界人民。为了更好地宣扬历史悠久的中国饮食传统和理念，"走出去"的中国餐馆不妨将民俗文化融入企业经营中，将地方特色展现给地球村的人们。同时中国餐厅也注意中西方文化差异和翻译造成的文化传递失误。

从专业角度看，中餐比西餐品种多、口味丰富；中餐注重色香味形、以味为主，西餐重味重营养；中餐饭大于菜，而西餐菜多饭少、以副食的肉类为主。从文化角度看，中西方对一些动植物的文化意象不同，比如"龙"在中国代表着吉祥，而在西方则是罪恶的象征。另外，宗教或者其他因素也是导致饮食文化差异的渊源。在中国餐饮文化"走出去"的过程中，菜名翻译应遵循"信、达、雅"的原则，可从菜品原料、烹饪手法入手，或通过适当解释和图片来尽可能地传递菜名含义和历史渊源。

2013 年湘粤情集团于澳大利亚悉尼首开海外分店，为适应中外食客需求，该店集简餐茶点、专业中餐正餐出品、酒吧休闲于一体，是消费者就餐和社交的好去处。另外，该店实现了中西餐结合，传统的"宫廷烤鸭"由中国烹饪大师负责；特聘的新加坡厨师和悉尼本地厨师打造正宗的南洋风味和西餐。海外店在装修上十分注重中国元素，比如正餐区融合了中国北方胡同和南方弄堂的设计特点，辅以中国传统手工艺人的精湛技术。就餐者还可以亲眼看到道道食材的准备，饭菜的烹调，近距离观察厨房和手工垒砌的烤鸭炉。这恰恰体现了以上所说的餐饮业中的有形文化和无形文化。

(4)总结。餐饮业中的有形和无形民俗文化相辅相成、互相弥补，可以帮助中国传统餐饮企业在竞争中如虎添翼，站稳脚跟。出色的餐饮企业总是能通过菜品吸引顾客，通过服务留住顾客，民俗餐饮企业正是这样让顾客找到老家的感觉。"走出去"的中国餐饮企业还承担着文化传播的责任，若能适当地融入优秀的民俗文化元素，将有助于中国文化在世界落地生根。

· 餐具设计的饮食文化元素创新

菜品的餐具包装设计不仅是人们审美情趣与精神内涵的体现，也是现代材料科技的折射，更是提升菜品形象、建立企业文化的重要手段。现代餐具设计是菜品最直接、最有效的广告载体，它既承载了人们对餐具功能与审美的感性要求，同时也是地域文化与内涵的具象反映。

·对饮食文化进一步传承及利用的建议

(1)把中国的饮食文化转化为全球性的商品；

(2)弘扬民族饮食文化，建设有中国特色的餐饮食品工业；

(3)改善饮食结构，发展食疗品种，推出食疗菜系；

(4)绿色食品大量上餐桌；驯养特种动物，培育特色植物，开拓美食资源；

(5)消费者应该自觉树立“饮食素养”观念。

个人饮食素养的重视与提升，不仅能从自我创造层面促进中国饮食文化的传承与发展；更能从鉴赏、消费层面推动整个餐饮市场从消费需求到企业供给的全面升级。

3.4.3 消费环境

我国经济的发展与人民生活水平的不断提高是餐饮业发展的基础条件。随着经济发展的逐步回升，城乡人均收入持续增加，需求日趋旺盛，促进餐饮业营业额增幅显著攀升。

与此同时，假日消费成为市场的新亮点。元旦、春节、五一等节假日市场较往年更加火爆，各地旅游团队用餐、家庭宴席、婚庆寿宴和散座业务明显增多。

第 2 部分　市场调查

第 4 章　中国中央厨房及餐饮业市场分析

第 5 章　中国重点地区中央厨房及餐饮食品工业化市场情况

第 4 章　中国中央厨房及餐饮业市场分析

当前阶段，中央厨房已成为餐饮业发展不可或缺的组成部分，在餐饮业的普及率近年来逐渐提高，是餐饮业的发展趋势具体表现之一。餐饮业发展的好坏直接影响着中央厨房的发展，反之中央厨房的发展也影响着餐饮业的发展。

4.1　中央厨房市场分析

4.1.1　中央厨房企业数据

中央厨房通常是由餐饮连锁企业建立的并服务于本企业，常见模式一是“中央厨房+连锁门店”，如大娘水饺、真功夫、面点王等；常见模式二是“中央厨房+团膳客户”，如沈阳双瑞铁路供餐、深圳航空配餐、广州多满分学生餐等。

据中国连锁经营协会发布的一项调查显示，目前，我国成规模的连锁餐饮企业中，中央厨房的普及率已经达 70%以上。国家统计局发布，截至 2015 年我国限额以上连锁餐饮企业数量达到 912 家，中央厨房的普及率为 70%。2016 年中央厨房企业数量有所增加，企业数量达到 765 家，普及率达到 75%。随着餐饮行业的品牌化和连锁化的持续推进，业务市场中冷链食品总量的比例也将稳步上升，预计中央厨房的需求将保持增长（图 4-1、图 4-2）。

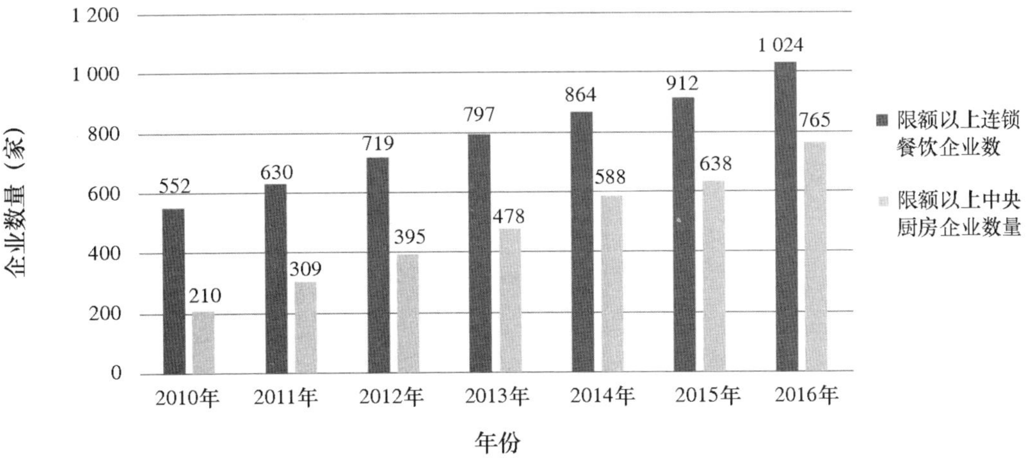

图 4-1　限额以上连锁餐饮企业数与中央厨房企业数对比图

数据来源：中国连锁经营协会

注：限额以上单位统计口径为 200 万元及以上的餐饮业企业（单位）

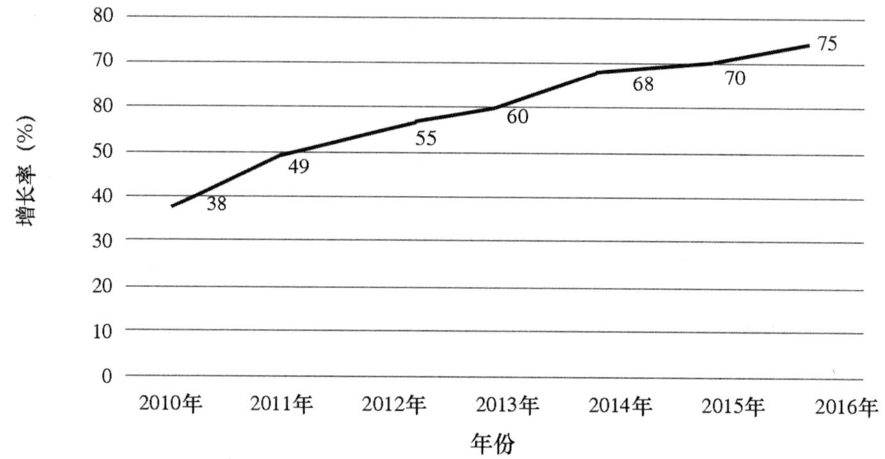

图 4-2　2010—2016 年中央厨房在餐饮业的普及率

数据来源：中国连锁经营协会

4.1.2　中央厨房营业面积统计

目前，我国对于中央厨房的营业面积还没有统计数据报道。早在 2014 年《四川旅游学院学报》的调查显示，就中央厨房面积而言，在 30 家已建中央厨房的企业中，中央厨房面积在 1 000 米^2 以下的企业有 2 家，占中央厨房企业的 6.67%；中央厨房面积在 1 000～5 000 米^2 的企业共有 14 家，占中央厨房企业的 46.67%；中央厨房面积在 5 000～10 000 米^2 的企业共有 10 家，占中央厨房企业总数的 33.33%；中央厨房面积在 10 000 米^2 以上的企业共有 4 家，占有中央厨房企业的 13.33%（图 4-3）。

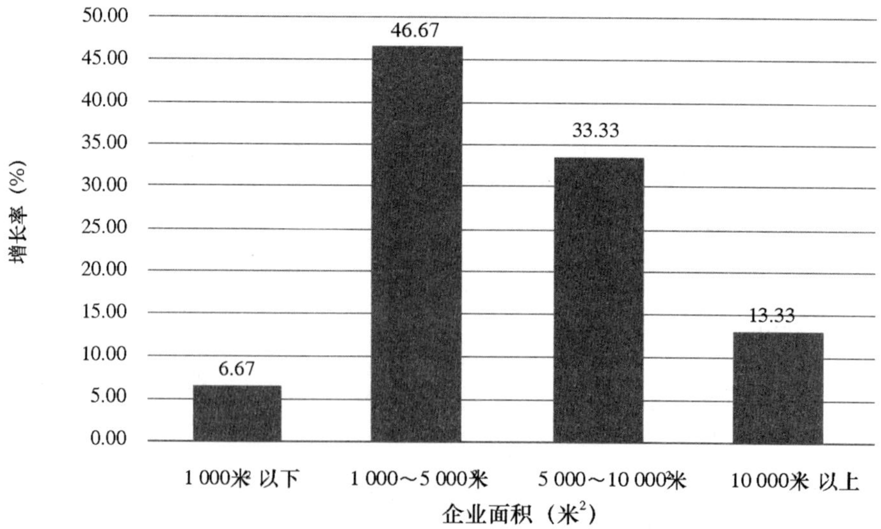

图 4-3　中央厨房企业面积分布图

数据来源：2014 年《四川旅游学院学报》

可以初步得出，中央厨房面积在 1 000～10 000 米^2 的企业共有 24 家，占拥有中央厨房企业的 80％；面积在 1 000～5 000 米^2 是一个高峰区间，几乎半数拥有中央厨房的企业在此范围内。即在中央厨房的面积覆盖中，近半数企业选择的建设面积是中间值，中央厨房面积的大小也无绝对性，适合企业发展的就是最好的。

2016 年 12 月份，中国饭店协会在江苏无锡市召开的第二届中国团餐产业发展大会发布的数据显示：

在抽样调查的 85 家团餐企业，有 50 家企业自建中央厨房，占总样本的 58.8％。在 50 家已建中央厨房的企业中，中央厨房面积在 1 000 米^2 以下的企业有 8 家，占中央厨房企业的 16％；中央厨房面积在 1 000～3 000 米^2 的企业共有 23 家，占中央厨房企业的 46％；中央厨房面积在 3 000～5 000 米^2 的企业共有 9 家，占中央厨房企业总数的 18％；中央厨房面积在 5 000 米^2 以上的企业共有 10 家，占有中央厨房企业的 20％。可以得出，团餐企业中央厨房面积在 1 000～3 000 米^2 的企业数量居多共有 23 家，占拥有中央厨房企业的 46％(表 4-1)。

表 4-1　中央厨房企业面积分布图

面积分布(米^2)	数量	占比(％)
1 000 米^2 以下	8	16
1 000～3 000 米^2	23	46
3 000～5 000 米^2	9	18
5 000 米^2 以上	10	20

数据来源：中国饭店协会

4.1.3　中央厨房企业设计产能与实际产能统计分析

目前，我国成规模的连锁餐饮企业中，中央厨房的普及率已达 70％以上，但是自建中央厨房产能存在严重的过剩。好一点的利用率达到了 50％～60％，有的甚至只有 20％～30％。普通连锁餐饮的中央厨房都是按未来 3～5 年达到现有产能的 3～5 倍来进行规划的，这意味着即使企业业务按正常的、顺利的规划发展也需要有几年的产能才能接近满产。而今，全国实体经济不景气导致餐饮企业经营发展普遍受挫，因而很多企业都在维持甚至收缩产能。所以，目前连锁餐饮企业的中央厨房普遍闲置。截至 2015 年限额以上中央厨房产能利用率不足 50％，2016 年餐饮业整体情况有好转，中央厨房产能利用情况也略有好转，但仍有一半的产能闲置(图 4-4)。产能过剩仍然是部分中央厨房面临的问题。

目前中央厨房正从快餐业逐步进入正餐业，应用领域覆盖面不断增大。随着食品的产业发展和产品细分，中央厨房未来会生成为专业服务于餐饮业的食品化工厂，其产能利用率也会达到进一步提升。

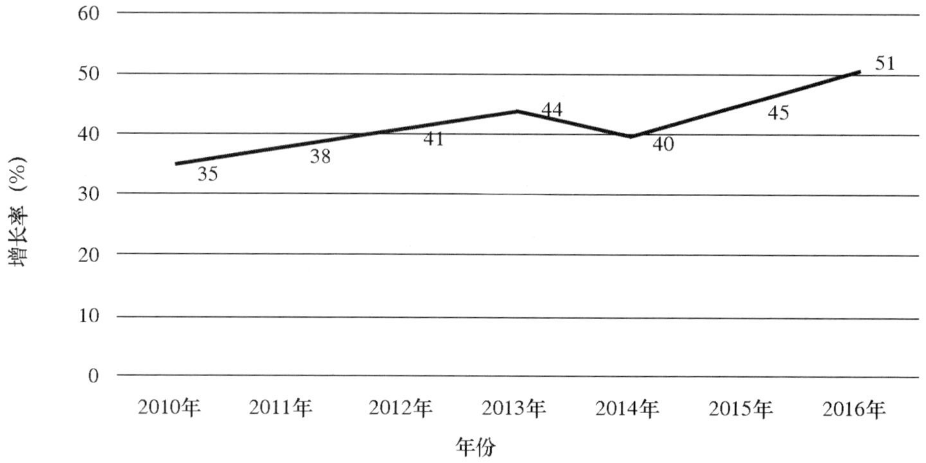

图 4-4　中央厨房产能利用率

数据来源:中国连锁经营协会

4.1.4　中央厨房企业中央厨房投资额统计分析

随着中国餐饮业的蓬勃发展,国内中央厨房的建设稳步增长。粗略估计,发展至今,国内中央厨房投资额应该累计超过 3 万亿元。很多中央厨房企业由于前期缺乏科学的可行性研究论证、盲目跟风、重复投资建设,造成许多团膳类和快餐类的中央厨房吃不饱、开工不足、大量产能闲置;近几年国内中央厨房的投资额每年仍然处于 3 000 亿～4 000 亿元的高位。尽管中央厨房项目投资金额不低,但各企业业务范围主要集中在高铁、航空、学生餐、一二线城市的团餐等红海市场,其中,高铁、航空、学生餐的市场份额较固定,价格不高、利润不够理想。

根据速途研究院 2015 年第四季度发布的《2015 中国互联网＋餐饮行业报告》及最新数据显示,2015 年中央厨房建设投资规模累计投资达到 3.5 万亿元,2016 年累计投资达到 4.2 万亿元(图 4-5)。

4.1.5　中央厨房设备市场规模分析

随着中央厨房的普及与其价值得到更多体现,中央厨房设备需求量也不断增加,近几年我国中央厨房设备市场规模发展迅速。2015 年我国中央厨房设备市场规模达到 86.2 亿元,2016 年中央厨房设备市场规模进一步增大,但增速有所放缓,2016 年设备市场规模达到 100 亿元(图 4-6)。

4.1.6　中央厨房服务市场规模分析

随着中央厨房的普及,行业对专业知识的需求在不断增加,中央厨房配套的第三方服

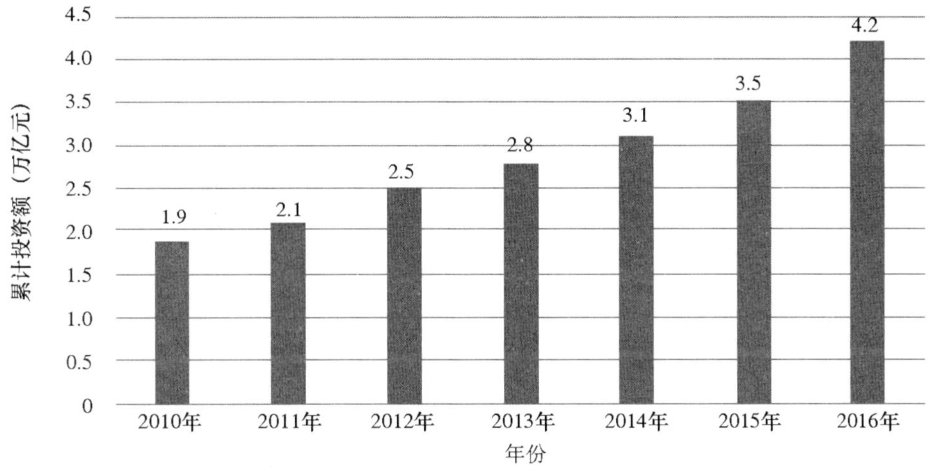

图 4-5　中央厨房建设投资规模预测

数据来源：速途研究院

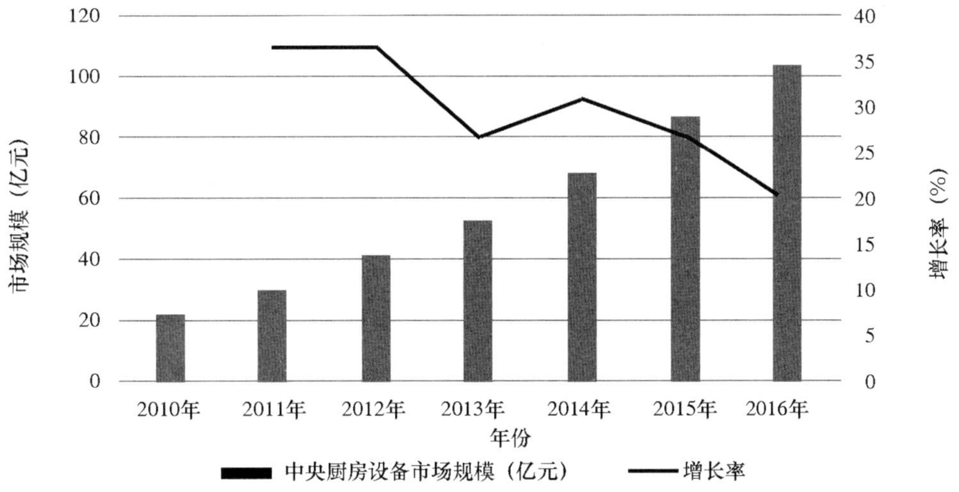

图 4-6　2010—2016 年中央厨房设备市场规模变化趋势

数据来源：速途研究院

务产业正在逐渐形成专业化、系统化、全面化的服务体系。目前，国内中央厨房第三方专业服务机构主要提供咨询、顾问、培训、技术、研发、软件及管理输出等内容。

中央厨房第三方专业服务市场是中央厨房与餐饮食品工业化发展的新趋势，它将会逐渐取代中小型餐饮企业自行产品研发、人员培训等。根据速途研究院 2015 年第四季度发布的《2015 中国互联网＋餐饮行业报告》统计与最新数据预测，2016 年，我国中央厨房服务市场规模已达到 70 亿元，预计 2017 年将近 100 亿元（图 4-7）。

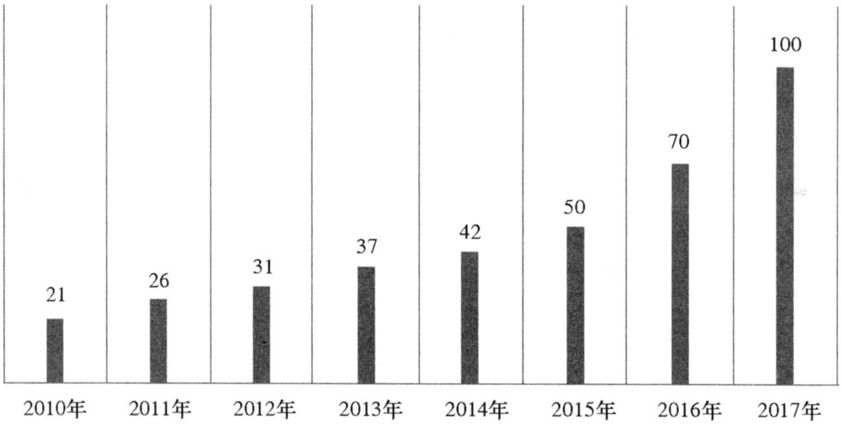

图 4-7 中央厨房服务市场规模预测(单位:亿元)

数据来源:速途研究院

4.2 餐饮业市场分析

4.2.1 2016 年中国餐饮市场特点

2016 年我国餐饮业呈现如下特点:

(1)餐饮市场发展逐渐回暖。经历过 2015 年全年强势回暖之后,进入 2016 年餐饮市场发展速度减缓并趋于稳定。2016 年 1～12 月,全国餐饮收入 35 799 亿元,累计同比增长 10.8%,提前一个月超过 2015 年度全年餐饮收入,餐饮业市场逐渐回暖。

(2)部分省区市场凸显活跃。受经济形势下行以及部分地区政策连锁反应的影响,再加上本身餐饮产业规模庞大,一些传统餐饮产业大省区餐饮市场发展步伐都初显放缓迹象,进入稳增长阶段。

北京市、山东省、福建省、四川省同比增速上涨幅度都有不同程度的降低,上海市、天津市、广东省、河南省、湖北省等地增速甚至低于去年同期。

相比之下,尽管增幅同比有所下跌,但是甘肃省、青海省、陕西省等地区餐饮市场依然以较快速度领跑,反映出"一带一路"等国家发展战略以及地方政策的激励为餐饮服务业注入了新活力、新动力。

在当地政策的大力支持下,部分省区餐饮市场发展活跃。云南省一直致力于弘扬当地民族餐饮文化、推动滇菜品牌走向全国,2015 年 12 月云南省政府发布《"舌尖上的云南"行动计划》,力争在 5 年内,全省餐饮业总收入达 2 000 亿元以上;山西省调整产业发展规划,将餐饮行业作为新的经济增长点,并取得了一定的效果,2016 年上半年山西省餐饮收入同比增长 6.5%,增速比上年同期提升 2.3 个百分点,结束了自 2013 年"中央八项规定"以来增速持续下跌的颓势;为了进一步加快川菜产业发展,2016 年 6 月成都市政府公布了《关于进一步加快成都市川菜产业发展的实施意见》,实行诸多扶持奖励政策,有利于振兴川菜、弘扬成都丰富的美食文化，争取到 2020 年成都市餐饮零售额突破 1 000 亿元。

(3)供需两端齐发力促发展。大众化餐饮体现出强劲的生命力，特色餐饮、休闲餐饮、农家乐、度假旅游等新兴业态极具市场需求空间，发展潜力巨大。多元化多品牌积极拓展市场，“小而美”门店深受欢迎。

当前餐饮消费需求日益追求个性化、体验化、多元化，在推进供给侧结构性改革、努力提高产品和服务供给质量和效率、促进消费带动转型升级的政策方针指导下，餐饮业或主动或被动地不断尝试调整，探索创新不断提升产品质量和培育品牌的内生动力。

(4)资本市场表现踊跃积极。一直以来，餐饮业在资本市场的战绩并不算显著，但从未停歇尝试。广州酒家、广州九毛九餐饮、同庆楼餐饮股份等企业再次踏上谋求上市征程，海底捞子公司颐海国际控股有限公司已于 2016 年 7 月份在香港成功上市，迈出进军资本市场的步伐。

2016 年以来，红鼎豆捞、香草香草、丰收日等餐饮企业陆续登陆新三板，内蒙古小尾羊也于 8 月份提出申请新三板挂牌，因新三板宽松政策相比较于主板来说更受餐饮企业追捧。另外，百胜、麦当劳分别以股权转让、出售中国区特许经营权的方式引入中国战略投资者，以期继续维护好品牌，再创辉煌。

(5)政府部门不断出台利好政策。2016 年 3 月份，商务部发布《关于推动餐饮业转型发展的指导意见》，提出力争用 5 年的时间，培育一批连锁化、品牌化餐饮企业，基本形成以大众化餐饮为主体、区域布局合理、城乡协同、各业态协调的发展格局，满足多层次、多样化消费需求的餐饮服务体系。餐饮行业应牢牢把握《意见》提出的创新、协调、绿色、开放、共享五大发展理念，结合餐饮产业链结构性改革，尽快完成转型发展过程。

随后，国家发改委、中国人民银行印发了《关于完善银行卡刷卡手续费定价机制的通知》，不仅从政府定价管理的范围、方式做出改变，取消商户行业分类定价，实行借、贷记卡差别计费，并且按照市场化方向完善银行卡刷卡手续费定价机制，从而总体上较大幅度下调收费水平，进一步降低商户经营成本，改善商户经营环境，扩大消费，促进商贸流通，而餐饮业将成为其中最大的受益者之一。调整后的政策将于同年 9 月 6 日起正式实施。

截至目前，大多数餐饮企业正处于适应新税制的磨合阶段，也逐步切实感受到“营改增”所带来的减轻税收利好，并促使餐饮行业良性发展。“营改增”实施后，北京西贝万家餐饮管理有限公司不断完善供应链和抵扣链，2016 年 6 月份实现含税销售额 2 075.5 万元，由于进项抵扣大幅增加，当月该公司仅缴纳增值税 16.3 万元，按原营业税税率测算的营业税应纳税额 103.8 万元，实际减税 87.5 万元。

2016 年中央电视台“3・15”晚会揭露了某第三方网络订餐平台存在食品安全诸多严重问题，涉事网络平台虽然迅速整顿，但被下线的黑作坊并未消失，仍有死灰复燃之势。针对网络订餐平台缺乏相关标准及相应管理办法、监管严重缺失的问题，同年 7 月份，国家食品药品监督管理总局公布《网络食品安全违法行为查处办法》，并于 10 月份起开始执行。

4.2.2　2016 年餐饮业收入统计

国家统计局公布的最新消费数据显示，2016 年全年餐饮收入为 35 779 亿元，同比增长

10.8%。其中,2016 年 1～11 月,全国餐饮收入 32 447 亿元,提前一个月超过 2015 年度全年餐饮收入(表 4-2)。

表 4-2　2012—2016 年中国餐饮收入及同比增速

时间	餐饮收入(亿元)	同比增长(%)	限额以上单位餐饮收入(亿元)	同比增长(%)
2012 年	23 283	13.6	7 799.3	12.9
2013 年	25 392	9.0	8 180.7	−1.8
2014 年	27 860	9.7	8 208.2	2.2
2015 年	32 310	11.7	8 667	7.0
2016 年	35 799	10.8	9 213	6.0

数据来源:国家统计局

在限额以上单位餐饮收入方面,2016 年餐饮收入为 9 213 亿元,同比增长 6.0%。2016 年限额以上单位餐饮收入占总餐饮收入的比例为 25.7%,2012 年以来,该比例持续下降,说明我国中小餐饮企业的发展数度快于大型餐饮企业(图 4-8)。

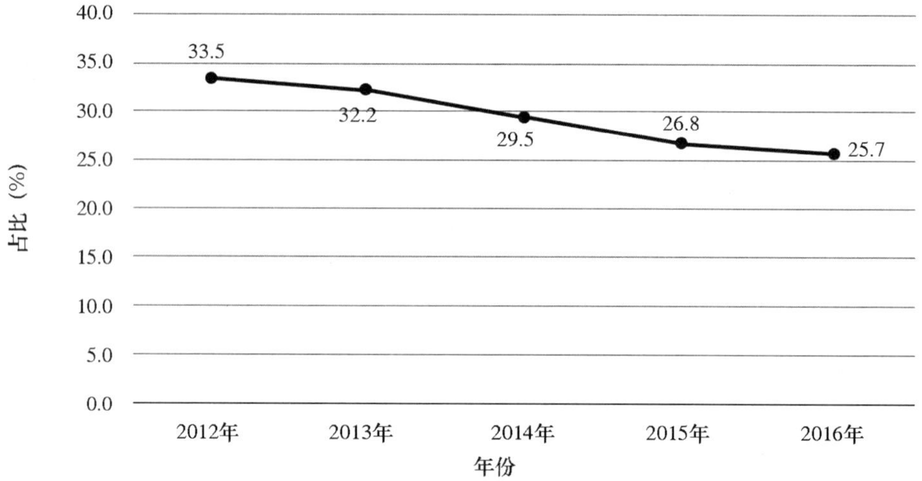

图 4-8　2012—2016 年中国限额以上单位餐饮收入占餐饮总收入的比例

注:限额以上单位统计口径为 200 万元及以上的餐饮业企业(单位)

数据来源:国家统计局

4.2.3　中国餐饮市场增长的原因

目前支撑餐饮业增长的因素主要有:

(1)人口增长是餐饮业发展的必要条件。“婴儿潮一代”和“千禧一代”都对餐饮业发展起到了至关重要的作用。中国政府已经开始着手人口结构调控,例如放开二胎政策。在政府的意志下,中国的人口增量可能呈现趋势性增加,城市化率也在逐步提高,城市居住人口每年都有增幅。伴随着城市化的推进,尤其是大型城市的发展,餐饮业将会得到茁壮成长的土壤。

(2)中国人的可支配收入在增加。根据美国发展经验,消费者会越来越偏好健康卫生、营养均衡的餐点,包括个性化点餐。中国传统火锅介于传统正餐和快速休闲餐饮之间,通过食材选择,实现了营养均衡和个性化点餐。市场上诞生了接近于美式快速休闲餐饮的火锅店,在保持了传统火锅优势下,更加健康卫生。另外中国的 90 后与美国“千禧一代”有类似之处,这一代人在互联网时代成长,已经不再接受“勤俭节约”的教育,热爱消费并追求新鲜事物。

(3)越来越多的家庭选择在外就餐。据调查除工作就餐外,其余时间在外就餐,每周 4 次以上就餐次数占 6.2%,每周在外就餐次数 2～3 次的占 51.1%,每周外出就餐 1 次或 1 次以下的占 38.8%,而 3.9%的受访者几乎天天都在外用餐。

4.2.4 团餐市场发展运行情况

团餐是指以团体为单位消费、以满足整体性服务为主的餐饮服务形态。团餐业是为机关、学校、企业等团体提供以工作餐为主要产品和服务的餐饮细分子行业。团餐客户几乎涵盖所有组织单位,包括产业园区、企业工厂、国家机关、事业单位、学校、医院、军队等。从市场份额来看,企业和学校是现阶段我国团餐市场的主要客户群体,约占整体市场规模的 80%。

团餐作为餐饮行业重要的业态,根据中国烹饪协会 2016 年全国团餐百强的营业收入数据分析,全国团餐行业总规模接近 9 000 亿元,持续保持上升趋势,占比约为全国餐饮行业整体市场的 1/4。就全行业来说,团餐的增长幅度达到 20%以上,远远超过餐饮行业整体增速。团餐企业成为中国餐饮业的一支强有力的、生机勃勃的生力军,具有巨大的潜力和前所未有的机遇。

目前,中国的团餐客户主要集中在一二线城市,以学生和白领群体占比最高,这类人群对团餐健康品质的追求明显高于价格、菜量等因素,体现出团餐消费者在餐标、健康、消费场景、服务等方面的需求在升级。2016 年一线城市约 50%的团餐消费者餐标为 25～34 元,27%的团餐消费者餐标为 15～24 元,餐标整体高于二三线城市。同时,一线城市的团餐消费者对团餐的健康度、营养价值、养生需求在 2016 年呈爆发式增长,这就要求团餐企业不仅要保证食品安全,还要在食材搭配、餐品热量、烹饪方式、菜单轮换等环节满足更多的健康需求。而对比政府机关、企事业的食堂,以及大中小学食堂、铁路或者航空等传统团餐消费场景,会议、赛事、商务等更为丰富的消费场景在 2016 年也不断涌现,不同场景下消费者对于团餐的需求也更为精细化、个性化和多元化。此外,从对团餐消费者的调研看到,服务成为品牌知名度外消费者对团餐企业第二看重的因素,高达 65%的团餐消费者十分重视服务的优劣,服务质量的高低直接影响再一次与团餐企业的续约。这就要求团餐企业在充分了解消费者需求的基础上,提供一整套综合性的服务解决方案。

4.2.5 连锁餐饮行业发展运行情况

随着国内餐饮行业的快速发展,外资连锁餐饮企业正强势进入,国内许多餐饮企业也在采用连锁加盟模式进行市场扩张，市场效果显著。可以预见，连锁加盟模式将会成为更多企业所应用的经营模式。

对于餐饮企业来说，实行连锁加盟模式的一大优势就是在于可以有效整合社会资源，而不是单靠一己之力去“单打独斗”，如果连锁加盟模式运用得当的话，可以实现区域性品牌到全国性品牌的飞跃。而对于加盟方而言，加盟餐饮品牌最大的好处在于不必自创品牌，对于企业及加盟者双方可以实现共赢。

据国家统计局、商务部的统计数据，2010—2016 年限额以上连锁餐饮企业呈现急速扩张趋势，连锁餐饮整体规模和单体规模不断扩大，截至 2016 年年末限额以上连锁餐饮企业集团从 552 家达到近 1 025 家，销售额达到 9 213 亿元(图 4-9)。

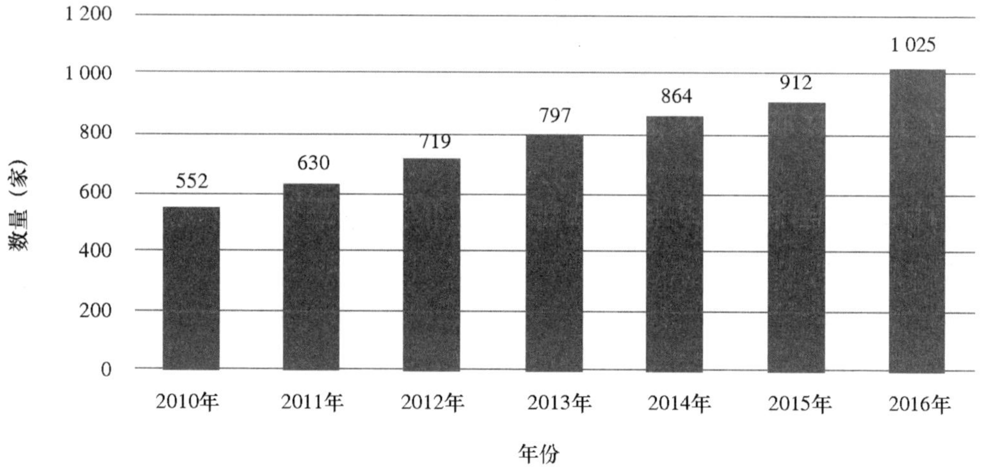

图 4-9　限额以上连锁餐饮企业集团数量

注：限额以上连锁餐饮企业是指年末从业人员在 40 人及以上，销售额在 200 万元及以上。
数据来源：国家统计局

2016 年限额以上连锁零售和餐饮企业呈现急速扩张趋势，在规模、内外资比较、地域发展、业态、类型和连锁方式上呈现以下五大特点。

一是整体规模和单体规模均不断增大。2016 年限额以上连锁餐饮集团(企业)1 025 家，实现销售额 9 213 亿元；二是内资连锁虽占一定优势，但扩张速度和平均效益低于外资连锁。2016 年限额以上内资连锁零售集团(企业)平均门店年销售额相当于外商投资企业的 48.8%，所占比例逐渐加大；三是专业店和超级市场，正餐业和快餐业分别占连锁零售餐饮业的主导地位；四是连锁企业向中西部地区和中小城市渗透的潜力很大。2016 年中部地区和西部地区限额以上连锁零售(集团)企业门店数增幅高于东部地区；五是连锁扩张方式由直营转向加盟。2016 年限额以上连锁零售(集团)企业加盟店数比上年上升 2.7 个百分点。

4.2.6　生鲜净菜行业发展运行情况

近年来，随着生活节奏的加快，城市年轻一代更倾向于生活的便利性，生鲜净菜行业市场规模不断增长。2011 年我国生鲜净菜行业市场规模约为 218 亿元；2012 年我国生鲜净菜行业市场规模约为 243 亿元，同比增长 11.47%；2013 年我国生鲜净菜行业市场规模约为 270 亿元，同比增长 11.11%；2014 年我国生鲜净菜行业市场规模约为 307 亿元，同比增长 13.70%；2015 年我国生鲜净菜行业市场规模约为 344 亿元，同比增长 12.05%。2016 年我国生鲜净菜行业市场规模约为 383.39 亿元，同比增长 11.45%。

4.2.7　餐饮行业“互联网+”行业发展运行情况

“餐饮+互联网”分为餐饮团购、在线外卖、私厨分享三个细分市场，其中餐饮团购市场发展已步入成熟阶段，在线外卖为当前最主要的互联网餐饮发展形态，私厨分享则为互联网餐饮最新出现的一个业态形式，当前发展势头正猛。

截至 2016 年 12 月，我国网上外卖用户规模达到 2.09 亿，年增长率为 83.7%，占网民比例达到 28.5%。其中，手机网上外卖用户规模已达到 1.94 亿，使用比例由 16.8%提升至 27.9%(表 4-3)。

表 4-3　2015—2016 年网上外卖用户规模及使用率

年份	网上外卖用户规模(万人)	使用率(%)
2015 年	11 356	16.8
2016 年	20 856	28.5

数据来源：中国互联网络信息中心

4.3　中央厨房将成为未来连锁餐饮业发展主流

4.3.1　餐饮业增速放缓、连锁业态是热点

餐饮业作为国民经济的重要产业之一，近年来一直保持稳定增长。2016 年，餐饮产业规模突破 3.5 万亿元大关。在数字的背后，由于受制于行业整体管理水平落后以及食品安全等因素，餐饮业的整体增长速率放缓，资本的增速放缓。

餐饮市场竞争进一步加剧，行业正在向精细化、流程化、连锁化经营方式转变。连锁餐饮企业群体已经成为餐饮业中最活跃的部分，业态呈多元化发展，西餐、火锅、中式正餐、中式快餐等市场不断细分。

可以预见的是，伴随着政府拉动消费的政策影响、城乡居民收入较快增长和消费观念更新等因素，未来餐饮业尤其是连锁餐饮业依然是引人注目的热点。

4.3.2　中央厨房助力连锁餐饮业发展

2011 年，日本、新加坡、中国香港、中国台湾地区受到世界金融危机等因素影响，餐饮业总体运行较为困难，但快餐业特别是连锁快餐业发展势头依旧较好，成为各国餐饮业发展中的亮点。此外，吉野家、仙踪林、永和豆浆、一茶一座等连锁快餐企业纷纷加快了在我

国内地的布局。这将给我国连锁餐饮业发展带来更大的机遇和挑战。

虽然经历了数十年的发展且行业规模不断扩大,但我国的连锁餐饮业整体发展水平显然还有待提高。这主要体现在供应链系统不健全,行业上下游渠道不畅通,原料采购及劳动力成本高,产品质量控制难度大等。

以中央厨房为核心的现代餐饮经营管理模式,对于连锁餐饮业发展的推动作用越来越明显。对连锁餐饮企业来讲,中央厨房在运营成本、产品品质管控、资源综合利用水平和环境保护水平方面都起到非常显著的作用。随着国内餐饮需求的日益旺盛和食品技术的日益完善,这种现代连锁餐饮标准化模式将是未来餐饮业发展的必然方向。

4.3.3 现代加工工艺打破传统饮食观念

2011 年,众多知名连锁餐饮企业味千拉面、海底捞、永和大王、肯德基等频频受困于"骨汤门""豆浆门"等事件。与此同时,代表标准化生产工艺的"勾兑""冲调"等中性词语,在不知不觉中成为贬义词并成为消费者的焦虑所在。

"骨汤门""豆浆门"事件,实质上是现代餐饮标准化工艺与消费者传统饮食习惯、消费预期之间的错位。因此,研究传统餐饮工艺和现代餐饮工艺与食品营养、安全及节能的关系,成为一个亟待解决的课题。

作为跻身 2011 年中国餐饮前十强的中国的快速休闲餐厅连锁经营商之一,味千(中国)控股有限公司的中央厨房建设起步较早,而且目前已颇具规模。该公司已把所有的产品包括面、甚至葱蒜等调味料都标准化、成品化,最终保证每一碗的味千拉面口味都是一样的。

第5章　中国重点地区中央厨房及餐饮食品工业化市场情况

当前，在全国餐饮市场发展速度放缓的背景下，受经济形势下行以及部分地区政策连锁反应的影响，一些规模庞大的传统餐饮产业大省区都从上年迅速回暖态势转而降温。广东省、河南省、湖北省、福建省、上海市等餐饮产业规模在全国名列前茅的省区餐饮市场同比增速均低于上年同期；山东省、四川省、北京市等地增速虽然较上年有所上升，但上升幅度却有不同程度下滑。

随着经济持续转型、供给侧结构性改革如火如荼深入推进，东部、中部、西部区域间餐饮市场呈现出新的特征，既有“分化”亦有“趋同”。由于经济发展差距，各区域餐饮体量存在显著差异，东部地区凭借区位和经济优势餐饮总规模遥遥领先，中部地区次之，“分化”特征明显。而餐饮市场发展速度的变化较大，东、中、西三大板块之间餐饮市场增长速度的差异在不断缩小、历经“趋同”之后，又开始转为逐渐扩大，只不过是发展潜力较大的中部地区以及具备战略优势的西部地区均后来者居上，2016年平均增速分别为13.0%、11.8%左右，逐步超过东部地区的不到10%(表5-1)。

表5-1　2016年主要省区餐饮市场发展状况

地区		餐饮收入(亿元)	同比增速	增速比上年同期变动百分点	统计口径
东部	北京市	918.2	4.0%	0.7	
	上海市	1 072.4	4.7%	−2.6	含住宿
	天津市	829.7	10.8%	−1.3	含住宿
	江苏省	2 808.0	14.0%	3.5	含住宿
	山东省	3 244.0	13.7%	0.6	
	浙江省	2 248	13.1%	3.3	
	海南省	248.0	10.9%	−1.1	
	广东省	3 496.6	9.2%	−1.5	
	福建省	1 221.1	9.1%	−0.9	
	辽宁省	1 615.7	7.7%	−2.1	

续表 5-1

地区		餐饮收入（亿元）	同比增速	增速比上年同期变动百分点	统计口径
中部	江西省	743.2	16.8%	5.9	1～11 月
	吉林省	884.9	14.9%	3.5	
	湖南省	1 646.1	14.1%	0.1	
	湖北省	1 404.1	13.0%	−0.9	
	河南省	2 434.3	12.5%	−1.2	
	安徽省	1 086.1	12.4%	0.3	
	山西省	576.0	6.9%	1.9	
西部	重庆市	1 027.0	14.5%	1.1	
	四川省	2 214	13.2%	0.9	
	云南省	836.5	12.6%	1.7	
	陕西省	755.7	12.2%	−3.5	
	宁　夏	133.8	12.1%	−7.0	
	广　西	668.3	11.3%	1.3	
	内蒙古	1 027.3	10.6%	−0.2	
	贵州省	318.2	10.6%	−2.2	
	青海省	62.0	9.9%	0.7	
	甘　肃	505.2	9.8%	−1.1	
	新　疆	38.8	4.5%	−2.7	1～8 月限上

数据来源：国家统计局

随着中国城市化进程的不断推进，“在外就餐”逐渐成为主要的就餐方式，从而带动餐饮食品工业化的发展。据统计，2015 年中国城市化水平达到 57%（1955 年日本城市化率达到 56%，1940 年美国城市化率就达到 56.5%）成为一个大城市占主导的国家。按此推算，当前中国中央厨房行业发展水平处于日本餐饮食品工业化初期水平、欧美国家 1940—1955 年的水平。当前，国内中央厨房主要集中在城市化率较高的北上广深一线城市，随着一线以及沿海发达城市的竞争加剧，成本增加、利润下降，中央厨房正在向新一线、二线城市甚至部分三线城市扩张。

一个地区的消费水平和消费习惯是餐饮连锁业在扩张中央厨房时要考虑的问题，如果当地的消费实力和市场容量不足以支撑门店经营，门店开得越多，亏损也越多。比如永和大王为了配合北京、上海、深圳、杭州四个一级重点城市的发展，在其他经营状况不佳或者没有规模的城市采取了撤退，先后撤出福建厦门和浙江嘉兴。我国近 40% 的快餐企业都集中在中国的东部。中国的西南和西北，快餐企业的数量在整个行业中的占比不到 6%，营收占比不到 5%。由此可见，一个地区的消费实力和经济水平是中央厨房建设和扩张必须考虑的要素。

5.1 北京地区

5.1.1 餐饮业发展现状

北京餐饮业作为在全国有影响力的产业之一，在促进消费、吸收就业、带动相关产业发展等方面发挥着积极而不可替代的作用，是北京第三产业不可忽视的力量。据统计，2016 年，北京市实现餐饮收入 918.2 亿元，同比增长 4%。据图中北京市统计局数据显示，北京餐饮市场经历了转型阵痛期后逐渐回暖，进入稳定增长阶段，其中连锁餐饮品牌是北京餐饮市场实现“止跌反增”的主力军，并带领北京餐饮行业适应“新常态”。

2016 年全国百强餐饮企业中，18 家分布在北京，营收占百强餐企营收的比重为 16.7%，排名仅次于上海。2016 年餐饮五百强门店中 164 家分布在北京，名列第一，且相较位列第二的上海多 106 家(图 5-1)。

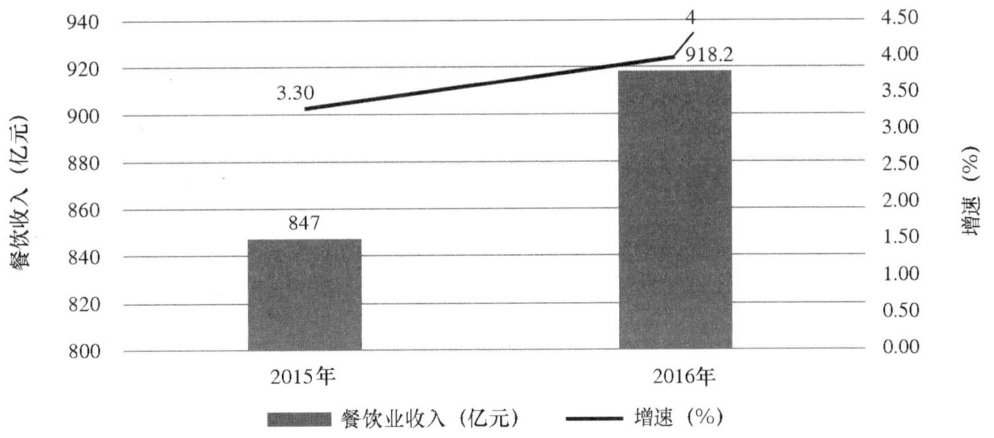

图 5-1　2015—2016 年北京市餐饮收入与增速对比图

数据来源：国家统计局

5.1.2 中央厨房建设情况

• 北京：社区养老中央厨房将在全市推广

随着空巢、失能、高龄老人的增多，“吃饭难”成为困扰老人的生活难题。

房山区通过“中央厨房＋流动餐车配送”找到破解之法，25 分钟以内就可以把味美价廉的“老年餐”送到社区老人家。这种社区养老“中央厨房”模式将在全市推广。房山区自 2014 年试点老龄流动餐车进社区工作，按照“政府＋协会＋公司＋老年人”的模式开展，由政府搭台、服务协会运作、企业市场化连锁经营，为企业配备大型送餐车、在社区建立老龄餐车配餐中心，承担配送配餐服务。

石景山区与餐饮企业联手将中央厨房供餐模式引入社区养老驿站，通过提高准入门槛与资质齐全的品牌餐饮企业合作，让社区老年人吃上搭配合理、营养丰富的专供餐。从

2016 年 9 月 1 日开始，中央厨房将开始为先期签约的八角街道两家社区养老驿站供餐，这种模式将在石景山全区范围进行推广。

2015 年，为进一步拓宽老年餐车进社区的服务范围，相关服务协会和服务企业新建高标准的中央厨房，扩建了食品仓库和冷库等相关设施，提升老年餐生产配送能力。同时也增加了检验室，保障集中供餐的安全。图 5-2 为老年人餐中央厨房流程示意图。

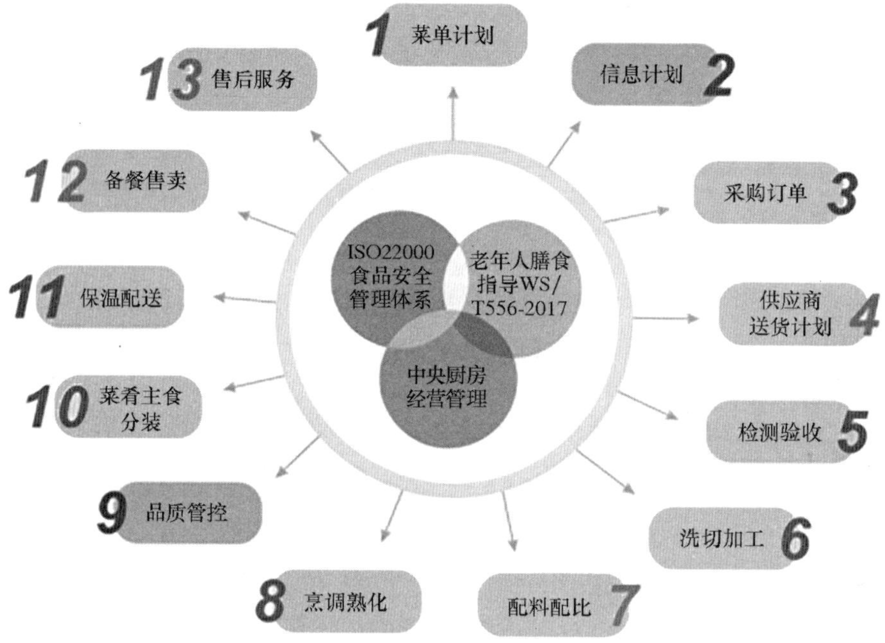

图 5-2 老年人餐中央厨房流程示意图

• 北京全聚德抢食团餐市场

2013 年，全聚德也与美顿公司合资成立了北京全聚德美顿餐饮管理有限责任公司，参股 5%，开始涉足团餐市场。主要做团膳、机关、学生餐。

• 北京健力源率先利用中央厨房推出营养配餐

健力源集团成立于 2001 年，长期致力于团餐外包业务。公司现有员工 3 000 余人，年营业额近 4 亿元，每天为 20 多万人提供餐饮保障业务。公司在业内率先打出营养配餐旗帜，主要业务包括食堂酒店承包管理营养快餐配送、绿色早餐配送、食材配送等。公司客户主要分布在北京、上海、天津、济南、青岛等城市，服务对象有大型国有企业、外资企业、国家机关、军队院校、大中小学校、医院等行业的 200 多家单位。

• 嘉和一品在北京顺义建设第三代中央厨房

2012 年年底，嘉和一品总投资 1.6 亿元面积 2.8 万米^2 的第三代中央厨房在北京顺义落成并使用。中央厨房基地可以满足 500 家连锁店的配送需要，也可以通过集约化采购与生产促进中餐的标准化程度。使得半成品配送率达到 85%，真正实现凉菜、热菜、面点、主食等高效高质的配送及标准化出品。

5.2 上海地区

5.2.1 餐饮业发展现状

上海作为我国第一大城市，其餐饮业消费能力不容小觑。近年，中央出台了"八项规定""六项禁令"后，上海的餐饮挤出需求泡沫、回归真实的社会消费，2014 年以来大众化餐饮得到快速发展。据统计，上海市 2016 年餐饮总收入 1 072.4 亿元，同比增长 4.7%，比去年同期增速下降 2.6 个百分点(图 5-3)。

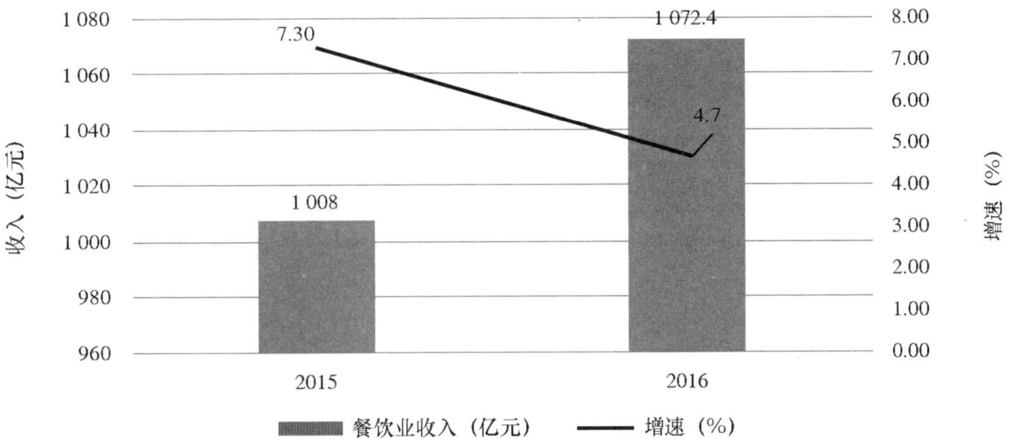

图 5-3 2015—2016 年上海市餐饮收入与增速对比

数据来源：国家统计局

5.2.2 中央厨房建设情况

- **上海中央厨房发展情况**

世博会期间，上海有 100 多家中央厨房，供应园区内 2 000 多个餐饮门店，世博会结束后这些中央厨房的业务也跟着萎缩。2011 年 5 月，国家食品药品监督管理局下发《关于印发中央厨房许可审查规范的通知》，在规范中央厨房标准的同时，也预示着中央厨房热潮的再度兴起。

统计显示，自 2011 年 9 月 1 日上海中央厨房许可工作启动以来，有 50 余家通过审查，取得了中央厨房《餐饮服务许可证》，配送客户已超过 1 200 家单位。

- **"饿了么""互联网＋"网络订餐平台**

"饿了么"是一家第三方网络订餐平台，由张旭豪、康嘉等于 2009 年 4 月在上海创立，隶属于上海拉扎斯信息科技有限公司。公司"互联网＋"与订餐服务相结合，推出一一及时配送，2016 年第二季度，即时配送市场总单量达 4.485 亿，其中，饿了么旗下蜂鸟配送以 26.7%的份额，居即时配送市场首位。

目前饿了么坚持全平台化布局，通过即时配送服务为链接，打造成为生活服务与生态服务的“超链接”。即时配送流量主要来自外卖平台，并且在短期来看，蜂鸟配送等品牌仍将凭借本身的流量优势在即时配送市场占据领先地位。

• 味千中央厨房(一期)项目致力引领行业方向

作为全国最大的中央厨房项目之一，味千上海松江中央厨房（一期）项目于 2012 年 5 月份投入使用，该中央厨房完全按照 2011 年 8 月份国家食药监局发布的《餐饮服务食品安全操作规范》建设，生产许可认证中 8 个通过 QS 食品质量认证的生产单元为同业所罕见。项目总投资 2 000 万美元，占地 78 亩，建筑面积约 32 000 米^2。该工厂有 4 个功能，包括生产、物流、中央厨房和教育培训。

到 2013 年，味千在中国建设的四家中央厨房工厂全部投产，未来中央厨房强劲的供给能力可以支持其在全国开设 1 800 家店。

• 上海七成早餐来自标准化中央厨房

从 2011 年起，上海市连续六年开展早餐工程建设，标准化的中央厨房是建设核心。6 年来上海市共建设 24 家中央厨房、1 161 个早餐网点，间接带动 4 122 个早餐网点，如今，中央厨房产品已占全市早餐供应 70％以上的市场份额。

据统计，2016 年，上海市早餐工程 14 家参建企业共营收 51.195 823 亿元，同比上升 14.9％。早餐企业的这一增幅，在中高端餐饮举步维艰的情况下，尤为可贵。其中，大富贵酒楼从当初 7 家发展到目前 29 家，将早市兴旺变为全天热闹，2016 年营业额达到 3.25 亿元。巴比馒头在全国已有 2 100 多家门店，中央厨房产值 7.5 亿元，网点销售突破 19 亿元。

• 上海“好吃 · 懒做” 中央厨房新理念，足不出户吃大餐

好吃 · 懒做隶属于上海食刻电子商务有限公司，该公司前身为中国最大的专业酒店预制菜产品供应商，年销售额近 100 亿元，现有蔬菜、海鲜、肉类等自有绿色基地及 18 家大型生产加工基地。

好吃 · 懒做是中国第一家以绿色便捷美食为主体的专业电商平台，基于 IT 互联网技术、移动互联技术，联通 online 与 offline，携手国内数家绿色环保蔬菜基地、专业食用油生产线与百位特级厨师，共同打造的中国美食业 O2O 领先平台，并首创性的在小区设立“好吃 e 站”，将十年来专供酒店的预制菜品在中央厨房生产加工后通过 APP 下单后配送至寻常百姓家。为大家提供了 800 多种中央厨房产品，只需要经过简单的加工或加热，就能吃到健康的美味。在没有任何厨艺的基础下，任何人都可以成为大厨，足不出户就可以以更低的价位，吃到跟饭店同样品质的产品，特别适合不会做饭，或者不愿做饭的人。

经过调研，以一个二级城市为例，“好吃 · 懒做”中央厨房一年就会产生 10 亿元左右的产值，即便一个三线城市，一年产值也在 2 亿元左右！这只是按照城市人口的日常餐饮消费的一小部分补充消费进行核算，尚不包含学校、公司等大型餐厅食堂，以及巨大的婚宴市场等。

• 盒马鲜生看新零售

盒马鲜生隶属于阿里巴巴旗下，盒马模式是当前比较好的新零售模式，完全满足了新零售进化三大路径：线上线下融合（O2O）、零售＋体验式消费、零售＋产业生态链。

盒马由盒马餐饮、盒马鲜生店、盒马集市店、盒马便利店形成的盒马矩阵。在这个矩阵中，盒马餐饮最为关键的，为盒马鲜生店提供了前置中央厨房，为盒马集市店提供了联营餐饮商，为盒马便利店提供快餐西点和茶饮，最终形成一个盒马生态链。

业务模式：电商＋线下超市于餐饮的结合体。

盒马鲜生以实体店为核心，采用“线上电商＋线下门店”的经营模式，门店承载的功能较传统零售进一步增加，集生鲜超市＋餐饮体验＋线上业务仓储三大功能为一体，该模式从两个维度进行了创新：

第一，生鲜超市零售与餐饮的结合。所购生鲜可在餐饮区直接加工，提升生鲜转化率的同时带动线下客流增长；

第二，线上订单通过门店的自动化物流体系实现配送。该模式的难点在于店内分拣，这一环节盒马鲜生通过电子标签、自动化合流区等新技术实现效率提升。由于电商业务共享了线下门店仓储配送体系，仓储成本更低，且通过门店配送周边客户的时效性也更强。

主要业务：

（1）线上业务：餐饮外卖和生鲜配送。

线上业务端口为盒马APP，APP中分为盒马外卖与盒马鲜生两个模块。盒马外卖主打专业餐饮外卖，盒马鲜生主打生鲜配送。

（2）线下业务：生鲜超市和餐饮体验。

截至2016年底，盒马鲜生在上海共有金桥店、大宁店、虹桥店、八佰伴店、宝地店、杨高南路店、KiNG88店共7家线下体验店，并在持续扩张中。2017年1月宁波店在东岸里广场开业，3月北京店在华堂商场十里堡店开业。其中，2016年12月12日开业的上海八佰伴店以及即将开业的盒马鲜生北京首店是以盒马集市的形式面世。盒马集市被定义为“盒马鲜生基本定型的2.0版”，与盒马鲜生最大区别在于门店面积扩大，进一步提高了餐饮的经营面积，发挥超市与餐饮的联动效应。

• 上海一片天餐饮管理股份有限公司新中央厨房

一片天中央厨房是中央厨房在团餐领域的应用案例，公司在自建中央厨房方面具有以下亮点：①公司为上市公司，具有较强的竞争力；②经营规模大，公司目前已经为包括世界500强企业在内的全国50多个大型企业、机构提供职工的团餐管理与服务，业务覆盖2 000万人次/年；③工艺核心优势，中央厨房具有自动洗菜、自动切配、自动米饭、机器人炒菜等高科技优势。

2015年5月13日，上海一片天餐饮管理股份有限公司在嘉定区新建新中央厨房生产基地。该团餐生产基地总投资3 000万元，包括了占地8 000米^2 的全自动化中央厨房，是集自动化的洗菜、切配、自动米饭、机器人炒菜于一体的团餐现代化工厂。公司业务包括食堂承包、快餐配送、团体餐饮服务、方便净菜、农副产品配送等，公司即将推出的“灵兔配菜”将以移动互联O2O模式，进入居民社区，实现“10米店铺”的便民商业模式。

未来公司将立足上海、放眼全国，争取进入国内团餐市场前10名并努力将公司打造成受社会和个人尊重的企业。力争在未来“十三五”期间成为江浙沪乃至全国数一数二的团膳供餐企业，同时引入战略投资，进行股化改制，让企业员工分享到企业发展的阶段性成果。

5.3 广东地区

5.3.1 餐饮业发展现状

目前，广东省的餐饮业是全国第一大省，份额占全国 1/10。据统计，广东省餐饮业 2016 年营收总额 3 496.6 亿元，同比增速 9.2%，较去年同期回落 0.4%(图 5-4)。

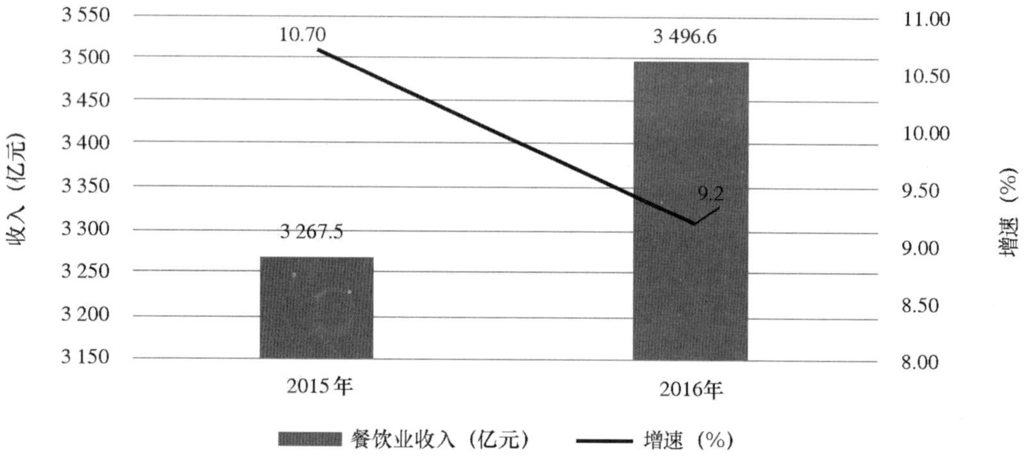

图 5-4　2015—2016 年广东省餐饮收入与增速对比图

数据来源：国家统计局

5.3.2 中央厨房建设情况

- **广州绿成中央厨房项目股权融资 3 000 万元**

2014 年，广东省开放第三方中央厨房试点，广州绿成成为广东省内唯一一家拿到资质的第三方中央厨房供应平台，是国内极少数且最大的面向连锁餐饮品牌提供从物料采购、产品研发到生产加工、包装、冷链配送等一系列服务。

2016 年年初，完成了 1 000 万元的天使轮融资，投资方为广发信德。这是绿成继 2015 年 4 月份获得香港某家基金公司的 500 万元人民币的种子轮融资后的第二笔投资。

为了更好地服务于餐饮客户，绿成拥有自己的采购团队，专门设有研发中心帮助客户研发产品，同时拥有自动化蔬菜加工流水线、独立面点加工车间，冷链配送车辆超过 10 辆，采购、生产、配送及订单管理员工总数达到了 220 人，厂区占地面积 10 100 余米^2。

2016 年绿成有三大目标：首先，聚焦核心客户，提供好服务。选择团队能力强、互信成本低的客户。其次，在 2016 年预计在华东、华北地区等地区，筹划选址新建一个中央厨房。再次,成立专门培训部,针对一线员工提供技能操作培训以及基层管理人员提供管理培训,预计每6个月可以产出一批人才。

绿成的野心是在华北、华东、华中、珠三角、甚至西部地区各建立一个一级中央厨房,一级中央厨房下面再分建二级中央厨房,形成一个中央厨房网络,打造中国餐饮界的富士康。

·广东团餐与众联中央厨房战略合作联盟会签订战略合作协议

为促进中央厨房全产业链发展,2016年12月11日,广东团餐与众联中央厨房战略合作联盟会签订了战略合作协议,并达成了以下意向:

(1)全面建立战略合作伙伴关系;

(2)共同打造中央厨房商学院,培养专业人才;

(3)双方互派领导兼职,共同推进中央厨房全产业链发展;

(4)充分整合双方资源和平台,扩大市场,合作推动培训、国内外学习考察及产业链合作;

(5)双方互派人员成立小组,编辑有关中央厨房的培训课本;

(6)制定双方的合作管控办法及相关制度、机制等。

·广东出台产业政策,对中央厨房项目给予支持

广东省对符合产业政策的餐饮集聚区,中央厨房配送以及餐饮业重大项目建设,符合土地利用总体规划和城乡规划的,优先纳入重点项目,优先安排用地指标,在中心城区周边选址规划餐饮产业园区用地,用于餐饮粗加工,中央厨房及餐饮企业总部建设。

餐饮企业互联网+支持政策,广东省政府积极推动电子商务应用,促进餐饮业与电子商务融合发展,开展餐饮O2O营销,大力推广网络预订,在线购买,跨店电子点菜,网络快捷支付等新模式,推进餐饮信息平台建设,建立餐饮企业联网预订系统,努力打造具有行业影响力的餐饮电子商务平台,推动全省收入超亿元以上餐饮企业"上网触电"。

·深圳市中央大厨房物流配送有限公司建集约式中央厨房平台

深圳市中央大厨房物流配送有限公司,于2011年6月成立,是由深圳莱蒙投资控股有限公司和深圳市农产品股份有限公司合资兴办的企业。

中央大厨房旗下子公司有:深圳市中央大厨房零售管理有限公司、深圳市中央大厨房农副产品供应链有限公司、上海市中央大厨房物流配送有限公司。

中央大厨房的商业模式核心是实体平台与虚拟平台的融合,实体平台是集约式中央厨房平台,虚拟平台指农产品B2B和B2C综合性农产品网上商城。

深圳中央大厨房公司将依托股东农产品公司的批发市场网络优势、以新希望集团的泛食品行业产业优势为基础,以集约式中央厨房业务为切入点,上承农产品电子交易平台,下接流动售卖车零售网点,打造独有的实体市场结合虚拟市场的商业模式。

集约式中央厨房是按照客户需求和相关标准统一搭建后,配套现代物流技术和系统管控服务,在指定区域内完成集中采购、集中仓储、集中加工、集中质检、集中包装、集中冷链工艺、集中分销配送、集中信息处理、集中结算、集中研发培训等操作流程,集中发挥优化上游服务的重要作用,为客户集中提供一个经济、高效的大型综合性中央厨房(表5-2)。

表 5-2 集约式中央厨房与传统中央厨房特点

序号	集约式中央厨房	传统式中央厨房
1	存在于农产品批发市场内部或周边	由企业自身选择
2	功能完善，投资额度大	设备简单，投资额度小
3	建筑面积规模大，超过 3 万米^2	建筑面积规模小，通常小于 1 万米^2
4	具有对外生产、加工等开放式服务	生产加工等服务一般只针对企业内部
5	主要为规模化、专业化的加工配送商提供综合服务	主要为自身企业提供综合服务
6	与批发市场关联度十分紧密	与批发市场黏性不强

·广州江丰积极打造中央厨房

广州市江丰实业股份有限公司（以下简称“江丰”）下属广州心致餐饮食品有限公司被中国烹饪协会授予《中央厨房（广州）示范基地》证书。目前，该企业正积极打造具有示范性的中央厨房。江丰自 2011 年开始筹建中央厨房，目前正在江丰路的企业总部内建设一个符合卫生和生产标准的中央厨房基地。江丰计划开设 1 000 家体验店，供应放心菜给市民，全部由中央厨房集中提供熟食，体验店不做加工蒸煮。

5.4 山东地区

5.4.1 餐饮业发展现状

近年来，山东省餐饮住宿业呈现量质同增、结构优化的良好发展态势。

据统计，2014 年全省餐饮业收入 2 499.3 亿元，增幅 11.4%，成为国内消费需求市场中增长幅度最高、发展速度最快的行业之一；2015 年，全省餐饮业收入 2 840.10 亿元，增幅 13.10%；2016 年 1～12 月份，全省累计实现餐饮收入 3 244.0 亿元，比上年增长 13.7%，新的餐饮住宿业发展格局日渐形成（图 5-5）。

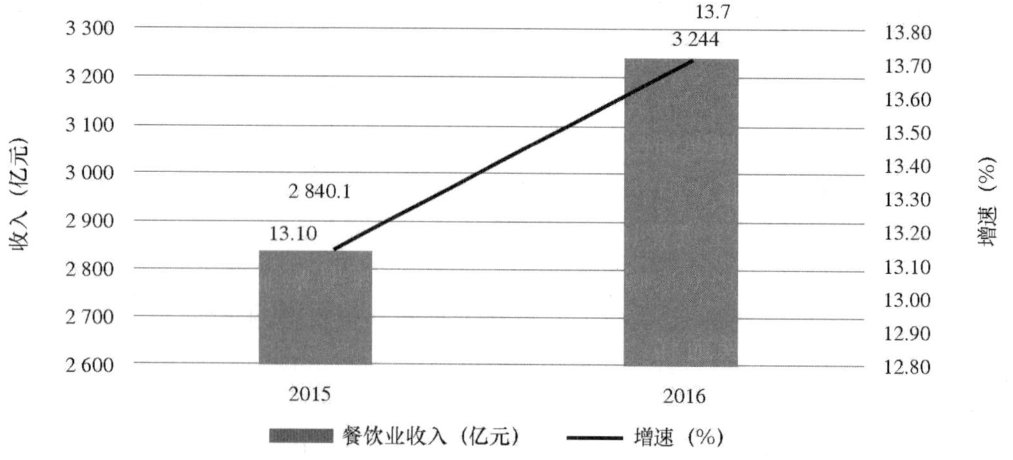

图 5-5 2015—2016 年山东省餐饮业收入与增速对比

数据来源：国家统计局

5.4.2　中央厨房建设情况

·济南超意兴餐饮配送有限公司中央厨房

2015年，济南超意兴餐饮配送有限公司中央厨房分公司租用个人闲置厂房，投资900万元建设的中央厨房建设项目，位于济南市市中区二环西路12345号，项目占地面积约3 150米^2。

·山东家家悦投资3亿元建立中央厨房

2013年正式投入运作的家家悦中央厨房，投资3.0亿元，建筑面积约3.0万米^2。对面点、粥汤、热菜等六大系列1 200多个品种，实行"统一原料、统一配方、统一加工、统一品质、统一配送"的五统一，保证食品安全。

·山东凯瑞餐饮集团靠中央厨房开160店

作为山东最早引入并实践中央厨房的餐饮企业，凯瑞旗下各餐饮品牌门店全部实现标准化的中央配送。近两年，餐饮业持续低迷，凯瑞集团却不断"抄底"，保持着很快的开店速度，门店已达到160家。

近期，凯瑞新创立的品牌"非尝锅气"已经开业，定位为给上班族提供家常煲仔饭和汤粥粉面。此品牌开始探索"去厨师化""去收银化"，加工厂统一配送，由一般工作人员完成食材的烹煮，鼓励顾客网上提前订餐、微信支付和订外卖。在"互联网+"时代，餐饮企业应该积极拥抱互联网，下一步，O2O模式的运用、开展外卖业务以及去厨师化运营是凯瑞蓝图的题中应有之义。

·烟台建最大的餐饮加工配送中心——百纳配送中心中央厨房

百纳配送中心不仅是烟台市目前最大的中央厨房，也是烟威地区第一家专业的餐饮食品加工中心。它经过一年多的论证、建设、试运行，于2014年11月28日正式投入使用，是百纳公司为在源头上保障食品安全，进一步提高餐饮行业的标准化生产操作水平而重点发展的集中式加工配送中心。

·威海市威高集团首次开拓中央厨房项目

该项目一期工程占地6 000余米^2，拥有3个现代化生产车间、7条生产线，主要生产花生油、面粉、豆制品、月饼、面包、蛋糕等健康食品。该项目二期工程占地30 000余米^2，规划设置中央厨房、面食加工、海产加工等5个全自动化生产车间，主要有营养餐配送、海产品深加工等业务。二期还将建立1 400米^{2}的冷藏仓库、1 100米^{2}的冷冻库、1 000米^{2}的常温库，配备有热链、冷链、常温配送物流车等，原料与菜品均统一采购、集中配送的方式，降低食品安全风险，保证餐桌安全，预计于2017年下半年投产。

5.5　重庆地区

5.5.1　餐饮业发展现状

近年来，重庆餐饮住宿业积极作为、转型发展，保持了健康持续的发展态势。全市餐饮住宿经营单位10万余家，是直辖前的4倍；吸纳就业人员100万人。2015年，重庆市餐饮业实现收入756.77亿元，同比增长13.4%。在西部地区，重庆市作为第二大餐饮市场，2016年1～12月份餐饮收入实现了1 027亿元，同比增长14.5%，在西部众省市中处于遥遥领先地位(图5-6)。

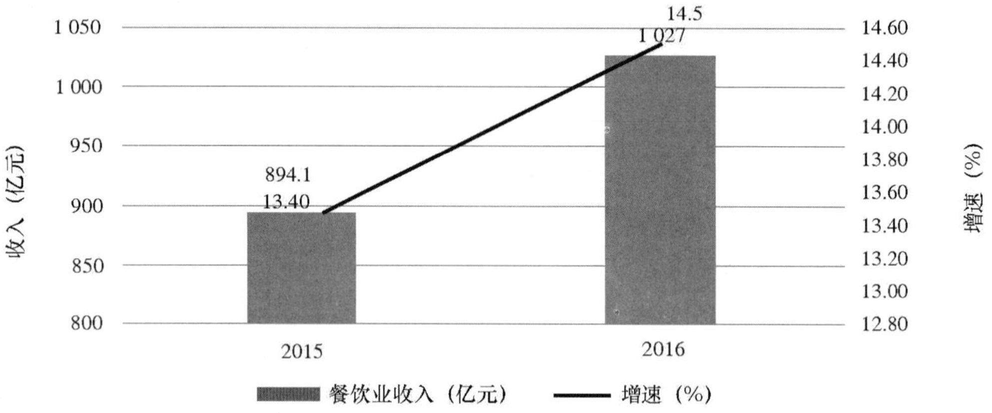

图5-6　2015—2016年重庆市餐饮业收入与增速对比

数据来源：国家统计局

5.5.2　中央厨房建设情况

· 重庆清山绿水在重庆建立中央厨房

重庆清山绿水投资集团旗下清歌科技有限公司，于2014年创立了"外婆屋生鲜加工配送产业链"项目，为了支持配送，公司在茶园建立了一家6 000米^{2}的中央厨房。通过建立农产品生产和采购基地、组织优质供应商，再对农产品进行半成品加工，包装为"九成菜"后配送至全市各大配送点销售给市民。目前"外婆屋"预计有3 000多个配送点。"

公司已经跟南岸区政府方达成意向，占地300亩的中央厨房计划于2015年内建成，有望将成为目前亚洲最大的中央厨房。

· 重庆火锅领域引入中央厨房

在重庆，中央厨房先被引入火锅领域，现在正被中餐企业积极推进。德庄实业的中央厨房已建成投入使用，阿兴记、骑龙、秦妈、过江龙等企业的中央厨房正在积极筹建之中。阿兴记大饭店在着手中央厨房的建设，拟建2条冷冻生产线和高温生产线，制造各种标准量化的拳头菜品向各店配送。

· 重庆餐饮业整合　中央厨房、中央配送

重庆餐饮企业作为中国餐饮业连锁经营的"先驱"，特别是火锅连锁企业，早在数年前就已建立了中央厨房或中央配送体系。通过中央厨房进行集中化、标准化深、精加工后，再由中央配送中心分装配送，通过第三方物流公司发往全国，使全国的消费者吃到味觉基本一致的正宗重庆火锅。

• 重庆餐饮企业悄然组队　承包食堂接待团餐

2013 年下半年，重庆不少大型餐饮企业已经悄然组建团队，建立中央厨房、承包食堂、接待团体用餐。中餐酒楼家全居悄然进入西永微电园，并且开始为几所学校供餐。快餐企业一心一客也投资近千万元，兴建中央配送中心做大团膳。目前已经为包括中航微电子、德尔福派克、可口可乐等三十多家企业供餐。乡村基偶尔也会出现在一些知名企业的食堂招标会上。而重庆粮食集团、重庆旅投集团旗下的子公司都纷纷出手，开始争夺这一市场。

这些知名的餐饮企业在团膳市场上提供三类服务：第一种是进入对方食堂进行现场烹制；第二种是每顿饭向中央厨房定制，通过物流配送到企业；第三种是针对各种大型会展和活动临时供餐。

2013 年年底前重庆团膳市场上，仅有海泰、千喜鹤、杜宝、一心一客等专业团膳企业，并且都是最近两年才开始专注重庆团膳市场。据调查，一线城市产业成熟，国内首家上市的餐饮公司福记食品就是专门为大型工厂配餐。在北京，包括艾玛特在内的外资团膳机构，独占了 90%以上的团膳份额。2008 年奥运会的团膳业务也被外资企业包揽。

根据中国烹饪协会的调查，团膳市场未来将占到整个中国餐饮市场份额的 30%。来自重庆市商委的统计，2015 年重庆餐饮消费的总额达到了 700 多亿元。按照中国烹饪协会比例计算，重庆团膳市场一年的市场容量就超过了 300 亿元。

• 重庆铜梁钦鼎农业园：打造中央厨房，建设电商平台

2016 年年初钦鼎饮食文化集团农业项目负责人透露，重庆钦鼎农业开发有限公司将投资建设占地 2 000 亩的以“黑十土”鸡、猪、羊等美食“墨家”文化为主题的钦鼎中央厨房和氤氲清新、山环水绕、农耕溯源、乡情野趣的“水墨丹青 · 烟雨小江南”农业园。钦鼎农业园项目总投资 3.6 亿元，计划四年内建成集食材加工、冷链物流、生态种植养殖、食宿娱乐、休闲养生、旅游观光等特色于一体，铜梁一流的餐饮文化基地和休闲度假胜地。目前，该农业园冷链物流中心一期工程(年冷藏、冷冻 4 000 吨农产品)及食材加工项目已全面完工，并投入试运营。该项目还将年产黑鱼 200 吨、黑鸡 10 万只、生猪 1 万头、时令蔬菜 5 000 吨，年直接经济价值可达 2 亿元，产业链价值利益可达 7.5 亿元。

该项目建成后将成为重庆安居古城的重要驿站，每年可接待游客近 3 万人，并提供优质的饮食、休闲场所；还将与铜梁境内多家种植基地合作，有效解决产品加工、冷藏保鲜等问题，形成产业链条，从而推动区内种植基地相互促进、抱团发展。

第3部分　工艺与技术

第6章　中央厨房的工艺与功能

第7章　中央厨房核心工艺

第8章　热链工艺及其应用

第9章　冷链工艺及其应用

第10章　调理食品

第11章　新型技术在中央厨房行业的应用

第6章　中央厨房的工艺与功能

无论“热链工艺”还是“冷链工艺”，中央厨房在设计工艺时均要遵循一定的原则，保障产品具有“营养平衡、卫生安全、时间保证、烹饪技术”等四个方面的基本特点。同时中央厨房在功能设计方面，要充分考虑仓储、生产与加工、配送与物流的功能，这样才能更好地设计出合理的、高效的中央厨房工艺流程。

6.1　中央厨房工艺的设计原则

6.1.1　营养平衡原则

中国餐饮文化的多样性与社会经济的快速发展，已迎来了所谓的“饱食时代”，如何吃出健康又能满足嗜好？膳食营养的平衡至关重要。不同人群、不同年龄的消费群体摄取的营养素必须适量并达到营养均衡，才能健康。如学生中出现的“小胖墩”一般是因为营养过剩，而“小豆芽”或贫血一般是因为偏食和营养不良，这两者均是营养失衡的后果。因此，食品企业必须严格按照食品营养标准科学配制，使不同的消费者达到平衡的膳食。

6.1.2　卫生安全原则

通过中央厨房生产与制作的产品应符合卫生要求，向消费者提供安全卫生、符合营养标准的色、香、味、型俱佳的膳食。从采购、进货、仓储、领料、生产加工、配制、烹饪、分装、物流配送直到消费者服务等全部过程中，必须按照国家规定的要求操作。必须有负责食品安全、卫生与质量的专职人员对进货的原料、生产场所、加工机械、各种容器、运输工具、工艺流程、配方与规格等进行严格的把关，同时对每批次产品留样并定期进行食品卫生的检验，从而保证食品的卫生与安全，防止各种食源性疾患的出现。

6.1.3　时间保证原则

食品生产或餐饮服务企业应根据自身的生产能力适度控制生产规模以及注意供餐的服务半径。

国家行政管理部门对食品的时间有明确的要求。如：“冷链工艺膳食从烧熟到食用前加热，时间控制在24小时。如在供餐点供餐加热至70℃以上后不立即食用的，时间控制在加热后1小时。”“热链工艺膳食从烧熟到食用时间控制在3小时。由多种组分组成的，应以最早完成热加工的菜肴或主食的时间计算。”

【参考资料:《集体用餐配送膳食生产配送卫生规范》DB 31/2024—2014,"9.8 膳食食用时间控制"。】

中央厨房的产品与服务辐射范围,热链以 10 千米直线距离或 30 分钟车程为最佳配送半径;冷链不受配送区域限制,如航空食品、铁路配餐,但受时间限制。

6.1.4 烹调技术原则

食品生产或餐饮服务企业要根据自身特定的市场、领域及消费群体的需求特点,按照科学营养的菜单和工艺,精心选料、加工、烹调、配制出色、香、味、型俱佳的膳食,引起消费者的食欲和购买欲望,让消费者吃到可口的营养食品。

6.2 中央厨房功能的设计要求

首先,需要了解食品变质的因素与温度之间的相互关系(图 6-1)。

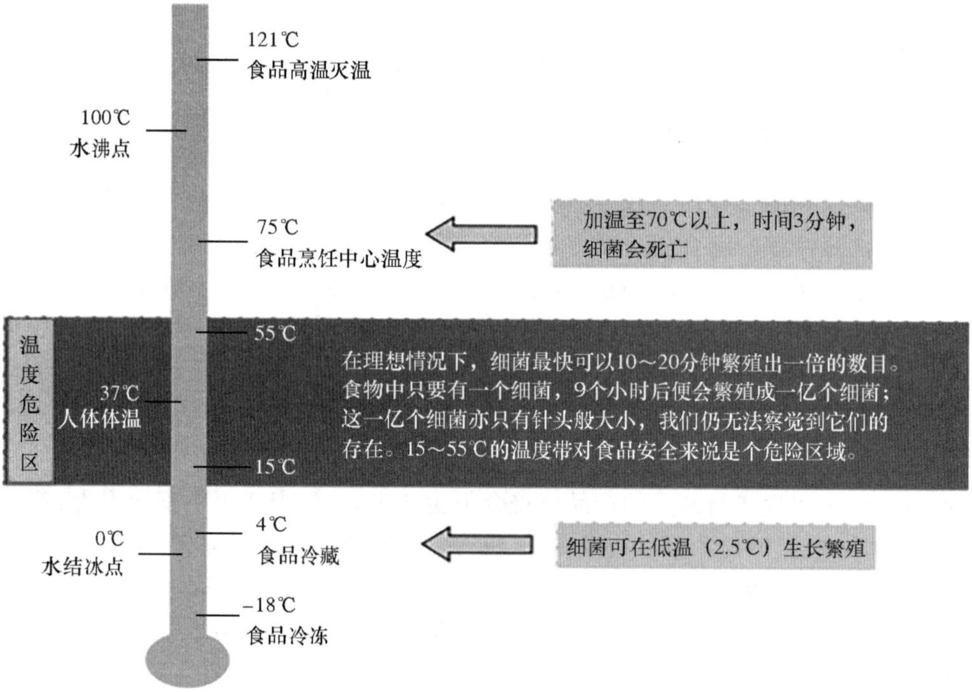

图 6-1 食品与温度关系图

食品变质的原因大致区分如下:

(1)生物学因素:微生物(细菌、霉菌、酵母)、昆虫、螨等;

(2)化学因素:酶的作用、脂肪的氧化、聚合、褐变、褪色等;

(3)物理因素:光线、由于热所致食物成分的变化,冻结所致食物组织的破坏、干燥等。

多数食品变质的起因实际是相当复杂的,往往是生物、化学和物理等因素综合的结果。

由美国、英国和加拿大等专家收集的根据航空公司历年所发生的食物中毒案例而获得的数据,为我们展示了引起食源性疾病的真正根源(表 6-1)。

表 6-1　欧美航空食品食物中毒案例分析一览表

百分比(%)	产生的原因	类别
61	冷却和冷藏不够	温度
29	在供应计划制定前就制作食品	时间
27	热贮存不充分	温度
26	个人卫生不良/或是人员感染	人员
25	再加热不彻底	温度
9	用具清洁消毒不彻底	消毒
7	使用剩余材料	时间
5	烹饪或加热处理不够	温度
4	容器内加入有毒化学品	化学
2	被生的材料所污染	卫生
2	有意加入的化学添加剂	化学
1	偶然加入的化学添加剂	化学
1	不安全来源	其他

多年来,这些因素仍保留不变,现在已成为开展 HACCP 系统工程的基础依据。

6.2.1　仓储中心的功能

6.2.1.1　食品的贮存

食品原料的贮存应按品种分别设立冷藏库、冷冻库和常温库,如:畜禽类冷冻库、水产类冷冻库、蔬果冷藏库、鸡蛋冷藏库、冷链产品冷藏库、成品冷库、干货仓库、化学品仓库等。

冷藏的温度为 4℃(1～10℃),蔬菜贮存在 5～10℃、禽肉类水产贮存在 2～5℃;冷冻的温度为−18℃以下(−15～−22℃);常温的温度为 25℃以下,夏季高温时需开启空调以确保常温食品贮存在合理的温度环境下。各类库房的容量应当满足食品生产加工的需要;冷藏、冷冻库数量和结构能使食品的原料、半成品和成品分开存放,库房内应设置数量足够的物品存放货架。

6.2.1.2　影响冷藏食品冷藏效果的因素

一般来说,食品的微生物繁殖与温度有着密切的关联,温度越低则越易被抑制。此外,化学因素发生的变质在低温环境下被延迟。然而由于食品种类的不同,在某种限度以下的低温时,反而会发生质量不好的现象。例如,蔬菜水果等在某种限度以下的温度时,促成其成熟度被抑制、组织硬化等所谓低温障碍,反而使食品质量恶化。因此食品的保管温度并不是说温度越低越好,要考虑到食品的种类或性质,其用途、贮藏的时间等条件决定恰当的保存方式。影响冷藏食品冷藏效果的因素:

(1)食品原料的种类、生长环境;

(2)食品原料收货后的状况(是否受到机械损伤或微生物污染、成熟度等);

(3)运输、储存的温度、湿度状况；

(4)冷却方法。

6.2.2 生产与加工中心的功能

6.2.2.1 中央厨房在前期设计规划与建设过程中考虑的要素

中央厨房在前期设计规划与建设过程中应充分考虑到食品生产必须符合各项管理标准、技术规范和法律法规的要求，以确保后期运营的效率和规范。

(1)在流程上将人流、物流、产品流以及水流、气流等严格区分，杜绝交叉；人员专用通道设置风淋房、洗手消毒；各生产加工区域配置感应式洗手消毒设施；食品的生熟区域以及周转盛器等通过颜色和材质加以区分，实施“目视”管理；使食品卫生与安全得到有效的保障，满足 GMP 和 HACCP 的标准和要求。

(2)大容量的冷库能满足包括原料、半成品、成品以及中央厨房与连锁门店或项目点之间的半成品或成品的配送；半成品蔬菜在 4℃冷库内可贮存 2 天，荤类食品及熟制半成品在－18℃冷库内贮存 15 天，确保食品的温度和有效期得到有效控制的同时，能满足整个物流的配送。

(3)各类烹饪设备将食物烧制全部由高热值的设备完成，在节省能耗的同时提高了劳动效率，实现烹饪加工工艺标准化。

(4)成品的分装或包装应在输送线上一次性完成，免去两次分装，每份餐食的规格和重量保持一致。

(5)对食品的温度、压力、时间等进行跟踪，确保食品符合 HACCP 的要求。

6.2.2.2 中央厨房的关键技术

中央厨房需对传统烹饪工艺加以科学分析，涉及食品科学、食品工程、化学、化工、制冷工程、材料学、流体力学等相关学科，对每一工艺都建立有完整的数理模型。其关键技术包括：

(1)蔬菜连续加工技术；

(2)畜禽肉类连续加工技术；

(3)复合调味加工技术；

(4)快速冷却技术；

(5)快速加热灭菌技术等。

这些技术的使用不但可以使产品达到卫生、安全、营养、美味的标准，同时也为竞争者树立了技术壁垒。

6.2.2.3 生产加工场所

生产加工场所一般设有烹调热加工、米饭生产线、主食面点制作、面包糕点烘焙等场所。为防止热加工场所温湿度过高，造成微生物繁殖引发的环境污染，烹调热加工间、蒸煮烘烤间等要求采用机械排风装置，以排除加工场所内的蒸汽及油烟，并经油烟净化处理后排出；同时有洁净的新风源补充，换气的频次一般不少于 6 次/小时。

6.2.2.4 分装和标签

“热链工艺”的食品分装，重点在于菜肴烹饪与就餐的时间和菜品温度的控制。热链工艺膳食从烧熟到食用时间控制在 3 小时。由多种组分组成的，应以最早完成热加工的菜肴或主食计算。

“冷链工艺”的食品分装，在烹饪热厨房与分装车间之间配置快速冷却机和专用冷藏库，食品分装或包装在十万级净化包装车间内进行，并配置分装流水线、金属探测仪、打码机等。

为确保门店配送或终端维护消费者知情权，在盛装食品的箱体表面标明生产单位、生产日期(计算至分钟)、保质期限、保存条件。冷链盒饭还需标明食用前加热方法。

6.2.2.5 食品成品的贮存

对已烹饪好的食品的贮存方式，决定了食品的安全性与风险性之间的差异，其基本要素是对时间和温度的控制。食物中毒很少是单纯由食物污染所引起，而是通过污染加上微生物的繁殖而引发，这种情况又取决于食品暴露于适合细菌生长的温度及时间。所有经烹饪的食品应当都是清洁的，但是无法做到绝对无菌，加之食品制备之后的安全问题和其他有关问题，在很大程度上取决于食品的贮存温度。要设法使食品由制作到使用之间的贮存时间尽可能缩短，贮存温度应以能抑制细菌的繁殖为宜。

6.2.3 配送与物流中心的功能

6.2.3.1 配送中心

配送中心主要功能是提供配送服务。在食品供应链环节中，是一个重要的物流节点，为下游门店、项目点、经销商、零售商、客户作配送工序。利用流通设施、信息系统平台，对物流配送的食品和相应的用品，作分类、流通加工、配套、设计运输路线、运输方式，为内部或外部顾客提供量身定做的配送服务。中央厨房通过组建自己的配送中心，来完成对内部各门店、项目点等的统一采购、统一配送和统一结算。

6.2.3.2 物流配送

物流配送是现代流通业的重要组成部分。物流配送模式是指构成配送活动的诸要素的组合形态以及其运动的标准形式，它是根据经济发展需要并根据配送对象的性质、特点、工艺流程而相对固定的配送规律。

目前物流配送模式分为自营型配送模式和第三方配送模式。

(1)自营型配送模式是当前中央厨房所广泛采用的一种配送模式。企业通过独立组建配送中心，实现内部各部门、门店、项目点的物品供应的配送。当前，较为典型的自营配送模式，就是餐饮连锁、团餐和学生营养餐等企业的配送。

(2)第三方配送是指由物流劳务的供方、需方之外的第三方去完成物流服务的物流运作方式。第三方就是指提供物流交易双方的部分或全部物流功能的外部服务提供者，是物流专业化的一种形式。企业不拥有自己的任何物流实体，将商品采购、储存和配送都交由第三方完成。

(3)共同配送也称共享第三方物流服务，指多个客户联合起来共同由一个第三方物流服务公司来提供配送服务。它是在配送中心的统一计划、统一调度下展开的；共同配送的本质是通过作业活动的规模化降低作业成本，提高物流资源的利用效率。

6.2.3.3　配送形式

中央厨房的配送一般可分为四种形式，具体如下：

(1)按配送商品种类与数量划分：

a. 多品种、少批量配送——适合门店连锁等配送；

b. 少品种、大批量配送——适合团餐、学生营养餐等配送；

c. 成套配送——适合楼宇写字楼等配送。

(2)按配送时间及数量划分：

a. 定时配送；

b. 定量配送；

c. 定时定量配送；

d. 定时定量定点配送——一般以该配送形式为主；

e. 即时配送。

(3)按配送地点与组织者划分：

a. 中央厨房配送；

b. 配送中心配送；

c. 配送点配送；

d. 仓库配送。

(4)按配送的服务对象划分：

a. 企业对企业的配送；

b. 企业内部配送；

c. 企业对消费者的配送。

(5)其他配送形式：

a. 共同型配送；

b. 一体化配送；

c. 高频率、小批量配送。

【参考资料：物流配送-百度百科(作者：施建年 出版社：人民交通出版社)】

通过对中央厨房的概念和基本特性的理解，以及中央厨房应具备的“仓储、生产与加工、配送与物流”三个中心的功能阐述，进行归纳与总结，描绘出“中央厨房规划与功能区域及流程”的示意图(图 6-2)。

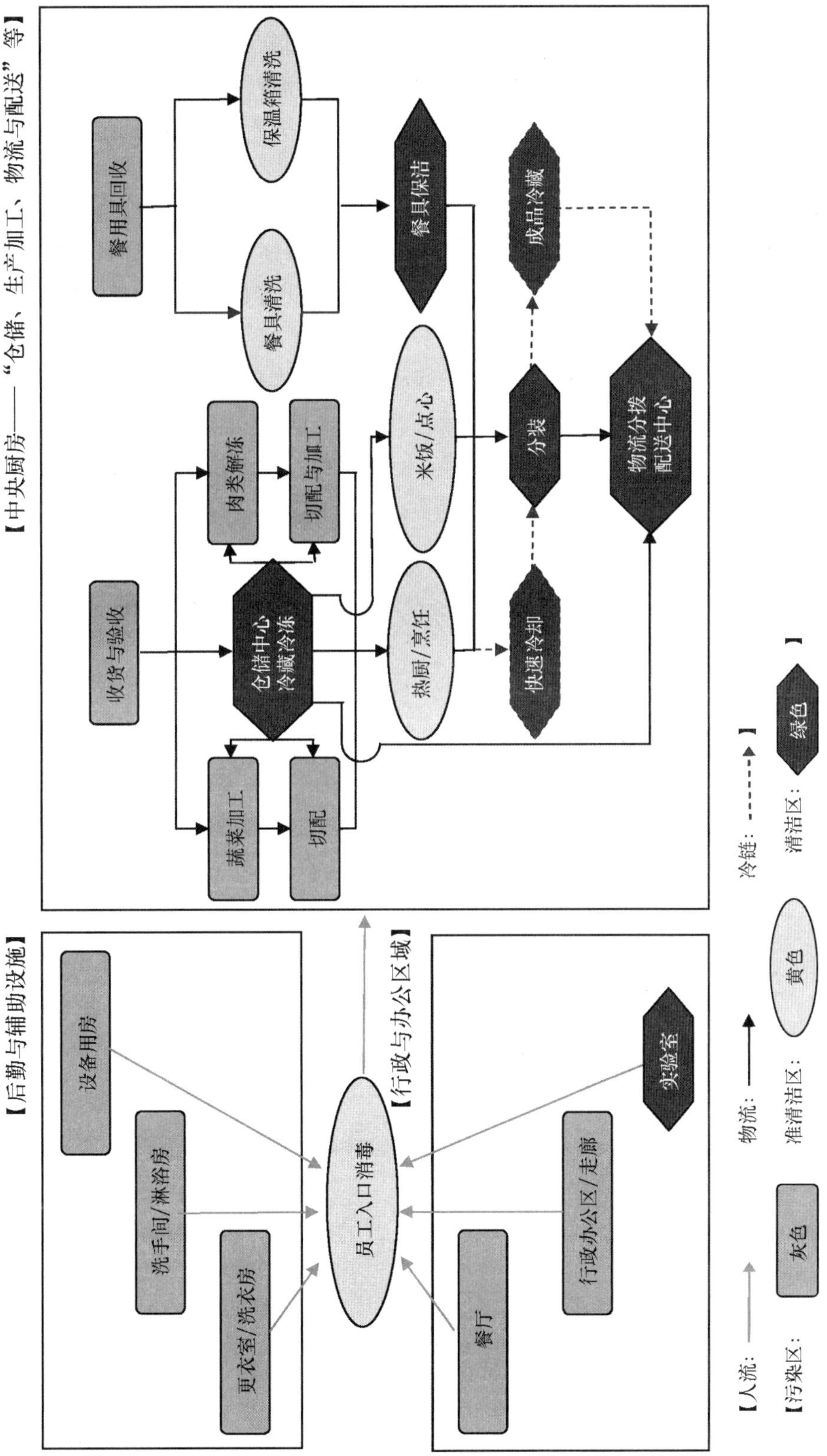

图6-2　中央厨房规划与功能区域及流程

中央厨房功能区域概括为：

(1)厂房。生产加工区、仓储区、物流配送区、行政办公区、后勤与辅助等厂房，各类大型冷库，恒温车间，配电房、锅炉房、参观检查通道、展示大厅等；

(2)基础设施。油烟净化系统、新风系统，供水、电、气系统，温湿度控制系统，水净化、污水处理系统，消防系统，电子监控、防盗系统、防暴系统等；

(3)主要设备。具体包括：连续式叶菜清洗机、根茎类洗菜机、切片机、去皮机，全自动米饭生产线、洗锅机，机器人炒锅、大型蒸箱、可倾式燃气炒锅、蒸汽夹层锅、各类炉灶、油炸生产线，冷却隧道，隧道微波炉，分装线，保温箱、餐具，洗碗机，运输设备、铲车、冷库货架以及餐饮管理的软件系统等。

中央厨房形成连锁经营的模式，具有一定的规模效应，因此，可以实施源头、集中或国际化采购，大大降低了采购成本，丰富品种，控制原料质量，保持原料的新鲜和生态。同时，与各区域的门店形成完整的上下游产业链，实现资源共享、发挥协同和规模的效应。

第7章　中央厨房核心工艺

中央厨房生产流程大体包括产品研发、菜单与烹饪工艺制作、食品采购与加工标准、食品烹饪与制作，以及后续工艺的食品保鲜与包装、储存与配送服务等。中央厨房生产出来的食品在储存与配送方式上面临着向两个不同的方向选择，即持续保温或快速冷却，“热链工艺”和“冷链工艺”由此形成。

中央厨房的核心工艺，无论“热链工艺”还是“冷链工艺”，其出发点始终围绕着食品安全和产品的货架期。易腐败食品的安全贮存方法只能在70℃以上或2～5℃，或经高温灭菌的调理食品或罐头食品等常温或冷冻产品。

“热链工艺”与“冷链工艺”主要是在食品烹饪之后整个生产工艺及流程发生根本变化。本章重点阐述中央厨房通用工艺及其应用。

7.1　中央厨房车间主要工艺构成

中央厨房主要生产功能包括蔬菜加工车间、肉类加工车间、水产加工车间、禽蛋加工车间、调理(腌制)半成品加工车间、配料与配菜车间、热调理加工车间、米饭加工车间、冷却车间、内外包装车间、清洗消毒车间等。每个车间、每个品种都有不同的生产工艺，主要工艺大致如下：

7.1.1　蔬菜加工车间工艺

(1)根茎瓜果类工艺流程与操作规范(手洗、机洗)；

(2)叶菜类工艺流程与操作规范；

(3)其他类(干货、腌制、豆制品)工艺流程与操作规范。

7.1.2　肉类加工车间工艺

(1)畜肉冻品类工艺流程与操作规范；

(2)家禽冻品工艺流程与操作规范；

(3)畜肉冷鲜工艺流程与操作规范；

(4)家禽冷鲜工艺流程与操作规范。

7.1.3 水产类加工车间工艺

(1)水产冻品工艺流程与操作规范;

(2)鲜活鱼类工艺流程与操作规范。

7.1.4 禽蛋类加工车间工艺

(1)禽蛋清洗消毒工艺流程与操作规范;

(2)禽蛋打蛋液工艺流程与操作规范。

7.1.5 调理(腌制)半成品加工车间工艺

(1)调理畜肉半成品工艺流程与操作规范;

(2)调理家禽半成品工艺流程与操作规范;

(3)馅料工艺流程与操作规范。

7.1.6 配料与配菜车间工艺

(1)配料工艺流程与操作规范;

(2)配菜工艺流程与操作规范。

7.1.7 热调理加工车间工艺

(1)素菜烹饪制作工艺流程与操作规范;

(2)小荤菜烹饪制作工艺流程与操作规范;

(3)大荤菜(蒸煮、烧煮、炒制、油炸)烹饪制作工艺流程与操作规范。

7.1.8 米饭加工车间工艺

(1)蒸饭工艺流程与操作规范;

(2)炊饭机工艺流程与操作规范。

7.1.9 冷却车间工艺

(1)速冷工艺流程与操作规范;

(2)自然冷却工艺流程与操作规范。

7.1.10 内包装车间工艺

(1)首件产品工艺流程与操作规范;

(2)单品袋装工艺流程与操作规范;

(3)单品盒装工艺流程与操作规范;

(4)组合品袋装工艺流程与操作规范;

(5)组合品盒装工艺流程与操作规范。

7.1.11　外包装车间工艺

(1)检测工艺流程与操作规范；
(2)贴标装箱(或筐)工艺流程与操作规范。

7.1.12　清洗消毒车间工艺

(1)车间内部使用的金属餐器具或工器具清洗消毒工艺流程与操作规范；
(2)车间内部使用的塑料器具清洗消毒工艺流程与操作规范；
(3)车间内外流转工器具清洗消毒工艺流程与操作规范。

7.2　食品的采购与供应

供应商须提供资质证明及产品相关记录，包括 HACCP 食品安全危害分析关键控制点和 GHP 良好卫生规范，以及对供应商评估和监管，所采购的食品类别、质量标准与产品说明书等。

7.2.1　采购需关注的内容

(1)采购合同；
(2)收货地点；
(3)食品标识(食品、商业保质期或货架期)；
(4)食品检测(农药残留、畜禽类检疫证明)；
(5)温度要求(冷冻冷藏食品)；
(6)包装防护(真空包装、罐头食品等)。

7.2.2　进货的关键控制点

(1)冷藏食品，进货检查其温度是否高于 7℃；
(2)冷冻食品，温度是否达到冰点 0℃，是否有解冻迹象；
(3)蔬菜水果，农药残留快速检测；
(4)罐头或包装食品，是否有损坏情况出现；
(5)常用商品，如：米面等袋装的封口是否密闭，有无虫迹(鼠印、尿迹等)；
(6)物流运输车，当货物卸完应立即检查车厢内部状况，是否有其他物品(如化学品、建筑施工材料等)，啮齿动物、昆虫，废弃物或垃圾等。

7.3　食品储存的关键点及相关参数或标准

食品的贮存一般分为冷冻、冷藏、常温三个不同环境和温度条件下的贮存。我们重点讨论的是在结冰点以上对食品进行冷藏的贮存。

(1)冷藏温度为(1～10℃),标准极限(≤4℃);

(2)贮存期限≤标准时间极限(产品的保质期、行业规定);

(3)生熟食品、不同类别的食品分开;

(4)冷藏设施设备:

a. 一般冷库面积约占中央厨房总建筑面积的1/10;

b. 食品种类繁多,蔬菜、水果、肉禽、水产、鸡蛋、奶制品等需要分类存放,防止细菌的交叉污染;若是清真食品,则牛、羊肉等清真食品需单独设库存放;

c. 食品在冷藏和冷冻库的摆放间隔、堆高等要求应保证不妨碍冷库内冷空气的循环;一般食品的容积占库容的50%～60%;

d. 食品不能裸露地收存,必须放入密闭的容器或用食品保鲜袋/膜包装或覆盖后再保存,防止食品交叉污染和干燥;

e. 冷库门开启的频率越高,冷库的温度上升的越快,需安装风幕或塑料软帘;当冷库的湿度>80%,其制冷功能变为去湿作用;

f. 当冷库蒸发器积霜或积灰,其制冷功能将下降2/3;

g. 冷库温度的巡查和记录每日不少于2次;

h. 食品贮存的日期/时间的标识,遵循“先进先出”的原则。

7.4 原料加工场所

原料加工场所主要设置独立的蔬菜、畜禽肉类、水产、禽蛋、清真食品(不是必备。若有清真食品,则其加工场所、工器具、周转箱及人员必须相应独立)等初加工和净菜加工等场所。配备与生产规模和产品相适应的专业或大型设施与设备;对水质、环境温度等有相应的要求(表7-1)。

表7-1 原料加工区域分布与相关要求和技术参数

功能区域分布	主要设备	技术要求	相关参数
蔬菜加工车间	蔬菜加工专业设备 净水系统	叶菜、根茎类清洗机 脱水机 根茎类去皮机 多功能切菜机	600～800千克/小时
肉类加工车间	锯骨机 绞肉机 切丁砍排机 盐水注射机 真空滚揉机	解冻方式:冷库/流水/常温/微波 分切与腌制	切丁机:最大产能1 600千克/小时; 砍排机:1～10毫米/7 200片/小时; 真空滚揉机:最大产能1 400千克; 环境温度≤15～18℃
水产加工车间	平板冻结机	冰鲜鱼	环境温度≤15～18℃

续表 7-1

功能区域分布	主要设备	技术要求	相关参数
清真食品加工* 【*选项】	锯骨机 绞肉机 切丁砍排机 盐水注射机 真空滚揉机	解冻方式:冷库/流水/常温/微波 分切与腌制	环境温度≤15～18℃
净菜加工	冷库、冰水机组	净水、消毒液	环境温度≤10℃

为防止交义污染，满足生产加工需要，蔬菜水果、畜禽肉类、水产类、禽蛋类等原料加工场所要求独立，设置分类的食品原料清洗专用设备或清洗水池，并明显标识其用途。同时，为防止易腐食品原料生产加工过程中腐败变质，要求加工场所应配备制冷或空调等温度控制设施设备；必要时环境温度控制在 15～18℃甚至更低。

7.4.1 蔬菜的加工

蔬菜加工工艺流程见图 7-1。

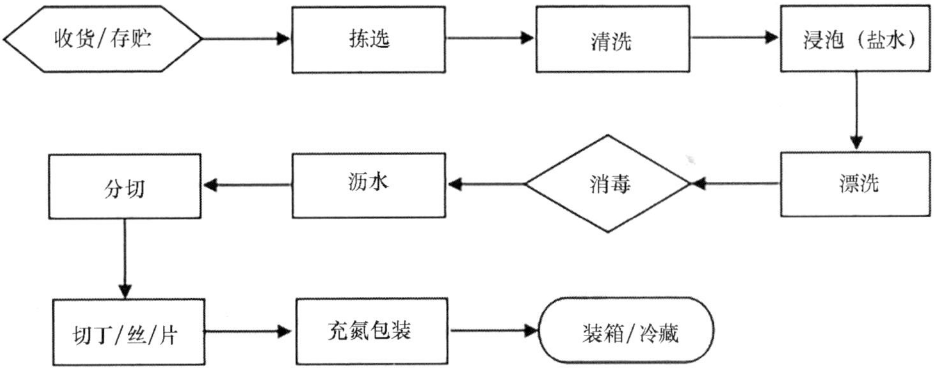

图 7-1 蔬菜加工工艺流程

7.4.1.1 原料选择

蔬菜原料的采购必须满足品质优良、成熟适宜、鲜嫩、规格整齐、无病虫害、无农药和微生物污染等要求。选择成熟适宜的蔬菜品种，是确保蔬菜质量的前提，达到鲜食的标准，色、香、味恰到好处。如果采收后的蔬菜不能及时加工，必须贮藏在冷藏库中妥善保管，并尽快加工。

7.4.1.2 拣选、清洗、浸盐水

人工除去蔬菜多余的根、茎、叶、泥土等杂质，剔除不良品质后分级处理；清洗方法一般为手工和机械两种，中央厨房因每日加工产量大，以机械清洗为主；高品质小批量的叶菜适宜用手工清洗，根茎类和果菜类适宜机械清洗。

洗净后在 2%左右的盐水中浸泡 20～30 分钟可以达到驱虫目的。

7.4.1.3　去皮

根茎类蔬菜需要去皮，一般为人工去皮或机械去皮，机械去皮效率高，去皮后的蔬菜必须立即浸入清水或护色液中，以防褐变。

7.4.1.4　保鲜

一般的新鲜蔬菜的储藏期为2～3天，储藏时间过长就会腐烂变质。

冷冻或保鲜蔬菜则能够较长时间地保持蔬菜本身的色、香、味及其营养成分。运用保鲜技术后，蔬菜的这些生理生化过程（主要包括呼吸生理、完熟和衰老、水分蒸散、休眠和生长等）就会在某种程度上得到抑制，以达到较长时间保鲜的目的。

7.4.1.5　蔬菜根据在植物上的不同部位可分为不同的类型：

(1)根菜类：萝卜、胡萝卜、甘薯、洋葱、生姜、马铃薯、百合、芋头、山药等；

(2)茎菜类：蒜薹、莴笋等；

(3)叶菜类：大白菜、生菜、青菜、芹菜、菠菜、香菜、甘蓝（卷心菜）等；

(4)果菜类：西红柿、黄瓜、辣椒、南瓜、冬瓜、茄子等；

(5)其他类：菜花、莲藕等。

7.4.1.6　净水处理系统的维护应注意以下几个方面：

(1)市政供水的储水箱每季度必须清洗消毒一次；

(2)砂滤、炭滤的填充介质每两年更换一次；

(3)反渗透膜按流量或指标值确定清洗或更换；

(4)紫外线灯管8 000小时或消毒器显示指标低于5(5.0～20.0)更换。

7.4.2　食品的解冻

解冻是使冻结晶融化，恢复到冻前的新鲜状况的工艺过程；解冻可视为冻结的逆过程。解冻食品以畜禽类、水产类为主，也包括速冻蔬菜和速冻点心等产品。

(1)食品解冻是对冷冻食品进行有控制地升温至结冰点以上。

(2)解冻的方法有冷库解冻、流水解冻、室温解冻和微波解冻四种方法，一般以冷库解冻（食品中介的温度8～10℃）为首选。解冻时必须尽最大努力保存加工时所需要的食品品质，使品质的变化和数量上的损失减少到最低程度。

(3)其关键点及参数或标准如下：

①按规定程序解冻；包括解冻设施及设备（冷库、盛器），食品堆放高度或个体大小等；

②解冻期间食品表面最高温度（≤10℃），冰点是切配的最佳状态；

③做到生、熟食品分开；

④解冻后的食品，未经加热处理不得再次冷冻；

⑤解冻食品的加工贮存时间控制在48小时以内，且始终处于低温。

7.4.3　食品加工

食品加工主要是肉类食品直接与加工人员、加工机械等接触时对食品的各种处理。应考虑满足加工设施设备的性能及卫生状况，其关键点及参数或标准如下：

(1)加工时食品温度(≤15℃)；
(2)冷链的中断时间(≤45 分钟)；
(3)做好个人卫生；
(4)与卫生相关的关键厨房设备。

7.5　食品烹饪制作场所

食品的烹饪制作是中央厨房的核心区域，是食物有“生”到“熟”的过程，也是食品在色、香、味、形、质等方面的特殊要求得以充分体现的关键工艺。食品生产制作区域分布、设备与技术要求和相关参数见表 7-2。与烹饪热加工密切相关联的是持续加热保温或食品快速冷却等设施和场所。

表 7-2　食品生产制作区域分布、设备与技术要求和相关参数

功能区域分布	主要设备	技术要求	相关参数
烹饪车间 (切配与烹饪场所面积≥食品生产区域总面积 40%)	炒锅/中餐灶 蒸汽夹层锅 油炸机 蒸柜/万能蒸烤箱 机器人炒锅	天然气、蒸汽、电能 运水烟罩新风	静电式油烟净化器 水幕式过滤器
米饭生产车间	全自动米饭生产线 洗锅机	洗米、浸泡、 煮饭、焖饭、翻锅	300～600 型米饭生产线
主食/点心车间* (*选项)	压面机 和面机 分割机 包馅成型 旋转炉	配料:配方、称重 搅拌:面粉/水比例 醒发:保温库板、醒发机组 烘焙/蒸煮:面包/包子 预冷/冷却:常温/急冻	温度 湿度 时间
净菜菜肴分装车间(占总面积的 10%以上)	真空或快速冷却机 专业保温箱	十万级空气净化 GPM 标准	环境温度≤15～18℃

7.5.1　食品烹饪的关键点及参数或标准

食品烹饪主要是对荤类食品原料，特别时肉类、家禽、水产、蛋品，以及各种蔬菜等烹饪与制作。

(1)食品烹饪程序(蒸、煮、烧、烤、煎、煨等)；
(2)食物中心温度≥75℃；
(3)持续时间 15 秒钟以上；
(4)保证食物加热熟化和灭菌条件得到满足。

7.5.2　烹饪热厨房的设备

要求采用机械排风装置，以排除加工场所内的蒸汽及油烟，防止加工场所温度过高，造成微生物繁殖引发的加工场所环境污染。

7.6 物流配送

7.6.1 备货

中央厨房每日按计划生产出的产品是配送的准备工作或基础工作，备货是决定配送成败的初期工作，如果备货成本太高，会大大降低配送的效益。

7.6.2 储存

配送中的储存有“储备及暂存”两种形态。配送储备是按一定时期的配送经营要求，形成的对配送的资源保证。这种类型的储备数量较大，储备结构也较完善，视货源及到货情况，可以有计划地确定周转储备及保险储备结构及数量。另一种储存形态是暂存，是具体执行日配送时，按分拣配货要求，在理货场地所做的少量储存准备。中央厨房的产品储存是以“暂存”这一形式为主。

7.6.3 分拣及配货

分拣及配货是配送不同于其他物流形式的有特点的功能要素，也是配送成败的一项重要支持性工作。有了分拣及配货就会大大提高送货服务水平，所以，分拣及配货是决定整个配送系统水平的关键要素。

7.6.4 配装

在单个用户配送数量不能达到车辆的有效载运负荷时，就存在如何集中不同用户的配送货物，进行搭配装载以充分利用运能、运力的问题，这就需要配装；和一般送货不同之处在于，通过配装送货可以大大提高送货水平及降低送货成本，所以，配装也是配送系统中有现代特点的功能要素，也是现代配送不同于以往送货的重要区别之处。

7.6.5 配送运输

配送运输属于运输中的末端运输、支线运输，和一般运输形态主要区别在于：配送运输是较短距离、较小规模、频次较高的运输形式，食品配送一般使用密闭的车辆做运输工具，必要时需要冷链配送。

7.6.6 送达服务

配好的货运输到门店或用户还不算配送工作的完结，这是因为送达货和用户接货往往还会出现不协调，使配送前功尽弃。因此，要圆满地实现运到之货的移交，并有效地、方便地处理相关手续并完成结算，还应讲究卸货地点、卸货方式等。送达服务也是配送独具的特殊性。

【参考资料：物流配送-百度百科（作者：施建年，出版社：人民交通出版社）】

物流分拨配送区域分布和相关设备与指标见表7-3。

表7-3　物流分拨配送区域分布和相关设备与指标

功能区域分布	主要设备	技术要求	相关参数
成品冷库	冷冻库 冷藏库	食品贮存 冷链控制 产品标识	冷冻≤−18℃ 冷藏≤0～4℃
常温仓库 化学品仓库	换气设施 货架	先进先出 防虫防霉 独立存储	温度 湿度
成品配送	叉车、液压拖车	防虫、防尘	运输时间
物流车队	厢式货车/带尾板	双温冷链物流车	冷冻≤−18℃ 冷藏≤0～4℃

7.7　中央厨房常见的产品工艺

7.7.1　馒头类工艺流程

馒头类工艺流程见图7-2。馒头类，如鸡蛋馒头、鲜奶馒头、燕麦馒头、葱油花卷等。

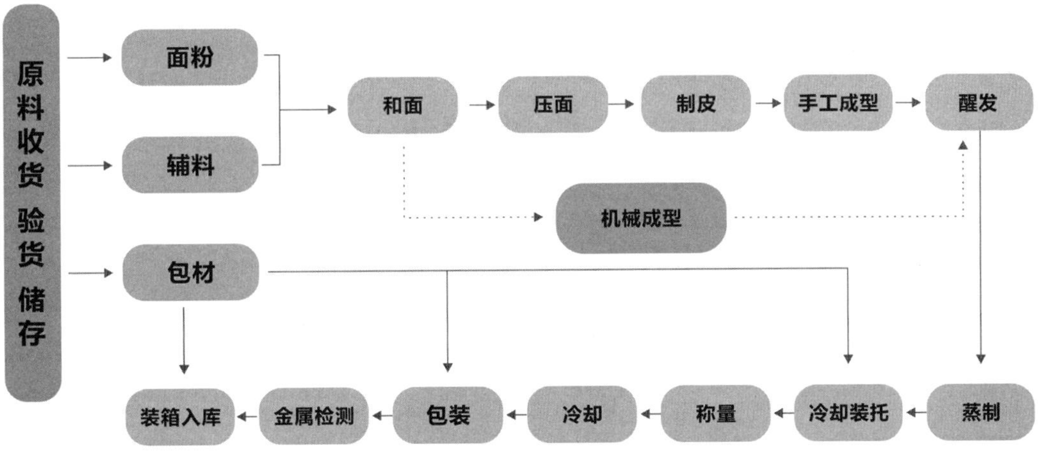

图7-2　馒头类工艺流程

7.7.2 中式包子类工艺流程

中式包子类工艺流程见图 7-3。

素包点类:豆沙包、玉兔包、蛋黄包、奶黄包。

肉包点类:孜然羊肉包、叉烧包、香菇青菜包、鲜肉雪菜包等。

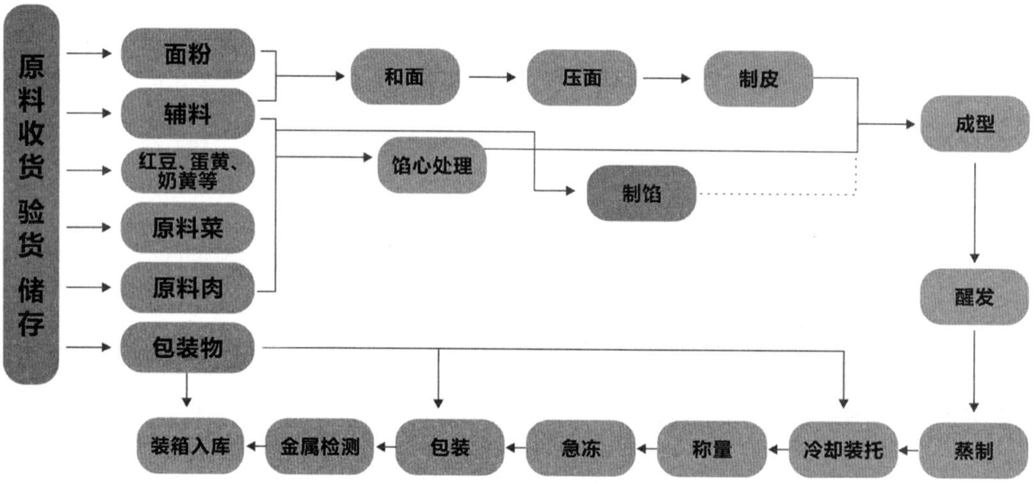

图 7-3　中式面点类工艺流程

7.7.3 粽子类工艺流程

粽子类工艺流程见图 7-4。

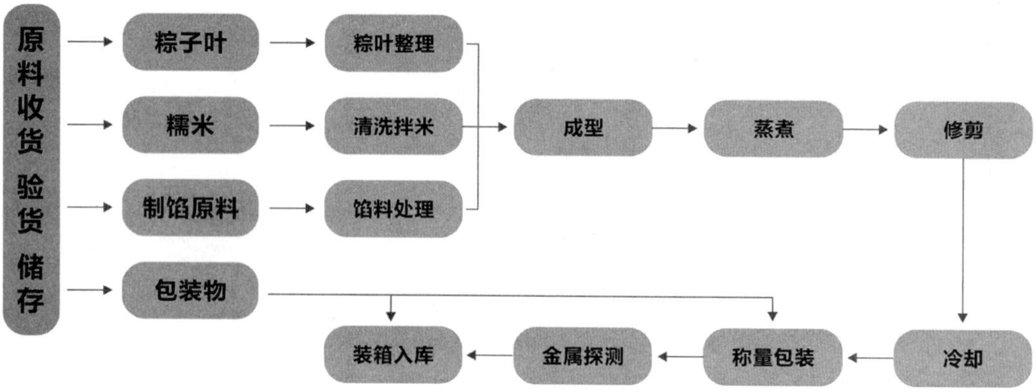

图 7-4　粽子类工艺流程

7.7.4　蛋糕类工艺流程

蛋糕类工艺流程见图 7-5。

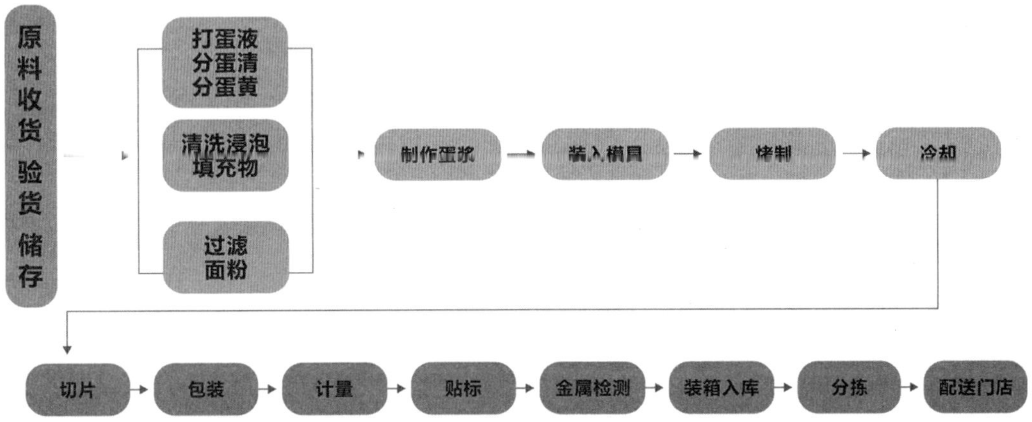

图 7-5　蛋糕类工艺流程

7.7.5　酱卤熟食类工艺流程

酱卤熟食类工艺流程见图 7-6。

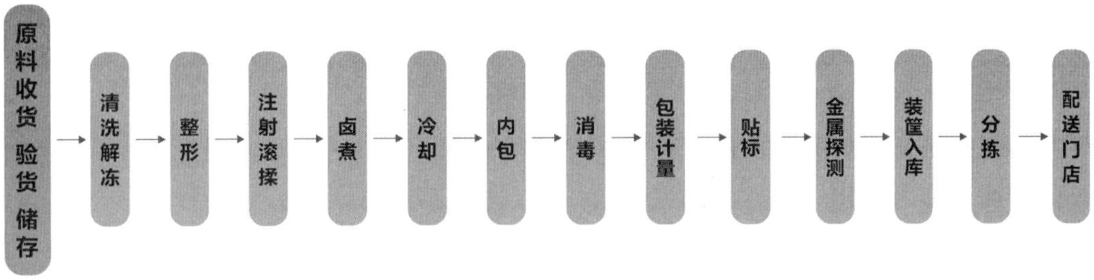

图 7-6　酱卤熟食类工艺流程

7.8　其他相关工艺与要求

7.8.1　餐具清洗消毒流程

餐具回收→分拣→清洗→消毒→餐具贮存→保洁→循环再使用。

7.8.2　设备清洗和消毒

对与食品接触的设备表面，制定程序以保持“良好的卫生措施”，其关键点及参数或标准如下：

(1)热力消毒,表面温度≥71℃;

(2)化学消毒,用规定的清洁剂或洗涤液/消毒剂进行化学消毒(如:NaClO),浓度为100～200毫克/千克有效氯离子,时间≥3分钟;

(3)洗刷设备的热消毒(温度控制);

(4)设备表面的化学消毒;

(5)周转箱、保温箱、餐用具等分别贮存;

(6)设备、餐具等表面污染的微生物检测。

7.8.3 良好的个人卫生

有效的"良好个人卫生"措施和程序是中央厨房生产与管理的重要保障。

(1)做好卫生培训计划;

(2)做好手部的清洁和消毒;

(3)做好员工卫生和感染控制;

(4)食品生产经营人员的健康控制;

(5)个人卫生习惯与行为准则;

(6)洗手设备(感应洗手、"请即洗手"标牌、洗手液、消毒液、干手器或纸巾)。

7.8.4 环境卫生

建筑物及外部环境和室内环境卫生、废弃物控制、虫害控制措施,其关键控制点如下:

(1)视觉上的干净程度和次序;

(2)用规定的化学药品进行清洁消毒;

(3)通过适当的措施控制虫害(昆虫和啮齿动物);

(4)根据法律法规等要求进行建设、维修和保养;

(5)废弃物无害化处理;

(6)有毒/有害物质的贮存。

7.8.5 清洁计划表

表7-4为中央厨房清洁计划表。

表 7-4　中央厨房清洁计划表

序号	项目	区域	方法	卫生要求	频率	责任者	监督者
1	地面 墙体 门窗 天花 管道	厂区	1.1 地面：每班生产期间，地面有脏物、水等要及时清理；生产结束，人工收集各类地面杂物，用含清洁剂或消毒剂的水进行洗刷处理，保证无毒无菌，并将水刮干。 1.2 窗和墙：先淋水，再用专用刮干器刮干（公共区域1次/天，生产区域1次/周）。 1.3 门：手工擦洗去除污垢。 1.4 顶：手工/工具除灰，1次/周；发现有虫网等应在非生产第一时间得到清除。 1.5 车间内管道：手工/工具除灰，1次/周。	清洁 无积灰 干燥	每班次 每周	区域员工	品管人员 区域管理人员
2	库房	仓储	2.1 定期清理、清洁和消毒； 2.2 冻库消毒另行安排。	物品堆放整齐 地面/库壁干净	每班次	仓管	品管人员
3	更衣室		3.1 地面：2次/班或在集中使用后立即清洁； 3.2 更衣箱：表面清洁，1次/天； 3.3 消毒：60分钟紫外线或喷洒200毫克/千克含氯消毒剂，下班后进行消毒，1次/天。	清洁 无积灰 无垃圾 无异味	每班次	保洁人员	区域管理人员 品管人员
4	其他辅助设施	厂区	4.1 清洁，至少1次/天； 4.2 根据受污染情况安排卫生清洁工作。	清洁 无积灰 无垃圾 不锈钢表面光亮	每天	保洁人员	区域管理人员 品管人员
5	照明灯 紫外灯	厂区	5.1 切断电源； 5.2 用布/刷清洁，注意避免电器部分碰水； 5.3 照明灯须拆开灯罩，以进行内部清洁； 5.4 紫外灯应定期更换并做好记录； 5.5 注意登高安全。	清洁 光亮无积灰	每季度	操作人员	品管人员 区域管理人员

续表 7-4

序号	项目	区域	方法	卫生要求	频率	责任者	监督者
6	灭蝇灯	厂区	6.1 先关闭灭蝇灯的电源； 6.2 关闭 10 分钟后，用干布/刷子清理网和盘中昆虫尸身和灰尘； 6.3 每年 4 月份统一更换灯管。	清洁 无积灰 清洁后无虫尸	每周	操作人员	品管人员 区域管理人员
7	下水道	各生产区域	7.1 排污水系统必须保持完好无损，定期对下水通道进行清理，以保持排污水系统的畅通无阻； 7.2 翻开阴沟翻盖或阴井盖，用铁铲铲除粘附在阴沟内或漂浮在阴井内的污物，在沟内撒上水(冬季用热水)，再用硬毛刷洗刷； 7.3 黏附在阴沟盖及阴井盖上面的污物应清除干净，用硬刷蘸水洗刷； 7.4 用清水将阴沟盖及阴井盖一起冲洗干净(冬季用热水)； 7.5 盖上阴沟翻盖与井盖，将阴沟和阴井周围的地面清洗干净，并喷洒 250 毫克/千克的含氯消毒剂； 7.6 每班工作结束后，都应对阴沟及阴井盖进行彻底的清理和消毒，防止污水逆流及滋生微生物、病菌及蚊蝇等。	在日常的使用过程中保持无臭味无阻塞现象发生 阴井盖 无污物 无油渍 清洁干爽	每班次	卫生包干区域操作人员	区域管理人员 品管人员
8	排风扇 风机	厂区	8.1 切断电源； 8.2 用布/刷清洁(注意应避免电器部分碰水)； 8.3 某些专用清洁剂可被采用，以帮助清洁油烟设备，有关操作请参照有关《清洁剂使用说明书》； 8.4 注意登高安全。	清洁 无积灰 无油渍	每季度	维修人员 保洁人员	区域管理人员 品管人员

续表 7-4

序号	项目	区域	方法	卫生要求	频率	责任者	监督者
9	燃气灶	厨房	9.1 待炉灶冷凉透后，用毛刷对燃气的灶头进行洗刷除污，使其保持通气无阻，燃烧完全； 9.2 清除燃火灶头周围的杂物； 9.3 把灶台上的用具清理干净，用浸泡过清洁的抹布将灶台擦拭一遍，再用干净的湿抹布擦拭干净； 9.4 用抹布把炉灶四周的护板、支架（腿）等一一擦拭干净。	无污物 无油渍 无锈 清洁干爽	每班次	操作人员	品管人员 区域管理人员
10	油烟排风设备	厨房、炊饭车间	10.1 油烟排风罩按从内到外、自上而下的顺序用蘸过洗涤剂溶液的抹布擦拭一遍，然后用干净的湿抹布擦拭一遍，最后再用干抹布擦拭一遍； 10.2 油烟排风管道内的排风扇及管道口处的引风机，也要定期进行除尘清洗； 10.3 油烟排风管道内的排风扇及管道口处的引风机，每周彻底擦洗一次； 10.4 油烟排风罩每天班后彻底擦拭一次，每周彻底清洗一次； 10.5 油烟排风设备的擦拭方法（即常规性擦拭与一次性擦拭）： a. 常规性擦拭是指厨房在工作中，确定固定人员，按时对油烟排风设备进行擦拭。擦拭时使用干净的抹布，由内而外，由上而下擦拭一遍。一般每隔 30 分钟擦拭一次即可。				

续表 7-4

序号	项目	区域	方法	卫生要求	频率	责任者	监督者
			b. 一次性擦拭是指每天工作结束后，对油烟排风设备进行一次全面、彻底地擦拭，方法是先用沾有洗涤液的抹布，把油烟排风设备从内到外擦拭一遍，然后再用干净的抹布把油烟排风设备从内到外擦拭两遍，确保油烟排风设备干净卫生。	无污物 无油渍 无锈 清洁干爽 积油槽清空	每班次	操作人员	品管人员 区域管理人员
11	蒸汽灶 蒸箱	厨房	11.1 用清水冲洗内外，如果有粘在上面的食品渣等，可用毛刷洗刷，再用清水冲洗干净；必要时可用洗涤剂溶液清洗并用清水冲洗干净。 11.2 清洁蒸箱时，应先从蒸箱内部清洗，用毛刷将蒸箱内的隔层架、食品盒的杂物、食品渣洗刷除净，再用水冲洗干净，放净箱内存水，用抹布擦拭干净，然后用抹布将蒸箱外表擦拭干净。	无污物 无油渍 无锈 清洁干爽	每班	操作人员	品管人员 区域管理人员
12	蓄水箱	厂区	12.1 专人负责对蓄水箱清洗消毒，1 次/6 个月； 12.2 清洁消毒程序：清除杂物、污垢、锈斑→清水冲洗→200 mg/kg 的氯水消毒→30 分钟后放空，并做好记录。	箱壁及箱底干净 无青苔/赃物残留	每 6 个月	维修人员 保洁人员	区域管理人员 品管人员
13	电烤箱	点心房	13.1 断开电源，将冷凉透的烤盘取出，用铁铲铲除烤盘上的硬结食品渣、焦块等； 13.2 洒上适量洗涤剂溶液浸泡 10～20 分钟，用毛刷洗刷烤盘内外，用清水冲洗干净，再用干抹布擦拭干净； 13.3 将烤箱内分层板上的杂物、食品渣清扫干净； 13.4 将远红外管上的黏结物用干毛刷扫除干净； 13.5 最后将烤箱外表擦抹干净。	无污物 无油渍 无锈 清洁干爽	每班次	操作人员	品管人员 区域管理人员

续表 7-4

序号	项目	区域	方法	卫生要求	频率	责任者	监督者
14	货架 操作台	生产加工车间	14.1 使用过程中随时将汤汁、污物擦去，且每班结束后要彻底擦拭一次，并用 100 毫克/千克含氯溶液消毒。	无污物 无油渍 无锈 清洁干爽	每班次	操作人员	品管人员 区域管理人员
15	刀具	切配 厨房、点心车间	15.1 生熟分开： a. 生制品：每次品种切换用抹布醮 150 毫克/千克含氯消毒剂溶液擦拭/用 75% 酒精喷雾消毒； b. 熟制品：每 30 分钟及每次品种切换用抹布醮 80 毫克/千克含氯消毒剂溶液擦拭/用 75% 酒精喷雾消毒； 15.2 生产结束用抹布醮消毒剂溶液擦拭刀具、刀架； 15.3 完毕后，定点放置于通风干燥处/指定的不锈钢柜内。	无残渣 无油污 无异味 无锈斑	每 30 分钟 品种切换	操作人员	区域管理人员 品管人员
16	抹布	各生产车间	16.1 洗涤液洗涤：将抹布蘸上一定量的洗涤剂水溶液，经过浸泡与搓洗后，再用清水反复洗去洗涤液，然后在 100℃ 的沸水煮 5 分钟以上或在 100℃ 以上的蒸汽中蒸煮 10 分钟以上，取出后晾干。 16.2 水洗浸泡消毒法：用中性清洁剂溶液将抹布反复搓洗，除净油渍污秽，然后用清水冲洗两遍，拧净水分，放入 150 毫克/千克消毒溶液浸泡 30 分钟，取出晾干。	无油污 无异味	每 30 分钟	操作人员	品管人员 区域管理人员

续表 7-4

序号	项目	区域	方法	卫生要求	频率	责任者	监督者
17	用具	厂区	17.1 将所有用具放入按比例调制的洗涤剂溶液中，对调理台用具进行彻底的清洗，以除去用具上的污物、油渍等，如果调料盒等用具上有硬结物，则应用热水浸泡变软后，再用硬毛刷蘸清洁剂将污物清除洗净； 17.2 冲洗清除清洁剂：把用清洁剂溶液清洗过的用具用流动的净水将用具上的洗涤剂冲洗干净，如果是在洗涤盆中冲洗，则至少换 3 次清水冲洗，以确保用具上的清洁剂没有残留； 17.3 用具洗涤干净后一定要进行消毒灭菌处理，消毒一般采用煮沸或蒸汽消毒的方法，可将用具放入 100℃的水中或 100℃的蒸汽中加热 5 分钟以上，如果是塑料等不耐高温的用具，则应使用 150 毫克/千克含氯消毒清洁剂进行浸泡消毒处理； 17.4 将消毒过的调料盒、勺等用具晾干后，放入专用的橱柜内存放，并确保橱柜是干净卫生的，以免造成用具的再次污染。	符合规定的卫生标准	每班次 每周	操作人员	品管人员 区域管理人员
18	砧板	切配 点心车间	18.1 生熟分开： a. 生制品：每次品种切换用抹布醮 150 毫克/千克氯消毒剂溶液擦拭/用 75% 酒精喷雾消毒； b. 熟制品：每 30 分钟及每次品种切换用抹布醮 80 毫克/千克含氯消毒剂溶液擦拭/用 75% 酒精喷雾消毒； 18.2 塑料砧板消毒：用消过毒的刀具刮去污物后，冲洗干净，用消过毒的抹布擦拭干净。	无残渣、无油污、无异味、符合有关卫生规范要求。	每 30 分钟 品种切换	操作人员	品管人员 区域各级管理人员

续表 7-4

序号	项目	区域	方法	卫生要求	频率	责任者	监督者
19	机械加工设备	生产车间	19.1 切断电源，设备电器部分只能擦洗，严禁用水冲洗； 19.2 彻底清除残渣至完全清洁。清洗时将机器各个需拆洗部件拆卸，逐一清洗、擦干；涂油后统一放置，待下一次使用机器时再逐一安装（注意设备部件一定要轻拿轻放，以免损坏）； 19.3 用 150 毫克/千克的含氯消毒剂溶液对设备内外进行喷雾消毒；注：（清洗、消毒时，请戴好防护手套）。	设备零备品定点放置 摆放整齐 设备内外无残渣 无油污 无积水 无异味 无锈斑	每班次	操作人员	区域管理人员 品管人员
			19.4 工程部每季度进行一次设备内部清洁（详细清洗方法和要求请参照有关设备说明）。	开机前要确认设备处于良好卫生状态； 停机 48 小时以上，再次投入使用前要重新清洗消毒	每季度	维修人员	
20	卫生工具	各生产车间	20.1 各种卫生工具必须由专人负责管理，每次用完后一定要清洗干净、消毒后晾干，置于离加工现场一定距离的指定专门位置/柜存放。	无油污 无异味	每班次	操作人员	区域管理人员 品管人员

清洁剂、消毒剂等化学药品使用注意事项：

1. 操作时请戴上胶手套；
2. 若不慎入眼，请立即用清水冲洗眼部 15 分钟以上，随后立即就诊；
3. 若不慎误服，应立即饮用大量饮用水或牛奶，随后立即就诊；
4. 原液溅到皮肤，用大量清水冲洗干净。

第 8 章　热链工艺及其应用

火的发现和使用，是旧石器时代原始人的一项特别重大的成就。当人类认识并掌握了火，就增强了同寒冷气候做斗争的能力；火可以烧烤食物，可以用来围猎和防御野兽，可以照明，烘干潮湿的物件以及融化冰块为饮用水等。恩格斯指出："摩擦生火第一次使人支配了一种自然力，从而最终把人同动物界分开。"

因此，"热链工艺"的雏形可以追溯到远古时代。

8.1　热链工艺名称解释

热链工艺是指膳食烧熟后，采取加热保温措施，将膳食在中心温度≥60℃的条件下分装成盒或直接将膳食盛放于密闭保温设备中进行贮存、运输和供餐，使膳食在食用前的中心温度始终保持在≥60℃的生产加工工艺。

【参考资料：《集体用餐配送膳食生产配送卫生规范》DB 31/2024—2014，"3 术语和定义"。】

8.2　热链食品的分装

采用热链工艺生产的食品，应设置食品加热场所，配备食品加热设施（如隧道微波炉），以及食品保温、储存及配送时的保温设施（如保温性能良好的保温箱）；采用热链工艺生产的团餐、学生营养餐，应设置膳食暂存间，配备膳食加热设施（如加热柜、蒸箱），以及膳食储存、配送时的保温设施（如保温性能良好的保温箱、保温桶）。使食品在食用前的中心温度始终保持在≥60℃以上。

8.3　热链工艺流程

热链食品生产工艺流程见图 8-1。

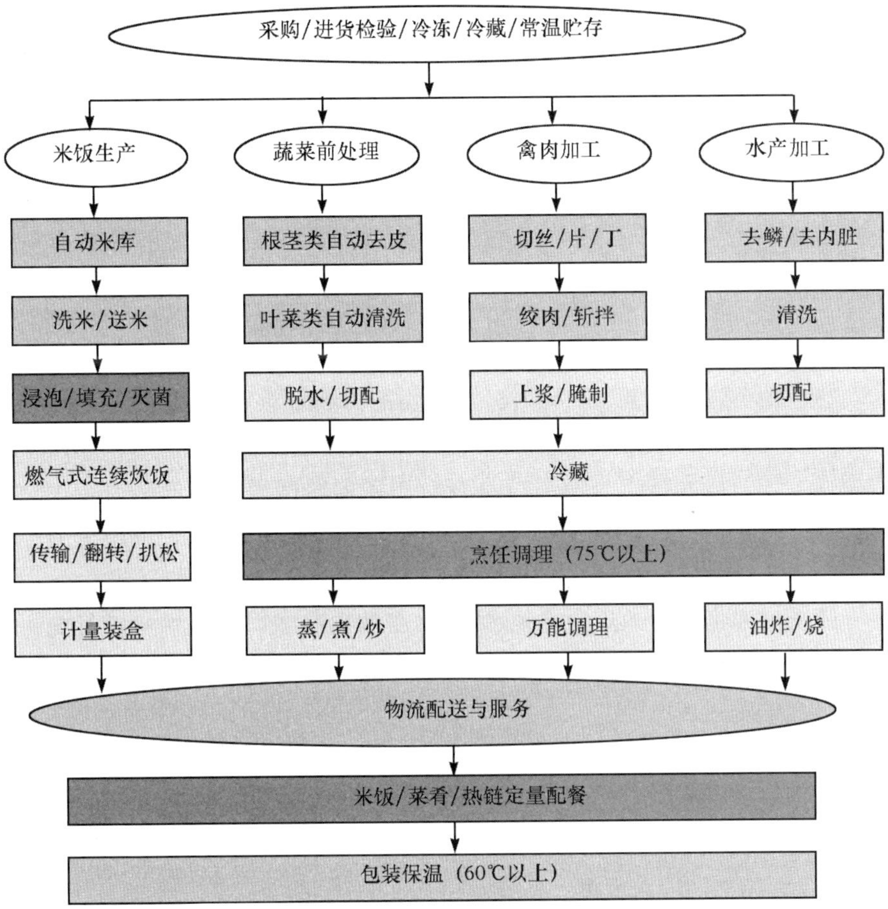

图 8-1 热链食品生产工艺流程

第 9 章　冷链工艺及其应用

冷链工艺是指膳食烧熟后，在 2 小时内将膳食中心温度降至≤10℃，并将膳食在中心温度≤10℃的条件下进行分装、贮存和运输，食用前将膳食中心温度加热至≥70℃的生产加工工艺。*

食品冷链工艺的最大特点是能适应烹饪与用餐的时间差。一般来说，从膳食的配制烹饪到消费者享用，需要经过 4 个小时以上，要确保菜肴鲜美可口、色形不变并非易事，非有高超的烹饪技艺、严格的卫生监管措施和特殊工艺及冷藏手段才能完成。

食品冷藏或冷冻是利用人工制冷技术，将易腐败食品在冷链环境中进行加工与储存，并维持在低温或冷冻状态下以阻止和延缓食品的腐败，从而使食品的保鲜、运输、贮存与销售成为可能。

9.1　冷链工艺

冷藏是将食品的品温降低至冰点，而不冻结的一种食品保鲜方法；冷藏温度一般为 1～10℃；而 4℃为标准的冷藏温度。

冷链涉及冷冻设备、冷藏库、加工与包装环境低温控制、快速冷却设备、冷冻冷藏运输和冷柜销售等。

9.2　冷链作用

对于易腐食品，通过冷链对冷藏温度进行监控，以保证其品质的优良性和食用的安全性。冷链在于能控制易腐产品温度，确保其使用的安全性，保证消费者在购买时产品仍具有良好的品质。假如对温度的控制不够准确的话，将会导致产品一系列品质降低，除了一般产品特征有变化外，还包括组织结构上的改变、颜色的改变、碰撞挤压中的损伤以及微生物的繁殖。冷链的每一个环节，从产品被采摘开始一直到被销售出去，都需要参与控制。链条中的每个环节都有可能出错而使冷链断裂，或是在仓库的月台上，或在运输途中，或在存储过程中，或是在零售超市里，都很容易产生问题。如果一个环节断裂了，那么便会影响到最终消费者的需求。

由于冷链是以保证冷藏冷冻类物品品质为目的，以保持低温环境为核心要求的供应

---

* 【参考资料：《集体用餐配送膳食生产配送卫生规范》DB 31/2024—2014，“3 术语和定义”。】

链系统，所以它比一般常温物流系统的要求更高、更复杂，建设投资也要大很多，是一个庞大的系统工程。由于冷藏冷冻类物品的时效性要求冷链各环节具有更高的组织协调性，所以，冷藏冷冻类物品冷链的运作始终是和能耗成本相关联的，有效控制运作成本与冷藏冷冻类物品冷链的发展密切相关。

9.3 冷却设施或场所

采用冷链工艺生产的食品，必须配备与加工食品的品种和数量相适应的快速冷却设备（如风冷式快速冷却机、真空冷却机、隧道式冷却设备）和设置冷却专间，烹饪的食品温度从要在2小时内从75℃快速冷却到10℃以下，且需要将冷却的食品暂存后进行分装或包装。

食品冷却是冷藏必要的前处理，其本质上是一种热交换的过程。冷却是食品保鲜的重要措施，冷却速度及其最终冷却的温度是抑制食品本身生化变化和微生物繁殖活动的决定因素。食品冷却的速度取决于食品的种类和大小、冷却前食品的原始温度。

9.4 冷链包装

冷链分装或包装食品时，从冷库中取出食物数量不得超过1小时之内处理完成的所用量，食品温度的上升应控制在15℃以下，应当做到：定量提取，快速分装，及时冷却，确保冷链不出现断裂。

9.5 冷链食品储存的要点

（1）所有烹饪过的食品必须快速冷却至5℃或以下，并维持在这一温度进行贮存。

（2）所有烹制好的荤菜、素菜、主食米饭等，都必须在同样温度环境下进行贮存；需要有适合的设施包括空间和冷藏等方面，因此，如果不具备能控制食品温度在5℃或以下以及足够的独立的贮存空间，即认为不具备食品冷链制作的前提条件。

（3）如不了解食品贮存的时间，就不可能控制好食品的安全贮存。要做到食品安全贮存，引入一套简单的记时打印系统很有必要。

9.6 星期/颜色标识

星期/颜色标识是一套简单的产品管理工具。星期/颜色标识的使用需标明：产品名称、数量或重量、生产时间、责任部门和责任人；必要时标注保存条件和食用方法。星期/颜色标识的正确运用能够预防食品因贮存、保管、流转和服务过程中出现类似食品变质或报废事件的发生，便于追溯（图9-1）。

9.6.1 星期/颜色标识的判断标准

（1）高温冷库（4℃）中的蔬菜原料、净料、半成品、成品贮存时间不得超过48小时；

（2）冷库内只能出现两种颜色的标识，即当天和昨天的（星期/颜色）标识。

星期/颜色标识

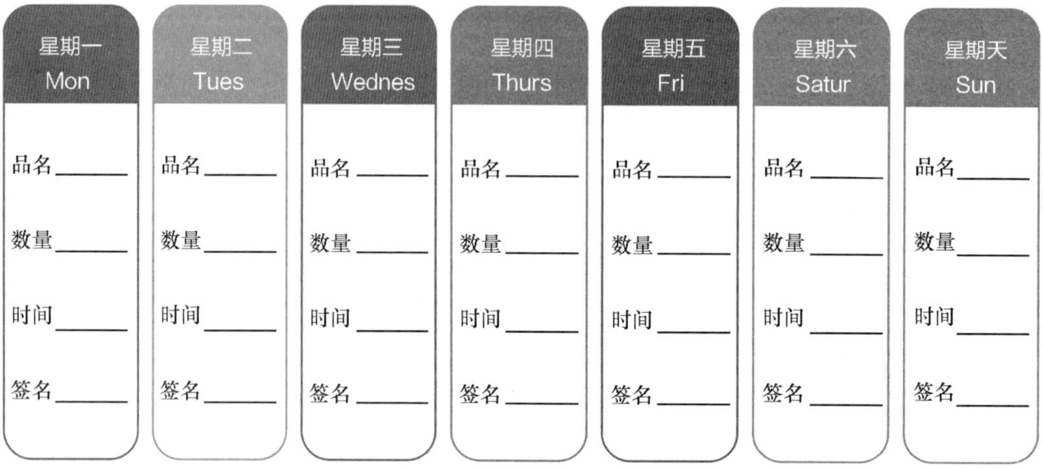

图 9-1　星期/颜色标识

9.6.2　星期/颜色标识的使用方法

(1)“切配、烹饪、分装”的净料、半成品、成品,在加工、制作、分装等工序结束后,责任者应在第一时间贴上当天的(星期/颜色)标识,填写食物的品名、数量或重量、日期和时间、并签上责任者的姓名;

(2)各工序之间、加工中心与项目点之间按(星期/颜色)标识进行交接与验收;

(3)严格执行“先进先出”的原则:按颜色的先后提取使用,颜色相同按时间先后提取使用。

9.6.3　星期/颜色标识的处置

(1)没有(星期/颜色)标识或超出时间和颜色规定的均视为不合格;

(2)发现者必须对该批产品进行控制,防止非预期的使用和交付,并及时报品控员、生产或项目主管,由其进行产品质量的鉴定,恢复应有的标识以证明符合要求,确保食品安全。

9.7　食品冷藏时的变化

(1)水分蒸发;

(2)冷害;

(3)后熟作用;

(4)脂类的变化;

(5)淀粉老化;

(6)微生物增殖;

(7)寒冷收缩;

(8)移臭和串味;

(9)冷藏过程中不良变化的控制。

9.8 完整的冷链系统

冷链系统能保持食物固有的营养，降低自然损耗，抑制细菌繁殖，使食品更加新鲜。

(1)冷链从食品原材料采购运输开始，进货验收分类贮存－18℃冷冻库或4℃冷藏库；

(2)肉类、水产等冻品解冻在4～10℃解冻冷库内进行，加工车间温度控制在15～18℃；

(3)菜肴烹饪后的快速冷却设备，要求食物在1小时内从75℃快速冷却至10℃以下；

(4)10万级空气净化以及温度控制在15℃以下，符合GMP标准的洁净车间生产冷链食品；

(5)食品分装不得超过1小时，食品温度的上升应控制在15℃以下，

(6)成品冷藏和冷链物流配送。

冷链食品生产工艺流程见图9-2。

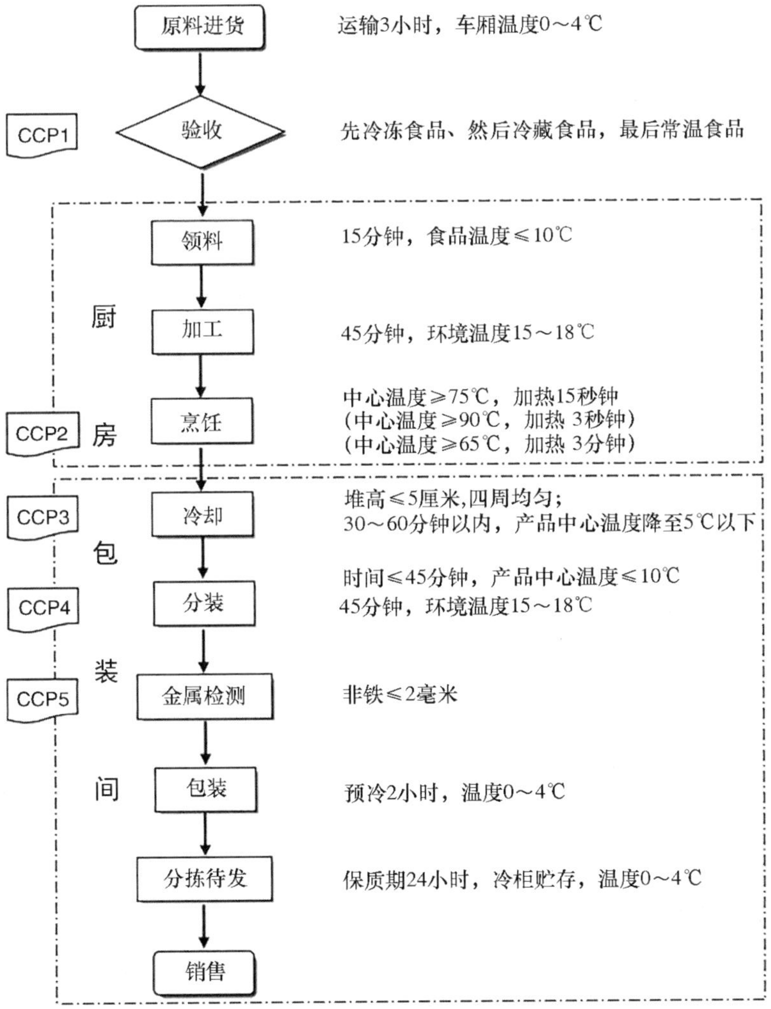

图9-2　冷链食品生产工艺流程

备注：CCP为关键控制点

第 10 章　调理食品

调理食品是食品消费市场的新宠，是对社会餐饮、连锁快餐、团餐、学生营养餐、各类商超市、便利店和零售等产品供应的补充；以生产高温高压杀菌的软包装罐头、冷冻调理食品、复合调味品为主。

调理包的生产工艺主要是从日本传入我国，近年来快餐行业发展迅速，调理包的中央厨房如雨后春笋；1990 年第一家进入中国生产调理包的日本企业三岛食品在大连成立。

10.1　调理食品的定义

调理食品一般的定义是指以农、畜、禽、水产品为原料，经适当加工（如：分切、搅拌、成型、调理）后以包装或散装形式于冷冻（−18℃）或冷藏（7℃以下）或常温的条件下储存、贩卖，可直接食用或食用前经简单加工或热处理的产品。*

10.2　调理食品的特点

（1）在于常年都有货物可以供应且价格稳定；不受食品原料因季节、气候或人为市场干扰而波动的影响；

（2）产品的一致性和服务的便捷性；终端服务只需将调理包直接放入 100℃沸水中 3～5 分钟复热即可开袋，装盘食用；

（3）经过速冻工艺的冷冻调理包最大限度地减少营养成分流失，还延长了食品保存期；

（4）调理食品正在扮演越来越重要的角色，正从幕后的“原料工厂”逐渐向前台的“家庭厨房”演变；成为无明火餐饮业态的主流出品。

调理食品生产工艺流程见图 10-1。

10.3　调理食品的工艺

调理食品工艺从烹饪之后向 2 个不同方向流转（如同热链工艺和冷链工艺在整个食品生产加工流程中的分流）。

第一流向：食品烹饪之后在 75℃以上的高温直接进行灌装；一般为 1 千克或以上的包装规格的产品，通过隧道冻结设备进行快速冷却（或螺旋冻结设备或平板冻结设备），在

---

* 【参考资料：调理食品-百度百科】

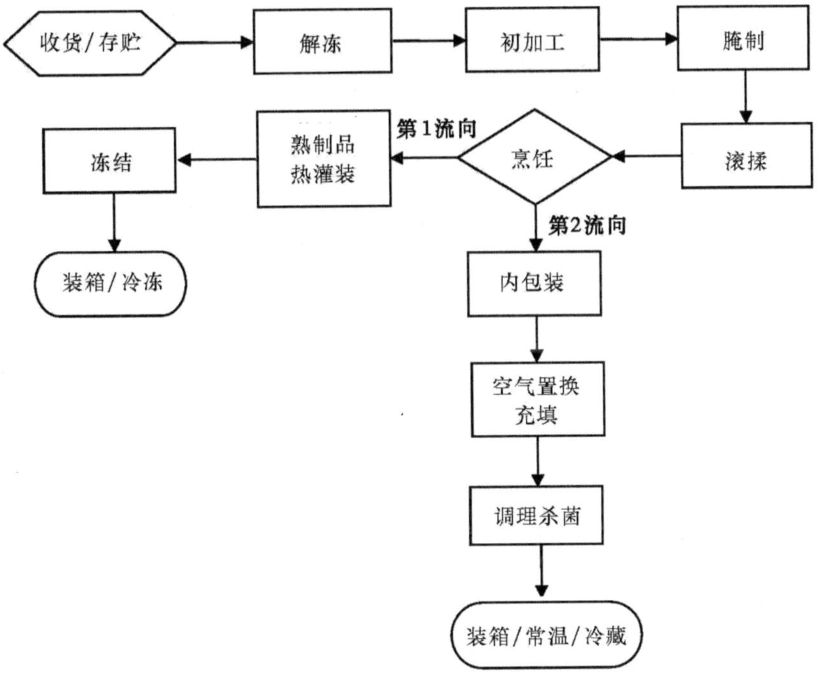

图 10-1　调理食品生产工艺流程

30～60 分钟将食品温度降至－10℃再进行冷冻储存，成为冷冻调理食品。

第二流向：食品烹饪之后经空气置换、充填和包袋封口，推入杀菌釜进行高温灭菌；一般为 20～300 克不等的小包装规格的常温调理包产品，或在 7℃ 的冷藏环境下陈列和销售。

调理食品关键设备见表 10-1。

表 10-1　调理食品关键设备

功能区域分布	主要设备	相关参数
包装间	气动液体小包装灌装机	20～60 克
	气动定量灌装机	300 克/1 千克/3 千克包装
冷却间	隧道冻结设备 螺旋冻结设备	0～60 分钟，食品温度从 75℃ 降至 －10℃
高温灭菌室	高温杀菌釜	常温调理包

第 11 章　新型技术在中央厨房行业的应用

近年来，随着可追溯信息技术、食品快速检测、高温灭菌、气调保鲜等众多新技术在中央厨房行业逐步应用实践，中央厨房的自动化生产水平和安全管理水平有了很大改善，有利于解决制约餐饮业发展过程中的瓶颈问题，从而促进传统餐饮产业的技术创新和产业升级，实现餐饮产业持续、快速发展。

11.1　食品安全溯源系统的应用

中央厨房冷链物流配送是一种成本高、周转快、控制难度大的特殊物流，在保证冷链质量和安全的前提下，我们应积极应用信息技术和电子商务平台整合各类资源信息提高运营效率。利用 EDI、GPS、GIS 及物联网等技术提升冷链的物流质量和响应速度，通过冷链物流信息系统为供应链中相关方提供准确的市场信息，为食品安全提供可溯源性信息支持，对于问题食品可以追查到底。

11.1.1　可追溯信息化技术的发展特点

(1)可追溯系统中的信息采集技术由人工采集发展到智能化数据采集；

(2)可追溯系统功能由事后的问题追查发展到对食品的预测监督及控制；

(3)可追溯系统从简单的信息记录发展到智能化决策支持。

11.1.2　可追溯信息化技术在中央厨房中的运用

中央厨房推行可追溯系统，要加强各个环节的质量检测和过程控制，对原材料采购冷藏、冷库冻库储存、冷链物流配送、半成品精加工及成品的门店销售等各个环节要严格按照标准规范操作，并严格进行监督，确保食品质量安全。

·原材料采购的质量安全追溯

建立原材料供应商诚信记录信息和原材料可查询系统。中央厨房一直坚持以标准化的作业形式，原材料采购既要质量也要安全。中央厨房因为生产量大，合作供应商一般需要长期维持，一般来说，中央厨房要保证进货安全，往往通过以前的购买经验来了解原材料质量。随着信息化技术的发展，借助网络平台，完全可以通过建立供应商诚信记录信息系统，了解到供应商是否可靠，其提供的原材料是否符合质量要求；通过建立原材料可查

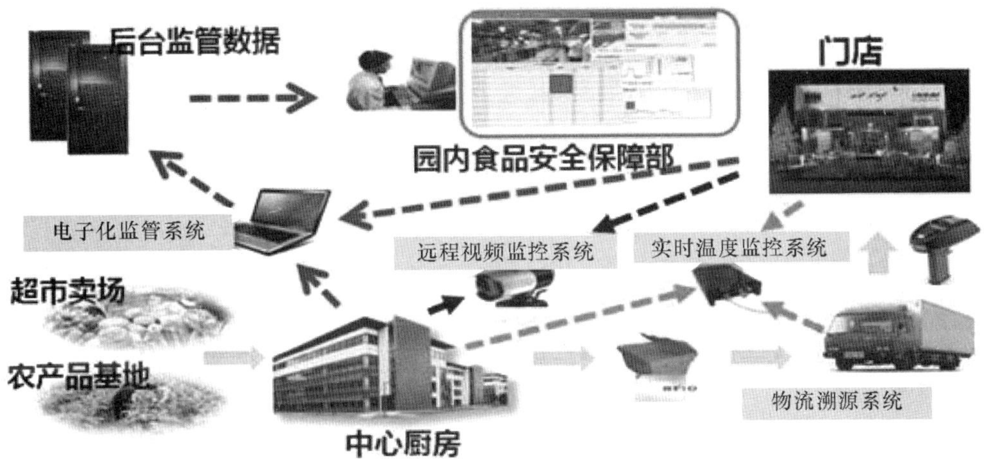

图 11-1 中央厨房质量安全追溯系统总体架构

询系统，实现原材料来源可追溯这样的方式，当出现食品安全问题时，可直接追溯到源头，即：原料来源、生产日期、保质期等。

• 生产加工过程中的质量安全追溯

在生产过程中，要充分利用现代信息技术，建立基于计算机网络开发的具备信息收集、信息处理、综合分析和信息发布等基础功能的食品安全风险预警信息系统，将各种信息源进行有效沟通连接，形成基本信息资源库系统；再通过数模分析系统对数据进行加工与综合分析，形成指标体系；通过指标体系发布等级指标化的预警信息，对中央厨房潜在食品安全风险，做到“早发现、早分析、早计划、早预防”。

• 配送运输过程中的质量安全追溯

升级冷链质量安全管理体系，对于整个的冷链物流、基础设施、服务水平要统一规划，建立一个完整的监控平台，包括温度反馈系统、GPS 技术、RFID(无线射频技术)、无线通信技术及温度传感技术的有效运用，使得运输过程中货物质量、车厢内即时温度，及整个物流线路的规划设计都能实现可追溯。加强运输过程中的信息化管理，是有效提高冷链物流效率和保证质量安全的关键。

• 销售过程中的质量安全追溯

中央厨房冷链物流末端即半成品、成品的销售过程，虽然已经脱离了中央厨房的管控范围，但是作为一条完整的冷链，质量安全同样不可忽视。这个过程要保证质量安全，建立和完善追溯系统，就要加强与负责销售的零售商的合作交流，沟通搭建冷链质量安全平台和销售体系。中央厨房根据自己产品的特性，通过有效平台可以向负责销售的一方提供保证质量安全的可行性建议，作为信息的反馈一方，零售商通过与消费者的面对面交流，可以向中央厨房发送产品销售中的动态过程信息，共同完善整条冷链的追溯功能。

11.2 现代食品安全快速检测技术的应用

中国农产品、食品生产企业数量多、规模小、分散，法治和自律意识比较弱，人口众多，消费人群和渠道也多，因而构成了食品安全问题多发。除了环保因素和生产条件的客观因素外，大多源于对农药、兽药、添加剂等违用、滥用等违法行为所致。要从根本上解决中国的食品安全问题，就必须对食品的生产、加工、流通和销售等各环节实施全程管理和监控，而实验室检测方法和仪器是很难及时、快速而全面地从各环节监控食品安全状况，这就需要大量能够满足这一要求的快速、方便、准确、灵敏的食品安全分析检测技术。

11.2.1 食品快速检测的概念

快速检测是指包括样品制备在内，能够在短时间内出具检测结果的行为。通常认为，理化检验方法一般在两个小时内能够出结果的即可视为快速方法；微生物检验方法与常规方法相比，能够缩短 1/2 或 1/3 时间出具具有判断性意义结果的方法即可视为快速方法；现场快速检测方法一般在 30 分钟内能够出结果，如果能够在十几分钟内甚至几分钟内出具结果的即是较好的方法。

11.2.2 食品快速检测的分类

食品安全快速检测分为现场快速检测和实验室快速检测。实验室快速检测着重于利用一切可以利用的仪器设备对检测样品进行快速定性与定量；现场快速检测着重于利用一切可以利用的手段对检测样品快速定性与半定量。现场食品快速检测方法要求：①实验准备简化，使用的试剂较少，配制好的试剂保存期长；②样品前处理简单，对操作人员要求低；③分析方法简单、准确和快速。

快速检测项目分为，农药残留、兽药残留、微生物、重金属、毒素、添加剂及化学品、包装材料等的检测。

11.2.3 传统实验室检测与快速检测比较

传统实验室检测，检测费用高、检测设备复杂、设备不易操作、检测耗费时间长，并且传统实验室对于人员、设备的要求相对较高，不易于在建立中央厨房的餐饮企业中普及。

食品快速检测，具有检测费用低廉、快速出具检测结果、操作简单、检测设备易于携带且易于操作等优点，使得食品快速检测在现代餐饮食品加工中得到越来越广泛的应用。

11.2.4 中央厨房常用的食品快速检测项目

氨基甲酸酯类农药残留（蔬菜、水果）、有机磷农药残留（蔬菜、水果）、菊酯类（茶叶）、二氧化硫（蜜饯、冰糖、竹笋、干果、粉丝和蘑菇等限量使用）、呋喃他酮（蜂蜜、组织、肝脏）、呋喃妥因（蜂蜜、组织、肝脏）、呋喃西林（蜂蜜、组织、肝脏）、呋喃唑酮（蜂蜜、组织、肝脏）、黄曲霉毒素 B_1（谷物、饲料、食用油、酱油、醋和发酵酒）、黄曲霉毒素 M_1（液体奶）、火锅底料罂粟壳(火锅底料、火锅调料)、甲醇(酒类)、甲醛(水发产品、腐竹、面粉等)、孔雀石绿(水样、水产品)、莱卡多巴胺(畜禽肉)、沙丁胺醇(畜禽肉、组织、肝脏)、盐酸克仑特罗(畜禽肉)、氯霉素(牛奶)、三聚氰胺(液态奶、奶粉)、食用油过氧化值(食用油)、食用油酸价(食用油)、四环素(牛奶)和亚硝酸盐(肉制品、酱腌菜等)。另外,还有对餐具的表面洁净度、肉类水分检测等。

11.2.5　食品快速检测在突发事件中的应用

食品快速检测在中央厨房这种集中加工、供餐模式中能起到非常重要的作用,按照《餐饮服务操作规范》的规定,百人以上聚餐和小饭桌、学校食堂、托幼机构食堂必须每餐次进行留样,留样保存48小时,食品安全突发事件发生时,如果按照传统的实验室检测方法对留样进行检测,时间长,效率低,不能及时为中毒人员救治提供有效信息,而食品快速检测能快速地检测留样的农药残留、油脂酸败、致病性添加剂超标等,为医生针对性救治快速提供信息,并为后续食物中毒事件处理和实验室定量检测奠定基础。

11.2.6　食品快速检测在重大事件保障中的应用

中央厨房根据其自身优势能完成大规模集中供餐的任务,因此,建立有中央厨房的餐饮企业必须按照国家食品药品监督管理局《重大活动餐饮服务食品安全监督管理规范》的要求,企业自身需对重大活动全程进行餐饮安全保障,在没有使用快速检测设备以前,只能检查菜单是否存在高风险食品,检查加工场所是否干净卫生,询问人员是否存在发热、腹泻等方面进行保障。自使用快速检测设备之后,既能对餐具的表面清洁度进行测定,又能对食品原材料的农药材料、兽药残留进行检测,在加工过程中还可以对食品的中心温度进行测量,保证中心温度70℃以上,从多个方面着手,全面预防食源性疾病的发生。食品快速检测除了在餐饮日常监管、食品安全突发事件及重大活动餐饮安全保障有重要应用外,对于风险性高且可能存在问题的食品,像牛羊肉、咸菜、其他畜禽肉类,如果全部进行实验室检测,成本相对较高,但如果通过食品快速检测进行定性,可以将可疑食品实验室定量检测的成本大大缩减。

11.3　高温灭菌技术的应用

食品工业中采用的杀菌方法,主要有热杀菌和非热杀菌两大类。热杀菌的主要目的是杀灭在食品正常保质期内可导致食品腐败变质的微生物。一般认为,达到杀菌要求的热处理强度足以钝化食品中的酶活性。热杀菌技术是食品加工与保藏中用于改善食品品质、延长食品贮藏期的最重要的处理方法之一,热杀菌对食品既有正面作用也有负面作用。热杀菌由于有着很高的可靠性、简便性和投资小等特点,成为食品工业的主流杀菌技术。

根据杀灭微生物的种类的不同,可分为巴氏杀菌(pasteurisation)和商业杀菌(sterilization)。

巴氏杀菌是一种较温和的热杀菌形式,巴氏杀菌的处理温度通常在100℃以下,典型的巴氏杀菌的条件是62.8℃、30分钟,达到同样的巴氏杀菌效果,可以有不同的温度和时间组合。巴氏杀菌可使食品中的酶失活,并破坏食品中热敏性的微生物和致病菌。巴氏杀菌的目的及其产品的贮藏期主要取决于杀菌条件、食品成分(如pH)和包装情况。对低酸性食品(pH>4.6),其主要目的是杀灭致病菌,而对于酸性食品,还包括杀灭腐败菌和钝化酶。

商业杀菌一般又简称为杀菌,是一种较强烈的热处理形式,通常是将食品加热到较高的温度并维持一定的时间以达到杀死所有致病菌、腐败菌和绝大部分微生物,杀菌后的食品符合货架期的要求。

这种热处理形式一般也能钝化酶,但它同样对食品的营养成分破坏也较大。杀菌后食品通常也并非达到完全无菌,只是杀菌后食品中不含致病菌,残存的处于休眠状态的非致病菌在正常的食品贮藏条件下不能生长繁殖,这种无菌程度被称为"商业无菌"。

中央厨房生产的产品大部分为预调理食品(多为半成品或成品),在销售终端需对其进行再次加工或复热,因此,对于中央厨房生产的产品也应按照食品加工的要求进行减菌化处理。另外,对于中央厨房产品的整个加工销售环节,餐厨用具的洁净度要求也较高。因此,还可以将高温灭菌技术应用于对餐厨用具的清洗和准备上。

理想的热杀菌效果应该是,在热力对食品品质的影响程度限制在最小条件下,迅速而有效地杀死存在于食品物料中的有害微生物,达到产品指标的要求。超高温杀菌、微波杀菌和欧姆杀菌是达到这一理想效果的新途径。随着人们消费意识的增强与消费水平的提高,对食品的质量与安全的要求也越来越高。在这种形势下,传统热杀菌技术仍然会继续发挥它的重要作用,但新型热杀菌技术和非热杀菌技术的应用会更加广泛,因为新的方式不仅能够更好地保持食品原有的色、香、味,对环境的伤害也更小,节能、节水和减少废气废水的排放。而各种杀菌方式的结合使用也是一种趋势,能保证食品在达到杀菌、灭酶的要求下,更好地保持其本身的色泽、风味和营养价值。

11.4 真空快速预冷技术的应用

中央厨房的产品加工配送方式通常分为冷链、热链两种。其中,冷链工艺主要指生产快餐的企业能够在2小时内将产品中心温度降低到10℃,并能保证在10℃以下条件贮存和运输至客户。若使用真空预冷技术可以大大提高产品的品质及安全性。

真空预冷就是在真空条件下,使水迅速在真空处理室内以较低的温度蒸发,水在蒸发过程中要消耗较多的热量,在没有外界热源的情况下,便会在真空室内产生制冷效果。当真空处理室的压力降低时,相应地水的饱和蒸发压力也降低了,水从被冷物品表面蒸发出来,热量从物品释放成了水蒸气,而物品本身得到迅速冷却。

和传统的冷却方法相比,真空预冷主要具有如下优点:

(1)冷却速度快。真空预冷技术的突出特点是预冷速度快,对绝大部分叶类蔬菜,即使在预冷前经过包装,一般20~30分钟就可以使温度降至4~5℃。对宽叶类蔬菜的真空预冷效果相当明显。

(2)效果均匀。由于预冷箱内各点的压力均衡，果蔬体内的水分能够同时吸收并蒸发其蓄存的田间热，使得箱内果蔬的温降非常均匀。

(3)能耗低。因为没有冷却介质在系统中，所以不再需要额外的能量将之去除，并且真空使得从外界传入的热量最小化。

(4)清洁。因为空气只有当真空冷却室被打开时才能进入，从而可以保证果菜的清洁。冷却过程中可通过对绝对压力的控制，实现温度精确控制，使产品保持所需温度。

真空冷却技术十分有利于中央厨房工业化生产效率的提高。真空冷却条件下，200 克菜肴的中心温度从 70℃冷却到 10℃，比自然冷却速度快 30 倍以上。真空冷却的食品能够在短时间内迅速冷却通过细菌容易繁殖的危险温度区域，并且卫生状况大大优于自然冷却的食品，因此，真空冷却技术有助于保障食品卫生，延长食品保质期。

真空冷却对产品重量损耗比其他冷却方法要大，为了解决真空冷却后部分产品由于失水而造成感官质量变化以及产品重量减少的问题，可在制作工艺和配方中经过适当调整，并且可以采取选择含水量较少的蔬菜，以及在冷却前补水的方式来提高真空冷却的效果与质量，以此补偿真空冷却造成的失水损失。

11.5　气调保鲜技术的应用

气调保鲜包装(modified atmosphere packing，MAP)，国外又称 MAP 或 CAP、国内称气调包装或置换气体包装、充气包装。是采用具有气体阻隔性能的包装材料包装食品，根据客户实际需求将一定比例 $O_2+CO_2+N_2$，N_2+CO_2，O_2+CO_2 混合气体充入包装内，防止食品在物理、化学、生物等方面发生质量下降或减缓质量下降的速度，从而延长食品货架期，提升食品价值。

食品气调保鲜包装中几种保护气体，分别是 CO_2(二氧化碳)、O_2(氧气)、N_2(氮气)三种。其中，CO_2 是气调包装中起关键作用的气体，用于抑制好氧微生物和霉菌的生长；O_2 的作用是：①抑制厌氧菌的生长繁殖，②保持新鲜猪、牛、羊肉的红色色泽，③保持新鲜果蔬新陈代谢需氧呼吸；N_2 作为惰性气体，与食品不起作用，防止 CO_2 溶于肉制品而造成包装凹陷。

气调保鲜应用范围，可广泛用于肉、禽、鱼以及果蔬等新鲜食品、熟肉制品、面包糕点等焙烤食品的包装。经过气调包装的食品，由于较好地保持了食品原有的口感、色泽、形状及营养，同时可达到较长的保鲜期。包装后的成品形状为盒装或袋装。

11.5.1　气调保鲜在生鲜肉类中的应用

生鲜肉类气调保鲜包装有两类：一类是猪、牛、羊肉，肉呈红色又称红肉包装，要求既保持鲜肉红色色泽又能防腐保鲜；另一种鸡、鸭等家禽肉，可称为白肉包装，只要求防腐保鲜。红肉类的肉中含有鲜红色的氧合肌红蛋白，在高氧环境下可保持肉色鲜红，在缺氧环境下还原为淡紫色的肌红蛋白。

红肉气调保鲜包装的保护气体由 O_2 和 CO_2 组成，O_2 的浓度需超过 60%才能保持肉的红色色泽，CO_2 的最低浓度不低于 25%才能有效地抑制细菌的繁殖。各类红肉的肌红蛋白含量不同，肉的红色程度不相同，如牛肉比猪肉色泽深，因此不同红肉气调包装时氧的浓度需要调整，以取得最佳的保持色泽和防腐的效果。猪肉气调保鲜包装保护气体的组成通常为 60%～70% O_2 和 40%～30% CO_2，0～4℃储存条件下货架期通常为 7～10 天。家禽肉气调保鲜包装目的是防腐，保护气体由 CO_2 和 N_2 组成，禽肉用 50%～70% CO_2，50%～30% N_2 的混合气体气调保鲜包装，在 0～4℃储存条件下货架期约为 14 天。

11.5.2 气调保鲜在熟肉制品中的应用

熟肉食品气调保鲜包装，除了对原料有较严格的要求外，食品烹调加工达到巴氏杀菌标准和保持时间很重要。如美国农业部熟牛肉包装的巴氏杀菌标准，要求食品的中心温度达到 71.1℃并保持 7.3 秒。熟食品烹调后立即需要真空快速冷却和分切成薄片后包装，如果这阶段的加工卫生条件差，如空气有病原菌或刀具与操作人员消毒不足等，都会使食品再次受到污染，残留细菌增殖就难从通过气调保鲜包装来延长货架期。熟食品气调保鲜包装是依靠二氧化碳抑制大多数需氧菌和真菌生长繁殖曲线的滞后期，而二氧化碳最有效抑制数很低(100～200 个/克)，因此，熟食品包装前细菌污染数愈少气调保鲜包装抑菌效果愈好，货架期愈长。一般通过真空快速冷却，用 25%～35% CO_2，75%～65% N_2 气调保鲜包装，在超市冷藏陈列柜的货架期可达 40～60 天。

11.5.3 气调保鲜在盒饭中的应用

目前中央厨房盒饭包装都较简单，现大多采用保鲜膜包装机。但保鲜膜包装机的应用有很大的缺陷：保鲜膜包装机的包装不能密封，而中央厨房产品大多都带有菜汤，这给运输带来麻烦，菜汤的渗漏使产品整体看起来很不卫生；保鲜膜包装不能抑制细菌的生长，细菌的大量繁殖会给产品的口味带来影响，起不到保鲜的作用。

使用气调保鲜包装机在中央厨房的加工中优势如下：

(1)气调保鲜包装是采用密封包装，不会引起菜汤的渗漏，保持盒饭外观的整体洁净；

(2)气调保鲜包装采用先抽真空后充入保鲜气体，最大限度地抑制细菌的生长繁殖，较长时间的保持食品的新鲜度，还能更好地保证冷却下来的食品不再受到空气污染；

(3)盒式包装的封口膜可彩印，将公司信息、品牌信息或产品信息印制在上面，起到一个很好的广告效应。

因气调包装成本相对比较高，比较适合对产品的风味、质构等品质要求较高的肉类菜肴制品。

11.6 超高压灭菌技术的应用

食品超高压灭菌技术(high pressure processing，HPP)就是在密闭的超高压容器内，用水作为介质对软包装食品等物料施以 400～600 兆帕的压力或用高级液压油施加以

100～1 000兆帕的压力，从而杀死其中几乎所有的细菌、霉菌和酵母菌，从而达到保藏食品的目的，而且不会像高温杀菌那样造成营养成分破坏和风味变化。它是一个物理过程。

超高压杀菌技术与热杀菌相比，食品可以保留较多的原有营养成分，较少产生热杀菌带来的异臭及异常物质，可以较好地保持食品原有风味、性状及活性成分。这种新技术已经受到各国的重视。日本的Meidi-Ya公司于1990年4月生产了第一个高压食品——果酱，之后又有果味酸奶、果冻、色拉和调味料等面市。日本的Pokka和Wakaya2ma公司用半连续高压杀菌处理柑橘汁。明治屋食品公司将草莓、猕猴桃、苹果的果酱软包装后进行400～600兆帕、10～30分钟的处理，产品色泽、风味不变，并保持水果原有的口感，维生素C含量大大提高；还将软包装的腌菜进行高压处理，杀死了全部酵母菌，大大提高了保藏期。日本已就与高压杀菌相关的技术对乳制品（乳酸饮料）、鸡蛋、水产品（贝类）、高黏性食品（蜂蜜）等进行广泛研究；他们还利用高压技术使冻制品迅速解冻与冻结，或在0℃以下加压，可使食品不发生冻结现象，既保持食品原有风味和组织状态，还能抑制微生物生长，为水果、蔬菜可能在低温加压不冻的状态下较长期冷藏。法国、英国政府也开始资助高压食品加工的研究，并于1993年年底推出高压杀菌鹅肝小面饼。美国的FMC公司、英国的凯氏食品饮料公司（Campden Food & Drink）开始建立商业化的高压杀菌食品的工艺流程，应用于天然果汁、豆奶等饮料的杀菌。国内超高压杀菌技术的研究报道仅局限在果汁及果汁饮料的灭酶及杀菌中。超高压杀菌也有其难度和局限性，今后如能在高压与低温或中温结合杀菌上多进行研究，可进一步地提高杀菌效果。

11.7 液氮快速冷却（冷冻）技术的应用

11.7.1 液氮快速冷却（冷冻）发展概况

液氮是无色、无味、低黏度的透明液体，化学性质稳定。液氮在常压下的沸点是－195.8℃，当它与被冻食品相接触时，能吸收的蒸发潜热为198.9千焦/千克；再让氮蒸气升温至－20℃，平均比热以1.047千焦/（千克·水）计，则能吸收184.1千焦/千克。两项合计为383.0千焦/千克，是一种理想的制冷剂。早在20世纪50年代，美国就开始研究用液氮速冻食品，1960年正式用于速冻食品，1964年开始迅速推广。

液氮速冻技术产生的背景是：

（1）20世纪50年代末，由于宇宙空间技术的发展，作为火箭燃料所产生的大量液态氧的需要，促使空气液化分离工业的飞跃发展。液氮的生产使空气中所含78%的氮的大量液化生产成为可能，从而为冷冻食品工业新的应用开辟了途径。

（2）20世纪60年代初，美国的冷冻食品工业面临一个新的转折点，当时的冷冻食品向三个方向发展：①冷冻食品向“单体快速冻结”（IQF）方向发展；②要求通过连续速冻装置提高冷冻食品的生产量；③要求冷冻食品向高质量的速冻保鲜食品发展。由于这些要求促使冻结方法必须在技术上进行更新，因此液氮速冻技术应运而生，并迅速得到广泛应用。

液氮速冻有着下列优点：

(1)液氮无毒，且对食品成分呈惰性，再者，由于替代了从食品中出来的空气，所以可在冻结和带包装贮藏过程使氧化变化降低到最小限度。

(2)液氮可与形状不规则的食品的所有部分密切接触，使传热阻力降低到最小限度。

(3)冻结食品的干耗小。用一般冻结装置冻结的食品，其干耗率在3%～6%之间，而用液氮冻结装置冻结，干耗率在0.6%～1%之间。所以适于冻结一些含水分较高的食品，如杨梅、西红柿、蟹肉等。

(4)占地面积小，初投资低，装置效率高。

(5)冻结食品的品质高。由于液氮和食品直接接触，以200 K以上的温差进行强烈的热交换，故冻结速度极快，每分钟能降温7～15 K。食品内的冰结晶细小而均匀，解冻后食品质量高。

随着液氮速冻技术的进一步完善和发展，它被迅速、广泛应用于鱼、虾、螃蟹、鸡、鸭、肉(牛、羊等)、水果(杨梅、荔枝等)、蔬菜及各种预制食品(牛排、生鱼片、肉丸子、炸虾、肉饼、汉堡包、比萨饼、蛋制品、汤料等)的冷冻中。英国1981年液氮速冻食品占冷冻食品的10%，用液氮量超过100千吨；西欧液氮产量的1/3用于食品速冻和冷藏运输；日本液氮速冻食品约占冷冻食品的40%～50%；美国有几百家食品加工企业采用液氮速冻，仅一家速冻牛排厂每天用700吨液氮。我国20世纪70年代初北京、上海就已研制出液氮速冻食品生产线，80年代先后从日本、瑞典、法国、美国和丹麦等国引进了各种速冻装置(包括液氮速冻)，并对银鱼、湖蟹、对虾等鲜活水产品液氮速冻成功。由于每千克速冻食品需用液氮0.8～1千克，受液氮价格高的影响，1991年我国自己制造的250台各类速冻装置中，采用液氮的极少，造成我国20世纪液氮速冻食品在冷冻食品中所占比例很低。

近几年，随着改革开放的深入，国外主要跨国气体公司竞相在我国建立合资企业，带来了先进的空分设备、技术和管理，使我国低温液体的产量大幅度提高，供应的地区和范围不断扩大，价格大幅度降低(液氮的售价从2元/千克左右，降低到1元/千克以下)，大大促进了液氮的应用。

利用液氮来快速冷冻食品的优越性很多，但它目前应用中也存在下列问题，亟待解决：

(1)液氮蒸发后成为低温氮气，具有吸收大量显热的能力，充分利用这部分冷量是提高液氮冷冻设备经济性的根本，但目前利用率不高，措施有待加强。

(2)因为冻结速度极快，食品表面与中心之间会产生较大的瞬时温差，膨胀压力大，造成低温断裂，破坏食品的组织结构，给食品品质带来不利影响。

11.7.2 液氮食品速冻装置

液氮冻结方式大致有沉浸式、喷淋式、冷风循环式三种。

沉浸式冷冻是将食品完全浸入液氮中，它可以达到所期望的快速冻结，食品占用的空间小，仅用了液氮的潜热这部分冷量，但液氮消耗量较大。

喷淋式冷冻设有三个冷冻区：预冷区、冻结区和均温区。液氮经喷嘴成雾状与食品进行热交换，液氮吸热蒸发成氮气，氮气又被用来预冷新进入的食品，这样既利用了液氮的潜热，又利用了液氮的显热，使冷量得到充分利用。

冷空气循环式冷冻，由液氮冷却循环的冷空气，用空气作为载冷剂冷冻食品，可摒弃庞大的制冷设备，减少初投资。

具体的冻结装置可以分为：液氮柜式冻结装置、隧道式冻结装置、沉浸式冻结装置、旋转式冻结装置等。

11.7.3　流态化食品速冻理论和装置

流态化现象最初用于化学工程，随后陆续在能源、冶金和食品工程等领域得到应用。1959 年瑞典的 Frigoscandia 公司首先使用这种方法冻结食品，并于 1962 年研制成功世界上第一台试验性的流态化冻结装置。此后，美国、法国、保加利亚、苏联、日本等国家对流态化的应用和理论研究都十分重视，目前这种冻结装置已得到广泛应用，特别是蔬菜加工厂中被广泛使用。

11.7.4　流态化食品速冻的基本原理

流态化快速冻结，就是使置于筛网或槽板上的颗粒状、片状或块状食品，在一定流速的低温空气自下而上的作用下形成类似沸腾状态，像流体一样运动，并在运动中被快速冻结的过程。流态化冻结是一种实现食品单体快速冻结(IQF)的理想方法。

食品流态化速冻的前提：一是作为冷却介质的冷空气在流经被冻结食品时必须具有足够的流速，并且必须是自下而上通过食品；二是单个食品的体积不能太大，尺寸一般在 50 毫米以内，最大不能超过 100 毫米。

食品流态化冻结过程中，颗粒状、片状、块状等食品与冷气流间的流动过程属气固两相流体的流动过程。根据流体的流动特点，气固两相流体的流动分别有固定床阶段、流化床阶段和气流输送阶段这三种状态，如图 11-2 所示。

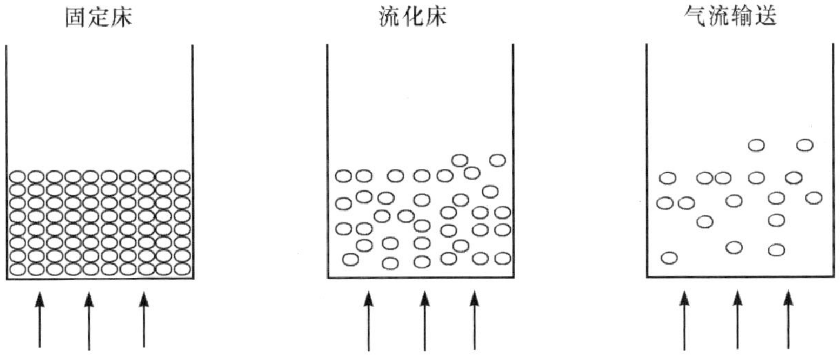

图 11-2　气体通过固体颗粒床层的三个变化阶段

固定床阶段：指当气流以较低的相对速度通过物料层时，固体颗粒的相对位置没有发生变化的阶段(图 11-3 的 AD 段)。其特点是气体通过床层所发生的压力降 Δp，与空塔气

体流速 v 在对数坐标纸上成直线关系(图 11-3 的 AB 段)。

流化床阶段:当气固间相对速度达到一定数值时床层不再维持固定状态,固体颗粒的相对位置发生明显变化,固体颗粒在床层中作不规则沸腾状运动,并且具有与流体同样的流动性。其特点是,在颗粒特性、床层几何尺寸和气流速度一定时,流态化系统具有确定的性质,如密度、热传导系数、黏度等;这种流态化状态可以在一定的气体流速范围内维持;床层的高度和空隙率会随着气流速度而提高,而床层上下两侧的压力降基本维持不变(图 11-3 的 DE 段)。

气流输送阶段:在流化床流动的基础上,再进一步提高气流速度,则床层不能保持流化状态,固体颗粒悬浮在气流中,随着气流运动,此阶段称为气力输送阶段(图 11-3 的 E 段)。

当冷气流自下而上穿过食品层而流速较低时,食品颗粒处于静止状态,称为固定床 A。随着气流速度的增加,食品床层两侧的气流压力降也将增加,食品层开始松动 B。当气流速度达到一定数值时,食品颗粒不再保持静止状态,部分颗粒悬浮向上,造成床层膨胀,空隙率增大,即开始进入流化状态。这种状态是区别固定床和流化床的分界点,称为临界状态。对应的最大压力降值叫作临界压力,对应的风速叫作临界风速。临界压力和临界速度是形成流态化的必要条件 C。当气流速度继续增加时,床层将继续膨胀,床层空隙率也随之增加。但床层中的实际气流速度则保持不变,流体的压降只是消耗在托起固体颗粒的重量上,即床层的压力降与气流速度无关而始终保持定值 D。此时强烈的冷气流与食品颗粒相互作用,使食品颗粒呈时上时下、无规则地运动,因此食品层内的传质与传热十分迅速,从而实现食品单体快速冻结。若气流速度进一步增加,颗粒则被流体带走,床层颗粒减少,空隙率增加,床层压力降减小,流化床成为输送床 E。流化床速冻生产和实验均在输送床前面阶段进行,曲线 AD 为标准流态化曲线。

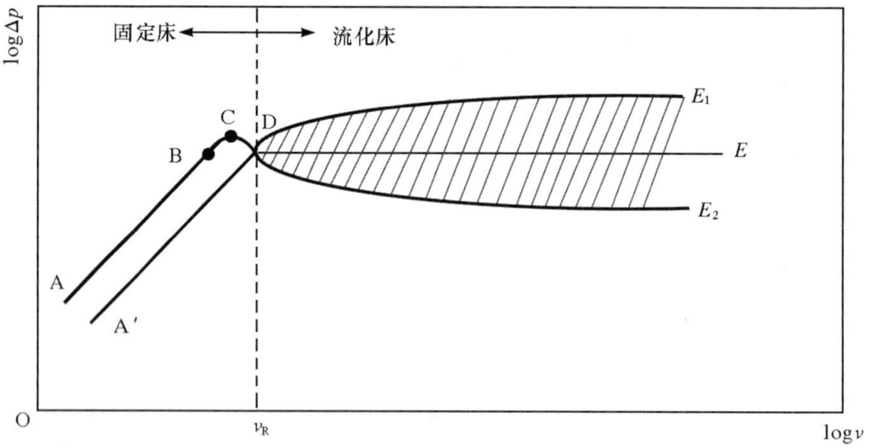

图 11-3 固体颗粒流态化 Δp-v 关系

食品流态化速冻的主要特点是:

(1)冻结速度快。流态化冻结过程具有很强的换热特性,与传统的空气强制循环冻结装置相比,换热强度增加了 30～40 倍。这是因为:食品悬浮冻结时的热阻减少 15～18 倍,产品表面与冷空气的放热系数增大4～6倍，有效换热面积增大3.5～10倍。所以流态化冻结装置的冻结速度要比普通冻结设备的速度高几十倍。由于冻结速度快，所以流态化冻结能最大限度地保持食品原有的营养成分和新鲜状态。

(2)实现单体快速冻结。由于食品在冻结过程中呈悬浮状态，食品冻结后不会粘连在一起，实现了IQF冻结，不仅质量好，而且便于包装和消费者食用。

(3)食品干耗少。每个速冻食品的表面都有一层很薄的冰膜，既有利于保持食品鲜度防止氧化，而且干耗较少。瑞典学者对蘑菇、草莓等进行的对比试验表明，流态化冻结的干耗几乎只是强制送风隧道冻结的一半左右。这对价格较高的食品显得尤为重要。

(4)易于实现机械化和自动化连续生产，生产效率高，工人在常温条件下进行操作，改善了劳动条件。

11.8 在线无菌包装技术的应用

11.8.1 技术原理

在线无菌热包装，就是食品在加热制熟后，在生产线上的无菌状态下进行密封包装，包装时食品的温度90℃左右。1913年丹麦人金森对牛奶进行了无菌灌装，随后1917年美国人佟克莱获得了食品无菌保藏方法的世界首项专利。我国通过多年的实践与研究，现已研发出适合于固态、半固态食品的在线无菌热包装保鲜技术与方法。

11.8.2 使用范围

(1)适用于大多数汽蒸、烘焙、烙制、煮制、卤制等生产工艺的面制品、米饭及米制品、部分中式菜肴、肉制品等品种，及居民主餐食品、学生主餐食品、应急主餐食品、军需主餐食品等。

(2)产品可以袋装和碗装，产品包装内达到商业无菌，包装完成后产品的温度在90℃左右，在不添加防腐剂的情况下常温保质期达60天以上。

(3)主餐类食品，使用保温箱储运在20个小时之内产品温度在40℃(外界温度25℃)以上，无须复热即可食用。

11.8.3 技术优势

在线无菌热包装技术与常用主餐食品包装工艺技术比较，有以下显著优势：

(1)缩短工艺流程、减少厂房面积、节能环保，降低投资成本。该工艺技术为热包装，省去了冷却工艺环节，不需要建设冷却车间以及相匹配的净化、制冷、排气设备，节约了生产设备和基础设施的能耗、也减少了污染物的排放。和现有工艺比较，能减少30%以上的厂房建设、减少35%以上的能源消耗。

(2)保证了食品的安全性。在线无菌热包装工艺，杜绝了生产工序中微生物对食品的二次污染，同时也降低了食源性疾病的发生机会。

(3)降低劳动力成本。省去了冷却工艺环节，节省了食品冷却所需的劳动力，和现有工艺比较能减少15%以上的人工成本。

(4)降低了食品的浪费、提高了固定资产的利用率。该技术延长了产品保质期、销售范围扩大，企业可以规模化生产，提高了固定资产的使用率。

(5)在线无菌热包装保鲜技术和设备的应用，改变了现有主餐供应方式，提高了主餐食品的安全性、方便性和营养性。

11.9 净化技术(消减技术)的应用

11.9.1 技术原理

水触媒食品净化技术，通过激发水的能量，模拟出大自然自我净化的方式，形成一个“浓缩、高效的自然净化系统”，无须任何化学添加，利用水裂解、还原产生的高能量，与生鲜食材表面细菌、病毒等微生物细胞壁脂类物质发生双链反应，使其细胞壁通透性发生改变，破坏其代谢过程，杀灭微生物；打开农药、激素、抗生素等有机化合物组成元素的共价键，高效降解农药、激素、抗生素等有机化学残留，还原食物本来味道，对人与环境安全无害，是领先一代的绿色、安全、高效的食品净化技术。

11.9.2 技术特点

(1)安全：对人与环境安全无害；

(2)无添加：以水为媒，用水解毒，不添加任何化学物质；

(3)不逸散：水触媒功能团来源于水，溶于水，对人体无害；

(4)无残留：水触媒功能团迅速还原于水，对环境无害；

(5)不破坏：通过科学的时间和功率设定，对食物营养不造成破坏性损失。

11.9.3 应用领域

水触媒食品净化技术是一项贴近民生、与百姓生活息息相关的创新食品安全保障技术。以水触媒食品净化技术为核心技术研制而成保食安食品净化机，有四大系列产品：食品净化机(家用型)、食品净化机(水槽型)、食品净化机(商用型)、食品净化机(工业型)，可广泛应用于政府机关、军队、学校、院所等食堂、酒店餐饮机构、净菜加工以及百姓家庭等领域。

水触媒食品净化技术的应用有望切实解决中央厨房标准化生产中食品安全风险控制问题，同时确保生产过程的节能环保，将助力中央厨房产业的发展。

11.10 金属探测仪的应用

金属探测仪是一台综合性的食品安全分析仪器，可分析食品中的重金属铅、金属异物等的测定，能准确识别断针(金属)所在位置。金属探测仪由两部分组成，即金属探测仪与自动剔除装置,其中检测器为核心部分。系统可以利用该报警信号驱动自动剔除装置等,从而把金属杂质排除生产线以外。

金属探测仪以被检测物品输送方式来划分为:分体式金属探测仪、一体通道式、落体式、管道式、平板式。食品行业及中央厨房行业主要使用一体通道式金属探测仪,既可用于半成品的质量控制检验,也可以用作成品出厂检验。检测的产品主要是已包装好的块状产品。

11.11 IT 技术的应用

11.11.1 中央厨房 ERP 管理系统

ERP(企业资源计划)管理模型和技术起源于 20 世纪 60 年代的美国。最初以 MRPII(物料需求计划)管理技术的研究和应用为初始发展阶段,主要解决生产所需材料的计划管理问题;20 世纪 80 年代发展到 MRP 阶段,管理的范围扩大到材料、加工能力等生产相关的各要素的计划管理;20 世纪 90 年代进一步发展到面向企业整体业务和资源计划管理系统。经过半个多世纪的不断发展,ERP 系统已成为世界各国企业最为普遍接受并应用的管理系统。同时,ERP 管理技术与不同的行业需求相结合,又发展出具有不同管理特征的行业 ERP 系统。

ERP 管理的核心思想是:通过加强企业整体业务和资源利用的计划性,以及对业务处理流程状况的监控,及时的计划调整和资源调度,最大限度地优化企业资源的利用,从而提升企业的运行效率和效益。

ERP 管理技术的创立、发展和推广应用,与以计算机和网络技术为代表的 IT 技术密不可分。IT 技术是其得以实现的技术基础。ERP 管理系统是 ERP 管理理念与 IT 技术相结合的产物。

进入 21 世纪以来,伴随着互联网、特别是移动互联网的应用普及,ERP 系统管理的功能范围、内涵及其实现和使用的方式,已经发生了深刻的变化。

中央厨房 ERP 管理系统是在一般 ERP 系统原理基础上,结合餐饮行业和食品行业特点,建立和发展起来的具有鲜明行业特色的 ERP 管理系统。

中央厨房 ERP 管理系统主要覆盖了销售、采购、仓储、生产、配送、产品研发、质检、财务等部门的应用。主要功能构成如图 11-4 所示。

利用计算机网络和数据处理技术,中央厨房 ERP 管理系统实现了企业整体业务流程的紧密衔接和实时数据交换,数据共享和业务协同改变了企业运行和管理的方式,大大提高了企业运行效率和业务决策的准确性、及时性。

中央厨房 ERP 系统对业务流程的管理和衔接处理,如图 11-5 所示。

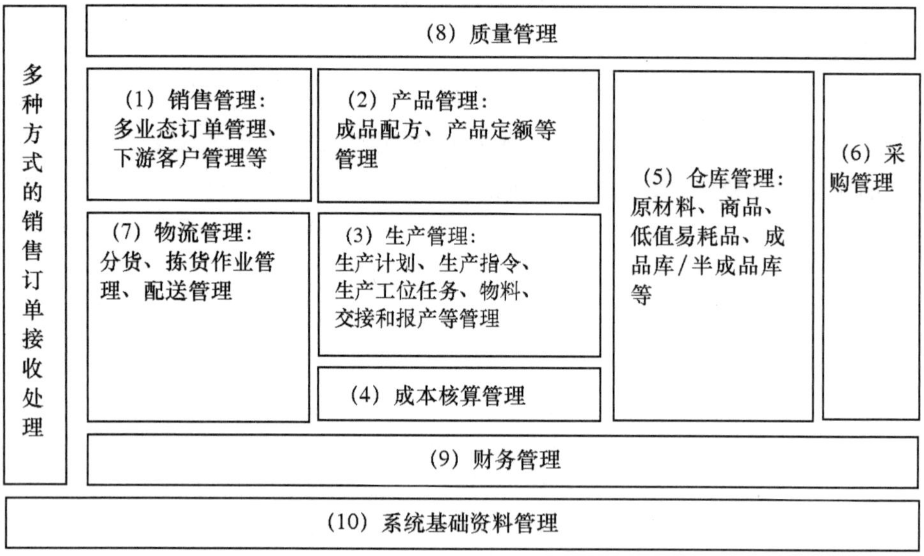

图 11-4　中央厨房 ERP 系统功能构成

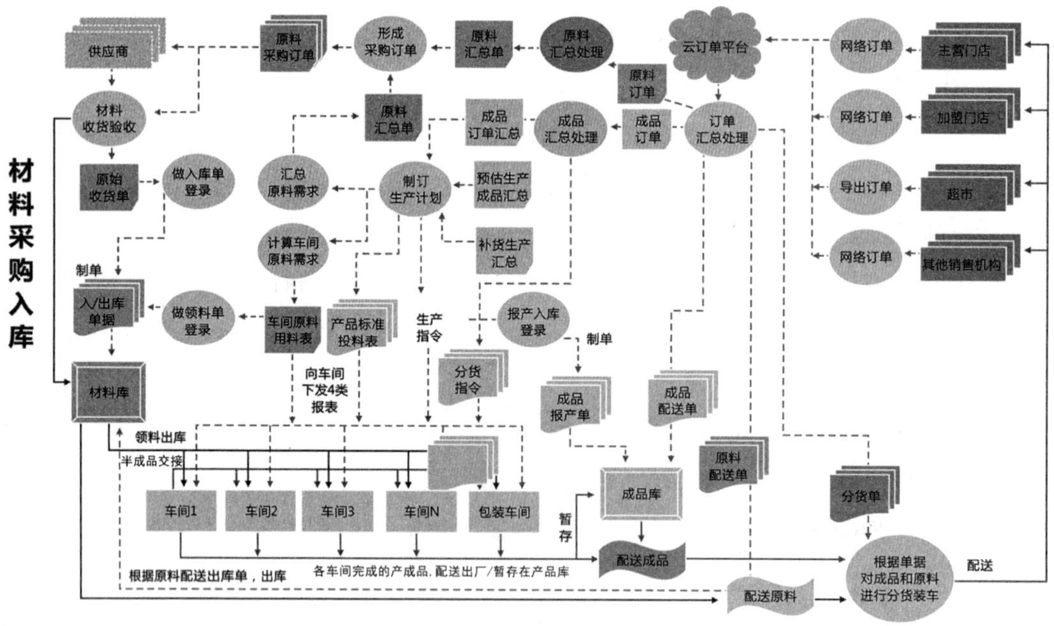

图 11-5　中央厨房 ERP 系统功能流程图

11.11.2　物联网技术的应用

物联网概念是近些年新出现的具有广阔应用前景和重大意义的一项 IT 技术。到目前为止的移动互联网发展，主要解决了人与人之间的信息联通。物联网将在此基础上，实现人与物、物与物之间的信息联通，实现真正意上的万物互联。从这个意义上说，物联网技术是互联网技术发展的进一步升级。随着物联网技术的逐步发展和应用，它将带来社会生产、生活各方面的深刻变化，将进一步提高社会的生产效率和管理运行效率。

中央厨房企业的业务运营管理的许多环节，未来都可以引入物联网技术。

在生产环节，伴随着设备的智能化发展，通过物联网技术，可以将设备的运行状态、已完成加工的数据，实时发送给生产管理系统；通过系统的汇总分析处理，包括自动的和人工介入两种方式的处理，再将相应的指挥控制信息及时地发送回设备，可实现生产的自动化、远程化的指挥管理。

在餐饮物流的各个环节，通过物联网的各种传感技术，可实现远程、实时、自动的物流状态的感知和管控。

进一步来说，物联网技术在整个餐饮食品产业链中有着广阔的应用前景。

例如，利用物联技术，建立可追溯的食品安全监控体系，提供安全高品质的采购平台。通过物联网，采用智能信息技术，及时准确获得供应链各环节信息。在蔬菜基地，通过RFID终端设备，将基地蔬菜写入周转筐芯片，并通过物联网系统，把检测信息发送到批发中心和配送零售环节。提供可追溯服务，集合农产品的检测结果、产地来源以及流向等信息，消费者通过溯源码即可获取产品信息，实现进货有记录、流向可追踪、信息可查询、质量可追溯的功能。一旦发现质量安全有问题，几分钟内，即可追溯到源头，及时进行处理。

11.11.3　大数据和人工智能技术的应用

近几十年，以IT技术为主要标志的信息化社会发展，释放和提高了社会生产力，大大推动了社会的进步。但IT技术的发展仅仅是信息化社会发展的初级阶段。随着各种电子化数据的收集存储、传输共享、分析利用，数据的价值和重要性逐渐显现出来。数据已成为最重要战略资源，对一个社会或一个企业莫不如是。目前的信息化社会发展，已经开始由IT发展阶段进入到DT(数据技术)发展阶段。

如果说IT阶段主要完成的是建设道路和运输工具，即网络和各类计算机系统的建设任务，未来DT阶段主要任务是解决“货物”，即数据的问题。铺路不是目的，实现货物的运输和使用才是目的。建设互联网的目的是数据的传输和使用。

互联网公司通过建立外卖平台，收集到海量的消费者的个人信息及其订餐信息的价值，已经超过经营外卖平台的直接收益，就是一个数据价值的很好例子。未来企业的竞争，不仅是拥有多少传统的人财物资源的竞争，更有拥有多少数据资源的竞争。

人工智能的发展是当前社会科技进步的最前沿之一，其重要意义不言而喻。人工智能的每项进步都是与大数据的利用不可分的；后者是前者的基础。

我国的餐饮企业和中央厨房企业，需要尽快采取措施，着手建立自己的大数据库，积累经营所需的各种数据；并在此基础上，逐步引入人工智能技术的应用。在企业经营管理的三个层级，即战略决策层、战术管控层、执行作业层，人工智能技术都有用武之地。

11.11.4　智能远程控制系统的应用

在中央厨房安装智能远程控制系统，使用餐需求单位和餐饮服务提供单位能直观了解食品生产流程中的卫生情况。通过安装智能远程控制系统让餐饮服务单位的后厨从幕后走到前台，将餐饮服务单位的操作间、洗消间、健康晨检、食品留样等关键部位透明化，直接展示给消费者，使“后厨”成为可视、可感、可知、可查的“阳光厨房”，让消费者可以直观感知厨房的环境卫生和食品粗加工、切配烹饪、清洗消毒等各环节真实状况，并加以监督。监管部门、餐饮企业可通过影像采集设备全面采集并记录关键环节操作情况，采取针对性监管措施，加强食品安全监管，提升餐饮服务食品安全管理水平。

11.12　餐厨垃圾转化生物质新能源技术的应用

餐厨垃圾是餐饮垃圾和厨余垃圾的总称。餐饮垃圾包括饭馆、宾馆、单位食堂等的饮食剩余物以及后厨的肉食、油脂、果蔬、面点等加工过程废弃物；厨余垃圾是指家庭日常生活中丢弃的果蔬及食物下脚料、剩菜剩饭、果皮等易腐有机垃圾。根据联合国粮食及农业组织（FAO）的统计，当前全球每年约有 13 亿吨之多的餐厨垃圾在食品供应链中产生，并且这个数字随着经济和人口的不断增加也在不断增加。

目前，大多数餐厨垃圾通常与生活垃圾混合在一起填埋或焚烧处理。填埋处理是一种简单高效的垃圾处理方式，但处理成本高并会因沼气排放引起全球变暖。焚烧处理虽然可以减小污染物体积，但热能的热值不高并易产生二噁英等有毒有害气体。

餐厨废弃物有机物含量高，营养元素丰富，内含的淀粉、蛋白质、脂肪、纤维素等物质，均是价值较高的生物质原料，所以餐厨废弃物具有典型的“废物和资源”双重属性。我国企业研制出“餐厨废弃物能源化处置成套技术”，该技术将餐厨废弃物转变为乙醇、沼气和生物柴油等生物质能源，实现餐厨废弃物彻底的无害化处理和能源化利用，避免餐厨废弃物因处理不当再次进入人类食物链从而引发“地沟油”“泔水猪”泛滥的现状。餐厨废弃物经过高效酶解，可以分别作为乙醇发酵、生物柴油炼制、沼气发酵的原料，并可以经过成分调整变成微生物培养基，用于微生物菌剂和自用酶制剂的生产（图 11-6）。

• 餐厨废弃物的乙醇发酵

餐厨废弃物组分复杂，与传统乙醇发酵原料差异较大，但经过酶解后的浓度调整，还原糖浓度可达 18%，发酵乙醇的浓度达 8%～10%。该乙醇经过浓缩和纯化，可作为燃料乙醇的原料。

• 生物柴油炼制

运用先进的催化酯化方法生产生物柴油，粗油脂经过脱色、除臭、除杂等预处理后，运用先进的甲酯化反应生产生物柴油。

• 沼气

将餐厨废弃物乙醇发酵后的蒸馏残液和分选阶段产生的有机废水进行中温厌氧发酵，生产出沼气，并根据生物质废弃物为原料的发酵规律对气体进行纯化和净化，使其能

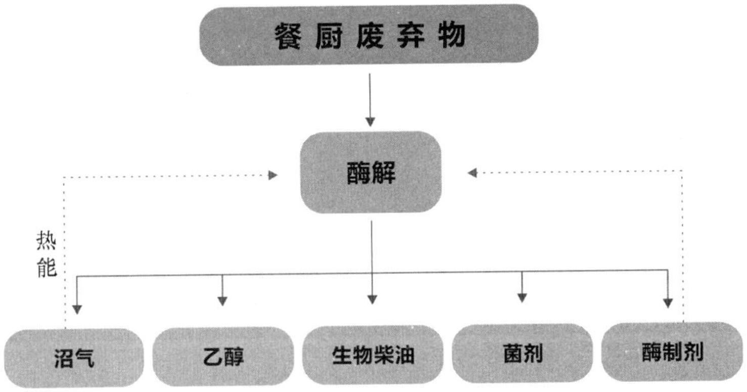

图 11-6　餐厨垃圾可转化的生物质新能源

为本生产工艺提供有效能源。

• **微生物菌剂的生产**

将餐厨废弃物酶解后的固形物用于微生物菌剂的生产。一方面降低菌剂的生产成本,另一方面可消耗部分餐厨废弃物。生产出的复合菌剂又可作为餐厨废弃物处理过程中的生物脱臭剂和肥料菌剂。

• **酶制剂**

餐厨废弃物酶解后的固形物可用于生产酶制剂,该复合酶制剂又可用于乙醇发酵过程中的酶解工艺。

餐厨垃圾的处理已经成为当今社会面临的主要挑战,作为一种典型的可再生资源,餐厨垃圾用来生产各种再生能源,不仅可以保护环境,更可以缓解能源危机,实现社会、经济及环境共赢。但目前餐厨垃圾能源化处理工艺各有优劣,工业化应用仍面临着巨大的挑战。

第 4 部分　应用与发展

第 12 章　中央厨房的应用与发展

第 13 章　中央厨房建设与运营

第12章　中央厨房的应用与发展

随着国内餐饮需求的日益旺盛和食品技术的日益完善，中央厨房在产品品质保障、安全管控、降低成本、工艺自动化等方面均有较大的优势，中央厨房已广泛应用到学校、部队、企业食堂、铁路、航空等领域，同时在社区养老、体育赛事、会展等特殊领域中也发挥了重要作用。中央厨房利用冷链物流、互联网等手段可为各类客户提供生鲜净菜、半成品、预制菜肴、主食等产品。中国餐饮的中央厨房时代已悄然来到，国内大型商场、超市等，建起了美食广场。属于中国餐饮的中央厨房时代已经到来。

12.1　团餐

12.1.1　中小学配餐

中小学配餐是指以保证中小学学生生长发育和健康为目的，生产单位根据平衡膳食的要求，在严格卫生消毒条件下，向学生提供安全卫生、符合营养标准的色香味形俱佳的配餐。

中小学生正处于身体生长发育旺盛的时期。在此期间，孩子的活动量相对较大、学习任务重，而对于健康饮食的知识知之甚少，很容易根据自己的喜好选择食物，进而产生营养不良或单纯性肥胖等诸多问题，严重影响孩子的正常生长发育及心理健康。随着社会经济的发展，物质条件的丰富，人们越来越注重饮食营养的合理化、科学化。同时，国家也陆续推出相关的纲要指南或正在起草相关的政策法规，如《中国营养发展纲要》《中国居民膳食指南》，正在起草的《国民营养条例》规定："所有的幼儿园、医院、学校、酒楼、饭店、单位食堂等必须配备专职营养师"，为中小学生进行合理的营养配餐提供了科学的依据。鉴于中小学生的某些特殊性（如挑食、喜欢吃零食等），在实际的营养配餐工作中除充分考虑到营养素的合理充足供应外，还要注意加工的方式等因素。

我国现阶段在校中小学生的饮食状况令人担忧，偏食、嗜好垃圾食品、营养缺乏、肥胖等问题直接影响了学生的健康和学习。大力宣传营养与健康的关系，做好中小学生的营养配餐工作，纠正中小学生不良的饮食习惯是解决上述问题的当务之急。普及学生营养餐的工作是一项艰苦细致、涉及多方面的系统工程，需要政府、社会各界、企业、学校和家庭多方配合、共同努力，才能开展起来。

目前，中小学配餐主要有三种模式：学校自办食堂、社会企业定量配送以及个人或家庭托餐,其中学校自办食堂和学生自行解决为主要方式。考虑到我国中小学生数量超过2亿人,随着中小学后勤逐步向社会化转型,中小学生营养餐市场发展潜力巨大。目前,北京市已有54家定点生产单位为中小学配送学生营养餐,每天有近35万名中小学生食用专业团餐公司提供的学生营养餐。

2011年10月,国务院决定启动实施农村义务教育学生营养改善计划,以每位学生每天3元的标准为试点地区农村义务教育阶段学生提供营养膳食补助。该项计划的国家试点范围包括中国680个县(市)、约2 600万在校生,经费由中央财政负担160亿元,试点成功之后将进一步推广。由于政策性营养餐目前只在农村地区推行,区域性中小型团餐企业将从中受益。

12.1.2 企业员工餐

企业的团体膳食,在团膳市场构成中占有重要地位。随着企业后勤逐步与企业脱离,企业员工餐也随之社会化。目前,大型企业大部分都有规模相当的中央厨房;中小企业大多数由专业送餐公司供餐或食堂托管服务。这一类团餐以热链生产及热配送为主,主食、菜肴花色品种不丰富、口味欠佳。

企业员工餐的就餐模式分成四种:

(1)固定就餐(食堂承包)模式。用餐企业提前将在饭堂就餐的人数以联络单的方式报数给中央厨房企业,中央厨房企业按照报餐人数准备饭菜,月底根据联络单与用餐单位对账,并按此与用餐单位结算。

(2)自由消费(食堂承包)模式。企业员工可自由选择是否在饭堂就餐,中央厨房企业提供多种品种,员工根据自己的喜好自由选择不同的品种和菜式,凭IC卡刷卡消费就餐,月底中央厨房企业根据员工每天的刷卡金额和次数造表与用餐单位对账,并按此与用餐单位结算。

(3)自由点餐(食堂承包)模式。以美食广场的形式,按照每碟菜分别定价,每餐提供多款供选择,品种有小炒、卤菜、凉拌菜、精美小食等,价格为0.50~11.00元多个级别的餐费标准供餐,员工可按照自己的喜好自由选择,凭IC卡消费,按照每个单碟菜价总计算;月底结算时,按照每个员工每餐的消费金额价总造表与用餐单位对账,并按此与公司结算。

(4)快餐配送(食堂承包)模式。在用餐企业中央厨房内加工制作快餐,并负责运输配送到客户工作地点,一切费用由中央厨房制作单位负责。根据快餐配送清单,每月结账一次。

12.1.3 高校供餐

随着高校后勤改革的深入及新校区的建设,高校食堂已逐步走向中央厨房的运行模式。目前,我国高校有90%的食堂已具备中央厨房的功能,有一部分专业送餐公司参与高校供餐。以热链生产及热配送为主,配送半径小、业态较为单一、有一定的专业化设备、系统管理较完善,为高质量、低成本、节能、环保运行奠定了基础。

该中央厨房的供餐模式是,设在某所学校的中央厨房向本校以及周边没有食堂的学校进行供餐。在中央厨房的经营方式上,学校可以自主经营,也可以委托品牌餐饮企业进行经营。中央厨房中设立食品检验室,负责对食品原材料、生产加工中的卫生状况、供餐的食品质量、餐具卫生进行检测及食品留样。

目前,在高校里学生供餐主要有以下几种模式:

(1)餐饮公司集中统一配送模式,即"定量供餐+服务外包"模式。

(2)社会招标,承包模式。向社会招标,将食堂经营权转包给餐饮公司。这种模式的优点在于可减少人力、物力的耗费,提高饭菜质量、增加花色品种、延长供餐时间,提高食堂效率。

(3)自办食堂,专业公司运营模式。指由高校自己提供食堂场地、厨房、仓库、厨房内的大型设备,将食堂委托给具有较强管理能力并能承担经营风险的大型社会专业餐饮公司进行专业化管理,以实现契约规定的委托经营目标。

12.1.4 部队供餐

随着军队后勤改革的深入,部队供餐已经向现代化供餐模式转变。原有的食堂已进行改造更新,专业送餐公司已参与部队供餐。这一类团餐配送半径小、业态较为单一、有一定的专业化设备、系统管理较完善,能够为高质量、低成本、节能、环保运行提供保障。

今天,随着部队团体膳食的改革,社会化进程将进一步提速。当然,部队团体膳食有与一般团膳不一样的地方,如野外工程、军事训练的膳食供应等问题,也有保密性等问题。

目前,部队供餐主要采取自办食堂,由专业公司运营的模式。部队供食堂场地、厨房、仓库、厨房内的大型设备,将食堂委托给具有较强管理能力并能承担经营风险的大型社会专业餐饮公司进行专业化管理。

12.1.5 机关事业单位供餐

机关事业单位团体膳食也是团膳市场不可忽视的领域,是优质的客户群体之一。

目前,机关事业单位供餐主要采用自建食堂供餐方式,由于机关事业单位员工的工作时间比较明确,就餐人数也相对固定。

近年来,为适应经济社会发展需要,保障机关事业单位工作人员身心健康,机关事业单位后勤逐步与单位脱离,逐渐社会化,开始了团餐之旅。

12.1.6 工矿、工厂供餐

一般来说,单位职工食堂规模偏小,可供经营的资源不足,工矿企业职工食堂普遍存在这样一些问题:食堂员工工作缺乏主动性、工作效率低;服务态度较差;没有现代化的设备、设施;食堂菜肴品种单一;餐厅的就餐环境比较简单,等等。

目前,工矿、工厂供餐主要采取以下模式:

(1)食堂托管模式。生产型企业大多是轮班制,基本都需要3～4餐的服务,托管比较方便。甲方提供场地,作为乙方的快餐配送公司则派人进驻到厂区食堂,负责从加工、制作到分餐服务和餐后清洁的全部工作，而原材料和所需辅助工具的采买则全部由乙方公司统一负责。

(2)外包配送模式。由于企业自身食堂前期投入的成本过高，很多工矿企业会选择外包配送。公司员工一日三餐由配餐公司提供，配餐公司根据订单数量提供用餐数量。

12.1.7 航空供餐

航空餐即是民航飞机在航程中供应予乘客的餐饮，也称飞机餐或航食。飞机餐菜式由航空公司订定，一般由指定供应航机饮食的机构供应，在机场附近制作，并直接运送至航机上，在航程中途飞机稳定时由空中服务员放在手推车上分发给乘客。

随着航空业的发展，航空供餐逐步发展，中央厨房不断扩建、新建。目前以冷链生产及冷配送为主，配送半径小，业态较为单一，花色品种欠缺，口味不佳，已有专业送餐公司参与供餐。

目前，我国国内航空餐主要来源于以下三种配餐公司：航空公司旗下的配餐公司，机场旗下的配餐公司，不依托航空公司和机场而独立存在的配餐公司。由航空公司全资投资或者控股的配餐公司，像国航、南航、东航、海航、厦航等都有自己的配餐公司；由航空公司控股与外资合作的配餐公司，如广州南联航空食品有限公司；由机场投资或合资成立的配餐公司，如北京空港配餐公司。

12.1.8 铁路供餐

目前，我国旅客列车餐饮经营分为既有线餐车经营和动车航空式配餐两种方式。运营里程超过 1 000 km 以上的特快、快速、普通旅客列车的供餐基本为加挂餐车。餐车供餐的经营方式主要有三种：一是铁路局客运段直接经营，二是铁路内部职工承包经营，三是委托餐饮服务公司经营。列车的供餐模式以餐车制备、零售服务为主。

与既有线不同的是，我国动车组列车取消了餐车，采用航空配餐的经营模式(即中央厨房配餐模式)。动车组不设餐车，所有餐食均由地面配餐基地制备和烹制，冷(热)链配送至列车，在车上微波加热或直接食用。目前各铁路局动车组配餐供应方式主要有两种：一种是铁路局建立动车配餐基地，供应局管内动车配餐盒饭；另一种是铁路局不建设动车配餐基地，采用签约供货商的方式，签约的供货商负责快餐产品进货及车上销售。受传统经营理念所限，当前动车组列车供应的快餐以中式盒饭为主，品种不多，旅客对餐食的选择性有限。

12.1.9 典型案例

· 索迪斯大中国区——国际团餐业第一品牌

法国索迪斯(Sodexo)集团是生活质量服务的全球领军企业。1966 年在法国马赛成立，总部位于法国巴黎，索迪斯集团 2016 财年(截至 8 月 31 日)年收入 202 亿欧元，集团净收入 6.37 亿欧元。每天为全球 7 500 万消费者提供服务。在 80 个国家中拥有员工 42.5 万人。

凭借着 50 多年的丰富经验，索迪斯已成为世界上最大的从事餐饮服务及综合后勤管理的跨国公司之一，名列全球500强企业名录。索迪斯业务主要业务包括：餐饮服务、业务支持服务、工程服务以及生活便利服务。

索迪斯是世界第一大餐饮服务公司，索迪斯公司向企业、政府机关、学校、医院、住宅小区、养老院等单位提供优质一体化餐饮服务；还可以向陆地或海洋中的大型工地、特色餐饮中心、文化设施等提供餐饮管理与服务，其中包括向美国海军陆战队和海上石油钻井平台提供的餐饮服务。

索迪斯是世界第二大服务卡公司，服务内容包括餐饮卡、加油卡、礼品卡、求职卡、购药卡等多个种类，涉及多个服务领域。另外，索迪斯也为世界最大内河游船及港务的专业公司，及世界上最大的野外基地服务供应商。

索迪斯中国是国内团餐业第一品牌，是首家进入中国市场的国际化餐饮综合服务公司，自1995年登陆中国市场以来业务发展迅猛。目前，索迪斯在中国拥有11 000名全职员工，每天为分布在全国50个城市500多个营运点的110万消费者提供多样化的生活质量服务，以满足来自不同层面的需求。合作企业覆盖工商企业与行政机构、教育、医疗卫生与养老服务等多个领域。

索迪斯中国的服务涵盖：

驻场服务：为工商企业、学校、医院、养老院、工厂、大型活动等提供前台接待、餐饮服务(包括团膳与员工餐厅管理方案等)、工程管理、设施管理、保安服务、清洁服务及园林绿化等多元化配套服务，并全面实施节能减排与可持续发展战略。

福利与绩效管理服务：包括员工福利、激励与认可(如零售商超礼券)、费用管理与公共福利等项目，实现人性化的员工关怀与员工激励。

• 千喜鹤——中国团餐第一品牌

千喜鹤股份有限公司成立于1993年，总部设在北京市海淀区，经营范围涉及后勤社会化保障、团餐、快餐、网餐、餐饮咨询、社区便利、肉食品工业、商业地产、互联网金融、粮油果品贸易、物流配送、职业技术教育等多个领域，下属20多个全资子公司，员工9万余人，资产规模107亿元。2016年集团销售收入226亿元，其中团餐收入95亿元。

千喜鹤股份已在北京、天津、上海、江苏、广东、重庆、四川、河北、河南、山东、山西、安徽、陕西、吉林、辽宁、黑龙江、内蒙古、云南、贵州、甘肃、湖北、湖南、江西、浙江、福建、广西等30多个省、直辖市、自治区设立了200余个管理区，承担了全国3/4的军事院校，3/5的武警院校和1 700余家大型企业、地方院校、政府机关及医院等500多万人一日三餐的饮食社会化保障工作。

12.2　特殊餐饮服务

12.2.1　社区养老与医院供餐

• 社区养老供餐

随着空巢、失能、高龄老人的增多，“吃饭难”成为困扰老人的生活难题。近年来，中央厨房逐渐走进社区，通过“中央厨房＋流动餐车配送”找到破解之法，25分钟以内就可以把味美价廉的老年餐送到社区老人家。

目前，采用较多的主要为“1＋X”综合助餐服务模式：“1”为中央厨房，“X”就是在每个社区建设助餐点。

社区养老供餐将重点培育养老助餐品牌服务商，尤其鼓励大型专业餐饮服务商（中央厨房）利用自身独立的服务网络、科技手段或智能设备，通过“餐饮服务商（中央厨房）＋社区配送＋老年人家庭”方式直接开展服务。

中央厨房不但让老人吃得健康，也减少了流通环节，有效降低了菜品价格。

目前，北京市的社区养老供餐模式走在全国前列，北京市为鼓励有资质、有能力的餐饮企业加入老人助餐服务行列，各县区根据实际情况打造了多种社区养老助餐服务模式：

（1）采取“1＋X”综合助餐服务模式：“1”为中央厨房，“X”就是在每个社区建设助餐点。

（2）采取“1＋M＋N”居家养老助餐服务模式：“1”为社区养老指导中心，“M”为某县区下辖的街道（乡镇）老年餐服务中心数量，“N”为提供老年用餐与服务的服务商数量。

（3）采取依托餐饮连锁企业门店和包括养老照料中心在内的养老设施建设助餐网点的服务模式。

（4）采取老年餐专供网络服务模式：由“老字号”餐饮企业服务网点依托辖区内单位食堂形成。

（5）采取“中央厨房＋冷链运输＋社区配餐”服务模式。

（6）采取政府主导建设中央厨房配送，构建“中央厨房＋社区助餐点＋义工送餐”的服务模式。

·医院供餐

医院团膳既包括医生、护士、工作人员、勤杂人员团体膳食，又包括病人的团体膳食，是讲究营养食疗、有特殊需求的团体膳食市场。

医院供餐主要模式如下：

（1）集中统一配送模式，即“定量供餐＋服务外包”模式。

（2）社会招标，承包模式。向社会招标，将食堂经营权转包给餐饮公司。这种模式的优点在于可减少人力、物力的耗费，提高饭菜质量、增加花色品种、延长供餐时间，提高食堂效率。

（3）自办食堂，专业公司运营模式。指由医院自己提供食堂场地、厨房、仓库、厨房内的大型设备，将食堂委托给具有较强管理能力并能承担经营风险的大型社会专业餐饮公司进行专业化管理，以实现契约规定的委托经营目标。

12.2.2 体育赛事供餐

大型体育赛事及单位活动选择配餐团购已经成为快餐业的一个新亮点。

目前，我国体育事业不断发展，体育赛事不断增多。每一场体育活动，都是很大的餐饮服务市场，像福记食品服务控股有限公司就曾经给2008年奥运会供餐。随着以营养见长的中式快餐市场份额的不断扩大，越来越多的大型体育赛事及单位活动选择配餐团购。

目前,体育赛事大多采用食堂承包、食堂托管及快餐配送模式。

(1)快餐配送模式,餐饮公司在现场设立专售店,在餐饮公司中央厨房加工好配送到赛场专卖店。

(2)食堂承包,由餐饮公司直接接管与经营。

(3)食堂托管,将食堂承包给专业的餐饮公司来管理,然后选择餐饮公司所提供的各类菜式就餐。

12.2.3　会展供餐

近年来,我国展会发展不断壮大,2016 年共举办 3 052 个展览会。展览会主要集中在北京、上海、广东等一线城市,越来越多的大型展会及单位活动选择配餐团购。

目前,大型会展大多采用快餐配送模式和集中统一配送模式。

(1)快餐配送模式,餐饮公司在现场设立专售店,在餐饮公司中央厨房加工好配送到展会专卖店。

(2)集中统一配送模式,即“定量供餐＋服务外包”模式。

12.2.4　典型案例

· 首旅集团

北京首旅酒店(集团)股份有限公司(简称“首旅酒店集团”)是国内大型综合性旅游上市公司,主要从事酒店运营管理及景区等经营活动。公司于 1999 年 2 月成立;2000 年 6 月在上海证券交易所上市。

首旅酒店集团拥有北京首旅建国酒店管理有限公司(简称“首旅建国”)、宁波南苑集团股份有限公司(简称“首旅南苑”)、北京首旅京伦酒店管理有限公司(简称“首旅京伦”)、北京欣燕都酒店连锁有限公司(简称“欣燕都”)和石家庄雅客怡家快捷酒店管理有限公司(简称“雅客怡家”)等酒店管理公司,管理着自五星级到经济型的各类酒店 170 余家,形成了高档、中档、经济型的酒店品牌运营管理体系和覆盖全国的酒店经营网络。此外,首旅酒店集团还拥有海南南山文化旅游区等企业。

2007 年,北京奥组委确定首旅集团和美国爱玛客服务股份有限公司承担 2008 年北京第 29 届夏季奥运会和第 13 届残奥会的运动员村、媒体村、主新闻中心、国际广播中心餐饮服务。首旅集团借此引进一种全新的餐饮服务业态,这种业态将主要为大型体育赛事、会展等活动提供综合性餐饮服务。目前首旅集团已经成立鸟巢餐饮服务公司,从事该业态的运营。

· 美国爱玛客服务股份有限公司

爱玛客(ARAMARK)为美国 500 强企业之一,总部在费城。爱玛客(ARAMARK)是一家业务遍及全世界 22 个国家,拥有超过 20 万名员工的跨国企业。公司拥有近 70 年专业管理服务经验,客户覆盖医疗机构、院校、运动娱乐场所、商务中心等,提供配餐、项目管理等服务,是一家国际领先的专业服务公司。

爱玛客通过连续并购进军中国市场。爱玛客中国致力于为中国医疗机构、工商业机构、教育机构提供全方位、专业化的项目服务和餐饮服务。爱玛客中国始于1998年，其前身是美国ServiceMaster的特许经营商——光华服务产业(中国)有限公司。爱玛客在收购了ServiceMaster后，于2004年收购光华服务产业(中国)有限公司，2006年又进一步收购北京金白领餐饮服务有限公司，完成项目服务和餐饮服务综合一体化架构。公司目前在北京、天津、上海、苏州等30多个城市，为近250家医院、工厂、学校、政府及商业写字楼提供包括配餐在内的综合服务，员工数量超过15 000人。此外，爱玛客还是国内诸多大型赛事活动的主要餐饮供应商，例如上海F1 、北京奥运会等。

12.3 快餐连锁餐饮

近几年的发展显示，排名靠前的餐饮企业大多都是连锁经营。我国餐饮企业开始重视品牌优势的塑造，注重企业规模的扩大，注重利用连锁经营和特许经营的方式进行扩张，市场的需求中体现出科学饮食的时尚中国大型餐饮连锁经营尤其是直营连锁业务发展势头强劲，快餐发展迅速，连锁经营已经成为许多地区餐饮业的主导经营模式。以快餐业为例：西式的有肯德基、麦当劳等；中式的有廖排骨、真功夫、永乐大王等；中西式的有澳德士、乐而美等。

2016年中国品牌网发布中国十大快餐连锁品牌：

(1)杏花楼[中国驰名商标，中国餐饮连锁品牌，中国十大餐饮品牌，上海杏花楼(集团)有限公司]。

(2)小尾羊(中国驰名商标，中国餐饮连锁品牌，中国十大餐饮品牌，内蒙古小尾羊餐饮连锁有限公司)。

(3)谭鱼头(中国驰名商标，首家餐饮上市公司，中国十大餐饮品牌，成都谭鱼头投资股份有限公司)。

(4)狗不理(中国驰名商标，天津百年金牌老字号，中国驰名商标，狗不理快餐有限公司)。

(5)广州酒家(中国驰名商标，建于1935年，国家特级酒家，中国十大餐饮品牌，广州酒家企业集团)。

(6)全聚德[中国驰名商标，中华老字号，中国十大餐饮品牌，中国全聚德(集团)股份有限公司]。

(7)小肥羊(中国餐饮连锁品牌，中国十大餐饮品牌，内蒙古小肥羊餐饮连锁有限公司)。

(8)德克士(顶新集团旗下，中国十大连锁快餐品牌，天津德克士食品开发有限公司)。

(9)麦当劳[于1954年源于美国，全球最大的快餐服务集团，麦当劳(中国)有限公司]。

(10)肯德基(于1952年源于美国，世界最大的炸鸡快餐连锁企业，中国百胜餐饮集团)。

随着中国社会经济稳定发展和人民生活水平提高，使得快餐业的发展环境和条件更趋成熟，市场需求进一步增强，发展前景更加广阔。根据国家统计局公布，2016 年中国人均 GDP 已突破 8 800 美元；中国经济学界预测 2020 年中国人均 GDP 达到 10 000 美元，2018 年中国人均 GDP 达到 9 000 美元以上，今后几年并以年均增长 6%～8%的速度。随着经济体制和增长方式不断改善，工业化、城市化和现代化进程日趋加快，快餐发展遇到了前所未有的良好时机。

12.4　生鲜净菜

生鲜净菜一直是一块提升毛利和形象的初级加工产品，有的企业放在门店进行，有条件的放在配送中心完成。生鲜净菜 O2O 是最近创业圈的热点，很多人都在关注和准备进入这个行业，也有很多人正在做这个行业。经过搜索发现，北京有“味库”“青年菜君”，深圳有“砧板先生”。

目前，生鲜净菜大多采用“互联网＋”模式，建立生鲜净菜平台，以净菜作为内容，移动互联网作为渠道，采用资源整合的方式，接入现有供货厂家（F 端）和社区商家（B 端），保证消费者（C 端）购买的商品均是从厂家直接提货到商家，再由商家按消费者需求配送上门。

12.5　美食广场

美食广场，又称为熟食中心、美食街、食阁等，流行于我国的香港、台湾及国外的新加坡等地，指多间食肆聚集的地方，提供各种各样的美食，桌椅则由各食肆共用。美食广场多数是固定的地方，久而久之形成独特的美食集中地，是游客经常光顾的地方。

美食广场起源于海外，并在 20 世纪 90 年代开始在国内流行，如今国内，几乎所有的购物中心和大型百货都会配套美食广场。大食代、食通天、亚惠等知名美食广场几乎占据市场主导地位，此外各地后起美食广场也发展迅速。

许多大型购物中心都选择美食广场作为配套设施，各具特色的美食广场也吸引着数以万计的人流，作为购物中心客流量的重要保障。以一组数据来看，2012 年至今，中国的购物中心以每年大约 300 家的数量递增，预计到 2017 年将超过 11 000 家。餐饮进驻购物中心的热潮兴起之初，购物中心中餐饮业占比 10%，如今已上升至 40%。由此可见，美食广场发展前景及势态良好。

目前，美食广场大多采用整个餐饮区由餐饮管理公司（也可称之为运营商）统一经营，餐饮管理公司先行租赁下来，由他们负责整体规划档口，统一招商，统一管理，统一收银，管理公司与各档口商户多以扣点的形式合作。顾客在公共就餐区就餐。

也有部分美食广场实行单店经营，单店的经营权和管理权不同经营主所有，美食广场的整体管理由购物中心的管理机构统一规划和管理，每个店有自己独立的收银系统，以独立的就餐区为主要形式。

12.6　中央厨房式 O2O

中央厨房 O2O 模式是“订餐官网或 App＋第三方外卖平台”＋“中央厨房＋N 个卫星

厨房”+“自建物流配送+第三方物流配送”，由外卖员从卫星厨房中将成品在1小时内送达客户，覆盖半径可达3千米。行业对中央厨房O2O模式也有另一种理解，“订餐官网或App+第三方外卖平台”+“中央厨房”+“复热门店”+“自建物流配送+第三方物流配送”，由外卖员从复热门店中将成品在1小时内送达客户。

近年来，“饿了么”等平台式互联网餐饮，屡次曝出的监管漏洞让行业从重互联网的轻模式逐渐向重餐饮的重模式回归。中央厨房模式外卖O2O“盒马外卖”获得国内首张“网络订餐食品许可证”，类似模式的餐饮O2O“炊烟小厨”同时期完成200万元Pre-A轮融资，较传统的外卖O2O，中央厨房式O2O更便于监管，但后者模式的产业链更长，不确定性随之增加。

平台轻模式和自营重模式的优劣之争向来是互联网行业激辩的蓝本，互联网餐饮行业也不例外，不过从目前态势来看，重模式带来的利好似乎更多。

12.7 第三方中央厨房

随着社会化分工及餐饮企业面临的投入成本高、运营难度大及缺乏经验丰富的管理团队，中央厨房除自建自营模式外，出现了新的发展趋势——第三方中央厨房，也称为“餐饮食品工厂”。第三方中央厨房是按照科学化分工、专业化生产、共享共赢的理念把餐企的研发、采购、加工、烹饪环节整体或部分移出，交给有现代化管理经验和采购优势的大型专业中央厨房。

第三方中央厨房是餐饮行业发展的新趋势，它对于轻模式餐饮企业、初创型及中小型餐饮企业来说，是一种很好的选择，有效降低了企业生产运营成本，可以将有限的人力、物力、财力聚焦于产品研发、餐厅运营及服务水平的提升，最终将为消费者带来更为安全和物美价廉的服务。

国内70%的大型餐饮集团拥有自己的中央厨房，为的是提高自身菜品的标准化和效率。而专门为第三方服务的中央厨房在国内并不多见。第三方中央厨房服务商主要有：“绿成”“海底捞”“黄太吉”等。

第 13 章　中央厨房建设与运营

《中央厨房许可审查规范》的颁布使得中央厨房项目建设规划走上了法制化的轨道。中央厨房建设运营必须首先考虑项目立项、审批，只有项目的可行性研究通过审批才可进行后续的规划建设工作，在建设过程中也要对场址、设计、建设、设备、试产等各环节进行慎重的选择与考察，这些都是关系到中央厨房建设及运营的重要环节。

13.1　中央厨房建设运营流程

从项目开始提出到生产运营，罗列出项目实施的关键环节，大致流程如图 13-1 所示。

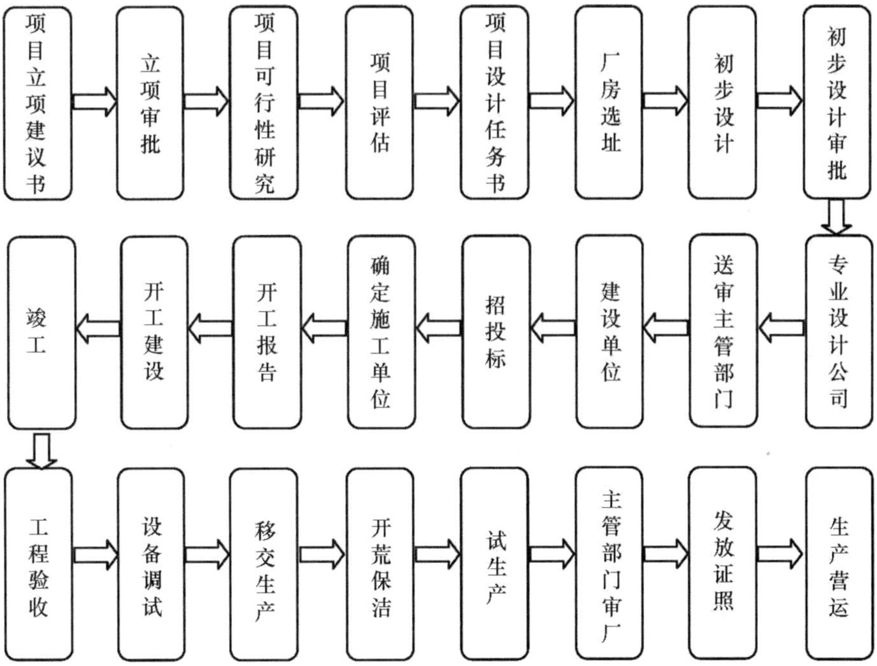

图 13-1　中央厨房建设运营流程

13.2　中央厨房建设运营的三阶段

中央厨房项目建设运营过程可分三个阶段实施，第一阶段是项目建设前期，重点关注项目能否投资,要做好投资可行性研究工作;第二阶段是项目建设时期,重点关注项目如何筹建,要做好选址、规划设计、施工、监理工作;第三阶段是项目生产时期,重点关注项目如何管理,要做好研发、试产、标准化、信息计划、生产管理、品质管理及物流配送工作(图 13-2)。

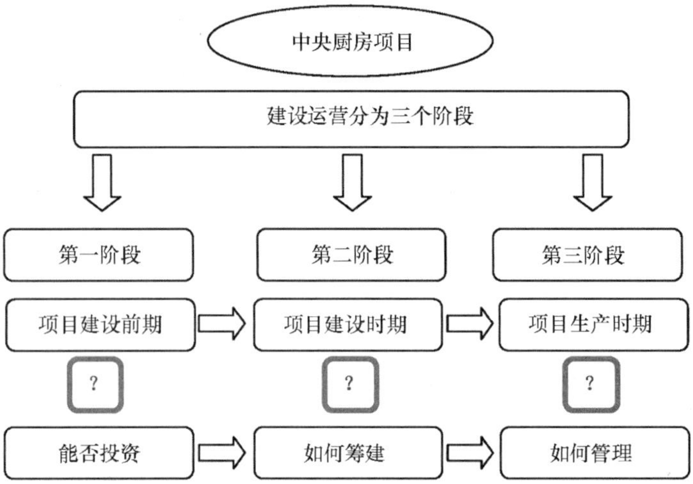

图 13-2　中央厨房建设运营三阶段

13.3　第一阶段——中央厨房投资可行性研究

13.3.1　项目立项建议书

• **立项建议书的作用**

(1)是中央厨房项目建设前期的第一项工作;

(2)是表达中央厨房建设项目的轮廓设想和投资意愿;

(3)项目可行性研究的前提条件;

(4)专业度要求高,建议与中央厨房专业咨询机构合作。

• **立项建议书的主要内容**

(1)项目提出的背景和依据,投资的必要性及经济意义;

(2)产品需求初步测算;

(3)产品定位和拟建规模;

(4)工艺技术初步方案;

(5)主要原料、能源供应;

(6)建厂条件和厂址选择初步要求;

(7)生产设备和基础设施设备初步方案;

(8)环保方案;

(9)工厂组织和劳动定员;

(10)项目实施初步规划；
(11)投资估算和资源筹措方案；
(12)经济效益和社会效益估算；
(13)结论与建议。

13.3.2　项目可行性研究

· 可行性研究的作用

(1)中央厨房项目前期准备阶段的核心工作；
(2)中央厨房项目的投资决策依据；
(3)筹集资金或贷款申请的关键文件；
(4)与有关部门洽谈合作的依据；
(5)制定技术方案和设备方案的基础；
(6)项目实施管理的重要指导性文件；
(7)项目竣工验收的主要依据；
(8)对投资者的第一份承诺；
(9)环保部门审查项目对环境影响的依据。

· 可行性研究的方式

(1)委托给中央厨房专业咨询公司；
(2)自行成立项目组,组织相关专家或资深职业经理人参加可行性研究。

· 可行性研究的主要内容

涉及项目建设的方方面面,一般从以下六个方面研究：
(1)市场营销方面；
(2)技术方面；
(3)组织管理方面；
(4)社会与生态环境影响方面；
(5)财务方面(投资者微观环境分析)；
(6)经济方面(国民经济宏观环境分析)。

· 可行性研究的深度要求

(1)确定产品方案、生产规模及主要配套工种的规模；
(2)确定厂址与用地范围；
(3)确定生产技术和方法,技术来源,设备选型意见；
(4)确定项目的组成；
(5)提供原料、燃料、动力等供需数据,作为对外协作的依据；
(6)估算项目总投资,提出资金来源与筹措方式,用款计划建议；
(7)测算项目的投资效益,分析抗风险能力；
(8)提出可靠的研究结论,对存在的问题提出改进和解决建议；

(9)可满足编制初步设计的要求;
(10)对不可行的项目,提出处理意见和建议。

13.3.3 项目评估

• 项目评估的作用

(1)明确表达是否立项或可行性研究需要修正或推迟立项;
(2)增强决策科学性、减少盲目性;
(3)权衡微观经济和宏观经济效益;
(4)金融机构发放贷款的重要依据;
(5)项目实施与管理的重要指导依据。

• 项目评估的内容

(1)必要性的评估;
(2)建设条件的评估;
(3)建设方案的评估;
(4)投资效益的评估;
(5)有关政策和管理体制的评估;
(6)评估结论。

• 项目不可行性研究

在可行性研究基础上,再做一次不可行性研究,组织专家来否定这个项目,若否定不了则说明这个项目更可行。

13.3.4 项目设计任务书

• 项目设计任务计划书

(1)建厂理由;
(2)建厂规模;
(3)产品定位;
(4)生产方式;
(5)工厂组成;
(6)工厂的总占地面积和地形图;
(7)工厂总的建筑面积和要求;
(8)基础设施设备;
(9)交通运输;
(10)投资估算;
(11)建厂进度;
(12)估算建成后的经济效果。

• 项目初步设计

根据项目的要求具体设计,暂略。

13.4　第二阶段——中央厨房规划建设

13.4.1　中央厨房建设准备

中央厨房建设准备工作见表13-1。

表13-1　中央厨房建设准备工作

序号	项目	子项目
1	项目筹备组	成立项目组
2		设定项目组职责与权限
3		任命项目组负责人
4		拟定项目筹建管理流程
5		拟定筹建工作计划
6		项目组工作资源配置
7	资金准备	全部自有资金筹集
8		合伙资金筹集
9		自有资金＋贷款筹集
10	功能定位	终端产品销售渠道分析
11		测算就餐人数或销售量
12		规划经营模式
13		终端售卖产品种类
14		中央厨房产品设计
15		中央厨房产品特性分析
16		中央厨房功能定位
17		供应链定位
18	工艺流程	热链工艺设计
19		冷链工艺设计
20		净菜生产工艺设计
21		半成品生产工艺设计
22		米饭生产工艺设计
23		中西面点工艺设计
24		烹饪或熟化生产工艺设计
25		冷却工艺设计
26		分装或包装工艺设计
27		清洗消毒工艺设计

续表 13-1

序号	项目	子项目
28	成本分析	运营成本分析
29		产品成本测算
30	建设规模	原料量
31		成品生产量
32		用水量
33		用电量
34		用燃气量
35		用蒸汽量
36	设备选型	初拟设备设施清单
37		考察设备厂家
38		设备性能比较与预算
39		设备设施定型
40		下达采购与交货期
41		设备设施调试期
42	人员储备	企业组织架构
43		中央厨房业务规划
44		中央厨房经营目标
45		中央厨房组织架构
46		中央厨房职能分解
47		中央厨房工作计划
48		中央厨房生产人力与薪酬
49		中央厨房管理人力与薪酬

13.4.2 中央厨房设计施工

中央厨房设计施工重点见表 13-2。

表 13-2 中央厨房设计施工重点

序号	项目	子项目
1	规划设计依据	食品安全法
2		中央厨房许可审查规范
3		洁净厂房设计规范
4		消防法
5		环境保护法
6		企业诉求

续表 13-2

序号	项目	子项目
7	厂址选择	交通便捷
8		靠近目标客户群
9		市场成长与饱有度
10		环境评价
11		环保批文
12		生产用水卫生检测
13		能源与排污设施
14		厂房建筑条件
15	厂区功能布局	生产区
16		仓储物流区
17		办公区
18		生活区
19		辅助设备设施区
20		卫生设施区
21		绿化
22		道路
23	车间功能布局	蔬菜加工
24		肉类加工
25		水产加工
26		禽蛋加工
27		配料与配比
28		热厨或熟化
29		中西面点加工
30		米饭加工
31		冷却
32		包装
33		清洗消毒
34		蔬菜原料库
35		肉类冻品库
36		水产冻品库
37		禽蛋库
38		干货仓库
39		米面仓库
40		低值易耗品仓库
41		化学品仓库

续表 13-2

序号	项目	子项目
42	平面图设计	建筑原始结构图
43		中央厨房总平面布局图
44		人流图
45		物流图
46		排水图
47		气流图
48		设备布局图
49		化验室平面布局图
50	设计与施工要求	门、窗、地面、墙壁、天花板
51		给排水
52		强弱电
53		新排风
54		制冷
55		净化
56		通暖
57		燃气
58		蒸汽
59		冷库
60		消防
61		废弃物处理
62		虫害控制
63		化验室
64		参观通道
65	装修施工	设计施工装修图纸
66		测算工程量清单
67		装修施工预算
68		招投标
69		下发中标通知书
70		签订装修施工合同
71		设计方与施工方技术交底
72		确认验收标准
73		施工计划与进度表
74		材料进场与验货
75		装修施工
76		隐蔽工程验收

续表 13-2

序号	项目	子项目
77	设备设施安装	设备进场与验货
78		设备设施安装
79		设备单机调试
80		多机联动调试
81		设备厂家培训
82		设备验收与资料移交

13.4.3　项目竣工验收

中央厨房工程完工后，各施工方自检合格后向建设方提交工程竣工报告申请竣工验收。实行监理的工程，竣工报告须经监理方签署意见。建设方收到工程竣工报告后，组织勘查、设计、施工、监理等单位及相关专家组成验收组，制定验收方案。建设方应在工程竣工验收7～10天前，将验收通知书告知参加验收的单位或人员。中央厨房厂房主体建筑竣工验收事宜暂不论述。竣工验收项目，本文所讲述的中央厨房工程主要指中央厨房车间及相关联的基出设施设备装修、施工及安装工程，见图13-3。

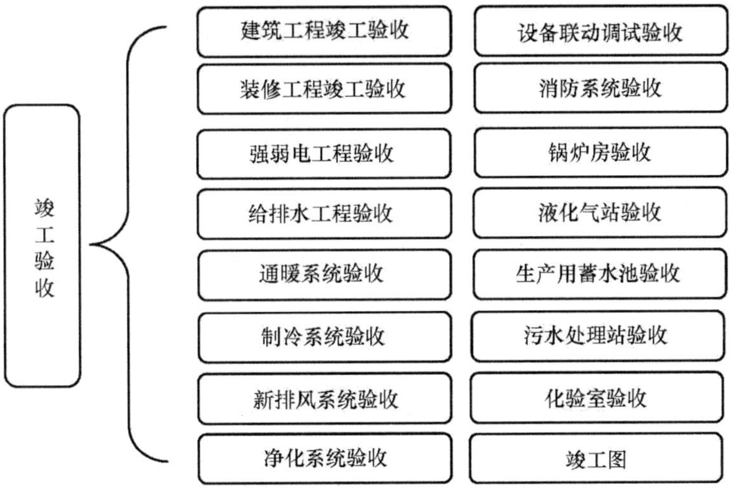

图13-3　中央厨房竣工验收

13.5　第三阶段——中央厨房运营管理

13.5.1　中央厨房开荒与保洁

中央厨房竣工验收后，使用部门接受交付后需要对中央厨房厂区、仓储区域、生产区域、物流配送区域、卫生设施等进行全方位系统的清理、整顿、清洁及维护工作。清洁保养程序由内到外，由上到下，由难到易（图 13-4、图 13-5）。

图 13-4　中央厨房开荒

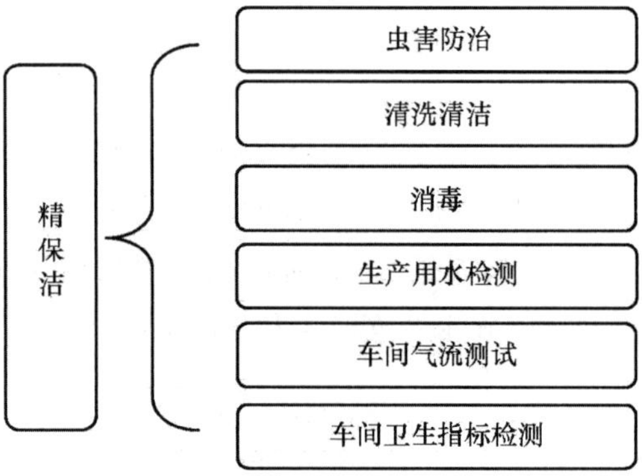

图 13-5　中央厨房精保洁

13.5.2　中央厨房培训

中央厨房试产前的培训工作，主要有卫生知识培训和设备知识培训（图 13-6、图 13-7）。

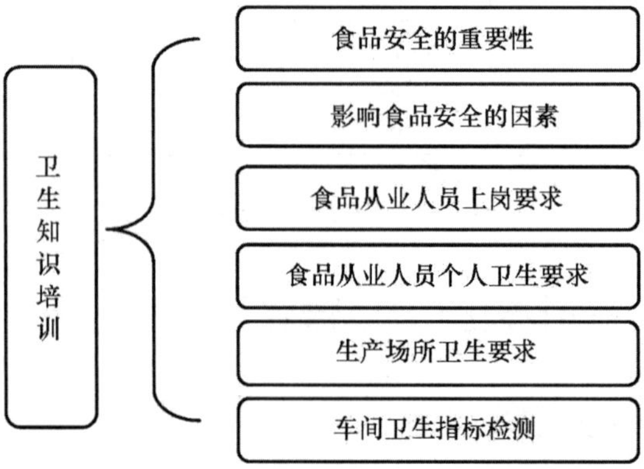

图 13-6　卫生知识培训

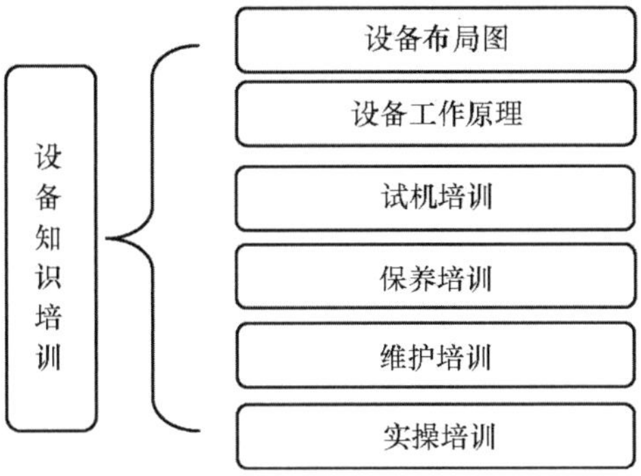

图 13-7　设备知识培训

13.5.3　中央厨房试生产

中央厨房在试产阶段，需按照生产管理的五大要素（人、机、物、法、环）进行梳理准备相关工作内容（图 13-8）。

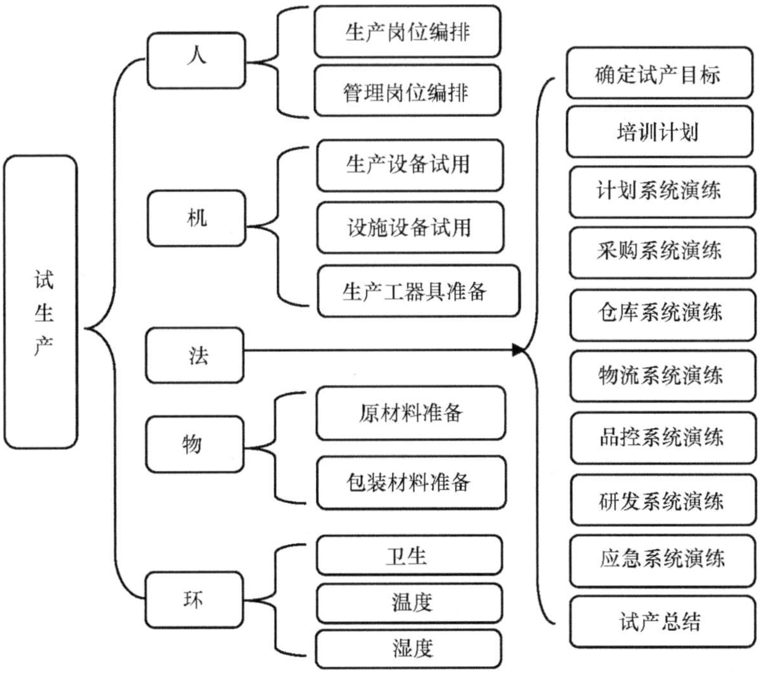

图 13-8　中央厨房试产

13.5.4　中央厨房研发与标准化

中央厨房在试产前就要开展相关的研发与标准化工作，大致内容如下：

(1)产品定位与设计；

(2)产品包装(售卖)定位与设计

(3)产品研发与评价;

(4)制定原辅材料标准;

(5)BOM 表制作;

(6)生产工艺与标准化;

(7)营养成分分析。

13.5.5 中央厨房组织与制度

(1)中央厨房定位与战略目标;

(2)组织架构,职能分解,岗位设置,岗位说明书;

(3)主业务流程;

(4)管理模型;

(5)生产管理体系;

(6)品控管理体系;

(7)信息计划体系;

(8)仓储物流管理体系;

(9)研发管理体系;

(10)采供管理体系;

(11)工程维护管理体系。

13.5.6 中央厨房性质定位分析

2015 年 10 月 1 日前,中央厨房行业发展处于一个摸索和总结的过程,企业根据自身情况和市场需求赋予了中央厨房不同的性质。2015 年 10 月 1 日生效的新《食品安全法》对中央厨房定义重新进行了解释,使得与企业经营密切相关的产品定位、经营模式、售卖与服务方式等更加清晰了。中央厨房性质定位分析见表 13-3。

表 13-3 中央厨房性质定位分析

食品安全法	中央厨房初级阶段	中央厨房中级阶段	中央厨房高级阶段
2015 年 10 月 1 日前	内部配套	内部配套+外部销售	外部销售
	费用单位 餐饮服务许可证	费用+成本单位 餐饮服务许可证(某产品 QS)	利润单位 QS 证(第三方中央厨房)
	内部成本制 采购成本+制造成本+配送成本	内部成本制+外部利润制 内外部价格接轨	价格市场制 产供销一体化供应链企业,以市场价格倒逼各项成本管控

续表 13-3

食品安全法	中央厨房初级阶段	中央厨房中级阶段	中央厨房高级阶段
	内部配套		外部销售
2015 年 10 月 1 日后	费用单位 食品经营许可证(餐饮服务经营者/中央厨房)		利润单位 SC 证 (餐饮食品工业化/食品厂)在新版《食品经营许可审查通则》未发布前，截至 2017 年 1 月份深圳市餐饮服务许可证老证换证时备注栏可显示以下内容——限配送本企业下属餐饮门店及备案的餐饮服务单位
	内部成本制 采购成本＋制造成本＋配送成本		价格市场制 产供销一体化供应链企业，以市场价格倒逼各项成本管控

13.5.7　中央厨房利润的演变

中央厨房利润的演变见图 13-9、图 13-10。

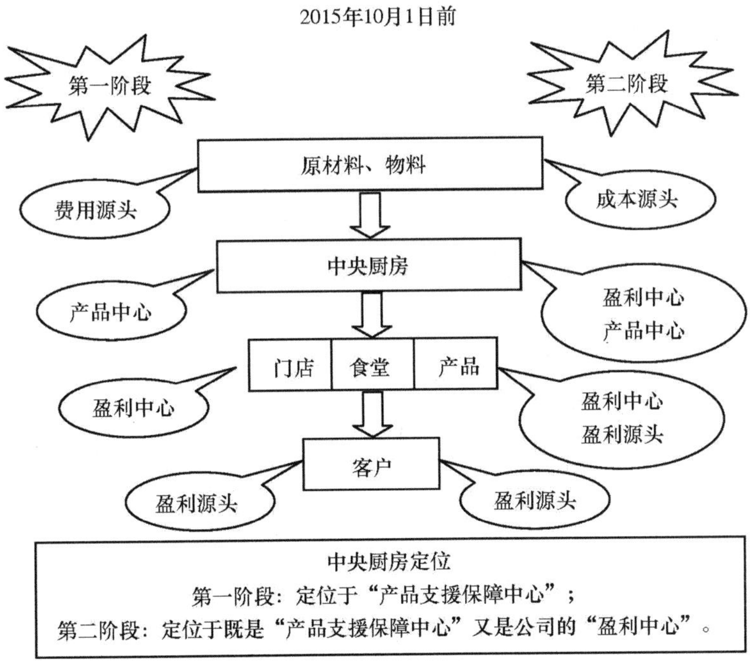

图 13-9　中央厨房利润的演变(1)

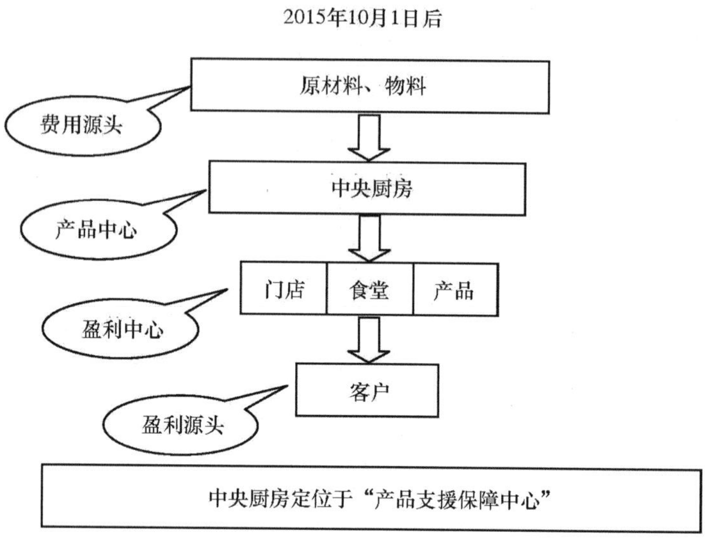

图 13-10　中央厨房利润的演变(2)

第 5 部分　企业与管理

第 14 章　中央厨房应用企业分析

第 15 章　中央厨房第三方服务商

第 16 章　中央厨房常用经营管理模式

第 14 章　中央厨房应用企业分析

中央厨房自首次落户中国到现在已经走过 30 多年的发展历程，在餐饮企业的规模化、连锁化、品牌化发展方面发挥了重要的作用和价值，应用的领域有团餐、连锁餐饮、生鲜净菜、互联网＋、第三方中央厨房、中央厨房产业园等；在发展过程中，有许多餐饮企业付出了沉重的代价，错失了良好的发展机遇，也有不少餐饮企业利用中央厨房经营模式取得了成功，如福记食品、海底捞、眉州东坡、真功夫等。这些自建中央厨房餐饮企业是值得学习和参考的典型案例。

14.1　福记食品服务控股有限公司

该公司的中央厨房是中央厨房在团膳领域的经典案例，具有以下几大亮点：

(1)福记食品是第一家将主业由高档酒楼转型为送餐服务的餐饮企业，其独特的发展方式创造了餐饮行业的“福记模式”。在福记模式引领下，送餐服务成为推动公司营业额的强劲增长点，福记模式创造了餐饮行业营业额高速增长的新纪录，使福记食品成为国内最大的本土快餐企业。

(2)聚集“餐饮服务”产业，向上游延伸和拓展，真正打通了食品原料源头生产基地—生鲜食品加工中心—快速温控物流—终端多元化食品的纵向整合食品产业链。

(3)开发出具有福记特色的中餐中央厨房工业化生产技术及工艺，在全国各地 12 个中央厨房运用。

(4)创立了国内唯一成功的以纵向整合产业链为基础，以先进的中央工厂化生产技术、革命性的中餐工业化产品及终端多元化服务为支撑的高效餐饮综合服务模式。

(5)实行高度集中的中央管理机制，形成中央计划、中央源头采购、集中初级加工、工业化规模化生产、中央物流与配送、中央人事、中央财务的组织管理体系，统一标准、规范管理、规模运营、降低成本、提高效率。

14.1.1　公司介绍

• 公司简介

福记食品服务控股有限公司成立于 1998 年，是历经近几载披肝沥胆的奋斗而发展起来的大型食品生产、加工、物流、销售、餐饮业务等综合性集团。公司总部位于素有国际金融中心之称的上海陆家嘴宝安大厦，于 2003 年与法国里昂信贷银行结成战略合作伙伴，

2004年福记食品服务在香港主板上市。福记的发展理念和投资项目得到了摩根大通银行、摩根士丹利银行、汇丰银行、瑞士银行、美国花旗银行、美国高盛银行、德意志银行等国际知名投资银行和金融机构的青睐和支持。现旗下拥有福记联合(上海)餐饮有限公司、福记联合(苏州)餐饮有限公司、澳特莱集团发展有限公司、多鲜乐集团发展有限公司、先驰达集团发展有限公司、味鲜达集团发展有限公司等众多家公司,其核心业务拥有从源头生产基地到现代化加工物流系统直至终端供餐及服务的互补结构产业链条,以及生鲜超市、中餐连锁等业务,已然打造成为现代化生鲜食品与加工的食品王国,成为中国现代工业配餐、学生营养餐、旅游和交通配餐之航空母舰。

2009年因资金流断裂,福记食品被港交所强制清盘。

• **主要业务**

福记食品服务控股有限公司的业务涵盖:食品原料源头生产基地,生鲜食品工业化的初、深加工,快速温控物流,终端多元化食品服务的完整产业链。福记食品业务模式见图14-1。

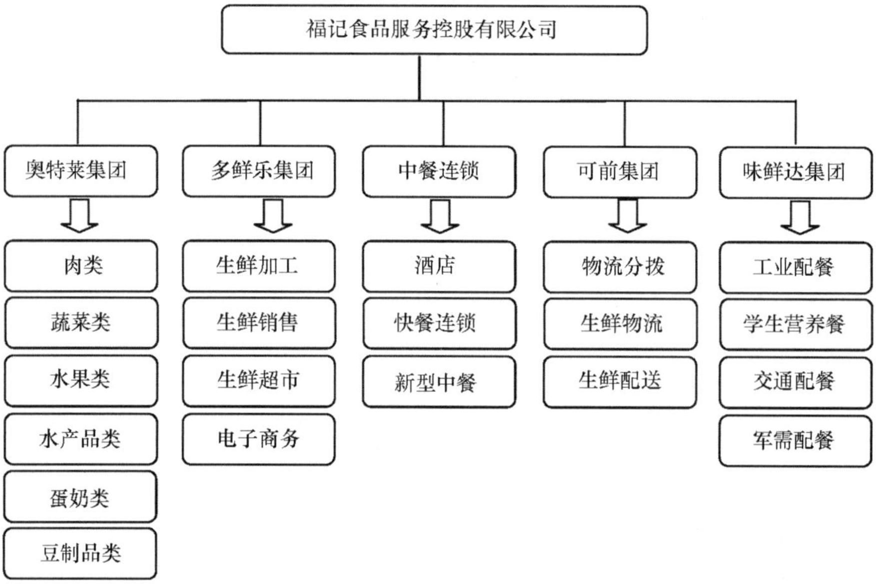

图14-1　福记食品业务模式

其中,福记送餐业务包括送餐服务、现场膳食服务(图14-2)。

• **送餐主要客户**

福记送餐服务定位于机构客户,主要有两类:一类主要是上海、苏州和深圳工业区的人力密集型企业和大型外资企业,如英特尔、西门子、松下、明基和德尔福等著名跨国公司在华投资的企业;另一类主要是上海和苏州的大专教育机构。这两类客户都非常注重食品安全和卫生质量,倾向于将送餐业务委托给上规模的送餐服务供应商。一般而言,机构客户与福记订立书面送餐合同前,福记会向机构客户提供1～3个月的送餐服务试用期,

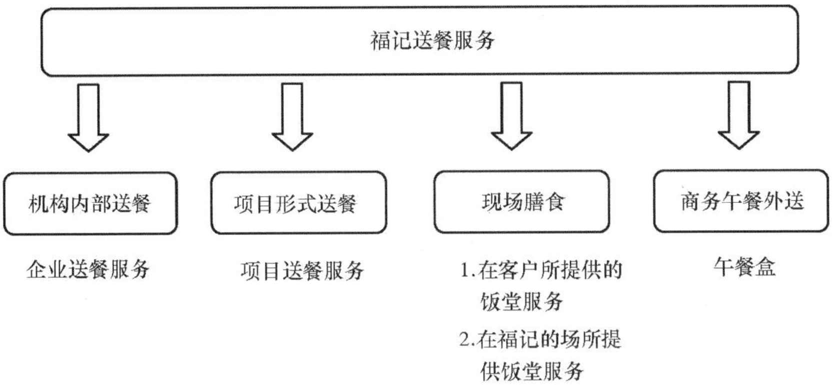

图 14-2　福记食品送餐服务

如果该机构客户满意福记提供的送餐服务，会与福记订立正式送餐合同。

·福记模式

福记模式实行高度集中的中央管理机制，形成中央源头采购、集中初级加工、工业化规模化的生产模式，支持公司所有业务。这种机制要求相同的业务工序在各区域统一集中进行，建立地区源头采购和初加工中心，所需的所有原料不通过中间商直接在源产地直接采购，经简单加工后运送至各地区加工中心和高档酒楼。福记模式见图 14-3。

首先，中央采购有利于整合上游供应链。福记通过大宗采购可以得到价格上的折扣，而且直接从原产地或者主要的供货商处购买，省去了很多中间的加价。另外，中央采购也有利于提高资金运作效率，福记的材料采购付款期为 2～4 个月，提高了现金流动性，同时也有效保证食品原材料的安全性。

其次，中央加工带来了高效运作。福记在各地区的加工中心配备大型机器设备，采取半机械化生产方法对采购的原材料进一步加工烹制后送餐。各地区的加工中心一般会选址在临近公路网络的地点，方便运输。中央物流部则负责管理公司的货车车队，协调送货的后勤工作，运送烹制好的送餐到指定地点，运送经初加工的原材料和用料前往高档酒楼，运送包装好的方便食品到销售网点。中央加工生产模式在很大程度上实现了各个业务资源的共享，加强了公司的运营效率和规模经济，整合了整个运作流程，提高了部门之间的协作能力。中央加工生产模式也在最大程度上利用了原材料，减少了浪费。

高度集中化、规模化的生产模式一方面要求大额的固定资产投入，另一方面要求送餐菜式在多元化基础上尽量标准化，因为标准化意味着可以复制，可以快速扩大。为了适应规模化生产和菜式标准化的要求，公司专门成立了菜肴研究所，定期研究改进菜单，引入中国传统八大菜式。菜肴研究所一旦决定改动菜单或引入新款菜式，便会与其他部门合作将这些菜式细节标准化，包括用料组合、估计成本及定价等各方面，以适应规模化的生产模式。

14.1.2　公司市场动态

1998 年，公司总部在上海陆家嘴宝安大厦成立。

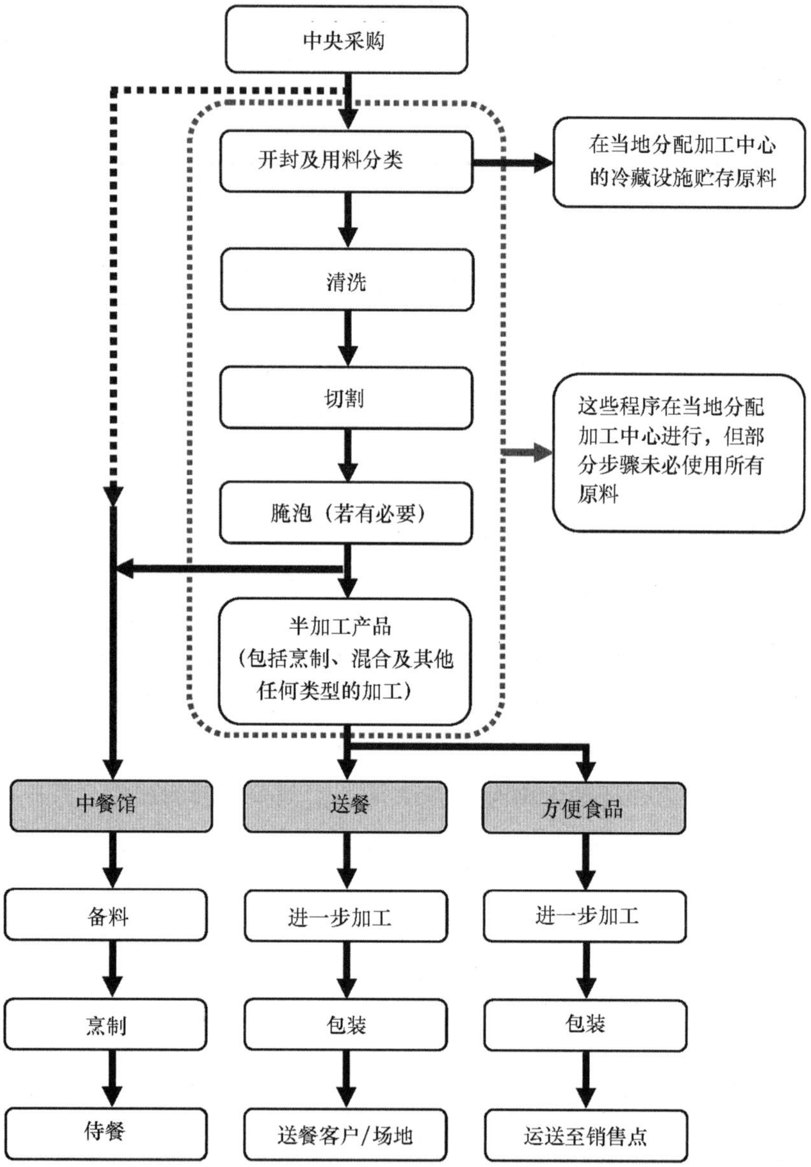

图 14-3　福记模式

2000 年 5 月，公司增资至 800 万元，正式以“福记”品牌经营。

2003 年，福记控股的中餐连锁业务便位居于全国餐饮百强企业前列，味鲜达集团的送餐业务位居华东地区三甲，并成为国内首批通过 HACCP 食品安全管理体系认证的餐饮企业。

2004 年，在香港联交所主板上市。

2006 年年底，福记积极参与奥运会餐饮服务商选定国际招标项目，并成功中标为北京 2008 年奥运会（含北京 2008 年残奥会）竞赛场馆和赞助商接待中心唯一指定餐饮服务商。

2007 年，福记积极参与中国铁路动车组餐饮服务运营商国际招标项目，并成功中标，为铁道部北京、济南、哈尔滨、沈阳、武汉、郑州、西安 7 个铁路局的中国铁路动车组（CRH）唯一授权餐饮服务运营商。

2009 年 10 月 7 日，福记食品停牌，并于 10 月 20 日宣布进入临时清盘程序。

2014 年 3 月 31 日止年度，集团继续于中国从事提供送餐服务及生产及销售方便食品及相关业务，集团之营业额约为人民币 233 510 000 元。

2016 年 7 月，福记食品执行董事黄守荣辞职。

14.1.3　公司发展策略

公司力求在“十三五”内，成为中国最大规模的以现代中餐连锁、全工业化标准送餐系统、家庭膳食中心为主体的餐饮服务企业和以生鲜冷链系统为主体的生鲜食品供应商。在新的发展机遇和竞争形势下，在国外强势餐饮巨头的巨大冲击面前，福记食品计划未来重点发展到客户处制作的送餐方式，其中大部分工作在中央加工中心完成，少量在客户处现场制作，这样只需很少的人工就可以完成，投入小、效率高。

14.2　四川海底捞餐饮股份有限公司

该公司的中央厨房是中央厨房在连锁火锅领域的应用案例，具有以下几大亮点：

（1）公司通过与便利店合作或者建立直营专卖店和加盟店形式将半成品或成品进入商超，寻求新的增长点。

（2）利用多品牌战略的优势实现中央厨房生产和消耗的平衡。

（3）将剩余产能出售，不仅为自己的餐饮品牌提供服务，同时还能利用剩余产能承接其他餐饮企业的需求，既避免浪费又可获取一部分利润。

14.2.1　公司介绍

四川海底捞餐饮股份有限公司是一家以经营川味火锅为主，融汇各地火锅特色于一体的大型跨省直营餐饮民营企业。

公司在张勇董事长确立的服务差异化战略指导下，始终秉承“服务至上、顾客至上”的理念，以创新为核心，改变传统的标准化、单一化的服务，提倡个性化的特色服务，将用心服务作为基本经营理念，致力于为顾客提供“贴心、温心、舒心”的服务；在管理上，倡导双手改变命运的价值观，为员工创建公平公正的工作环境，实施人性化和亲情化的管理模式，提升员工价值。由此，四川海底捞餐饮服务有限公司得到了更多人的认可。

截至目前，公司已在北京、上海、西安、郑州、天津、南京、沈阳、杭州、青岛等多个城市拥有六十多家直营店，四个大型现代化物流配送基地和一个原料生产基地，2015 年营业额近 70 亿元。

四个大型物流配送基地分别设立在北京、上海、西安、郑州，以“采购规模化、生产机械化、仓储标准化、配送现代化”为宗旨，形成了集采购、加工、仓储、配送为一体的大型物流供应体系。位于成都的生产基地，其产品已通过 HACCP 认证、QS 认证和 ISO 国际质量管理体系认证。公司曾先后在四川、陕西、河南等省荣获“先进企业”“消费者满意单位”“名优火锅”等十几项称号和荣誉，创新的特色服务赢得了“五星级”火锅店的美名。2007 年，获大众点评网“2007 年最受欢迎 20 佳餐馆”奖项；2008—2012 年连续 5 年，荣获大众点评网“最受欢迎 10 佳火锅店”；同时连续 5 年，获“中国餐饮百强企业”荣誉称号；2011 年 5 月 27 日，公司“海底捞”商标荣获中国驰名商标。

公司发展至今，已成为海内外瞩目的品牌企业。中央电视台二套《财富故事会》和《商道》曾两次对“海底捞”进行专题报道；湖南卫视、北京卫视、上海东方卫视、深圳卫视等电视媒体多次进行报道。甚至美国、英国、日本、韩国、德国、西班牙等多国主流媒体也有相关报道。

14.2.2 公司市场动态

• 发展历程

创业期：1994—1999 年，海底捞从无到有。从麻辣烫到火锅店，完成了行业认识、经验积累、模式创新、技术整理和人力管控的初步探索。

试验期：2000—2003 年，海底捞经历了低谷挣扎到良好运营的过程。在西安，因为顾客群的变化，盈利能力增强，商业模式得到改善和提升。

发展期：2004 年至今，2004 年海底捞试水北京。这个时期，海底捞的战略、战术、管理、营销、服务、品牌等要素已比较完善和成熟，开始了大发展时期。

• 经营模式

(1)采购与库存管理：海底捞末端门店几乎是零库存(库存仅供当天消费)。由各个门店每天报送需求，后台系统全程可视，汇总后下达采购及生产任务，整个供应链系统实现快速响应机制。

(2)时蔬基地直供：海底捞在全国都有自己的直供蔬菜基地，基地种植计划与前端门店的计划完全协同，基地每种蔬菜的播种采摘都有严格的时间计划，也就是说基地种植的菜什么时候上餐桌都有严格的计划。

(3)物流：海底捞在全国建立了多个物流中心＋中央厨房，集中统一的冷链物流配送是其核心。为了保障冷链不断链，物流配送车到门店后，是门店人员到配送车上自取货，而不是物流人员送进店，这样可以有效地保障食品安全。

(4)海底捞的供应链内涵：尽量向供应链的后端移动，实现规模化管理，将生产与服务剥离，分别实现标准化和人性化管理，从而达到各自的最优。这也许是海底捞的商业逻辑。

2013 年，海底捞的后台供应链真正实现了全国全网平台化服务，集中化采购、集中化中央厨房处理。公司拥有 9 个实验室、7 个中央厨房物流中心、1 个底料加工厂、1 个肉制品加工厂，实现了统一采购、统一生产、统一配送和全程冷链供应控制风险。

14.2.3 公司发展策略

(1)生产基地、配送基地机械设备及店内设备设施用品,实现加工、生产机械化、自动化、标准化流水线化。

(2)企业品牌形象品牌目标梳理,即五年内成为国内一流的餐饮管理集团、国内火锅第一品牌。

(3)公司形象塑造,在规定区域形成家喻户晓、知名度高、认同感强的品牌目标形象识别系统。

(4)新菜品开发,用5年时间在食品安全的前提下,把公司菜品打造成三大系列。一是健美食品系列(能预防肥胖以及胆固醇升高等城市病、现代病,保持人体生态平衡的食品系列);二是绿色食品系列(即安全无害、无污染,绝对新鲜的食品);三是营养食品系列(即能补充人体所缺乏的各种微量元素,具有增强体力和开发智力的产品)。

(5)技术人才的培养,旨在建立高效率、快速反应的技术监督执行体系,培养一批爱公司、懂技术、负责任、能吃苦耐劳的技术人员团队。

(6)推介和营销工作,实现营销工作扎扎实实、有声有色,营销工作效益显著。每年成功推出一个新品种,每季度推出5～10款新菜品。

(7)标准化操作和食品安全,用5年时间达成技术流程操作手段标准化,达到菜品安全无污染,底料、料包生产达到国标或地标、行标以及企业标准,每批产品检验合格率100%。

14.3 眉州东坡集团

该公司的中央厨房是中央厨房在连锁正餐(酒楼)领域的应用案例,具有以下几大亮点:

(1)实行统一采购,建立了自己的王家渡食品公司,实现了从田间到餐桌的农产品终端经营。

(2)拥有标准完善的常温、冷链运输系统,对承运商的配送功能进行严格要求,做到全程的统一。

(3)紧跟时代步伐,与VEOER合作,开展企业展示、品牌推广、产品推销等营销行为。

14.3.1 公司介绍

1996年6月,第一家眉州东坡酒楼在京开业。目前已实现以北京为中心,覆盖四川、河北、湖北、陕西等省市的连锁网络门店布局。2013年12月18日,眉州东坡美国洛杉矶比弗利山店开业,标志着集团朝着"为全世界人民做饭"的使命迈向了新的台阶。集团现已发展成为"眉州东坡餐饮管理(北京)有限公司""四川王家渡食品有限公司""北京眉州酒店管理有限公司""美国眉州东坡集团有限公司"四大公司,旗下品牌拥有"眉州东坡酒楼""王家渡火锅""眉州小吃"三大业态。在全球有一百多家的直营店的大型连锁企业。

眉州东坡是北京最早建立物流配送中心和中央厨房的中餐企业，餐厅里所有适合标准化生产和统一配送的产品全部由中央厨房加工配送。眉州东坡售卖的小吃如包子、叶儿粑、冻糕等，由中央厨房完全做好再配送到各个门店。部分菜品的原材料和辅料由中央厨房统一初加工成半成品，统一规范配料的搭配和分量，再由各门店后厨进行再加工。

眉州东坡从 1999 年就开始做中央厨房，经过不断的升级发展，现新的第三代中央厨房投资 3 000 多万元，生产、加工面积达 3 000 米^2，有大小 13 个操作间、11 个生产加工部门和 7 个辅助生产部门，配送近 100 余种成品。眉州东坡中央厨房的各种产品加工程序采用手工与机械化操作相结合，拥有进口的全自动包子机、自动包装机、高速搅拌机、发酵箱、大型蒸箱、大型自动砂锅、大型夹层蒸气锅等一系列高科技设备。公司还自主研发了一些模拟手工操作的设备，大大提升了生产效率。

14.3.2 公司市场动态

1996 年 6 月 6 日，在北京开业。

2001 年，被清华大学 MBA 确定为首例中餐跟踪案例。

2010 年 12 月，被北京市商务委员会授予首批“早餐经营示范店”称号。

2003 年 6 月 24 日，成立了以饭店管理、餐饮服务、食品加工及销售为主要经营范围的北京眉州酒店管理有限公司。

2007—2010 年/2010—2013 年，获得“北京市著名商标”称号。

2008 年度/2009 年度/2010 年度/2011 年度，荣获由北京日报报业集团和北京市商业联合会主办，北京市商务委颁发的“北京十大商业品牌”。

2008 年 6 月，经过层层筛选，公司成为第 29 届奥林匹克运动会组织委员会奥运村(残奥村)运行团队餐饮服务商，并获得了“中国味道，奥运标准”的特别荣誉及金质奖章。

2011 年 5 月 31 日，注资 1 亿元人民币成立北京眉州东坡万景投资有限公司。

2013 年，眉州东坡在美国开设了第一家海外餐厅。

2015 年，北京眉州东坡酒楼控烟不力被责令整改。

截至 2017 年，眉州东坡集团在海外成立餐饮企业将达到 5 家。

14.3.3 公司发展策略

依托川菜产业强大优势，眉州东坡未来 10 年计划发展 8 000 家店，将以正餐、小吃、火锅，分别切入不同消费场景，采取差异化的经营策略。眉州东坡酒楼主攻日常正餐，区别于目前大多数快时尚的品牌，让不断崛起的中产人群有品质的聚会就餐；眉州小吃切入休闲简餐市场，通过灵活的选址、少而精的产品迅速复制；王家渡火锅切入中高端火锅市场，让顾客真正享受一顿好火锅。

14.4 真功夫餐饮管理有限公司

该公司的中央厨房是中央厨房在连锁快餐(蒸菜)领域的应用案例，具有以下几大亮点：

(1)运用 VR 虚拟实景技术首次对外展示其中央厨房生产车间；

(2)中央厨房内没有厨师，由机器人大厨——电脑程控蒸汽柜统一控制；

(3)自建原料基地，有华南、华东、华北三个原料供应链基地及一个调料供应链基地。

14.4.1　公司介绍

真功夫餐饮管理有限公司，是中国快餐行业前五强中唯一的本土品牌，坚持“营养还是蒸的好”的品牌定位，主营以蒸品为特色的中式快餐。1990 年由公司创始人潘宇海先生在东莞长安创办，历经初创期、标准化运作期、品牌运作期、资本运作期，实现了由个体企业向现代化企业集团的飞跃。

从第一家餐厅以来，“真功夫”一直以蒸品为主营特色，凭借标准化的精细化管理，从发源地东莞发展到广州、深圳、北京、上海等 30 多个城市，达到 400 多家直营连锁店。在广东东莞、浙江嘉兴、北京通州建立了辐射华南、华东、华北的三大后勤中心，全面负责辖区内所有餐厅的采购、加工和配送。同时，在发展过程中，“真功夫”也获得了 HACCP 食品安全管理体系、ISO9001 质量管理体系、ISO22000 标准体系等国际化认证。

14.4.2　公司市场动态

2013 年上半年，真功夫营业额持续保持正增长，并以 500 家店的规模继续领跑中式快餐行业。

2013 年 12 月 12 日，蔡达标因职务侵占罪和挪用资金罪，一审被判刑 14 年。

2014 年 6 月 6 日，蔡达标二审维持 12 年刑期，其所持有的真功夫股权则进入司法拍卖程序。

2015 年 3 月，真功夫南沙总部奠基并开始建设，预计在 2017 年投入使用，其中就规划有中式快餐创业园区。

2016 年下半年，真功夫与股权众筹平台第五创合作，开放真功夫部分门店的股权众筹或收益权众筹。

2017 年，真功夫供应链将正式对外开放给同行，给同行提供相关服务，以带动整个行业供应链的提升。

14.4.3　公司发展策略

未来几年，真功夫要着力打造五大支柱，包括 O2O 营销系统、供应链系统、智能门店营建系统、互联网金融以及米饭大学等，并将以平台化模式对创业者开放，为有志于从事餐饮行业的人以及创业项目提供营销、供应、人才、融资等多方面支持和帮助。

同时，真功夫将用五年时间逐步完成现有老餐厅的装修改造，使全国餐厅统一为“中国味道”新形象。未来真功夫将裂变为中式快餐产业平台。2018 年真功夫华南区中央厨房将迁址南沙，建成新的供应链中心，同时为其他餐饮企业提供原料、加工、配送等专业化服务，进一步实施中式快餐孵化器战略。

14.5 味千(中国)控股有限公司

该公司的中央厨房是中央厨房在连锁快餐(粉面)的应用案例，具有以下几大亮点：

(1)采用7S管理模式；

(2)中央厨房建设起步较早，拥有四大中央厨房基地；

(3)搭建O2O平台，实现支付、卡券和外卖数据的进入，形成客户关系管理系统。

14.5.1 公司介绍

味千(中国)控股有限公司(以下简称“味千中国”)是中国最大的快速休闲餐厅连锁经营商之一，2007年3月，味千中国在香港联交所主板挂牌(股票代号00538.HK)，成为首家在香港上市并以内地为主营业务基地的快速休闲连锁餐厅经营商。

自1996年成立以来，味千中国凭借其一流的拉面产品，以及系统化和标准化的经营优势，成功在中国创立了一个家喻户晓的品牌并不断快速成长，现已发展成为一个拥有员工10 000余人的跨地区餐饮集团。截至2014年年底，味千中国的快速休闲连锁餐厅网络遍布中国120个主要城市的商业地段，在上海、香港、北京、深圳、广州、杭州、南京、福州、大连、成都、武汉等地区设有669家分店，2014年营业额达33.2亿港元。

味千(中国)控股有限公司的中央厨房建设起步较早。截至目前，味千在上海、成都、东莞、天津共建有四大中央厨房生产基地，覆盖范围辐射了中国华东、华北、华南和华中区域，总占地面积达66 000米^2，总投资额约1亿美元，包括生产、物流、中央厨房和教育培训四大功能，待全部投产运营后，它们的供给能力将能支持味千在全国开设1 800家店。味千中国以中央厨房为核心的冷链生产、配送技术及专业化、智能化、精细化支撑着现代餐饮加工工艺，将所有产品包括面、甚至葱、蒜等调味料都标准化、成品化，不仅生产效率更高、产品口味的一致性也更好，统一的原料采购、加工和物流配送还更好地保障了食品安全，最终保证每一碗的味千拉面口味和质量都是一样的，真正做到用现代工艺保障餐饮食品的安全与营养。

14.5.2 公司市场动态

2007年3月，味千中国在香港联交所主板挂牌。

2008年，味千中国被福布斯选为营业额10亿美元以下的“200家最佳亚洲企业”之一；同时于“2008福布斯潜力企业”排名中位列第13位，成为榜上排名最前的餐饮连锁店。

2013年年底，味千的快速休闲连锁餐厅网络遍布中国120个主要城市的商业地段，在上海、香港、北京、深圳、广州等地设有636家分店，2013年营业额达32.41亿港元。

2014年，味千荣获中国食品健康七星奖“供应链管理”奖；同年亦荣获中国快餐连锁十大品牌；2014年由中国商业联合会、中华全国商业信息中心、中国烹饪协会联合发布的“2014年度中国餐饮百强榜单”。

截至2015年年底，味千全国开设673家门店。

2015年7月30日，味千发布公告，味千中国将通过旗下公司与投资机构Hina及Hanking成立合伙企业，拟向百度外卖项目投资约7 000万美元，占百度外卖项目低于10%权益，其中味千方面承诺出资6 000万美元。

公司计划在2017年内新开10～15家机场店。

14.5.3　公司发展策略

味千中国未来将放缓餐厅扩张，转而采取针对性较强的开发策略，继续扩展并加密北京、江浙、上海等成熟市场的餐厅网络。公司经营策略：

(1) 将坚持诚信经营作为公司准则，不欺骗消费者，不为谋取暴利损害消费者利益；

(2)积极开发新产品，迎合当今健康绿色的理念要求；

(3)真正实行现代企业制度，决策者参加股东大会，感受管理层的做事态度及发展理念；

(4)加强标准化管理，强调公司准则纪律；

(5)坚持差异化、独特性经营，区分同类型企业，形成自身优势独揽顾客；

(6)广告标语表明自己对中日关系态度，做一家明智的、不扭曲历史的日本企业。

14.6　广州蒸烩煮食品有限公司

该公司的中央厨房是中央厨房在第三方中央厨房领域的应用案例，具有以下亮点：

(1)采用中餐标准化模式，与传统餐饮店模式相比更加快捷、健康、方便；

(2)产品类型丰富，产品主要涵盖了调理肉排、便当、调理包三大类，提供学生营养餐、老人餐、团餐、西餐、快餐等产品；

(3)覆盖范围广，可应用于学校、车站、商业区、餐厅、酒店、机场、咖啡连锁和便利连锁店等。

14.6.1　公司介绍

广州蒸烩煮食品有限公司成立于2006年，由来自台湾的著名大厨白金梁创建。公司专业从事冷冻调理包研发、生产、销售工作，是中国标准化餐饮业的龙头企业。公司拥有一整套从日本、德国等地进口的专业流水线设备，所有原材料供应商均是行业内前三甲品牌企业，所有原料入库前做严格食品安全检测及留样工作，确保食材的安全、放心、可溯源。各类食材的烹饪前品控、烹饪过程中的科学调制、成品后的留样及存储过程中的环保流通，均严格遵照食品安全标准进行操作，所有产品均通过了ISO9001质量管理体系认证。公司拥有一批来自台湾的从事餐饮行业30多年在业界享有盛誉的老师傅们为首的研发团队，以确保每份产品口味统一、原汁原味。

该公司自成立以来一直处在高速发展的阶段，客户涵盖了国内80%的机场咖啡厅及国内数十家餐饮连锁企业；解决了客户没有中央厨房及出品不稳定的难题，广受客户好评

(表 14-1)。

表 14-1　广州蒸烩煮食品有限公司基本情况

项目	广州蒸烩煮食品有限公司基本情况
统一社会信用代码	91440111793462722X
类　型	有限责任公司(自然人投资或控股的法人独资)
法定代表人	叶浩芹
注册资本	100.00 万元人民币
成立日期	2006 年 9 月 11 日
登记机关	广州市工商行政管理局白云分局
住所	广州市白云区太和镇大源村南坑四社第八工业区 1 栋 A 号
经营范围	速冻食品制造;预包装食品批发;商品批发贸易(许可审批类商品除外);冷冻肉批发

14.6.2　公司市场动态

自 2014 年起,公司开始组建团餐事业部,专业解决企业、学校、医院的团餐供应。部门成立伊始就与国内团餐巨头千喜鹤、金丰等企业开展了战略合作,标准化的出品及良好的口味受到了广大消费者的欢迎,并在团餐行业掀起了一股革命性的风暴。

2015 年 11 月,广州蒸烩煮食品有限公司董事长白金梁受邀参与“粤菜文化圣火传递”活动。

14.6.3　公司发展策略

公司经过十多年的发展,实力不断增强,如今已是国内同行业具有相当规模的企业。随着中央厨房产业快速发展,给企业带来了难得的发展机遇。为此,公司制定了未来的发展规划:一是进一步加强食品研发,确保每份产品口味统一、原汁原味,增强公司的产品优势。二是加大业务开发力度,大力拓展蒸烩煮调理包加盟市场。国内市场潜力巨大,对蒸烩煮调理包需求较大,力争在 3～5 年内把公司发展成为实力强、后劲足、技术领先的领导型企业。

14.7　潘多拉餐饮集团

该公司的中央厨房是中央厨房在美食广场领域的应用案例,具有以下亮点:

(1)在全国各地与多家企业合作建立美食广场,如宝龙城市广场、亿丰时代广场、江苏维宁美食广场等;

(2)餐饮团膳服务推陈出新,建立合作了南京华为团膳项目、东莞华为团膳项目等;

(3)美食广场与团膳服务相结合,推出“大变小、一变多、量变质、事变情”的团餐新服务模式;

(4)大力开发餐饮 APP 应用,利用微信公众号、新浪微博、美团外卖、百度外卖、大众点评等进行互动体验与服务。

14.7.1 公司介绍

潘多拉餐饮集团成立于 2010 年,是山东本土的一家专业餐饮投资管理有限公司,是国内唯一一家餐饮平台运营公司,目前门店已覆盖山东、江苏、河南、湖北、辽宁、北京等地。行之有效的创新模式不断引领餐饮变革,数年的发展积累了优秀的企业文化,为顾客创造价值、为员工提供机会、为社会增加效益,一直是潘多拉公司不懈努力的目标。

14.7.2 公司市场动态

2013 年度,公司在商业模式大奖赛上荣获全国"最佳商业模式"奖,受到资本市场的关注和青睐。

2015 年度,公司获得年度"餐饮业未来之星"称号。

2015 年度,公司获得十大最具价值的投资品牌及最具投资力的餐饮品牌。

2016 年度,公司获得中国餐饮优秀企业奖。

14.7.3 公司发展策略

潘多拉计划 5 年之内增加 100 余家美食大厨房,成为国内最专业的美食广场运营商,同时继续将美食广场与团膳服务相结合,推出"大变小、一变多、量变质、事变情"的团餐新服务模式。同时,把产品质量放在首位,严格把控食品安全卫生规范,创新服务模式,优化配置资源,其倡导并努力打造"一碗米饭"工程。

14.8 广州多满分食品有限公司

该公司的中央厨房是中央厨房在中小学学生餐领域的应用案例,具有以下亮点:

(1)中央厨房实现了机械设备完全自动化,引进机器人炒锅、先进的自动米饭生产线、自动肉类蔬菜加工设备及生产线、自动餐具清洁消毒线、自动分餐打包线等先进自动化设备;

(2)专注于广州地区热链配餐服务;

(3)厂区环境优美,交通极其方便,与主要客户配送路径很短。

14.8.1 公司介绍

广州多满分食品有限公司创办于 2003 年,是集食品研发、生产、配送、销售及餐饮管理为一体的大型团膳食品提供商,是珠三角最具影响力的大型营养餐配送单位,是广东省团餐行业协会副会长单位。

多满分公司设立于风景秀丽的天河智慧城核心区,厂区环境一流、办公设施齐全,2014 年公司斥巨资重新建设了符合 GMP 标准的现代化食品加工配送基地,打破传统的原材料加工及烹饪模式,实现了餐饮科技引领企业。全国首屈一指的花园式中央大厨房占地面积 5 000 米^2，中央大厨房购置了先进的机器人炒锅，先进的自动米饭生产线，自动肉类蔬菜加工设备及生产线，自动餐具清洁消毒线，自动分餐打包线等先进自动化设备。

公司秉承“安全营养膳食的践行者”的经营理念，“安全、营养、美味、快乐”的就餐理念，“客户满意度至上”的服务理念，引领行业风骚。公司通过了 ISO9001 质量管理体系、ISO22000 食品安全管理体系、ISO14001 环境管理体系认证，建立了较规范的食品生产管理体系，公司经过十余年的发展，已成为珠三角地区最具影响力的团膳品牌，培养了一支优秀的团膳管理与服务团队。国内外知名企业（如威创、网易、建行、UC、3M、兴森快捷、中航、合生元、宜家）的团餐服务都曾与多满分达成供餐服务工作。

展望未来，多满分人将以实业报国，开创先河扛起“中国标准营养团膳领导者”之大旗。多满分公司基本情况见表 14-2。

表 14-2　多满分公司基本情况

项目	广州多满分食品有限公司
统一社会信用代码	91440106304433681A
类型	其他有限责任公司
法定代表人	文昌金
注册资本	500.00 万元人民币
成立日期	2014 年 6 月 27 日
登记机关	广州市工商行政管理局天河分局
住所	广州市天河区高普路临编 98 号 B 栋首层 101 房
经营范围	预包装食品零售（含冷藏冷冻食品），热食类食品制售，食品经营管理，糕点类食品制售（不含裱花蛋糕及其他冷加工糕点），现单班最大生产份数 25 000 份

14.8.2　公司市场动态

2014 年，广州多满分食品有限公司投资巨资在广州市天河区建设中央大厨房用于经营中式快餐和餐饮配套服务。

2016 年，广州多满分食品有限公司获得“2016 年度中国团餐优秀服务商”奖。

14.8.3　公司发展策略

公司面对餐饮业新的形势新的任务和新的要求，将始终把“发展”作为兴企增效的第一要务，把“创新”作为事业兴旺发达的根本所在，努力把企业做精、做大、做优、做强，尽快使公司发展成为广东省乃至华东同行业具有强大市场影响力的团体餐饮企业之一，为国家和地方经济繁荣做出新贡献。今后，企业还将不断努力，加大中央厨房投入，提高食品质量，将团体餐饮做大做强，实现团体餐饮的工业化。

第15章 中央厨房第三方服务商

中央厨房自20世纪80年代初进入中国以来，其作用和价值逐步得到行业的认可，从2011年到现在，国家层面已经两次明确了中央厨房的身份，并多次出台利好政策鼓励建设应用，中央厨房作为餐饮食品工业化的基础和物理载体，也将成为众多餐饮和农业公司的追捧。

因此，中央厨房配套的第三方服务产业必将形成了专业化、系统化、全面化的服务体系，为行业提供项目投资可研、规划设计、应用软件开发、营养餐研发与标准化、人才教育培训、生产运营指导、管理服务输出等360度全方位服务。

15.1 深圳市普凡逊中央厨房科技有限公司

15.1.1 公司介绍

深圳市普凡逊中央厨房科技有限公司，主要由餐饮业内知名企业高管及科研人员组成，是目前国内首家从事餐饮业中央厨房与餐饮食品工业化产业链研究与整合的专业公司，公司聚焦于中央厨房项目，即咨询策划、教育培训、应用软件研发、营养餐研发与标准化、管理服务输出、工业4.0及产业链整合，是国内最具影响力和主导力的中央厨房产业链整合服务商。

公司旗下教育品牌"中央厨房第一课堂"，是以中央厨房及关联领域的培训、教育、研讨为核心内容，旨在打造全面化、专业化、系统化的中央厨房行业人才的教育平台和培养基地，是国内该领域的第一个教育品牌。

15.1.2 公司定位

普凡逊定位于中央厨房筹建与运营整体解决方案服务商。

15.1.3 公司竞争力

公司的核心竞争力表现如下：

(1)拥有国内知名的专家团队；

(2)拥有国内顶级的项目操盘案例；

(3)提供项目建设前期、建设时期、生产时期一站式专业服务；

(4)提供专业的高匹配度高性价比设备采购方案；

(5)提供免费的售后服务咨询；

(6)比自主筹建的成本要低20%以上；

(7)比自主筹建的时间要快2倍以上；

(8)拥有国内唯一的集咨询策划、人才教育、研发技术、软件应用、管理服务输出五位一体的第三方服务平台。

15.1.4 业务范畴

公司业务包括：

(1)项目咨询策划：分别有项目前期—投资可研咨询、建设时期—规划建设咨询、生产时期—生产管理咨询；

(2)人才教育培训：分别有技术研讨会、行业高峰论坛、精英培训班、企业智库、领袖沙龙、企业内训；

(3)研发技术支持：分别有菜肴开发与评价、菜单库设计、BOM表制作、营养成分分析、工艺与标准化、技术指导；

(4)应用软件开发：分别有更衣室智能管理系统、食品安全可追溯系统、中央厨房MES系统、消毒水智能检测与添加系统、中央厨房计划管理系统、营养餐营养成分分析系统；

(5)管理服务输出：分别有生产效率提升服务、食品安全第三方监管服务、合作经营服务、托管经营服务。

15.1.5 目标客户群

公司目标客户群有：

(1)团膳餐饮企业；

(2)连锁餐饮企业；

(3)生鲜净菜或配菜中央厨房；

(4)第三方中央厨房(含主食)；

(5)互联网+中央厨房；

(6)中央厨房产业园。

普凡逊作为中央厨房行业第三方服务商的领跑者，于2015年年初开创性地提出“中央厨房建设运营三阶法”咨询顾问理念，经过两年多的应用和实践，为多家餐饮企业的中央厨房筹建与运营成功实施提供了保驾护航，极大提高了中央厨房项目良好运营的成功率。为了促进中央厨房行业更好的良性发展，普凡逊于2017年在行业内率先开展“中央厨房管理服务输出”业务(中央厨房托管、中央厨房合作经营两种模式)，突破了企业的中央厨房人才与管理瓶颈，帮助企业进一步提升管理水平、盈利水平及品牌影响力，普凡逊和中央厨房企业都取得良好的社会效益和经济效益。

15.2 上海论宇商务咨询有限公司

15.2.1 公司介绍

上海论宇商务咨询有限公司于2013年3月25日成立，注册资金100万元，法定代表人是何润宇，公司位于上海市徐汇区襄阳南路489号402室。

公司立足于餐饮企业管理，能够充分理解客户需求，科学地定义餐饮企业在经营过程中出现的问题与餐饮市场发展的规律，提供有针对性的企业管理方案。主要从事企业管理、投资管理、招商与商务咨询、经济信息咨询、会务服务等全方位服务的专业顾问公司。创办了"MIRA"西班牙语基地。2013年9月，荣获首届上海市徐汇区"创业梦之星"大赛"最具潜力奖"。

15.2.2 业务范畴

公司主要业务为以下几大方面：

(1)中央厨房项目策划、内部功能、生产工艺、动线流程、面积分布、厨房设备配置等规划与设计、建设与开荒、运营与管理；

(2)大型项目、大型运动赛事等餐饮服务项目的咨询、筹划、设计、运作与管理；

(3)食品工艺技术的应用，菜谱研发及餐饮服务标准的制定；

(4)餐饮连锁经营与发展规划，运营模式和管理体系的建设；

(5)实体及互联网课程开发与制作，如西班牙语、应聘面试技巧等。

15.2.3 公司竞争力

公司竞争力表现如下：

(1)具有一批在餐饮连锁、企业团膳、高校后勤、社区及会展等餐饮服务拥有丰富的运营和实战经验的精英群体；

(2)公司成立以来，取得了众多的成功案例，如上海一片天、北京小胖餐饮、山东卤菜根、安徽老乡鸡等；

(3)上海唯一一家只做西班牙语培训的专业机构。

15.2.4 目标客户群

公司目标客户群有：

(1)餐饮连锁企业；

(2)团膳企业；

(3)企业后勤、高校；

(4)社区餐饮；

(5)会展餐饮；

(6)大型项目。

15.3 吉林省食品工业设计研究院

15.3.1 研究院介绍

吉林省食品工业设计研究院是吉林省唯一的一所省级食品行业专业性科研设计事业单位。全院由科研系统和设计系统两大系统组成。科研系统下设食品研究室、发酵研究室、科技情报室。设计系统下设工艺设备室、土建工程室、公用工程室、技经概算室等。

多年来,全院汇集了吉林省食品科研设计方面的精英,承担了多项国内、省内以及国外的食品工业重大项目的设计、研究工作。据统计,设计项目总投资已达353亿元,总建筑面积29.8万米^2,其中:石家庄市制酒厂玉米酒精联产饲料等工程,获省级优秀设计一等奖两项;获省级优秀设计二等奖三项;获省级优秀设计三等奖三项。为推进吉林省食品工业科技进步和产业化发展做出了卓越的贡献。

15.3.2 业务范畴

·服务方式

技术转让、技术咨询、技术服务、产品监制、委托开发、协作开发、联合开发、立项研究、可行性分析、工程设计、设备选型、人员培训、产品编标、质量检测、实验室筹建等。

·服务项目

(1)通用技术有三类:饮料类,发酵制品类,休闲食品类。

(2)独有技术有七类:人参系列,山野菜系列,食用菌系列,林蛙系列,长白山野生果实系列,保健饮品系列,谷物深加工产品开发系列。

15.3.3 研究院竞争力

公司竞争力表现如下:

(1)具有国内外领先的科研技术优势和专家资源优势;

(2)是吉林省唯一的省级食品行业专业性科研设计单位,事业单位编制;

(3)为国内设计众多项目,获得多项省级优秀设计奖,具有多年的经验;

(4)对各种食品均有研究,研制出众多新产品与开发出众多新技术。

15.3.4 目标客户群

公司目标客户群有:

(1)餐饮企业;

(2)食品加工企业;

(3)中央厨房应用企业。

第 16 章　中央厨房常用经营管理模式

经营好中央厨房，需要摸索出一套行之有效的管理模式。首先要设计好企业的战略规划、组织架构、业务流程，理顺好各部门的定位与职能；其次优化好企业的信息流、人流、物流、资金流、质量流，管控好中央厨房的人、机、物、法、环等要素使各项管理标准制度化。提高企业工作效率、树立企业良好形象，为企业创造更多的价值。

16.1　中央厨房的组织与流程

16.1.1　定位

• **中央厨房定位**

(1)中央厨房是餐饮企业内部配套的生产配送中心，具有计划、采购、生产、仓储、配送及工程维修服务等功能，相当于企业的“CPU”。

(2)主业态包括有冷链、热链及常温产品的生产与配送。

(3)具有成本独立核算功能的组织。

(4)具有一定人事、财务及绩效考核权限。

• **各主要部门定位**

(1)信息计划部：企业的业务流程枢纽中心、控制与协调中心。

(2)采购部：按指令单采购、市场开发与询价、供应商管理及价格稽核，其服务对象是公司各部门。

(3)生产部：按指令单执行的制造与加工部门，不具有对外功能。

(4)仓储物流部：按指令单执行的服务部门，实现专业化仓储、配送运作。

(5)工程维修部：职能是维修服务、设备管理、安全防护及能耗监管。

16.1.2　组织架构

团餐(连锁餐饮)企业的中央厨房组织架构见图 16-1。

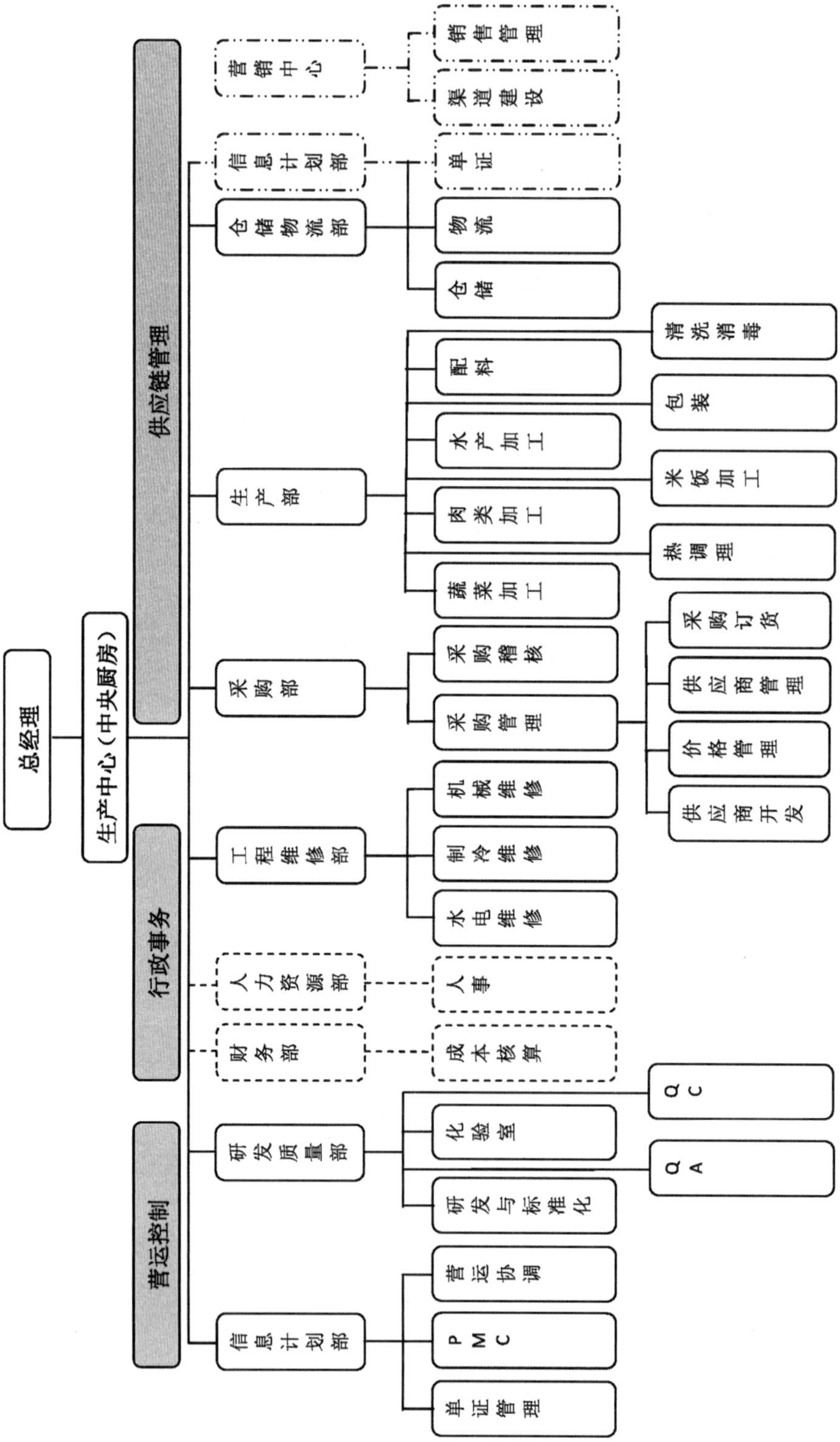

图16-1 团餐（连锁餐饮）企业的中央厨房组织架构

16.1.3　业务流程（图 16-2）

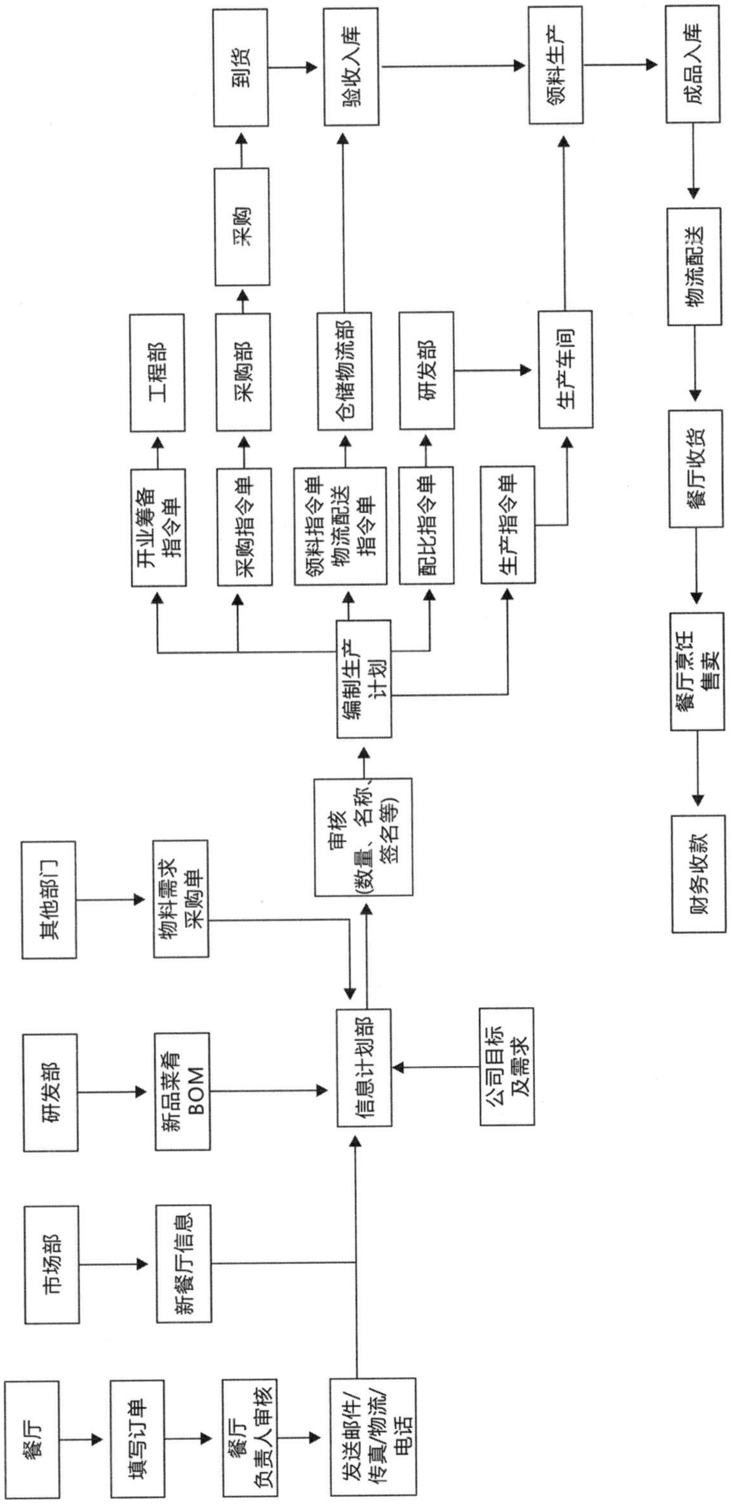

图16-2　团餐（连锁餐饮）企业的中央厨房主业务流程

16.2 中央厨房的信息计划

16.2.1 作用

(1)信息计划部作为企业的业务流程枢纽中心、控制与协调中心,相当于中央厨房的“CPU”;

(2)它以计划为运作龙头,向各业务部门发出执行指令;以营运协调为调节器,管控、协调、优化各部门工作;

(3)以实现采购物料到货的品种、数量、质量、时间,与采购指令吻合;

(4)以实现实际生产进度与生产计划进度吻合;

(5)以实现统一订单、统一采购、统一生产、统一配送;

(6)实现中央厨房主流程、子流程清晰运作;

(7)实现计划系统与生产系统、配送系统沟通顺畅,流程无脱节;

(8)实现以计划为中枢的管理运营模式,达成业务流程顺畅、集约化管理,精细化生产与控制,低成本运作;

(9)构建企业大数据的基础,为企业实现投资回报率、产品创新、营销模式创新、服务创新提供依据。

16.2.2 组织架构

信息计划部组织架构见图 16-3。

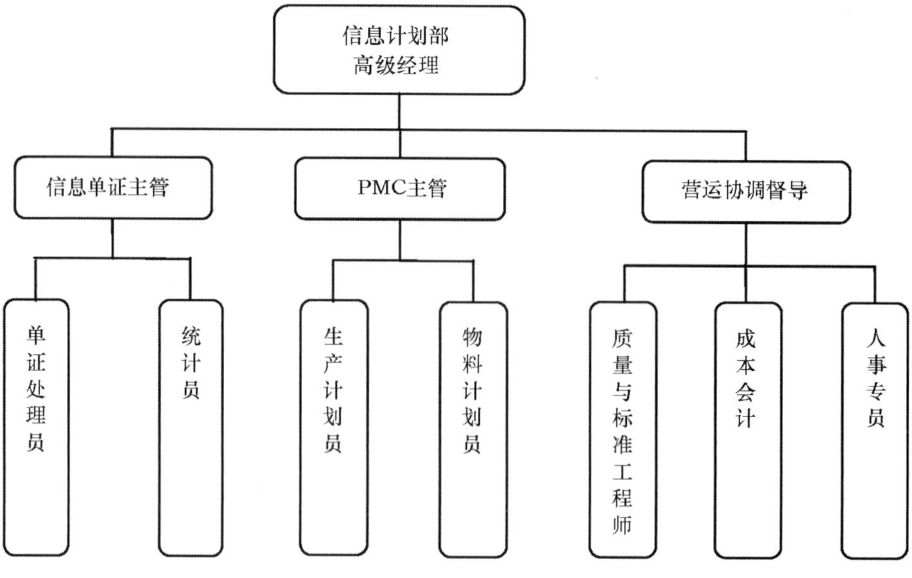

图 16-3 信息计划部组织架构

信息计划部职能分解见图 16-4。

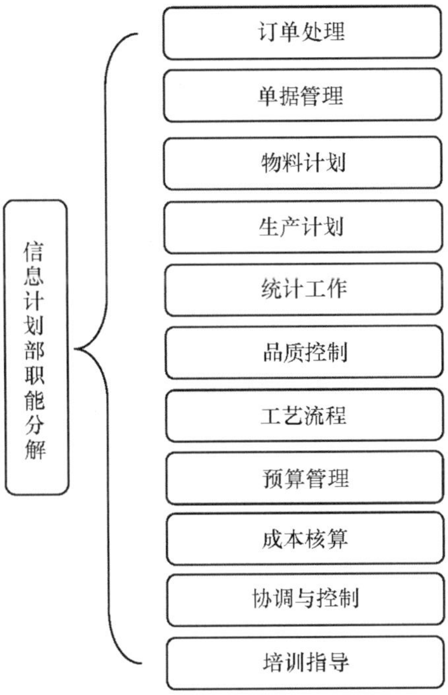

图 16-4　信息计划部职能分解

16.2.3　信息计划部的主业务流程

信息计划主业务流程图见图 16-5。

16.2.4　信息计划部的子业务流程

• 信息单证

信息单证的子流程有：

(1)订单流程；

(2)生产指令单流程；

(3)领料单流程；

(4)出库单流程；

(5)采购入库单流程；

(6)成品入库流程；

(7)流转单流程；

(8)销售出库单流程。

• PMC

PMC 的子流程有：

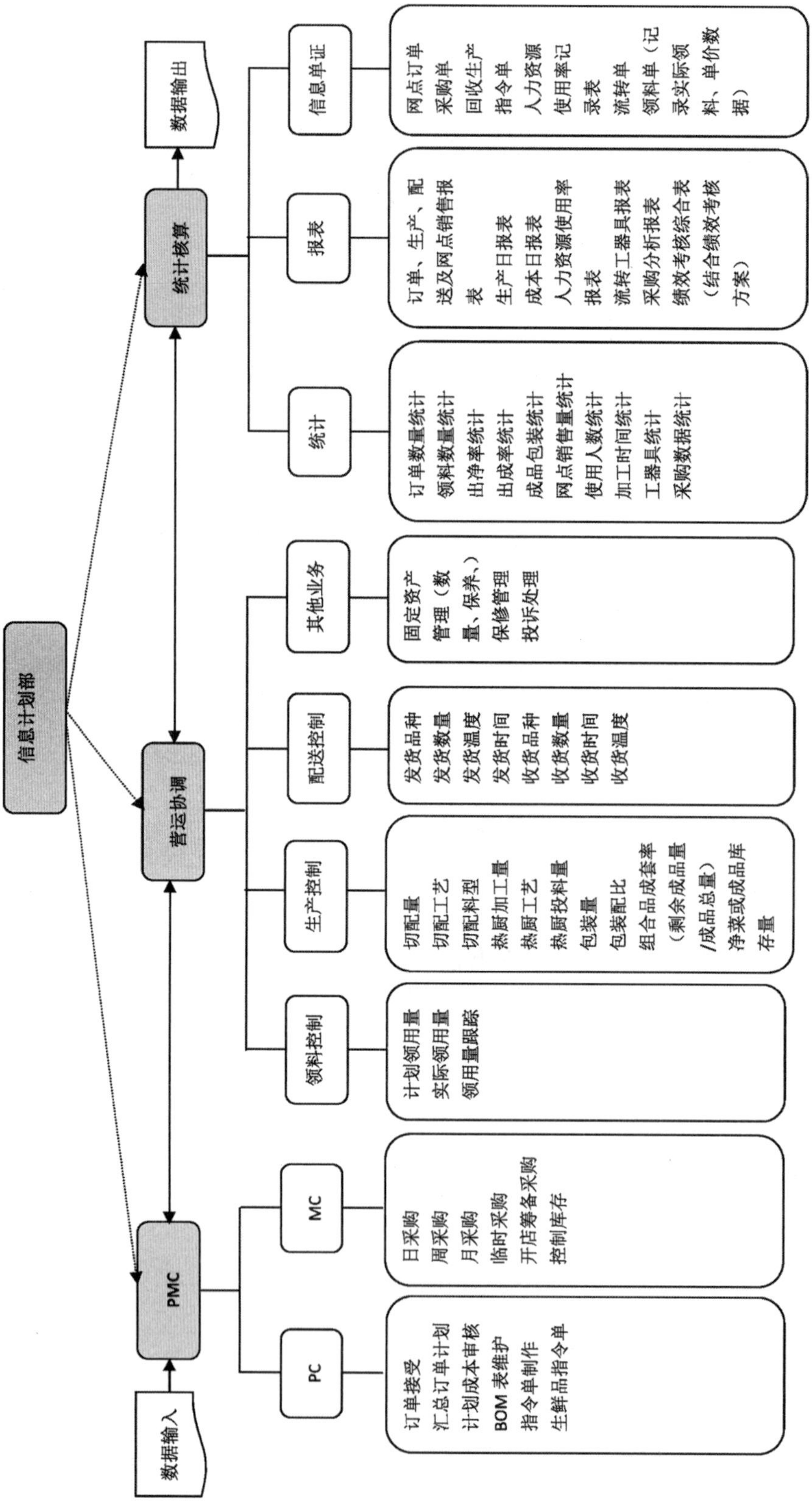

图16-5 信息计划主业务流程

(1)PC 工作流程;

(2)MC 工作流程;

(3)领料控制流程。

• **营运协调**

营运协调的子流程有:

(1)生产过程控制流程;

(2)投诉处理流程;

(3)成本核算流程;

(4)中央厨房运营统计流程。

16.3 中央厨房的生产管理

16.3.1 产品研发及控制

餐饮企业产品要实施数字化、标准化、工业化的现代经营模式,首先需要建立产品研发中心,设置专职菜品研发团队,统一产品开发思路、统一开发产品,从原材料的采购、验收、入库、粗加工、精加工、出品等每一个环节都必须细化,并做到数字化标准,才能做到数量、质量的统一标准和成本最大化的有效控制。

16.3.2 采购流程及控制

将海鲜、冻货、肉食、蔬菜、粮油、调料等各种原物料建立为统一采购标准。标准配备标准图片和文字介绍,包括产品名称、品牌、产地、规格、季节、质量阐述等,然后统一集中采购,大量的物料可以直接从生产厂家或一级代理商进行采购。然后再分送公司各店使用,建立物料采购配送体系,将采购成本环节控制到最低和实现原物料的可追溯性。

16.3.3 验收流程及控制

根据将海鲜、冻货、肉食、蔬菜、粮油、调料等各种原物料建立为统一采购标准。标准配备标准图片和文字介绍,包括产品名称、品牌、产地、规格、季节、质量阐述等,制定统一的验收流程和验收标准,并将验收账单也分类做成详细账单,以便后期的数字查询和分析。做好验收成本的控制后,验收完的各种毛料、原材料随着账单分送到各车间或加工区域。

16.3.4 加工流程及控制

将海鲜、冻货、肉食、蔬菜、粮油、调料等各种原物料的加工质量标准统一化,每种原材料半成品必须按照统一生产流程进行加工。所有原材料的加工标准损耗率、净料、边角料利用率等统一量化和数据化,避免在生产加工过程种检查出浪费或掌握不当造成损失等问题,等加工完以后各种原材料都将通过称量来建立有效数字,还在于对加工过程中数量的控制和后期出品的数量监督。

16.3.5 配送及控制

将海鲜、冻货、肉食、蔬菜、粮油、调料、酱料等各种原物料的半成品和成品统一标准化包装和配送，防止运输过程当中倒撒或掺入异物，确保运输过程的质量和数量，同时建立好各店领取各种半成品或成品原材料的数量登记手续和验收手续。

16.3.6 半成品验收及控制

将海鲜、冻货、肉食、蔬菜、粮油、调料、酱料等各种原物料的半成品和成品运输到各店，必须设立专人负责验收和抽查监督体系。运输到各店的原材料和相应的账单必须相复核，防止运输途中不良行为的发生。

16.3.7 出品原则及控制

将每款菜品所使用的半成品或成品原材料量化，以便做最后出品的数字抽查监督，防止因厨房收藏、烹调、偷吃等不良行为而造成的成本损失。

16.3.8 能源使用及控制

将海鲜、冻货、肉食、干货涨发、蔬菜各车间或各生产线的水、电、气等能源分开安装表，并责任到相关负责人，制定相应的奖惩激励机制，控制各流水线的能源消耗。

16.3.9 物料管理及控制

各餐厅（或食堂）每天在规定的时间内，填写固定格式订货单提交给中央厨房信息计划部后，就可以在规定的时间和地点安排收货验收。信息计划部的信息单证员收集到的所有订货单，经审核汇总提交给本部门的物料计划员计算原辅料需求量，物料计划员结合本部门的统计员收集统计的车间和仓库库存信息编制原物料采购指令单。各餐厅（或食堂）每天只需按时按要求向中央厨房申购净料、半成品、成品数量，而生产所需的毛料品种、数量，则由信息计划部以采购指令单形式下达给采购部门采购。

16.3.10 人员管理及控制

各餐厅（或食堂）每天在规定的时间内，填写固定格式订货单提交给信息计划部，本部门的信息单证员收集所有的订货单汇总审核，本部门的统计员收集统计原物料出成率、单位时间平均产能、现有库存量，然后统一提交给本部门的生产计划员，生产计划员计算生产总时间并结合员工出勤率编制生产、仓储物流等人员的排班计划，以生产指令单形式下达给中央厨房负责人，可有效管控人力成本。

16.4 中央厨房基础管理模型

各个中央厨房企业的产品与管理方式，虽然有一定差异，但因其管理要素相同，管理模式可以归纳为:【中央厨房生产或 OEM 或外部采购】+【物流配送体系】+【 终端多元化销售】模式,如图 16-6。

各中央厨房企业可以根据实际业务和客户需求情况,设计出适合自身发展的管理模式。

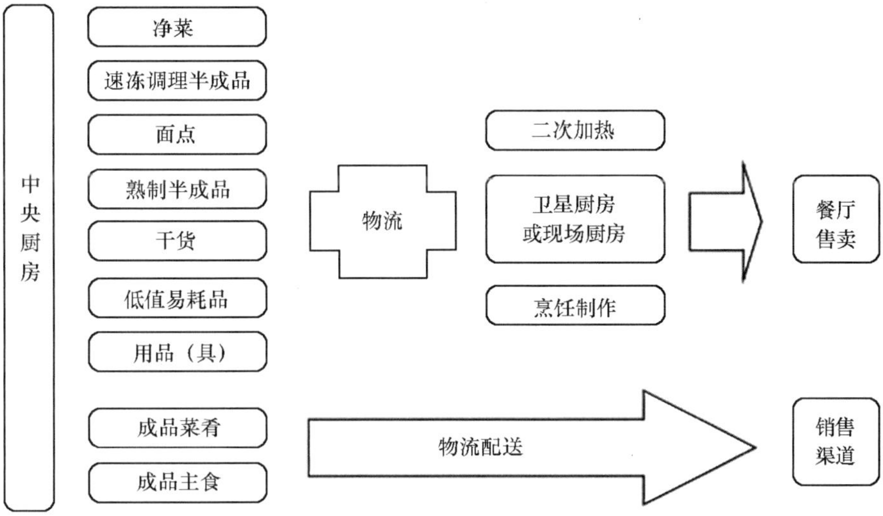

图 16-6　中央厨房管理基础模型

16.5　中央厨房运营管理现状

我国中央厨房建设起步较晚,虽然当前中央厨房数量不少,但这些企业普遍存在运营管理能力差的问题,具体表现在以下几个方面:

(1)忽视产品标准化工作,不能工业化生产;

(2)研发与销售的产品品种,与设备利用不匹配;

(3)具有食品和餐饮两个行业丰富工作技能的资深职业经理人非常少;

(4)没有一套成熟的中央厨房管理模式;

(5)餐厅或门店的职能定位不清晰、配合度不高;

(6)中高层、基层及员工是脱节的,职能部门与一线部门是脱节的;

(7)经营管理误区,厨师集中在一起加工炒菜即是中央厨房;

(8)供应商对“供应链管理”意识的缺乏及滞后;

(9)对清洗消毒护理系统不重视且缺乏设计标准。

16.6　中央厨房运营管理优化升级建议

16.6.1　突破“两个改变”

- 企业要改变“重设备轻规划”“重投入轻发展”“重建设轻管理”的思维;
- 企业要改变菜肴传统研发模式,采用“产品经理”思维开发销售产品。

16.6.2 坚持“两个系统”

- 以“项目管理”的方式进行系统地策划落地，提供筹建与运营整体解决方案；
- 从企业或项目的高度系统落地，从战略层—运营层—岗位层系统性统筹。

16.6.3 科学认知

- 以前主要从餐饮（烹饪）学科理解中央厨房，现在更需从食品学科诠释中央厨房；
- 以前主要从技术（产品、设备、功能）维度规划中央厨房，现在更需从管理（战略、业务、财务、团队）维度统筹中央厨房。

16.6.4 发展趋势

- 餐饮的食品工业化；
- 食品的餐饮渠道化；
- 规模化生产少品种；
- 小型化生产多品种。

第 6 部分　前景与趋势

第 17 章　中央厨房应用发展新模式
第 18 章　行业发展趋势

第 17 章　中央厨房应用发展新模式

随着技术进步和社会发展，近几年出现了一些以中央厨房为核心的新经营模式，如中央厨房＋连锁门店、中央厨房＋C 客户、中央厨房 APP、中央厨房＋互联网＋取餐机、共享中央厨房（中央厨房产业园）、餐饮工厂集群、冷链配送体系＋第三方物流平台、生产基地＋中央厨房＋餐饮门店等模式。其中生产基地＋中央厨房＋餐饮门店的产销模式被写入 2017 年的中央一号文件，作为“壮大新产业新业态，拓展农业产业链价值链”的一项重要举措而被提及。

17.1　中央厨房＋连锁门店模式

连锁餐饮是中央厨房经营模式应用最早的领域之一，如连锁快餐、连锁火锅、连锁西餐、连锁休闲餐。餐饮企业门店发展到一定数量，会出现菜肴口味不稳定、服务满意度降低、人工成本居高不下、食材成本持续走高、食品安全风险不断增加、员工流失频繁等现状，企业管理难度会成几何级增加，利润的增长趋势与营业额的增长趋势与不成正比，有时反而变得比较缓慢。这时，餐饮企业需要进一步规范产品的标准化和口味，应对大规模原料供应、食品安全，以及原料采购价格进行有效控制，减少不必要的消耗和浪费。到了这个阶段，就必须建立起企业自己的后勤支撑服务体系（如中央厨房），统一采购原物料、统一加工成半成品、统一培训、统一 VI 设计、统一装修、统一服务、统一配送，将门店运营管理具有共性的内容提取出来、集中优化提升、重塑业务流程、重新界定部门职能、重新建立供应链，创建一套行之有效的现代管理经营模式帮助企业锁定工艺、锁定标准、锁定流程、锁定品质、锁定成本，促进企业呈连锁化、规模化、品牌化的发展态势。

17.2　中央厨房＋C 客户模式

目前，国内大多数中央厨房企业业务集中在企业客户（B 端市场），主要为会议餐、活动餐、团体餐、门店餐饮。由于 B 端业务竞争比较激烈，该市场一时难以进入，许多餐饮企业将眼光转向消费者（C 端市场）。一些餐饮企业在保持原有 B 端业务基础上，将围绕提高原物料综合利用率、设备的开动率等方面下功夫，在家庭需求的盒装净菜、盒装配菜、盒装预制菜肴、主食等方面的研发与标准化发力，产品销售由初期利用原有 B 端业务的营销场地逐步扩展到在居民区自建生鲜便利店或直接到家，采用线上和线下下单，企业物流和第三方物流共同配送。部分餐饮企业甚至还提供餐饮烹调和就餐服务。如木屋烧烤中的中央厨房，除了为餐厅提供烧烤的原材料、半成品外，还直接对C端客户销售烧烤产品和提供烧烤服务，有将中央厨房“工厂化”的趋势。

17.3 中央厨房APP模式

近几年，我国中央厨房设备市场规模发展迅速，2015年，中央厨房设备市场规模达到86.2亿元，未来5年市场规模将有大幅增长。随着食品产业的发展和产品细分，部分中央厨房会升级成为专业服务于餐饮企业的专业化工厂。目前，中央厨房正从快餐业逐步进入正餐业、火锅业等，产业覆盖面不断增大。此背景下，中央厨房APP顺势而生。

中央厨房APP由一家厨具公司创建，是一款C2M、O2O实体电商线上线下集服务于一体的手机门户APP客户端官方平台，中央厨房APP的建立给餐饮行业提供一个快捷、可信赖的产品展示及选购场所。该平台不仅具备中央厨房规划设计、商务咨询、实时询价、招标投标、产品交易、订单查询、商品搜索、行业资讯和产品评价等常用功能，而且还实现了手机版特有的会员注册、招商加盟开店等功能。目标是整合当地餐饮企业，食品机械公司，厨房公司的品牌商、生产商、经销商，为商家和消费者之间提供一站式解决方案。中央厨房APP现初步建立了原料食材、工厂规划设计、食品加工包装、厨具生产安装和售后服务产业链，拥有一部分的餐饮企业群、食品机械群和厨具产品群等。中央厨房APP为中央厨房行业打造行业信息平台＋商城平台的营销方式，帮助传统行业转型升级，及时抢占移动营销先机（图17-1）。

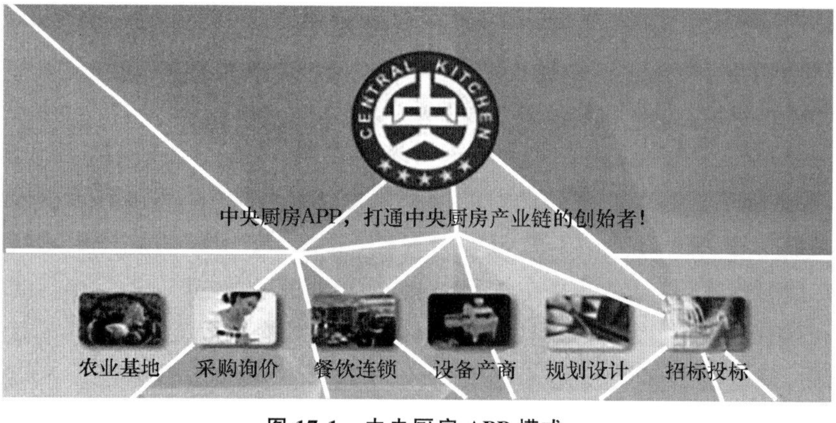

图17-1 中央厨房APP模式

17.4 中央厨房＋互联网＋取餐机模式

近年来，外卖受到了资本和市场的热捧，是最受关注的领域。2015年，全国餐饮收入实现32 310亿元，如果按照外卖占餐饮总收入30%的比例计算，未来餐饮外卖市场将达到万亿元以上规模。随着用户消费习惯的改变和外卖周边产业的衍化，巨大的市场空间使外卖O2O成为各个新兴创业公司和巨头们必争的细分领域。为了适应外卖市场巨大的需求，逐渐诞生出一种新的发展模式“中央厨房＋互联网＋取餐机”。

中央厨房进行食材的采购、加工、烹调，之后将成品统一包装、统一配送（全程采用65℃的热链配送，保温4小时），配送车集中将外卖运抵白领密集的商务区，再由专人把外卖放进自助取餐机。用户如果想订餐，只需打开手机APP，找到距自己最近的取餐机，选择餐品种类和数量并下单支付，这样就可获得订单的二维码。到了午餐时间，用户来到取餐机前扫描二维码，外卖就从取餐机里出来（全程封闭且有监控，杜绝外界污染）。取餐机结合互联网技术创造了别具一格的取餐方式，在缩短外卖等候时间的同时，也令自助取餐本身充满了仪式感。

中央厨房＋互联网＋取餐机模式，除了适用于热链盒饭售卖外，也适用于冷链盒饭售卖，其工作原理有所不一样，需要增加冷藏保温柜和微波加热腔功能。

17.5　共享中央厨房（中央厨房产业园）模式

共享即分享，将一件物品或者信息的使用权或知情权与其他人共同拥有，有时也包括产权。【参考资料：调理食品—百度百科】

共享经济，是指“社会资源”拥有者有偿与他人共享“社会资源”使用权，从而优化社会资源配置，提高资源利用效率，创造出更多价值的经济形态。“共享经济”这个术语最早由美国得克萨斯州立大学社会学教授马科斯・费尔逊和伊利诺伊大学社会学教授琼・斯潘思于1978年提出。共享经济的本质是共享。当前，共享理念日益被推崇，更上升为国家五大新发展理念之一，作为一种新经济、新消费模式，共享服务项目的推广应用最直接受益者是消费者。

共享中央厨房，是众多中央厨房企业聚合在产业园区，并基于物流的信息、技术与产品、搬运设备、仓储设施、货物运输、终端配送、人力等资源共享，优化整合实现众多企业或单位的共同配送、循环公用、信息平台、网络仓储，以期提升物流资源使用率、降低物流成本、创造最大化物流效率，为中央厨房产业链上的相关联利益者（企业或个人）创造更大的经济效益或社会效益。共享中央厨房是中央厨房的2.0版本，也称为中央厨房产业园。

目前，国内成规模的连锁餐饮企业一般都拥有自建的中央厨房，但受企业规模、供应数量及物流配送等因素的限制，远不能满足正常需要。即使连锁餐饮企业，自建中央厨房也并非易事，因为它可能一不小心便会沦为鸡肋。这给中央厨房产业园的建设发展带来一个重要的契机。

建设标准化的中央厨房产业园，可为众多餐饮企业同时提供原料采购、生产、配送，实现共配共给，可节省单个企业拿地建设等各种手续；能减少餐饮企业的门店设备投入，增加门店的环保指数，减少餐厨垃圾和油烟扰民，降低能源消耗；有利于标准化基础上的技术流程改造，有利于提升产品质量和出菜速度，对中餐企业统一标准、快速复制、规模发展、加盟连锁有着特殊意义。中央厨房产业园园区内除了各个企业车间外，基础设施的燃气站、锅炉房、污水处理站、垃圾房等可以共享，还将统一配套检测中心、收货中心、粗加工中心、仓库、冷库和物流中心等，真正实现规模化和集约化经营。这对提升餐饮行业的发展水平，将起到至关重要的作用。中央厨房产业园的建立为连锁餐饮企业尤其是新创立的餐饮的规模扩张和安全经营提供了重要支撑。

2013 年，由河南省商务厅指导，省餐饮与饭店业协会与河南国基实业集团联合开发的河南餐饮中央厨房产业园（因共享内容不全面，暂不能称为共享中央厨房），正式落户于原阳县产业集聚区，项目占地 56.4 万米^2，总投资 22 亿元，首批就吸引了 36 家本土知名的餐饮和食品企业进驻。中央厨房产业园建成后可年产 1 万吨烘焙产品、2 万吨调料、2 万吨熟食、50 万份套餐，覆盖 4 000 万～5 000 万人，形成一个集交易采购、仓储物流、加工包装、分销配送、质检冷链于一体的链条式产业集群。

17.6　餐饮工厂集群模式

目前，国内大部分成规模的连锁餐饮企业建立了自己的中央厨房，中小餐饮企业因受到资金的限制或谨慎的态度，暂时没有能力或不想建设中央厨房，这些餐饮企业期望有专门的中央厨房企业为他们提供符合需求的中央厨房产品或服务，由此，诞生了中央厨房的 3.0 版本，即第三方中央厨房，也称为餐饮工厂集群。餐饮工厂集群带来的是高度标准化、更高产量、更低成本、更安全和更稳定性的产品，不仅能帮助餐饮企业降低自建中央厨房成本，还能帮助餐饮企业把有限的资金投入到门店运营与服务中，进一步提升餐饮销售收入和利润，降低了投资经营风险。

餐饮工厂集群在共享中央厨房的基础上升级优化而来，餐饮企业按照股权分享及业务分享的合作模式，选择真正有实力的企业共同经营中央厨房产业园，包括仓储共享、采购共享、实验室共享、研发共享、工程维修共享、物流共享、办公共享、渠道共享、销售共享等方面，可以帮助餐饮企业不但至少能节省 10%的成本，加上销售渠道共享甚至可以帮助餐饮企业提升 30%销售额（图 17-2）。

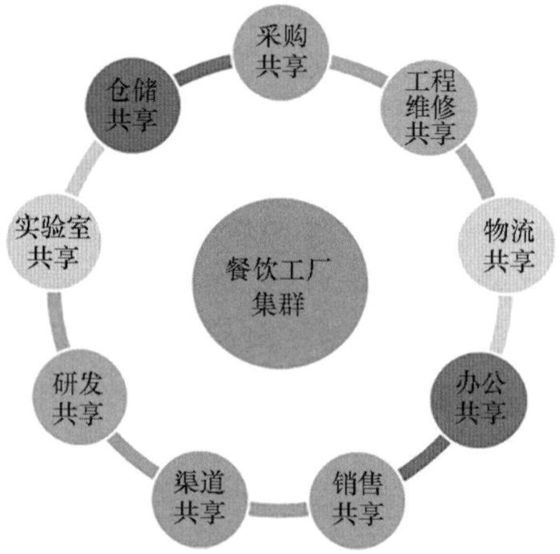

图 17-2　餐饮工厂集群共享平台

17.7　冷链配送体系+第三方物流平台模式

冷链物流是中央厨房经营模式中的核心链条之一，冷链配送是冷链物流的关键环节。

中央厨房生产加工的净菜、半成品及成品等产品通过冷链物流配送可以较好保持产品的品质，但要实现冷链物流高效快速的无缝衔接，其基础设施设备建设与配置是需要大量资金的投入，中小型餐饮企业对此望而却步。

随着冷链销售终端对产品配送质量与时间要求的不断提高，冷链物流共同配送体系建设得到更多企业和政府重视，即冷链配送体系＋第三方物流平台模式。冷链物流共同配送体系建设符合国家冷链物流发展和保障食品安全的需要，有效地整合社会资源，在提高城市居民生活质量、改善城市交通状况、带动产业升级转型、提升城市经济竞争能力等方面将起到积极的作用。共同配送是冷链物流长期探索优化出的一种合理的配送形式，是欧美、日本等发达国家应用较为广泛、影响范围较大、组织方式先进的物流方式，它对提高冷链物流运作效率、降低物流成本具有重要意义。共同配送，又叫协同配送、联合配送。

目前，共同配送模式有一对多模式、多对多模式和多对一模式。冷链配送体系＋第三方物流平台模式主要是实行一对多模式的共同配送，是指第三方物流企业或大型集团企业自营物流主导的共同配送。前者需要成熟的专业第三方物流企业组织实施，其通过与区域内各类型生产商贸企业建立物流契约的形式，整合区域内物流配送需求，通过高效、专业化的配送中心、配送车辆、调度系统等资源，实现门到门式的共同配送。由于第三方物流企业在专业化经营和规模经济方面的优势，这种共同配送模式服务的客户群较多，从企业到个人，是覆盖面最好的一种城域配送。自营配送与冷链配送体系＋第三方物流平台两者比较，如图 17-3。

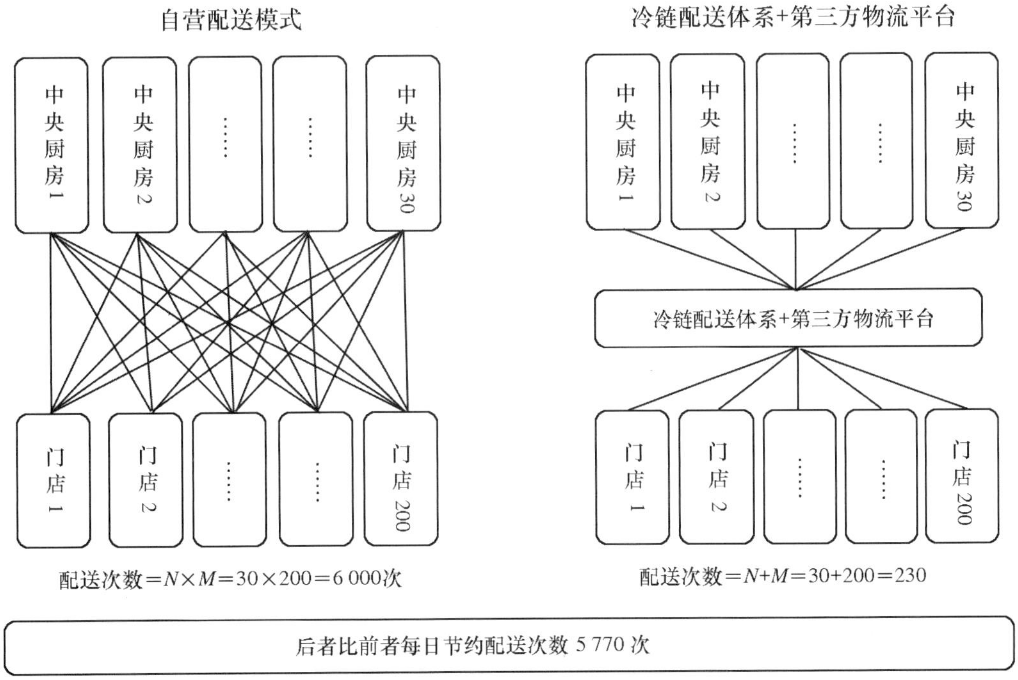

图 17-3　两种配送模式比较

冷链配送体系＋第三方物流平台，不仅可以实现蔬果、农产品以及食品等冷链物流资源的合理配置，提高配送效率，满足商超等消费终端的需求；而且可以有效缓解城市交通压力，降低能源消耗。

17.8 生产基地＋中央厨房＋餐饮门店模式

2016年12月份，生产基地＋中央厨房＋餐饮门店的产销模式被写入2017年的中央一号文件，作为“壮大新产业新业态，拓展农业产业链价值链”的一项重要举措而被提及。

生产基地＋中央厨房＋餐饮门店的产销模式主要是通过建立餐饮食品原料（农副产品）生产基地、中央厨房、物流配送中心、餐饮门店，实现从田间到餐桌的“一站式”服务，压缩中间流通环节，缩短供货周期、降低损耗、降低物流成本、提升安全，实现农副产品销售和餐饮发展标准化、订单化、可追溯化，严格管控餐厨废弃物、肉类加工废弃物和不合格畜禽产品的资源化利用和无害化处理，严防“地沟油”流向餐桌。通过农副产品中央厨房提高加工深度、增加食品品种和增强食品功能，推出多样化、专业化、个性化的消费产品，开发细分市场、拓展市场深度，扩大食品产业利润空间，最后将开发和加工出来的食品配送到各个餐饮门店，实现一站式服务。

第 18 章　行业发展趋势

中央厨房的概念是从国外引入的，国外连锁餐饮业重视并建设中央厨房工程已有几十年的历史。中央厨房及餐饮食品工业化的发展与城市化进程密切相关，城市化进程的发展促进了“在外就餐”的消费方式流行，从而带动餐饮食品工业化的发展。

2016 年 4 月份国家发改委发布的《国家新型城镇化报告 2015》显示，2015 年我国城镇化率已达到 56.1%。而 1955 年日本城市化率达到 56%，1940 年美国城市化率就达到 56.5% 较早成为一个大城市占主导的国家。按此推算，当前中国中央厨房行业发展水平处于日本餐饮食品工业化进程初期水平和欧美国家 1940—1955 年年间的水平。中央厨房在国外餐饮业中之所以发展较早，得益于国外城市化进程早且城市化率较高。

自 20 世纪 80 年代初中央厨房进入中国，其作用和价值逐步得到行业的认可(如福记、味千、绝味、真功夫、和合谷等企业的成功实践)。当前，中国的城市化进程正在由一线城市向二三四线城市推进，国家规划到 2020 年中国城市化水平达到 60%，“在外就餐”消费人群数量将大幅增加，对比日本餐饮业的发展，有理由相信，标准化、工业化也必然是中式餐饮发展的趋势。

自 2011 年到现在，国家层面已经两次明确了中央厨房的身份，并多次出台利好政策鼓励建设，中央厨房作为餐饮食品工业化的基础和物理载体，也必将成为众多餐饮和农业公司的选择，随着国内对中央厨房的研究和应用越来越深入，配套的专业化、系统化、全面化第三方服务产业正逐步形成，这有利于中央厨房的发展。

18.1　餐饮食品工业化展望

18.1.1　餐饮食品工业化发展的必要性

受政策、成本等因素影响，中国餐饮业不得不艰难转型。随着快餐业的飞速发展，几千年来以手工制作为主的传统餐饮企业急需转型升级，壮大自身实力，对工业化的需求越来越强烈。食品工业化生产就是指按照一定规范和标准，由机械化生产代替手工制作，要求实现产品标准化、操作规范化、生产机械化、工艺科技化，用现代科学技术改造提升传统食品生产工艺，引进现代营销理念，创造新型生产方式，以形成一个全新的食品产业。近年来，中国餐饮业呈现中餐菜肴工业化、中餐主食工业化、洋快餐中国化等特征，餐饮食品工业化进程的加快，带动了传统餐饮企业的中央厨房或餐饮工厂集群建设和连锁化步伐。

过去几年间，随着人工、租金、物料等投入要素价格的快速上涨，餐饮企业盈利能力下滑，对成本费用控制的要求越来越迫切。以中央源头采购、集中加工、机器生产、统一物流配送为链条的工业化生产模式，可以保障餐饮企业在规模扩张的同时，维持低成本、高利润，对实现餐饮企业转型升级、自身发展壮大起到了重要作用。

18.1.2 如何发展餐饮食品工业化

中式餐饮企业在发展连锁的过程中，遇到了比西式餐饮更为复杂、更为困难的问题，尤其是中式菜肴加工的标准化和工业化。这个问题主要不是源于文化的差异，不是源于经营模式的效仿难度，而是源于中式餐饮加工工艺的复杂性和经验性。

中华饮食经过几千年的发展，形成了各种不同的菜系和不同的烹饪技艺。所以真正的餐饮工业化发展不是单一的食品工业化流水线生产就能做到的，必须依靠食品工业进行"创造性的转化"。即应用多元化的发展模式将中式餐饮中复杂而又模糊的东西，通过科学的工业化方式进行简化、重组、改造和管理，使中国的餐饮烹饪技艺更加科学、更富有竞争力。

餐饮食品工业化涉及从农田到餐桌整个食品供应链的全过程，这包含原材料种养殖、采摘捕捞、洗切加工、半成品加工、烹调熟化及最后成品包装与出品等众多环节。我们要全面考虑整个供应链的标准化、工业化问题。

一般的餐饮企业餐饮食品工业化主要关注以下两点：一个是前期在店外进行的原材料、半成品、调味品等的加工供应环节；一个是后期在店内进行的成品食品制作、售卖环节。

近年，我国主食加工业发展迅速，正向标准化、规模化、自动化、专业化的方向迈进。随着人们经济水平的不断提高，收入的增加和城市化的发展进程不断推动着人类膳食结构的改变。引进现代食品加工理念，开发现代食品加工技术，从营养、安全、方便、美味、实惠等多角度探索一条符合各国人民饮食习惯的"标准化"发展之路。强调营养化、工业化、地域特色化和休闲化成为现代主食的重要发展趋势。主食工业化要从主食加工传统工艺挖掘、加工原料筛选、品质评价、加工技术研发、装备创制、质量安全控制、标准修订、市场销售、品牌建设等工作做起。

现代主食概念中，也包括了能够满足人们营养摄入需求的以畜禽、水产品、果蔬等为原料制成的菜肴营养主食。目前，我国市场上销售的预制传统菜肴产品主要有肉类酱卤预制菜肴、地方名菜预制菜肴、大众消费预制菜肴及罐头预制菜肴等，拥有众多品牌产品。菜肴产品应遵循安全、美味、营养、方便、快捷五大要素。预制菜肴的产品设计从制作的角度出发，应涵盖大包装预制菜肴类食品（团体配餐及连锁餐饮）、小包装类预制菜肴食品（商超家庭代用餐）、餐盒产品、半流体类预制菜肴食品、汤类预制菜肴食品、手持快餐食品和老人配餐菜肴食品等。预制菜肴产品的制作大多在中央厨房或餐饮工厂完成，其配送方式分为热链和冷链两种。

2012 年农业部启动实施主食加工业提升行动以来，工商资本进军主食加工业趋势明显。国家各级部门已投入数亿元科研经费开展中式菜肴的工业化、标准化加工技术的研究与相关装备的研制，预制菜肴加工技术与装备已成为主食加工行业发展中的重要角色。

18.1.3 标准化是餐饮工食品业化的基础

公司标准化是以获得公司的最佳生产经营秩序和经济效益为目标，对公司生产经营活动范围内的重复性事物和概念，以制定和实施公司标准，以及贯彻实施相关的国家、行业、地方标准等为主要内容的过程。

标准化工作，分为技术标准化、工作标准化、管理标准化。当前，餐饮企业标准化工作主要是从与质量有关的技术标准化入手，在原材料、采购、生产加工、工艺流程、品质检验、产品标准及服务等开展标准化，以推进经营模式的复制、管理和控制。标准化工作是餐饮企业规模化、连锁化、品牌化经营的基础。我国较早采用连锁经营的餐饮企业经过十几年的摸索，已经在标准化方面取得了一定的突破，但标准化工作的深度和广度还亟待加强。要想达到餐饮食品工业化，必须要做到餐饮供应链各环节的标准化。

首先，原材料及采购标准化。优质安全的农副产品原材料是制作烹饪高品质菜肴的基础，因此，餐饮企业需以国家和行业标准为依据，制定自己的原材料采购标准和采购方法，对原料的质量、数量、规格、采购时间、供货商的确定做出合适的规定。大型餐饮企业，应建立自有的种养殖基地、仓储和物流配送系统，保障原材料的品质、安全、价格及供货稳定性比同行更具有竞争力。

其次，菜肴品种及加工方法标准化。餐饮标准化指餐饮食品的制作程序和方法遵循统一、量化的标准，烹饪熟化工序是实现从原材料到成品转变的一个决定性过程，此工序尤为关键。比如制定标准菜谱，对产品用料种类、数量及产成品规格等进行详细规定。过去单店经营模式下，烹饪加工是依靠厨师个人经验控制，那时是“大厨”更是一个酒店菜品的灵魂。如果酒店一旦失去了大厨，就失去了所有经营的菜品，即使大厨不流失，这样的菜品也无法进行复制，无法进行规模化生产。因此，酒店一定要制定标准化菜谱和标准化菜肴制作程序，按照标准对任何新招收的厨工进行短期培训，就能掌握酒店菜品的质量。肯德基、麦当劳等西式快餐称雄世界正是运用了这种标准化的方法，肯德基可以在只有30％固定员工的情况下保证产品和服务质量。

最后，菜品质量标准化。所有标准化的目的，归根到底是要做到菜品质量的标准化，保证企业每家店面每次提供的同一种餐饮食品都具有相同的色香味形、卫生状况及营养成分，绝不能让顾客感到上次吃的与这次的不一样，总店的与分店的不一样。这也是最早让经营者认识到中餐标准化的重要意义的一点。

为此，质量标准化还需包含餐饮食品制作过程中的卫生条件及半成品、制成品的保存与处理要求的标准化规定。服务标准化指对企业的服务种类、内容、程序和标准做出明确、详细的规定，以向顾客提供持续一致、高品质的服务。

当然，标准化工作也需要因地制宜，“标准化”只是为了操作更加规范和便捷，而不能成为一种束缚。由于我国餐饮文化的差异，针对不同地方，不同的人群喜爱的口味都是不同的，所以餐饮企业应根据自身条件制定标准，比如可以设定一套核心的标准，另外再根据地方口味差异、季节因素、消费人群结构制定专门针对性的附加标准等。

18.1.4 餐饮食品工业化是餐饮业未来发展趋势

中央厨房经营模式，体现了集团化采购、标准化操作、集约化生产、工厂化配送、专业化运营和科学化管理的餐饮业发展特征。中央厨房是现代餐饮发展的工业基础，其在食品安全保障、品质控制、成本管控、产能提升、资源综合利用、环境保护等方面的好处已受到业界一致认可。我国中央厨房应用领域正从快餐业逐步进入早餐、正餐、火锅、休闲餐等业态，产业覆盖面不断增大，随着食品产业的发展和产品细分，中央厨房未来会有部分升级成为专业化服务于餐饮企业的生产工厂。

我国中央厨房发展到今天，仍然处于探索、研究、应用及总结的发展过程，前期大多数餐饮企业的中央厨房建设缺乏有效的可行性研究，其设计产能往往都是大于实际需求产能，业务处于严重不足的状态，给企业经营发展背上较大的包袱。为最大化发挥中央厨房的功能和价值，减轻企业经营压力，已成为企业管理者亟待解决的重要课题。在服务好本企业餐饮门店需求的前提下，有两种发展思路值得借鉴：一是提高产能降低运营成本，在不增加固定资产投入的情况下，利用现有的场地、设备及人员生产加工不改变农副产品特性的产品，发展对外配送服务业务（属于中央厨房范畴）；二是开辟新的利润点，在少量投资的情况下，将现有车间部分场地改造成新车间，将企业或当地具有特色的菜肴进行食品化生产包装，进入流通领域销售，让消费者以较于餐饮门店的价格吃到与门店基本相同品质的菜肴产品（属于餐饮工厂范畴）。

未来，单一品牌或单一业态的餐饮企业，应以小型中央厨房的模式，满足企业未来三年发展需求；多品牌、多业态连锁化的餐饮企业，应以中型中央厨房的模式，满足多品种小批量生产需求；餐饮企业想既能满足对内业务又能满足对外业务需求，应以小型中央厨房＋小型餐饮工厂的模式，发展餐饮食品一体化；企业的目标客户是酒店、餐馆、食堂、快餐店及火锅店等餐饮企业，应以大型餐饮工厂或餐饮工厂集群的模式，走食品工业化发展之路。

未来餐饮产业发展的重心将向大众餐饮转移，方便快捷、营养卫生、价格实惠的大众餐饮将会蓬勃发展，上述四种中央厨房发展模式均有助于提高餐饮企业的净菜、调理食品、预制菜肴、主食工业化及生产装备自动化水平，帮助餐饮业突破标准化、工业化发展瓶颈。从国外的发展规律看，这是餐饮食品工业化发展的趋势。

人工成本、商业物业成本越来越高的趋势下，让效益最大化、人力资源效益最大化、规范企业管理、严格控制物料成本、获得稳定的出品质量、准时配送是设立中央厨房的目的。

18.2 中国餐饮行业发展趋势分析

18.2.1 餐饮 O2O 依然强劲

餐饮 O2O：指以餐饮业为基础的 O2O，绝不可做成 O2O 为基础的餐饮业。这点等同于电子商务，必须以商务为基础，电子是方式方法。

产生原因：自 2013 年开始，餐饮行业尤其是高端餐饮业受“三公”消费政策影响，经营状况一直不佳,这种困境延续到 2014 年,一些地区性高端餐饮商户纷纷停业,全国连锁高端餐饮品牌则大多选择关店"止血",餐饮业遭遇"寒流"。这让很多餐饮企业开始思考借助互联网进行变革发展的可能。

发展趋势:随着移动互联网、大数据技术的不断发展,用户的消费行为也随之改变,移动端成为 O2O 最重要的发展方向。移动设备的位置属性和生活服务具有的位置性,这决定了移动端更加适合 O2O 的发展。同时,手机的便携性也与用户的生活需求正好吻合。"工作在PC,生活在手机"俨然成为大部分用户的习惯,而餐饮是生活领域最重要的行业。作为高频低额的品类,用户习惯随时随地做出决策,餐饮企业从线下走到线上是大势所趋。

目前,团购、餐饮外卖等模式仍继续盛行,餐饮预订、美食交友等也继续"生根发芽",同时,有不少餐饮企业开始开发自己的线上平台。

由于越来越多餐企意识到微营销的重要性,如何利用微信等工具拓展自己的营销渠道已成为不少餐饮决策者迫切需要学习的东西,这从餐饮微营销培训班的火爆程度可见一斑。

18.2.2 餐厅智能化进一步发展

18.2.2.1 餐厅智能化定义

"智慧餐厅"是基于互联网和云计算技术为餐饮店量身打造的智能管理系统,通过客人自主点餐系统、服务呼叫系统、后厨互动系统、前台收银系统、预定排号系统以及信息管理系统等可显著节约用工数量、降低经营成本、提升管理绩效。

18.2.2.2 餐厅智能化优势

• 节约经营成本

智能终端设备属于一次性投入,可长期使用。从成本角度核算,与人工每月都要支付人均三四千元工资,以及"五险一金"、提供食宿、每周至少休假一天等相比,能够大大节约经营成本。

• 增加经营面积

未来餐厅取消了传统餐厅里的厨房、洗消间、切配间、收银台等,尽一切可能把工作放在中央厨房,餐厅 80%的面积都留给了顾客。这样的空间分配,不仅有利于保证产品质量的一致性,而且在房租不断上涨的今天,增加的经营面积也意味着增加了收入。

• 减少了与顾客的纠纷

智能设备可以不知疲倦地连续工作,工作时或提供服务时不会出错、不会偷懒、一视同仁,在一定程度上也减少了与顾客之间的纠纷。

18.2.2.3 机器人服务餐厅经典介绍

• 长沙一餐厅雇"奥特曼"机器人削面

湖南长沙坡子街一家餐厅内,用一架装扮成"奥特曼"的机器人削面。该机器人只需按下开关,便可不停地削出长度、厚薄均匀的面片,且面片可准确地朝前面的汤锅里飞去(图 18-1)。

图 18-1　机器人削面

• **苏州昆山机器人主题餐厅**

苏州昆山出现一家以机器人为主题的餐厅。机器人可以为顾客点菜、做菜、上菜和表演节目。这些机器人成本在 4 万元/台左右，相当于一位服务员的基本年薪。但它们不会请假、生病，也不会偷懒，充电 2 小时可工作 5 小时，每天的电费只有 4 块钱左右(图 18-2)。

图 18-2　机器人主题餐厅

• **宁波慈溪机器人当跑堂**

宁波慈溪一餐厅，送餐的不是服务员，而是一台笑呵呵的智能送餐机器人。这台机器人造价 6 万元，寿命 5 年。折算下来，一台机器人一年费用 1.2 万多元。一次充电 4 小时，机器人可以干活 8 小时(图 18-3)。

图 18-3　机器人跑堂

18.2.2.4　未来餐厅智能化趋势

在国内，iPad、微信点餐，以及机械人餐厅等已经出现并得以应用，2017 年的餐厅智能化将进一步发展，可能出现以下趋势：

电子屏代替迎宾员，自动显示餐厅会员的姓名、积分、可获折扣等，并自动为其安排餐位或排队；

自助点餐机投入使用，客人点菜不需要等，自己就能搞定；

新研发的厨余垃圾处理器能够将油脂直接分解为水，而固体垃圾将被直接压缩为一块块“垃圾砖”，因此，中餐厅的厨房有望告别脏乱差。

机械人餐厅也将升级，除了机械人服务员，还会出现机械人大厨、机械人点菜员、机械人洗碗工、机械人收银员、机械人送餐员……同时，以机械人大厨为例，能炒的菜品更多，“刀工”和“厨艺”都将更强大。

18.2.3　绿色健康食材受欢迎

18.2.3.1　绿色健康食材定义

是指产自优良生态环境、按照绿色食品标准生产、实行全程质量控制并获得绿色食品标志使用权的安全、优质食用农产品及相关产品。

18.2.3.2　绿色健康食材兴起的背景

由于地沟油、添加剂、农药蔬菜等问题的不断曝光，消费者对于菜品安全问题更为关注。烹制菜品除了要掌握好的技术外，最重要的还是要选择好的食材。什么是好的食材？肯定是那些不经过化肥催熟、农药灭虫、除草剂除草的，不使用抗生素抗病的，没有被化学物质污染过或接触过的食材。随着生活水平的提高，人们对于食物的要求也越来越高，市民也逐渐倾向于绿色菜品。

18.2.3.3 绿色健康食材前景

伴随着中国国民经济的显著增长和全球经济的一体化发展，以及中国从“温饱”型社会向小康型社会的迈进，人们对农产品和食品质量的要求越来越高，尤其是无公害食品、绿色食品的要求。

从行业发展上看，目前国内绿色食品市场总体上仍处于导入期。随着我国人民生活水平的提高和消费理念的转变，以及环境污染和资源浪费问题的日益严峻，有利于人们健康的无污染、安全、优质营养的绿色食品已成为趋势，越来越受到人们的青睐。开发绿色食品已具备了深厚的市场消费基础。未来，绿色食品无论在国内还是国外，开发潜力都十分巨大。

18.2.4 专注小单品，可获大回报

2017年，“小而美”的餐厅将继续盛行。其中，单品打天下将成为一个特色。部分“小而美”中餐馆也会专注做好单品，并作为主打。这种单品店运作简单，无需大的店面和豪华装修，人力成本低，经营难度小，回报周期短。尤其在如今铺租费、人工费不断飙升的餐饮市场，单品店经营不失为一种小投入、大回报的投资手段。

18.2.5 菜品返璞归真最好卖

餐饮的下一个趋势是返璞归真。未来几年，返璞归真的“土菜”可能会热卖。这些返璞归真的餐馆不再追求精美高档的店面，相反，土锅、土炕都可以上；菜品方面，突出家乡的“土”味，大碗肉、火锅羊肉、大缸甜沫汤、铁锅鱼、竹筐烧饼……并将后厨搬到前厅，一进门，烙饼的烙饼，拉面的拉面，一锅锅炖肉热气腾腾、香气四溢，让食客好像又回到从前在家乡下馆子的日子。

18.2.6 快餐经营连锁化品牌化

连锁经营是现代快餐的一个显著特点。快餐连锁经营所显示出的巨大市场潜力和规模化效应，使之成为快餐品牌发展壮大的重要途径。发展快餐业应以美国的麦当劳、肯德基为典范。目前，我国较大的快餐企业均是连锁化品牌化经营。

连锁经营不仅可以提高效率、降低成本，更能帮助企业突破发展中的管理瓶颈，具有创建餐饮品牌的良好基础和条件，快餐经营连锁化品牌化应该是餐饮的主要发展方向之一。“十三五”时期这一趋势也得到加强。

18.2.7 餐饮混搭风兴起

18.2.7.1 餐饮混搭类型

“混搭”风近年来越刮越烈，一路势不可当地吹进餐饮业。小的方面在菜肴上混搭、在

风格上混搭，大的方面则出现业态混搭(图 18-4)。

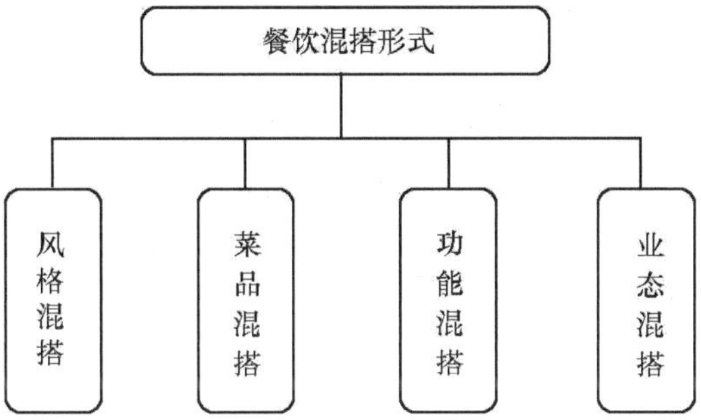

图 18-4　餐饮业主要混搭类型

• 风格混搭

在视觉上餐饮空间风格的唯一性，会引起审美疲劳，所以餐厅设计采用风格视觉混搭，能达到 1＋1＞2 的效果。混搭风格为餐厅设计加入了大量感性化和个性化元素，给消费者带来轻松、随意、个性的感觉。因此，风格设计时处理好两个以上不同风格作品在同一个空间里的搭配与协调，才能达到“混搭”的目的。混搭风的多选空间让客人以独特的方式体验丰富的异域美食。

• 菜品混搭

餐饮界的潮流关键词“fusion”(融合)，是当下最受欢迎的风格之一。混搭已经跨越国界、地域。餐厅根据市场的变化，在传承的基础上中西合璧推出，新品菜肴，成为餐饮市场的新亮点。

• 功能混搭

随着人们生活水平的提高，餐厅作为吃饱肚子的空间概念弱化，同时被赋予了多元化的功能。在一些城市的街头，餐饮、咖啡、书吧、时尚服装合成在同一空间，这种看起来“四不像”的复合式商业业态，成为年轻消费者眼中特别的神兽“麒麟”。一些餐馆将餐厅功能进行混搭，比如一些咖啡吧既卖咖啡，也提供简餐；一些餐厅吧则白天做餐饮，晚上又是酒吧。

• 业态混搭

购买食材去超市，想吃饭去餐厅？没有这么麻烦了，这两件事可以在同一空间完成。“餐厅＋超市”混搭风已经像一股“泥石流”袭来了。

18.2.7.2　餐饮混搭趋势

随着人们生活水平的提高，朋友聚餐、商务宴请成了餐饮业的主力消费市场，但过去纯粹单一的吃饭场所，不能完全满足消费者多方面的需求。一些餐馆将餐厅功能进行混搭，如一些咖啡吧既卖咖啡，也提供简餐；一些餐厅吧则白天做餐饮，晚上又是酒吧，都属于将餐厅功能进行混搭。

随着喜欢个性、混搭的 80 后、90 后渐渐成为消费主体，餐饮行业也兴起了一股混搭风，这股风将会在新一年“越刮越烈”。

18.2.8 品牌效应加大，更多资本介入

随着餐饮食品工业化的到来，品牌影响力将成为餐饮市场激烈竞争制胜重要因素。随着人们在就餐环境、体验等方面的要求越来越高，名气大、品牌响的餐厅将越做越大。未来餐饮市场的竞争，将直接体现在餐饮品牌间的竞争。

目前，国内众多知名中餐连锁店开始提炼经营技术、积淀品牌价值、整合上下资源，融资扩张成了餐饮业加速发展的新模式。未来，将有更多资本看中餐饮发展快的模式，兼并介入餐饮行业。

18.3 中央厨房产业发展前景预测

中央厨房经过三十年多年的发展，已经取得初步的发展，其作用和价值已经得到国家、行业的认可。随着中国城市化进程的推进和大众餐饮业的不断发展，中央厨房将会得到更迅猛的发展并可能成为未来餐饮行业的发展主流。

中央厨房产业预计呈现以下趋势：

(1)中央厨房成为餐饮业转型升级的有效运营模式；

(2)“餐饮工厂”将成为一种新型业态；

(3)中央厨房成为餐饮产业链中关键节点和枢纽中心；

(4)中央厨房是中国农业成功实现供给侧结构性改革重要力量；

(5)新技术在中央厨房的应用，有利于品质提升、产能增加、效率提高；

(6)中央厨房的专业化、全面化、系统化配套服务体系进一步完善；

(7)中央厨房高等教育学科建设和社会职业化培训得到进一步重视；

(8)中央厨房产业链中冷链物流将得到更大的发展。

预计未来几年，中央厨房的竞争格局将呈现跨区域竞争、连锁化竞争，行业可能会逐步向精细化、流程化、连锁化经营方式转变。中央厨房的应用范围逐步放大。

18.4 中央厨房产业发展面临的挑战

当前中央厨房产业发展存在的问题比较多，主要有：

(1)中央厨房国家或行业标准规范缺失；

(2)高等教育学科建设和社会培训滞后；

(3)技术和工艺装备水平落后，技术含量低；

(4)自动化、流水化生产线少；

(5)行业内专业人才紧缺；

(6)缺乏科学研究的可研论证；

(7)规划设计、施工建设理念陈旧；

(8)没有成熟的管理体系；

(9)鲜排风和净化系统设计缺乏标准；

(10)对清洗消毒及护理系统不够重视及缺少设计标准；

(11)车间温度、气压及卫生智能化控制水平低；

(12)节能环保意识不强；

(13)标准化体系建设仍然处于初级阶段；

(14)新工艺、新技术、新材料应用少；

(15)产业和产品结构不合理，同质化严重；

(16)重复建设、低负荷运转程度严重；

(17)专业化、系统化配套服务体系欠缺；

(18)中央厨房信息化、精益管理软件匹配度不够。

第 7 部分　投资与风险

第 19 章　行业风险评价

第 20 章　行业投资建设建议

第19章　行业风险评价

任何事情都有利弊，有优点就有缺点，中央厨房也不例外。投资者应有一定的风险防范意识，认清各种政策变动带来的风险、企业竞争带来的风险、市场需求带来的风险以及经营过程中可能面临的管理风险。只有针对性地采取防范措施，加强计划执行，才能有效规避各类风险，在市场竞争中生存。

19.1　风险因素及识别

19.1.1　市场风险

中央厨房是未来餐饮业的发展趋势，中央厨房在餐饮业的占有率将进一步提高。未来中央厨房设备市场发展将延续增长态势，到2021年，市场规模将超过150亿元。我国中央厨房应用领域正从快餐业逐步进入早餐、正餐、火锅、休闲餐等业态，产业覆盖面不断增大，随着食品产业的发展和产品细分，中央厨房会有部分升级成为专业化服务于餐饮企业的生产工厂。其市场前景广阔，因此市场风险对象较小。

19.1.2　竞争风险

我国中央厨房相比西方发达国家起步较晚，目前仍以中小规模企业为主，市场集中度低，整个市场竞争尚处于低级阶段，激烈的市场竞争大多仍围绕着价格和质量。当前，随着中央厨房应用领域更加广阔，餐饮企业通过建立中央厨房进一步扩大企业品牌影响力和整合产业供应链的趋势越来越明显，中央厨房行业的竞争在逐步向高阶发展。

此外，随着我国对外开放程度不断加深，发达国家的大型中央厨房企业已经进入中国，他们无论是从企业规模、资金实力、经营理念还是技术研发能力上都远远胜过国内企业。同时，发达国家中央厨房企业的管理层逐渐本土化，越来越了解中国的市场和文化，开发的产品也更加符合中国人的文化和口味，为更多的国内消费者所接受。随着他们市场占有率的逐渐提高，国内中央厨房企业将面临更加激烈的市场竞争环境，本土的中央厨房企业短期内仍然面临着议价能力较弱、品牌知名度不高的问题。

19.1.3　政策风险

近年来，我国出台了一系列政策，比如自2016年5月1日起，在全国范围内全面推行营业税改增值税(以下称“营改增”)试点，建筑业、房地产业、金融业、生活服务业等全部营业税纳税人纳入试点范围，由缴纳营业税改为缴纳增值税。

根据细则，生活服务包括了文化体育服务、教育医疗服务、旅游娱乐服务、餐饮住宿服务、居民日常服务和其他生活服务，其中一般纳税人(年销售额500万元以上或经税务机关批准)适用税率为6%，小规模纳税人采用简易计税方法，征收率为3%。而现行生活服务业的营业税税率为3%～20%(如娱乐休闲业适用5%～20%的税率)，餐饮住宿的税率一般为5%。营改增之后，因进销明显，各门店使用中央厨房的供货可实现抵扣。此外，营改增的新规还将迫使餐饮企业选择正规的食材进购渠道，即选择能开具增值税发票的正规供应商处购进粮油、调料、烟酒、饮料等。还有国家食品药品监督管理局制定的《中央厨房许可审查规范》，对中央厨房提出了高要求，禁止配送高风险的食品。

2014—2017年期间，国家层面多次出台有利政策鼓励企业建设中央厨房。

目前国家关于中央厨房的政策都是向好的，政策风险相对较小。未来国家政策的变动，均可能对中央厨房行业产生一定的风险。

19.1.4 组织管理风险

组织管理风险是指管理运作过程中因信息不对称、管理不善、判断失误等影响管理而导致出现的风险。目前中央厨房行业专业的人才比较紧缺、文化层次不高，管理者的素质是管理风险主要来源之一。一些餐饮企业投资者认为中央厨房是传统的餐厅后厨的放大版，认为传统餐饮能做好中央厨房也一定做好，存在轻视的心态是管理风险的重要来源。企业在软性管理上投入不足或措施不到位会造成中央厨房组织松散、能效不足，为餐饮企业整体经营带来负面影响。

19.2 风险评估

风险评估可用风险程度来分析。风险程度分析采用等级划分法。风险等级按风险因素对投资项目影响程度和风险发生的可能性大小进行划分，风险等级分为一般风险、较大风险、严重风险和灾难性风险。

(1)一般风险：风险发生的可能性不大，或者即使发生，造成的损失较小，一般不影响项目的可行性。

(2)较大风险：风险发生的可能性较大，或者发生后造成的损失较大，但造成的损失程度是项目可以承受的。

(3)严重风险：有两种情况，一是风险发生的可能性较大，风险造成的损失大，使项目由可行变为不可行；二是风险发生后造成的损失严重，但是风险发生的概率很小，采取有效的防范措施，项目仍然可以正常实施。

(4)灾难性风险：风险发生的可能性很大，一旦发生将产生灾难性后果，项目无法承受。

表19-1为项目主要风险因素及其影响程度分析表

表 19-1　项目主要风险因素及其影响程度分析表

序号	风险因素名称	风险程度					说明
		灾难性	严重	较大	一般	无	
1	政策风险				√		
2	行业竞争风险				√		
3	市场风险					√	
4	组织管理风险			√			

19.3　风险防范对策

根据以上可能出现的各种风险，可采取以下措施：

(1)及时关注国家国家经济形势和国家政策，定期调整公司发展策略。

(2)加大研发力度，开发新产品，避免同质化竞争。

(3)建立食品安全预警机制、迅速有力的应急机制、严格及时的食品追溯与召回制度和食品安全的责任追究及惩罚制度等。

(4)制定完善的企业内部风险管理制度，对现行管理制度进行清理、修改、补充和废止，及时发现并弥补制度设计和执行上的缺陷，不断完善制度体系。

第 20 章　行业投资建设建议

虽然中央厨房的功能和价值已经得到国家和行业的认可，但并不是所有的餐饮企业都适合建设中央厨房。餐饮企业要根据自身的经营实力、团队能力及业务情况考虑是否需要建立中央厨房，不能盲目跟风。对于有实力并打算建立中央厨房的企业，必须要考虑好中央厨房的选址、规划、产品定位、菜肴研发，对菜肴研发、产能设计、设备选型、生产工艺、平面布局、物流配送、品质管理、团队建设等做好充分的准备，避免盲目投资。

20.1　中央厨房选址建议

20.1.1　选址基本原则

(1)交通的便捷性；

(2)贴近目标客户群体；

(3)市场饱有度与成长性；

(4)排污系统与市政管网相通。

20.1.2　选址基本要求

(1)地势干燥，交通便捷；

(2)不得设置在受污染河流下游，距离粪坑、污水池、暴露垃圾场(站)、旱厕等污染源25米以上；

(3)在粉尘、有害气体、放射性物质和其他扩散性污染源的影响范围之外；

(4)应设置在靠近物流配送中心、工业园区附近；

(5)业务辐射范围(以车程计算)，热链在30分钟的直线距离或半径15千米的配送区域，生鲜冷链在3小时的直线距离，冷冻冷链无距离限制；

(6)能满足或具备市政管网或排污系统的环保基础设施，管道煤气或天然气设施，水源充足，电力供应充足(用电总功率最小应在350千瓦以上)；

(7)应有或可获取符合规定的《房屋租赁合同》《消防行政许可及建设工程消防设计审核备案》《卫生学评价报告》《环境影响评价报告》《自来水检测报告》《排污许可证》等有关要求；

(8)建设中央厨房必须符合当地的产业政策需求，优先选择独立封闭式管理的园区，厂房租期至少5年；

(9)优先选择一层建筑厂房,厂房形状为长方形,厂房面积≥1 000 米^2,厂房层净高≥4.8 米(楼面最低点到地面的高度),楼板承重≥0.5 吨/米^2,立柱间距≥6.0 米,多层建筑应有两部或两部以上的电梯或者升降机。逃生通道及消防通道应满足规定要求。

20.1.3　厂区和道路

(1)生产区与工作区、生活区、卫生设施区有一定的距离;

(2)厂区宜适当绿化,宜种植常绿乔灌木;

(3)厂房周围至少要有二条通道,厂区大门离交通主干道越近越好,主要道路路面应坚硬平坦、无积水、有良好的排水系统;

(4)厂区车间外有足够的停车装卸位置,物流配送区的停车距离应大于 20 米,以同时满足 3 辆以上箱式货车的装卸停靠。

20.2　中央厨房总平面设计建议

总平面设计一般包括四个内容:总平面布置图、竖向布置、厂区道路设计、水、电、气等各类工程管线设计。

20.2.1　总平面布置图

中央厨房厂区的总平面布置,在满足主体工程功能的前提下,应将污染严重的设施远离非污染设施,高噪声车间与低噪声车间分开,热加工车间与冷加工车间分开,产生粉尘的车间与其他车间分开,或设有一定的卫生防护绿化带。

厂区总平面布置应功能分区明确。生产区宜布置在夏季最小频率风向的上风向;锅炉、污水处理设施等应位于相邻车间的全年最小频率的上风向;厂前区和生活区(包括办公、宿舍、健身场所等)布置在当地最小频率风向的下风向;辅助生产区布置在厂前区、生活区之间。

中央厨房厂房建筑方位室内应有良好的自然通风和自然采光。相邻两建筑物的间距一般不得小于两个建筑物中较高建筑物的高度。由于中央厨房内部有温度控制等要求,应尽量避免日晒。

厂区内的绿化占地系数不应小于 15%,而且选用常绿树木较好。

20.2.2　竖向布置

有大量散热要求的中央厨房宜采用单层建筑;当厂房为多层建筑物时,有散热和有害气体的生产区域,应布置在建筑物的高层。

噪声和振动较大的生产设备应安装在单层厂房内;若设计需要将这些生产设备安装在多层厂房内时,应将其安装在多层厂房的底层,必要时采用隔振和隔声措施。

含有挥发性气体、蒸汽的废水排放管道禁止通过仪表控制室和休息室等生活区场所;若要通过,必须严格密闭防止逸散。

20.2.3 厂区道路设计

根据规划面积和中央厨房产能，确定厂区出入口和原料、成品的运输量，设计运输路线平面布置图和规划。根据消防要求，应设置环形消防车道或应建筑物的两个长边设置消防车道。

20.2.4 水、电、气等工程管线设计

水、电、气等工程管线设计应遵循以下原则：

(1)管线综合布置应与中央厨房总平面、竖向设计、绿化布置统一进行，相互协调、紧凑合理、有利厂容厂貌。

(2)管线铺设方式，应根据管线介质、厂区地形、安全、检修等因素综合确定。在满足经济、安全的前提下，可以工架、共沟布置。

(3)管线带布置时应与道路或建筑物红线平行。

(4)中央厨房分期建设时，管线布置应全面规划设计，分步实施；近期管线穿越远期用地时，不得影响远期用地的使用。

20.3 中央厨房工艺设计建议

20.3.1 工艺的设计内容

中央厨房的生产工艺是以总体规划和已确定的产品方案及产量为依据进行的项目设计。大体内容如下：

(1)单一产品和产品销售组合方案与班产产量的确定；

(2)物料消耗的计算，包括原辅材料、包装材料及工器具等；

(3)能源需求的计算，包括水、电、燃气、蒸汽等级相关技术参数要求；

(4)各工序卫生质量关键控制点的确定，包括品种从原料、储存、半成品、成品、物流配送、销售及食用等工序设置、产品品质控制标准；

(5)生产设备选型；

(6)中央厨房生产车间和工艺相关的辅助平面工艺设置(如清洗消毒间)；

(7)绘制工艺布置图、平面工艺设备布置图及相关的能源接点图和其他图纸，拟定《工艺设计说明书》为附属专业提供设计条件。

20.3.2 工艺设计所需要的资料

(1)《总体规划书》《可行性研究报告》与《项目评估报告》的收集确认；

(2)对拟定厂址及在原建筑物(厂房)新建或改造图纸与相关资料的收集确认；

(3)中央厨房生产的产品(包括销售组合)品种、数量和菜单(含工艺试验)的确认；

(4)拟建的中央厨房的服务对象、人数、餐次、时间，要求单餐最大生产、销售供应量和

时间需求；

(5)工艺设备应提供厂家资料及各工艺设备、规格、性能、能耗等了解；

(6)中央厨房与周围环境、货物、人流主干道的关系，与生产、销售、服务、配送路线的方向方位的确认；

(7)中央厨房所处地理位置及原料、产品外部运输条件与限制情况，以及国家、当地政府对食品加工业和中央厨房的建筑、生产运营、食品卫生、环保、能耗等相关法律法规的了解；

(8)各种产品生产、销售所用的各种能源介质等技术参数的了解。

20.3.3 工艺设计要点

20.3.3.1 符合食品餐饮加工相关设计规范

(1)符合 HACCP 或 ISO22000 质量管理体系的要求；

(2)符合产品 SC 相关要求；

(3)《食品工业洁净用房建筑技术规范》；

(4)《中央厨房许可审查规范》。

20.3.3.2 严格按照功能分区

(1)对各区域进行严格的温度分区；

(2)洁净区与污染区严格区分；

(3)加工车间洁净度保障体系的建立，设立原料收货区、储存区、生产加工区、成品包装区、成品储存区，各区严格分开。

20.3.3.3 平面布局

在满足设置突发事故时人员安全疏散通道、出口位置数量的前提下，应遵循以下原则：

(1)应保持人流、物流、气流、废弃物流(含废水、废气、废固体物)四大流程顺畅，人员进入车间前须进行一次更衣、二次更衣、风淋、洗手、消毒等工序。

(2)《平面工艺设计布置图》反映本建筑物与周围环境的关系。应考虑几点：运输通道与市政干道以最短的平行或垂直方式连接；加工车间排油烟、废气设施的安装位置，避免扰民；清洁区空气压力为正压，防止污染区空气向清洁区倒流；不同温度区的气流应从低温区向高温区流动。

(3)生产加工区的设备布置方式，应优先考虑直线“I”形，其次是“L”形、“T”形、“S”形，以保证生产流程顺畅；切勿以“O”形(原料入口、成品出口在同一通道)方式设计。

(4)原料的入口方向决定了整个作业顺序方向，原料、半成品、成品运输要保证两个以上的主运输通道口。中央厨房多层布置应考虑原料、成品两台运输货梯。对于生产过程中原料消耗大、污水、污染排放多的工序环节及荷载大的设备应考虑在底层。

(5)操作人员应直接到达各自操作区域或从清洁区到污染区，避免清洁区、污染区人员相互交叉；避免污染物和非污染物相互交叉；避免生、熟品之间的相互交叉。

(6)做好“四害”防护。

20.3.4 产物料计算

(1)产品方案。产品方案是中央厨房准备全年生产的品种数量、产期、生产班次等计划安排。对于生产早餐、学生餐及商务餐的中央厨房企业来说,应考虑市场的需求变化而引起的产品品种的变化。

(2)物料计算。物料计算,一般包括各种单一品种组成的主料、辅料、调料及包装材料;销售组合包括各品种组成的主辅料和包装材料。

通过物料的计算,可以确定各种单一品种与组合销售的成本、采购量、运输量、储存量,通过这些数据可以确定各品种的工艺设备、配置、劳动力定员等数据。

以快餐产品为例,其物料数据为:主食350克/份,菜肴400克/份;汤类主食如粥、豆浆类制作原料占35%,馒头、花卷、米饭制作原料占45%~50%,汤菜类制作原料占20%,非汤菜类制作原料占80%。

快餐产品物料的计算,一般以单一品种的单位(1份或100份/千克)物料消耗量为依据:

(品种)原料消耗量(千克)=品种单位(份)物料消耗量(千克)×高峰产销需求量(份/时)

20.3.5 工艺设备选择

中央厨房工艺设备可分为生产、仓储、运输三大类,按产品生产工艺流程、单位时间产量的物料平衡选择设备是最基本的原则。

按单位时间最大产销需求量和设备生产能力来确定所需设备的台数。若几种产品均需同种设备生产时应按产销需求总和计算;若不在同一时间使用则按需处理的最大品种量所需台数来确定。

工序之间的设备产能应尽量保持平衡,连续作业时,一般后道工序的设备配置产能要稍大于前道工序的设备配置产能,以防止物料的积压而造成原料的变质。

设备选择应遵循以下原则:

(1)与生产能力相匹配的原则;

(2)需求量大、单一品种,应选择自动化程度较高的连续生产设备;

(3)需求量大、品种组成较为复杂的,应在重要环节选择自动化程度较高的连续生产设备,非重要工序环节选择单机加人工配合的单体设备;需求量小,应在重要环节选择自动化程度较高的单体设备,非重要工序环节选择通用型简单设备;

(4)设备的先进性、节能、经济性原则;

(5)设备应符合食品安全及生产安全要求的原则;

(6)质量好、结构合理、稳定性强的原则;

(7)有利于产品改型或扩大生产规模的原则。

20.3.6 工艺设计对建筑物的要求

中央厨房的建筑物主体结构宜采用大空间、大跨度柱网,不宜采用内墙承重体系。中央厨房内部隔断材料应满足保温、隔热、防火、防潮、防尘等要求。厂房变形缝不宜穿越洁净区；补风、抽风管和水、电、制冷等管线宜暗敷。

中央厨房工艺设计时对厂房建筑物提出如下要求：

20.3.6.1 厂房

中央厨房厂房常见外形有长方形、L形、T形、U形，其中以长方形最为常见，其长度取决于工艺流水线的形式和生产规模，其高度由房屋的跨度、生产工艺、设备尺寸决定的。厂房层高≥4.8米（楼面最低点到地面的高度）、吊顶后净高应≥3.0米，立柱间距≥6.0米，宽度以满足设计和生产要求为好。

20.3.6.2 门

厂房的门按类型分有平开门、弹簧门、推拉门、卷帘门。

生产车间的每一个防火分区都应该用防火门隔开，而且应该有至少两个以上的疏散门。防火墙上开设的门应为甲级防火门。

人流、物流、机器设备应有不同的出入口；人流出入口应设置洗手、消毒、风淋等设施；货物、设备的出入口应设置防蝇、防虫、防鼠、防尘、防潮灯设施。中央厨房洁净室的密闭门应朝空气洁净度较高的房间开启，并加设闭门器，无窗户洁净室的密闭门宜设观察窗。

单人行走门尺寸为1 000毫米×2 100毫米（宽×高），双人行走门尺寸为1 500毫米×2 100毫米（宽×高），手推车运货行走门尺寸为1 800毫米×2 100毫米或2 400毫米（宽×高），机动车或货物运输量较大的门尺寸为3 600毫米×3 600毫米或4 200毫米（宽×高）。

20.3.6.3 采光

中央厨房宜采用自然采光，一般操作间的采光系数为1/6～1/4（采光系数是指采光面积与房间地坪面积的比）。

20.3.6.4 窗户

一般分开在四周墙上的侧窗和开在屋顶的天窗，向外开启的窗户应有玻璃窗、防蝇、防尘的纱窗。

侧窗采光面大、采光好，侧窗台的高度一般应高于1.2米；当中央厨房洁净室需要设置外窗时，应采用双层固定窗并有良好密闭性；靠近洁净室室内不宜设置窗台。

20.3.6.5 地面、楼面

中央厨房地面应有良好的防水、防渗漏、防腐蚀、防冲击、防滑等性能。目前国内中央厨房车间地面多采用在水泥地坪上铺设大理石、瓷砖地面，还有在水泥地坪上铺设塑料地面、环氧树脂凝胶地面。

地面应设置地漏（管道）或明沟（加盖板）排水，一般排水量大而急的区域宜采用明沟方式，排水量大但缓慢或排水量小的区域可采用地漏方式。车间里有大量杂质的区域，应设置隔渣沉淀池除渣。

20.3.6.6 内墙面

中央厨房内墙壁的表面应平整、光滑、不起尘、便于除尘、避免炫光及凹凸面。内墙面隔断有两种方式：一种是离室内地面 1.8～2.0 米高的墙裙或至吊顶棚（天花板、天棚平顶）墙面，采用浅色瓷砖铺贴墙面；另一种方式是在室内地面砌 1.0 米高的砌块墙并双面贴浅色瓷砖，1.0 米以上用净化板（或不锈钢加钢化玻璃）隔断。其余墙面和吊顶棚可采用耐化学腐蚀、无污染、防火、防霉涂料滚涂。

20.3.6.7　吊顶棚

吊顶棚一般由轻型材料做骨架，在其下方固定上耐腐蚀、防火、防霉的净化板或其他材料，形成一层防火、隔热、隔尘的平面。吊顶棚上方与建筑物、屋顶、承重梁下方的空间，用来铺设各种管道、桥架。吊顶棚以下形成生产加工车间的进空间高度，当工艺设备的高度超过净空间高度时，应调整吊顶的高度或局部高度。

20.3.6.8　建筑结构

中央厨房的立面有单层、多层及单层局部多层相结合的形式。中央厨房的原建筑物，一般多采用门式钢架轻钢彩板结构、钢筋混凝土框架结构加轻钢彩板屋面结构和框架结构，少数部分项目是采用砖混结构。

钢结构厂房的主要承重构件是钢材，包括钢柱、钢梁、钢屋架、钢屋面。钢结构的墙可采用砌块或砌块加轻钢彩板结合的形式。因中央厨房温度、湿度高，对于主要构件是钢材的钢结构厂房来说不是太适宜，又因多层钢结构造价较高，故较少使用。

钢排架结构厂房的主要构件、梁、柱、屋架（楼板）、基础均采用钢筋混凝土，而墙只作为防护设施。该结构跨度为 6.0～24.0 米，层高最高达 10.0 米，这种结构单层或多层均可。

混砖结构一般适用于平房，跨度 9.0～18.0 米。

20.3.6.9　厂房各层

中央厨房每层层高可根据工艺设备的高度来设定，一般吊顶后车间净高≥3.0 米，特殊情况局部加高。

多层中央厨房的株距可采用 6.0 米、7.2 米、7.5 米、7.8 米、8.1 米及 9.0 米，以 300 毫米阶梯数增加，前面四个尺寸为常用值；内走廊的跨度应采用 2.4 米、2.7 米、3.0 米；厂房是株距采用 6 米数列。

20.3.6.10　楼板

大型中央厨房多采用多层框架结构厂房布置工艺设备，此时的给水、排水一般在±0.00 地面下铺设排水管道和排水明沟，在安装主设施设备和排水量大的工序区域的楼板应采用钢筋混凝土现浇板结构。楼板荷载以 0.5～1.0 吨/米^2 为宜，对于部分工序工艺设备单位面积集中荷载大于楼板荷载时，需要进行局部加固。

20.3.6.11　屋顶

不管是单层厂房、多层厂房的屋面，还是多层厂房二层以上的楼板和屋面，均应做好防水、油渗透层处理，防止雨水、生产用水、油渗透到生产车间会影响到食品质量与卫生。

中央厨房在生产过程产生的蒸汽、油烟、废气，需要用新排风装置排到室外。新建中央厨房，一般将通风设备安装在房屋顶部，小型排风换气扇可做支架固定在侧墙上。

20.4　中央厨房公用工程设计建议

公用工程系统是中央厨房工程建设中不可或缺的一部分。一般包括，给水、排水、供电、供汽、供燃气、通风、采暖空调、制冷等项目。

中央厨房对公用工程的要求：一是满足生产能力，二是符合食品卫生条件，三是经济合理、安全可靠。

20.4.1　给水设施

(1)供水设计内容包括室内给水管网和室外给水管网。

(2)给水系统供水方式：市政管网提供的自来水的流量和压力满足生产的需求，则使用市政水直供方式给水；反之，在给水系统水源处设置生产用蓄水池，保证连续可靠供水。

(3)为了保证给水管安全使用，一般采用上行下给式。

(4)凡供应直饮水(经特殊净化、消毒后至用水点)的管路，必须采用单独给水系统，管材采用不锈钢钢管。

(5)需要使用冷、热两种水源，则按照冷水点在左、热水点在右的方式，采用双管配管方式。

20.4.2　排水设施

(1)排水设计内容包括室内排水管网和室外排水管网。

(2)生活污水和生产废水采用污废分流，分别排至建筑物外。生活污水直接排入化粪池，然后排入城市管网；含油脂的污水需经隔油池隔油后(或油水分离器油、水分离后)进入污水处理站进行处理，达国家排放标准后再排至污水管网。

(3)中央厨房内的污水采用管道排污时，实际用管管径比计算管径大一级，主管管径不得小于100毫米，支管管径不得小于75毫米。

(4)室内排水以明沟和排水管道组合方式为主，室外排水以排水管道为主。

(5)中央厨房的地漏采用网筐式地漏，地漏材质应为不锈钢，排水支管均设置存水弯，带水封地漏水封深度不小于50毫米。严禁采用钟罩(扣碗式)地漏，严禁采用活动机械密封代替水封。

(6)排水沟布置原则：宜设置在排水量最大，靠近最脏、杂质最多的排水点处，减少暗管的距离；不得出穿越生产设备基础或布置在可能受重物压坏处。

20.4.3　供电设施

(1)一般情况，中央厨房项目的供电负荷等级为三级，消防部分供电负荷等级为二级，生产类别是丙类。供电设计内容有：电气照明、应急照明、紫外线杀菌灯、灭蚊灯、厂房内设备动力、基础设施动力、防雷接地、火灾自动报警等。

(2)中央厨房的每个功能区的设备设施与洁净度要求不一样,对于照度要求、照明时间、设备使用率也不一样。

(3)在中央厨房厂房室内或室外单独设置一个总配电间为整个厂房供电,各区域根据要求可以分区供电,变配电设备的容量应留有一定富余和备用回路,总富余量以不超过40%为好。

(4)中央厨房设备用电等级属于三级负荷,可采用单电源供电;消防设施(应急照明、疏散指示、防火卷帘、排烟风机等)用电等级属于二级负荷,应采用两部电源供电,并实现在末端切换。

(5)中央厨房属于食品生产类型企业,照明灯具须使用带透明塑料灯罩,防止灯具爆裂后产生的玻璃碎片掉进食品中;对于高湿度场所应使用防水防尘灯具,排烟罩中应采取局部照明;所有电气设备接线口应采取防潮措施,以防触电事故。

20.4.4 供蒸汽设施

中央厨房蒸汽使用主要设备有加热调理设备、清洗消毒设备、蒸汽换热产生热水,蒸汽在北方还可以用来冬季采暖。

20.4.5 供燃气设施

燃气一般由当地燃气公司设计施工,燃气进入中央厨房室内前燃气公司会安装一个调压站系统以确保燃气有稳定的压力和流量。

中央厨房的燃气设备有连续式炊饭机耗气量100 000千卡/小时,燃气旋转炒锅耗气量48 000千卡/小时,连续式油炸机耗气量160 000千卡/小时。

20.4.6 送风、排风设施

因中央厨房生产过程中会产生气味、油烟、热量及人员呼吸和卫生的要求,需要通过自然或机械的方法向中央厨房室内送入室外空气和排出室内空气的过程,已达到空气净化的作用。

(1)根据生产工艺要求,中央厨房各区域采用不同的空气洁净度等级,一般分为分为非洁净区、准洁净区、洁净区,蔬菜加工车间、肉类加工车间、水产加工车间、禽蛋加工车间等属于非洁净区域,加热调理区、米饭加工区、热力杀菌区等属于准洁净区,预冷间、内包装车间、包材消毒间等属于洁净区域。

(2)因中央厨房生产过程均在密闭环境下进行,当自然通风已经无法满足室内温度及通风要求时,须加装机械补风装置。

(3)非洁净区域、准洁净区域机械送风需要初效过滤,洁净区域机械送风需要中效或高效过滤;洁净区域室内压力＞准洁净区域室内压力＞非洁净区域室内压力;负压车间采用整体排风、局部送风的施工方式,以保证操作人员良好生产环境的需要,负压车间的负压值不应大于5帕。

(4)在产生大量油烟的加热调理间,应设置带有油烟过滤功能的排烟罩和除油装置的机械排风系统,油烟经过处理后应达到国家环保排放标准;产生大量蒸汽的设备宜单独布置一个区域,在设备上方应设置机械式排风罩,排气口装有网眼小于6毫米的金属格栅或网罩。

20.4.7 采暖设施

室内采暖设计,是向室内供给热量使其保持一定的温度,以改善工人的劳动条件和工作环境。

(1)热源一般由当地供热公司统一供给,若不能满足时则可以在中央处厨房内部设置热交换器供热。

(2)需要采暖的中央厨房一般位于严寒地区,非工作时间或间断工作时间内室内温度必须维持在0℃以上,则需要按照5℃要求采暖;中央厨房各车间冬季采暖室内设计温度如下:餐厅18~20℃,低温加工车间16℃,热加工车间10℃,干货仓库8~10℃,清洗消毒间16~20℃,办公室、休息室≥18℃,浴室、更衣室≥25℃,厕所等≥14℃。

(3)采暖用的热媒一般有蒸汽、热水;若蒸汽作为热媒时,其工作压力为0.2兆帕左右;若热水为热媒时,其温度为85℃左右。

(4)中央厨房采暖大多数采用散热器方式,若夏季有空调要求或车间单个体积大于3 000米^{3}时,则采用热风采暖,热风温度以30~50℃为宜,工作区域的风速为0.15~0.3米/秒。

20.4.8 空调设施

中央厨房的空调设计,主要是在炎热地区且生产车间室内温度不能满足产品工艺要求、作业环境(室内温度高于23℃)要求时,所采取的室内整体或局部操作岗位空调供冷,并提供足够量的新鲜空气。同时也对生产过程中室内的温度、湿度、洁净度及空气流速等进行调节与控制。

(1)根据生产工艺要求,非洁净区、准洁净区、洁净区的空调应分别单独设置,工作区域的风速应控制在0.2~0.5米/秒为宜,当室外温度超过30℃时,可大于0.5米/秒。

(2)根据生产工艺要求,各生产车间温度控制建议如下:蔬菜加工车间温度控制在(20±1)℃为宜,肉类加工车间、水产加工车间、禽蛋加工车间温度控制在(16±1)℃为宜,面食制作车间温度控制在(20±1)℃为宜,加热调理区、米饭加工区、热力杀菌区温度控制在(35±2)℃为宜,内包装车间温度控制在(16±1)℃为宜。

20.4.9 制冷设施

中央厨房的制冷工程,主要是对原辅料、半成品、成品进行储存保鲜。食品在生产加工过程中的冷却、冷冻、速冻等工艺,也需要配置制冷设施来完成。

冷库是最常见的人工制冷设施,是指将固定的空间温度控制在规定的范围内以便满足货物储存保质要求的建筑物(设施)。冷库工程有两种施工方式,分别是装配式冷库工程、土建冷库工程，中央厨房大多数采用装配式冷库。

冷库在中央厨房车间平面布置的基本原则：

(1)冷库用来储存生产用原辅材料时，其位置宜设置在原料粗加工间前段或操作间外；

(2)冷库用来储存加工成型的净料或半成品时，其位置宜设置在原料加工间与加热调理区中间；

(3)冷库用来储存成品或不需要加工的原料时，其位置宜设置在分餐间或过渡成品间；

(4)若冷库作为中央厨房车间墙体隔断的一部分时，应考虑货物进出通道和操作流程顺畅；

(5)冷库用途不同其温度设置也不一样，大体要求如下：

a. 高温库，温度 0～4℃，储存瓜果、蔬菜、禽蛋；

b. 低温库，温度－15～－18℃，储存家禽、畜肉、水产；

c. 速冻库，温度＜－35℃，冻结家禽、畜肉、水产；

d. 冰库，温度＜－10℃，自制机冰；

e. 腌制间，温度在－2～2℃，腌制家禽、肉类。

20.5 中央厨房物流和生产平衡设计建议

中央厨房在餐饮企业承担一个枢纽中心的功能，其中物流配送和生产加工是两个核心功能，如何平衡和满足各种需求并兼顾投资成本是中央厨房规划设计的关键。其中“重生产加工与轻物流配送”是规划设计最常见的问题之一。

生产和物流配送本就是相辅相成的工作，但大部分餐饮企业在中央厨房建造过程中更注重生产加工功能，忽视了物流配送功能，最终导致投入运营后配送环节出现流程瓶颈、温度变化较大及卫生条件不符合要求，并造成物流的种种不便利。

中央厨房大多都是租用现成工业厂房进行改建的，所以通常面积都有限，为控制租金，中央厨房车间的建设不能在厂房的底楼，加上旧有生产习惯，使得中央厨房运营的大物流的便利和厨房生产的小物流的便利就会有冲突。

改进措施一：生产应紧凑，物流应通畅

解决这个问题必须改革生产及物料管理流程。

中央厨房的信息计划部门(PMC)要充分发挥作用，必须改掉旧有的随时、随便领取、消耗物料的做法，保障生产加工更规范、顺畅。

根据经验，中央厨房如果需要满足生产和物流的功能需求，生产加工的面积与仓储、物流配送的面积比例应保持 100％∶100％，甚至应达到 100％∶150％，而传统的中央厨房的设计需求通常只有 100％∶75％。中央厨房设计中的一个原则是，生产应紧凑、物流应通畅。

从发展的角度考虑，生产加工区域的设计应有预留，但是预留不应是在某个生产部门的面积上预留，而是在生产加工方式、加工工艺改良、生产产品种类上预留。

改进措施二：空间有预留，考虑应全面

设计上向物流功能倾斜不仅仅是出于顺畅的考虑，还包含各种其他因素。例如：餐饮企业每日的肉类需求量不够大，但也不很小，并且每日的需求量也不断有波动，在成本因素的压力下供应商很难保质保量满足鲜肉类的需求，因此采用大批量的冷冻肉原料是一个不错的选择，成本相对容易得到控制，更重要的是品质稳定且在数量和质量上更加有保障。这种情况下，具有一定容量的冷冻原料库就非常有必要了。

在面积有限且仓储物流和生产加工争夺最佳楼层的时候，最合适的办法是将生产移到楼上。虽然生产加工设计在楼上需要增加约30%的建造成本，但从保障物流的角度来讲，这个代价是值得的，而且通常楼上的租金也比底楼便宜约30%；车间的封闭性也更佳，更便于管理。

改进措施三：管理、工艺、设计，一个都不能少

中央厨房设计，除应注重生产与物流功能的平衡之外，还应当重视生产管理及物料管理的改进，生产工艺和生产方式的改良。

通常中央厨房投入运营后，有了生产及配送基地，连锁餐饮发展速度会加快，所以很快就会感觉中央厨房不够用，这其实是由于设计思路造成的。吉野家的门店每耗费8个人工就会创造2万元的营业额，而传统中餐的门店创造同样多的营业额至少需要30～35个人工，这除了出品方式、门店经营管理的贡献外，也有中央厨房生产加工方式的功劳。

中央厨房在产能不足的情况下，首先应考虑改良生产加工工艺、增加自动化半自动化的生产方式、加强生产管理，而不是扩充生产面积、增加生产人员。没有足够的效率，中央厨房只能成为企业的包袱，而不是企业的助力。

20.6　中央厨房运营管理建议

中央厨房企业组织架构设计应当努力扁平化，管理流程应简短，同时严格控制运营成本。供应链中心、生产中心、运营中心三大中心的架构设计让整个连锁餐饮业务管理架构实现了最大的扁平化，有助于简化运营管理流程，有效地管理运营区域内的所有业务。

20.6.1　中央厨房管理要素

中央厨房属于二产制造业，其管理的重点主要是人、机、物、法、环五大要素。

(1)人，生产操作者；

(2)机，设备、设施、工器具；

(3)物，原材料、辅料、包装材料、低值易耗品等；

(4)法，工艺流程、作业指导书、制度等；

(5)环，工厂环境、生产现场等。

20.6.2　中央厨房管理模块

中央厨房管理范畴有以下九大模块：

(1)计划管理；

(2)采购管理；

(3)制造管理；

(4)品质管理；

(5)效率管理；

(6)设备管理；

(7)库存管理；

(8)士气管理；

(9)精益生产管理。

20.6.3 中央厨房管理目标

(1)提高产品品质；

(2)降低生产成本；

(3)确保生产进度按期完成；

(4)5S践行和现场改善；

(5)提高员工士气。

20.6.4 中央厨房管理手法

(1)标准化，主要有技术标准、工作标准、管理标准；

(2)目视管理，主要有洁净区色块管理、刀具颜色管理、周转筐颜色管理、产品星期/颜色管理、工作服管理、管道色块管理、5S管理、安全标识管理等；

(3)看板管理，采购计划、生产计划、配送计划、库存管理、配送计划、排班计划、温度管控。

20.6.5 中央厨房管理绩效

(1)品质，质量合格率、品质成本、客户投诉率等；

(2)成本，制造成本、管理成本、物料周转率等；

(3)交货期，生产准时率、配送准时率、延期时间、赶工费用等；

(4)安全，安全事故次数、安全损伤赔偿金额、安全生产周期等；

(5)士气，员工流失率、员工改善建议数、人均产值等；

(6)效率，生产计划效率、产出效率、设备开动率等。

20.7 中央厨房品质控制的建议

20.7.1 品控部门职能定位

(1)质量技术权威部门，主导建立质量、技术和标准化体系，引导生产中心标准化生产、工业化生产及控制食品安全风险；

(2)对团餐中心、门店管理中心等各项目点进行卫生稽核、成本防损；

(3)对生产中心质量投诉进行客诉处理，提出整改措施与跟进。

20.7.2　建立品控管理体系

(1)构建组织架构与业务流程;
(2)编制质量管理体系规范文件;
(3)建立标准化管理文件;
(4)建立巡检稽核体系文件;
(5)编制检验室工作手册;
(6)编制 QC 工作手册;
(7)建立客诉处理体系文件。

20.8　中央厨房食品安全管理的建议

20.8.1　中央厨房建设应考虑 HACCP 或 ISO22000 质量体系的要求

中央厨房的生产运营顺畅、食品安全保障,需要良好的硬件和软件有机结合做保证。硬件主要取决于先进的生产设备和合理的车间布局;而软件则依靠各种质量控制体系,如 HACCP(危害分析与关键控制点)、ISO22000 等。

HACCP 是 hazard analysis and critical control point 的英文缩写,中文名称是"危害分析与关键控制点"。HACCP 是由 CAC(食品法典委员会,隶属 FAO 和 WHO)于 1997 年,在更新《食品卫生通则》CAC/RCP1-1996,Rev. 的附录时将《危害分析和关键控制点(HACCP)体系及其应用准则》作为建立食品安全管理体系的原则。HACCP 作为一个系统化的方法,是现代世界确保食品安全的基础,其作用是防止食品生产过程(包括制造、储运和销售)中食品有害物质的产生。在生产管理实践中,HACCP 原理也存在着一些不足和缺陷。即强调在管理中进行事前危害分析,引入数据和对关键过程进行监控的同时,忽视了它应置身于一个完善的、系统的和严密的管理体系中才能更好地发挥作用。

ISO22000 是一个关于食品安全管理体系的国际标准,它可以指导食品链中的各类组织,按照最基本的管理要素要求建立以 HACCP 为原理的食品安全管理体系。国际标准化组织(ISO)于 2005 年 9 月发布了 ISO 22000:2005《Food safety management system—Requirements for any organizations in the food chain》,我国以等同采用的方式制定了国家标准 GB/T 22000—2006《食品安全管理体系 食品链中各类组织的要求》(以下简称"GB/T 22000"),并于 2006 年 3 月发布,2006 年 7 月开始实施。

ISO2200 是以 HACCP 原理为基础并广泛吸收了 ISO9001 质量管理体系的基本原则和过程方法的基础上而产生的,它是对 HACCP 原理的丰富和完善。ISO22000 是 HACCP 原理在食品安全管理问题上由原理向体系标准的升级,更有利于企业在食品安全上进行管理。ISO 22000 的使用范围覆盖了食品链全过程,即原辅料种植、养殖、初级加工、生产制造、运输,一直到消费者使用,其中也包括餐饮。

中央厨房在建设时期,应综合考虑 HACCP 体系、ISO22000 体系对食品安全风险的防范；中央厨房在生产时期，企业应根据自身的管理基础和规范性自愿选择申请认证相关的质量体系认证。

20.8.2 建立食品安全管理小组

中央厨房投产后，企业应根据《食品安全法》及相关质量体系的要求，积极建立食品安全管理小组，依法实行单位法人代表负责制，统一指挥、管理、监控、协调、处理企业的食品安全工作。

(1)中央厨房企业法人或担任小组长，中央厨房负责人担任小组副组长，研发质量部门负责人担任小组食品安全管理员，其他部门负责人为组员。

(2)组员均为中央厨房供应链体系中各部门负责人，分别有：采购部、仓储物流部、生产部(含各车间负责人)、研发部、工程部、信息计划部、人力资源部等。

(3)建立关键环节操作规程，包括采购、贮存、烹调温度控制、专间操作、包装、留样、运输、清洗消毒等进行严格的监督。

(4)建立食品安全突发事件应急处置方案。

20.9 中央厨房产品标准化的建议

中央厨房企业的产品研发与标准化工作非常重要，研发人员应从消费人群调研、产品定位、烹饪工艺与标准化、生产加工、物流配送、餐厅出品、服务方式到成本控制等过程都要全部参与，是餐饮企业核心内容之一。研发工作应以消费市场为导向，不能闭门造车。

中央厨房产品标准化是所有餐饮连锁企业发展受限的核心问题，其需要综合考虑，不能孤立存在。它是通过对中央厨房产品、规模、消费人群的定位；设施设备的合理选购；产品加工配方、工艺流程的标准化；卫生安全的高度重视；包装储存统一、物流通畅、终端销售标准化等多方面进行综合分析建立起来。具体而言，建立中央厨房产品标准化主要从以下几个方面入手。

20.9.1 消费群体定位

中央厨房产品的消费终端客户是以团膳为主的企事业员工，还是餐饮连锁企业、超市、大型商场面向的社会群体。只有认真分析客户群体、定好位，才能确定设计合适的中央厨房规模、配套设施，产品种类以及服务模式。如北京千喜鹤集团有限公司主要面向大中型企业员工，味千拉面主要服务于时尚潮流的青年人。

20.9.2 产品定位

不是所有的菜品都适合在中央厨房来制作，成品效果由于某些原料和烹调方法不能达到应有的品质，将会大打折扣。那么，到底哪些菜品适合在中央厨房制作？有哪些方面的要求？从哪几个方面分析确定？原料、初加工、切配、成形工艺复杂与否、成熟工艺是否能够满足批量生产、成品色、香、味、形、营养在消费终端。

20.9.3 规模定位

从长远上讲，中央厨房可以有效地降低人力、物力、租地等成本，能够实现批量化生产提高生产效率，能够使餐饮企业快速连锁复制。可是中央厨房的一次性投入资金特别大，造成前期或很长时间都在亏损，并且受到各种因素影响，未来的走势还不确定，稍有不慎将会带来重大损失甚至有毁灭性的危机。到底多少的门店数量、产品产量及营业额，才需要建立一个几百万元甚至几千万元的中央厨房？这个临界点如何确定？需要借鉴肯德基、麦当劳、必胜客等西式餐饮连锁企业和大连亚惠、吉野家、真功夫等知名的中式餐饮企业所取得和总结的经验。

20.9.4 重视食品安全

中央厨房的规模化生产一方面通过统一的采购、生产、运输以及及时的检测检验有利于食品安全的管控，反之会因为没有解决好一个极小的问题造成整体的重大危害。因此，制定和参照高标准的要求是中央厨房的食品安全保障。企业要将 ISO 9001（质量管理体系标准）、GMP（良好生产规范）、AIB（美国食品安全标准）结合并应用于中央厨房的设计、建设以及产品的生产过程，将 HACCP（危害分析和关键控制点）贯穿于整个中央厨房的管理体系中。永远牢记“食品安全无小事”。

20.9.5 终端销售标准化

产品最终是要面对消费者的，服务于社会是通过销售终端来实现的。这一点在餐饮连锁店表现得尤为突出，统一的店面选址、装修、形象，产品的储存、陈列、售价、促销等是高效率低成本经营的基本要求；服务标准化是培养忠诚顾客群，保证餐饮连锁生存与发展的有力保障。

20.9.6 新兴食品科技及设备应用

发酵、食品杀菌、干燥冷冻包装、食品保藏等新兴食品科学技术和万能蔬菜清洗机、土豆剥皮机、多功能切菜机、电脑程控蒸汽柜等先进设备的开发和应用，将会极大降低劳动力，提高生产效率，保障产品质量，延长产品的保质期。如传统的发酵制品是采用老面发酵技术生产的，而这种传统的手工做法，很难控制，无法进行标准量化，造成成品品质无法保证，而新兴的酵母发酵技术的应用，将发酵制品的配方比例很容易量化，产品的醒发时间、温度和程度利用先进电子醒发箱得以很好的控制，电脑程控蒸汽柜来控制和设定熟制时间等，能够生产出大批量质量上乘的发酵制品，从而使复杂的发酵技术简单化。

20.9.7 加大科研力度

实现中央厨房产品标准化，需要不断地加大科研力度。对产品的每个生产环节进行细化控制。采购原料的品质、品牌、价格标准要求；初加工（清洗程度、加工切配规格等）标准制定；原料调料配备比例及调配步骤方法的统一标准化；成熟方法和时间以及制品效果的标准化；味道标准化；产品配送标准化等都需要不断的反复实验、总结并制定。只有这样，才能不断提高中央厨房产品标准化程度，增强企业核心竞争力。只有加大科研力度，使产品标准化，才能使生产简单化、规模化，质量稳定化，这样餐饮连锁企业才可以长足发展。

20.10 餐饮业投资方向建议

根据餐饮企业的规模、自身实力，可以根据以下情况进行投资：

(1)有一定实力的餐饮企业，如连锁企业，可以自建中央厨房。

(2)对于已经建立中央厨房的餐饮企业，可以根据公司业务的分布和销售数量，与其他企业的中央厨房建立合作关系。根据就近原则，利用就近的中央厨房进行生产、配送，这样可节省大量的人力、物力，降低物流成本与人力成本。

(3)对于小型餐饮企业，由于自身实力较弱，可采取餐饮工厂集群模式或共给共配中央厨房模式，通过企业共同管理，统一采购、生产、配送，解决企业因资金问题而不能自建中央厨房的困难。

(4)对于中央厨房设备企业，可以选择比较有实力的餐饮企业进行投资，比如设备入股、设备融资租赁，通过设备与餐饮企业建立合作关系，取得一定的收入。

(5)餐饮企业可以根据目前比较热捧的团餐业务、中式快餐、外卖业务等领域进行投资，从而获得较大的市场发展空间，进而带动对中央厨房的需求，实现彼此之间的共同发展。

20.11 中央厨房建设与运营的关注点

20.11.1 能否建设中央厨房

答案是肯定的。在目前可预见的领域中，中央厨房是推动餐饮企业连锁化、规模化、品牌化发展的有效经营模式；中央厨房的作用和价值已经得到行业的认可，国家政府层面已经鼓励支持建设中央厨房并且出台一系列相关扶持政策。

20.11.2 企业建设中央厨房的时机

有6家门店(餐厅)以上及年餐饮主营收入在3 500万元以上的企业，建设规模要适度、不要好大求强，或可连锁化、规模化、品牌化发展的餐饮企业和农副产品企业。

20.11.3 是先有市场还是先有中央厨房

若有经验丰富的运作团队，拓展市场、筹建中央厨房可以同步进行；若没有经验丰富的运作团队，则需要先拓展市场再待时机筹建中央厨房。

20.11.4 如何规划建设中央厨房

系统性、专业性策划。中央厨房是策划出来的，而不是设计出来的。中央厨房需要的不仅是厂房、设备，更需要赋予流程、管理思想和创新的灵魂。

20.11.5 建设什么类型中央厨房

根据企业发展定位确定：

(1)工艺流程设计，是全流程型或半流程型，是热链或冷链，是热链、冷链及常温链兼有；

(2)产品定位，是多个系列(品种)或 单个系列(品种)，具有核心竞争力的产品自己生产自己使用，非核心竞争力的产品采用 OEM 或外部采购使用；

(3)生产班次，是 班制或两班制或三班制；

(4)证照，是办理食品经营许可证或 SC 证(食品工厂在此不作阐述)或同时具有食品经营许可证和 SC 证。

20.11.6 中央厨房产品研发思路

企业产品应以“产品经理”的思维设计开发，产品研发可以由企业自行研发与标准化，也可以与社会化研发合作。

20.11.7 中央厨房建设与运营难点

中央厨房项目建设前期的可行性论证与准备工作梳理和生产时期的运营管理工作制度化、生产效率和盈利水平的提升，是工作的难点。

20.11.8 中央厨房管理者具备何种资历

中央厨房高级管理指应具有食品或烹饪专业背景；先后在食品企业和餐饮企业从事过生产管理工作 8 年以上；具备良好的职业素养和管理知识。

20.11.9 何为合格的中央厨房

具有合法证照；流程合理、有一定的成长性，实用性；在设定的资金预算、建设周期内建成投产；企业在预定的盈亏平衡周期内实现盈利，在投资回报周期内收回投资。

20.11.10 何为中央厨房产销模式

一是，种养殖基地＋中央厨房＋餐饮门店；

二是，种养殖基地＋加工企业＋商超销售；

三是，种养殖基地＋加工企业＋电商销售；

四是，种养殖基地＋加工企业＋中央厨房＋餐饮门店＋商超(电商)销售。

附录1　中央厨房设备厂商(部分)

1　希恩机械设备有限公司

1.1　公司介绍

希恩公司于2006年2月创办,旨在成为食品工业机械加工服务领域之领袖企业。希恩公司制订并引领中国食品工业机械加工服务领域之生产标准体系在业界得以有效的执行。通过其自身的示范效应推动“中国食品工业机械加工服务领域生产标准”得以发展。企业的服务领域有中央厨房工程、肉类食品加工、牛排生产加工、团膳西餐加工、净菜配送加工、生鲜配送加工。

希恩公司的总部行政运营中心设于山东省济南市高铁西站CBD绿地中央广场。旗下辖有5家公司,即希恩济南公司、希恩北京公司、希恩上海公司、希恩广州公司、希恩成都公司、希恩武汉公司。希恩公司率先在行业内严格执行整机销售、零配件、售后服务、信息反馈的4S服务管理模式。

希恩公司业务有蔬菜清洗设备、蔬菜切割设备、肉类切割设备、牛排加工设备、肉类调理设备、食品包装设备。

1.2　公司市场动态

2013年1月,由希恩公司自主开发研制的新型肉丝机、肉片机BTX系列正式投产。

2016年1月15日,希恩机械设备有限公司在美丽的泉城——山东省济南市舜和天发国际海鲜酒店,召开以“因希恩而改变,微笑征服世界”为主题的2015年年终总结暨2016年战略部署高管工作会议。

2016年,希恩公司参加第二十五届上海国际酒店用品博览会。

2016年6月,希恩公司又一家分公司——沈阳分公司隆重开业。

1.3　公司发展策略

希恩公司,将继续服务于净菜加工中心、早餐工程、食品加工厂、连锁餐饮管理企业、大型超市、团膳、高校、部队、企事业单位及大型加工厂后勤食堂、中央厨房、配餐中心,打造中国食材加工设备的制造与销售领域最优秀的品牌,首创食品工业机械加工服务领域全品类新模式——食材清洗设备、食材切割设备、食品包装机械。

“十三五”期间，品牌、质量、服务仍是希恩品牌的三条生命线，也是希恩在激烈的竞争中胜出市场的三大法宝。为此，公司将不遗余力地提升产品的质量，持续地改进产品的技术，保障产品的领先性，同时也努力为客户提供无与伦比的高品质服务。

2 浙江翔鹰厨房设备有限公司

2.1 公司介绍

浙江翔鹰厨房设备有限公司创建于1993年，公司注册资本1 766万元，总资产超过2亿元。经过二十多年的发展已成为一家专业从事研发设计、制造、销售、安装厨房设备工程于一体的专业厂家。公司在同行业中率先通过ISO9001国际质量体系认证、ISO14001环境管理体系认证，荣获“浙江省名牌产品”“浙江省著名商标”“中国驰名商标”。翔鹰厨房设备先后被指定为人民大会堂、中央电视台厨房设备指定供应商。公司建有“宁波翔鹰商用厨房设备研发中心”，2008年被评为“市级工程技术中心”。

公司目前是国内最大的厨房设备生产制造企业，拥有雄厚的研发设计开发能力，拥有自主知识产权在内的专利60多项，包括授权发明专利3项、实用新型专利18项、外观设计专利40项。

公司主要产品包括中央厨房的联合米饭机系列、洗碗机系列、洗碗消毒生产系列、油炸机系列、各种炒锅汤锅系列、灶具系列、蒸箱蒸柜系列、消毒柜系列，以及冷藏冷冻柜、抽油烟机系列等15大系列500多个规格品种。公司严格按照ISO9001国际质量管理体系进行运作，形成了科学化、规范化、标准化的管理体系，并引进了德国、意大利、荷兰等具有国际先进水平的生产设备达100余台套。现代化的设备和先进的管理体系，保证了翔鹰产品的优异品质和可靠保障。

“抢占国内商机，积极开拓海外市场”是翔鹰企业多年来一直奉行的营销方针。目前，公司的销售网点已遍布国内外50多个国家和地区。公司先后承接并完成的大型工程有中央电视台、中国人民大会堂、奥运会、亚运会、全运会以及国内、国际知名品牌星级酒店工程；山东大学、浙江大学、西南交通大学、西北工业大学、宁波大学等一大批优质厨房工程，受到用户的一致好评。公司的信誉连续多年被评为AAA级，并被宁波市有关部门授予“消费者推荐产品”“重合同守信用单位”“星级企业”等荣誉称号。公司的产品得到了广大用户的好评和同行的认可。

2.2 公司市场动态

2008年，荣获了国内商厨领域首个“中国驰名商标”的称号。

2014年3月25日，翔鹰下属企业宁波塞尔翔鹰金属制品有限公司荣获2013年鄞州区东吴镇“纳税先进单位”。

2016年4月，参与举办第十四届中国国际食品加工与包装展览会。

2016 年 12 月，参与举办“翔鹰中厨”广州展览会。展览了智能型米饭生产线、自动洗菜机、自动漂烫机、自动搅拌炒锅等中央厨房设备。

2.3 公司发展策略

翔鹰企业今后的发展战略定位是以创新为动力，重点发展并做大做强不锈钢制品和商用厨房设备工程产业两大板块；倾力打造中国著名厨房工程第一品牌，中国最大的专业不锈钢制品和厨房设备工程产业基地之一；朝着建设一个国际化型企业不断迈进，积极与国际资本市场和产品市场接轨；推进企业管理创新，引进人才，大力实施“科技兴企”战略，铸造名牌，推广循环经济，增强员工的整体素质，使企业实现健康、有序、科学、快速的发展，跨入更高层次的发展阶段。

未来翔鹰企业将继续秉持“更好地为人类美好的生活服务”的卓越理念，用翔鹰人对厨房工程的执著和拼搏精神，与广大客户一起共创国内厨房工程的新纪元，争做中国厨房工程的领头羊。

3 深圳市繁兴科技股份有限公司

3.1 公司介绍

深圳市繁兴科技股份有限公司成立于 2003 年。公司致力于烹饪机器人系列产品和相关配套设备的研发、制造、销售及用户解决方案的提供，是国家级高新技术企业。2015 年 12 月 1 日，繁兴科技在北京举办了全国股份转让系统挂牌仪式，股票简称：繁兴科技，股票代码：834354，成为第一个在“新三板”挂牌交易的烹饪机器人企业。繁兴科技总部位于素有“中国硅谷”之称的深圳市南山区，拥有 9 000 米^2 的办公及生产场地，职员 150 人，60％为本科以上学历。在北京、上海、深圳、重庆等地设有营销分支机构，面向华北、华东、华南、华西市场进行营销活动与客户服务。

繁兴科技是世界上首台中式菜肴自动烹饪机器人的发明者，一直站在烹饪机器人方向技术前沿，获得国内外广泛认可。繁兴科技拥有完全自主知识产权。截至 2015 年 12 月，围绕烹饪机器人相关技术已申请专利 340 余件，其中国内专利 210 余件，国外专利 120 余件，获得授权 160 余件。繁兴科技的烹饪机器人项目 6 次被列为国家级项目：2006 年、2007 年连续被科技部列为国家 863 计划先进制造领域机器人方向重点项目；2008 年、2009 年连续列为国家自然科学基金会项目；2011 年被列为国家“十二五”重点产业振兴项目，2013 年被评为国家低碳示范项目；2015 年入选国家机器人标准化总体组成员；繁兴科技还受邀参加了第三、四届中、日、韩机器人研讨会推荐项目（2008 年日本、2009 年北京），世界机器人大会（2009 年海牙），世界博览会（2010 年上海）等重大活动。经过 8 年自主创新研发和 5 年市场产品化努力，繁兴科技现已拥有面向正餐酒楼、快餐连锁、大型团膳市场的 4 大系列共计 10 余款产品，同时还针对海外、部队等特定市场，定制产品，提供整体解决方案。繁兴科技产品现已畅销国内外，主要服务于连锁餐饮、团膳等客户。

3.2 公司市场动态

2002 年 5 月，申请第一个自动烹饪装置专利。

2003 年 11 月，建立专门研发项目公司繁兴科技。

2006 年 3 月，AIC 改进型功能样机通过以蔡鹤皋院士为首的七人签定委员会鉴定。

2006 年 9 月，参加第八届中国国际高新技术成果交易会，引起国内外广泛关注。

2006 年 12 月，“用于助老助残的中国菜肴烹饪机器人”被确定为 2006 年度 863 计划重点项目。

2007 年 7 月，“多机器人系统”被确定为 2007 年度国家 863 重点项目。

2007 年 8 月，被确定为深圳市高新科技龙头企业。

2007 年 10 月，BS 型烹饪机器人参加第九届高新技术交易会。

2008 年 5 月，夏荆山大师出任繁兴科技名誉董事长。

2008 年 6 月，“盗火者——风”主体功能样机研制成功。

2008 年 7 月，完成第一个型号的小批量生产并获得第一批订单。

2008 年 12 月，接受凤凰卫视《对话机器人烹饪》栏目组独家专访。

2009 年 2 月，公司“盗火者自动供餐装备生产项目”被认定为深圳市重大项目。

2009 年 6 月，参加第二届中国成都国际非物质文化遗产节。

2009 年 8 月，黄强教授率 863 项目专家组专程来深。

2009 年 12 月，公司通过国家高新技术企业认证。

2010 年 3 月，AIC 烹饪机器人及其精确配菜产品 DR 产业化项目。

2013 年 10 月 9 日，繁兴科技与西贝餐饮达成合作意向。

2013 年 10 月 28 日，香港大家乐集团访问繁兴科技，双方达成合作意向。

2015 年 12 月，繁兴科技在北京举办了全国股份转让系统挂牌仪式，股票简称：繁兴科技，股票代码：834354。至此，繁兴完成了中餐标准化之路上的又一次重大突破，成为第一个在“新三板”挂牌交易的烹饪机器人企业。

3.3 公司发展策略

繁兴科技将不断加大产品创新和市场推广的力度，以烹饪机器人为核心、以智慧厨房和集约化供餐为整体方案，持续引领中餐标准化的绿色产业革命。

繁兴科技还将不断完善现有产品系列，在外观设计、人机交互设计和功能模块设计方面实现新的突破，为用户带来更好的体验。针对普通家庭用户的家用机型也正在研发当中，大家便能在自家厨房用上繁兴烹饪机器人。

(1)加强研发投入：包括设备投入和人员投入，保持较强大研发团队和研发硬件环境，同时做好技术研发、平台研发、产品研发几个层次的工作以保持技术在行业内领先地位。

(2)做好产品规划：公司成立专门的产品规划部，重点参与公司品牌发展规划；负责各系列产品规划与产品分析工作；负责组织制定各系列新品开发的产品结构方案；负责与客户沟通、协调，及时了解与反馈市场信息，过滤成设计需求，督促研发部门做好新品开发及现有产品改良。

(3)关注市场：跟进最新市场动态，组织专项国内外市场调研工作，搜集最新的主流资讯，加强产品与市场结合，并及时将市场信息融入产品研发中来。

(4)成熟产品的持续改进：不断搜集已售产品的市场使用情况，主动征询客户的使用意见；主动发现和解决已有产品的问题，使已有产品不断完善，功能更强大，性能更稳定，使用更方便。

(5)继续加大智能烹饪设备的研发：取得行业技术领先地位，通过系统集成和整体解决方案，研发烹饪机器人可识别的精确配菜和标准制定，力争为客户创造现代化智慧厨房，形成安全卫生、物美价廉、品类多样的配菜加工网络体系，进而促进中国餐饮标准化、集约化和现代化产业的发展。

4 大江机械设备有限公司

4.1 公司介绍

大江机械创立于1995年，专业从事食品真空气调保鲜包装机械的研发、生产和销售，产品出口到欧美等20多个国家和地区。在与客户长期合作过程中，大江机械不仅有对产品的严谨态度，更汲取了西方发达国家在真空和气调包装领域的先进技术和成熟的经验。在产品的配置方面，大江机械遵循一切为满足客户需要、维护客户利益的宗旨，采用国内外高端的技术成果，提高产品的技术性能和可靠性能，在自有技术的基础上，开发和制造高质量、高性价比的，符合客户需求的产品。通过多年的不懈努力，大江机械不断强化产品综合性能、性价比，以及市场影响等方面的国际竞争力，赢得了客户的广泛信赖和尊重。为了满足国内市场对高质量、高性价比、高可靠性能的产品需求，大江机械在巩固欧美市场的同时，更注重国内市场的构建与开发，力求以更优秀的产品质量、更专业的技术支持、更完善的服务体系和最真诚的合作精神，竭诚为客户服务，帮助客户创造更大的产品价值。

大江的包装机打入中央厨房主要以冷链便当(带封口)、热链封口、净菜包装配送、熟食包装4个领域为主，研究透彻、找准定位，如雨润集团、正大等企业都有大量的需求。

4.2 公司市场动态

2003年初，公司调整传统市场营销模式，建立健全了现代企业营销制度，完善售前、售中、售后服务政策体系，力图在市场占有量拓展的基础上，一举为传统包装行业注入崭新的力量，为整个行业的时代进展做贡献。

2011年12月31日，大江机械总经理陈晓文发表了文章《中国气调包装的新时代》。

2012年4月，大江机械在河南农大实验室气调保鲜包装机招标项目中一举中标。

2012年夏，为进一步打造绿色、安全、低脂、美味、新鲜的健康肉类食品，泓缘公司与大江机械合作建立了泓缘肉食品气调保鲜包装生产线。

2012 年 8 月，高老庄食品有限公司与大江机械合作建立绿色无公害气调保鲜肉类食品加工车间。

2012 年 12 月，在渤海大学食品学院进行的实验室招标活动中，DT-6D 实验室专用气调包装机作为食品保鲜首选实验设备再次中标。

2016 年 6 月 17 日，众联（中国）中央厨房研究院、中国烹饪协会（南京）技术研发中心院长兼总经理冯德和、研究院市场信息部经理陈铃，南京乐鹰商用厨房设备有限公司总经理赖夏荣前往大江机械设备有限公司进行参观考察。

4.3　公司发展策略

在“十三五”期间，大江机械将继续专注于生鲜肉、酱卤制品、速冻食品、中央厨房的包装等四大板块，以德国、法国、日本的技术为核心，提高产品的技术性能和可靠性能，在自有技术的基础上，开发和制造高质量、高性价比的，符合客户需求，适合不同市场的新产品，不断开发新的市场，打造成为国内行业的龙头和标杆企业。同时加大与众联（中国）中央厨房研究院更加紧密地团结合作，使得大江产品不断创新，新品能更加接地气，为中央厨房企业提供适用的技术含量高、品质好的包装机。

附录2　中央厨房相关法律法规(部分)

中央厨房许可审查规范

第一条　为规范中央厨房许可，根据《中央机构编制委员会办公室关于明确中央厨房和甜品站食品安全监管职责有关问题的通知》(中央编办发〔2011〕3号)，以及《餐饮服务许可管理办法》、《餐饮服务许可审查规范》要求，制定本规范。

第二条　中央厨房，指由餐饮连锁企业建立的，具有独立场所及设施设备，集中完成食品成品或半成品加工制作，并直接配送给餐饮服务单位的单位。

第三条　中央厨房纳入餐饮服务许可管理的范围，作为第六类餐饮服务许可类别审查。开设中央厨房应当取得《餐饮服务许可证》，其许可程序和申请材料按照《餐饮服务许可管理办法》有关规定执行。

第四条　中央厨房餐饮服务许可申请的受理和审批机关由中央厨房所在地省、自治区、直辖市食品药品监督管理部门规定。

第五条　由餐饮连锁企业向食品药品监督管理部门提出中央厨房餐饮服务许可申请。申请许可的中央厨房应当具备《餐饮服务许可管理办法》第九条规定的基本条件。

第六条　中央厨房应当设置专职食品安全管理人员。申请人申请餐饮服务许可时，应提交餐饮服务单位食品安全管理人员培训合格证明。

第七条　申请人提交的保证食品安全的规章制度应当包括：

(一)从业人员健康管理制度和培训管理制度；

(二)专职食品安全管理人员岗位职责规定；

(三)食品供应商遴选制度；

(四)加工制作场所环境及设施设备卫生管理制度；

(五)关键环节操作规程，包括采购、贮存、烹调温度控制、专间操作、包装、留样、运输、清洗消毒等；

(六)食品、食品添加剂、食品相关产品采购索证索票，进货查验和台账记录制度；

(七)食品添加剂使用管理制度；

(八)食品检验制度；

(九)问题食品召回和处理方案；

(十)食品安全突发事件应急处置方案；

（十一）食品药品监督管理部门规定的其他制度。

第八条 中央厨房向餐饮服务单位配送的食品品种应当报受理餐饮服务许可申请的食品药品监督管理部门审核备案。禁止配送的高风险食品目录由各省、自治区、直辖市食品药品监督管理部门确定。

第九条 选址要求

选择地势干燥、有给排水条件和电力供应的地区，不得设在易受到污染的区域。距离粪坑、污水池、暴露垃圾场（站）、旱厕等污染源25米以上，并设置在粉尘、有害气体、放射性物质和其他扩散性污染源的影响范围之外。

第十条 场所设置、布局、分隔、面积要求

（一）设置具有与供应品种、数量相适应的粗加工、切配、烹调、面点制作、食品冷却、食品包装、待配送食品贮存、工用具清洗消毒等加工操作场所，以及食品库房、更衣室、清洁工具存放场所等。

（二）食品处理区分为一般操作区、准清洁区、清洁区，各食品处理区均应设置在室内，且独立分隔。

（三）配制凉菜以及待配送食品贮存的，应分别设置食品加工专间；食品冷却、包装应设置食品加工专间或专用设施。

（四）各加工操作场所按照原料进入、原料处理、半成品加工、食品分装及待配送食品贮存的顺序合理布局，并能防止食品在存放、操作中产生交叉污染。

（五）接触原料、半成品、成品的工具、用具和容器，有明显的区分标识，且分区域存放；接触动物性和植物性食品的工具、用具和容器也有明显的区分标识，且分区域存放。

（六）食品加工操作和贮存场所面积原则上不小于300米^2，应当与加工食品的品种和数量相适应。

（七）切配烹饪场所面积不小于食品处理区面积的15%；清洗消毒区面积不小于食品处理区面积的10%。

（八）凉菜专间面积不小于10米^2。

（九）厂区道路采用混凝土、沥青等便于清洗的硬质材料铺设，有良好的排水系统。

（十）加工制作场所内无圈养、宰杀活的禽畜类动物的区域（或距离25米以上）。

第十一条 食品处理区地面、排水、墙壁、门窗和天花板要求

（一）地面用无毒、无异味、不透水、不易积垢的材料铺设，且平整、无裂缝。

（二）粗加工、切配、加工用具清洗消毒和烹调等需经常冲洗场所、易潮湿场所的地面易于清洗、防滑，并有排水系统。

（三）地面和排水沟有排水坡度（不小于1.5%），排水的流向由高清洁操作区流向低清洁操作区。

（四）排水沟出口有网眼孔径小于6毫米的金属隔栅或网罩。

（五）墙角、柱脚、侧面、底面的结合处有一定的弧度。

（六）墙壁采用无毒、无异味、不透水、平滑、不易积垢的浅色材料。

（七）粗加工、切配、烹调和工用具清洗消毒等场所应有1.5米以上的光滑、不吸水、浅色、耐用和易清洗的材料制成的墙裙，食品加工专间内应铺设到顶。

（八）内窗台下斜45°以上或采用无窗台结构。

（九）门、窗装配严密，与外界直接相通的门和可开启的窗设有易于拆下清洗不生锈的纱网或空气幕，与外界直接相通的门和各类专间的门能自动关闭。

（十）粗加工、切配、烹调、工用具清洗消毒等场所、食品包装间的门采用易清洗、不吸水的坚固材料制作。

（十一）天花板用无毒、无异味、不吸水、表面光洁、耐腐蚀、耐温、浅色材料涂覆或装修。

（十二）半成品、即食食品暴露场所屋顶若为不平整的结构或有管道通过，加设平整易于清洁的吊顶（吊顶间缝隙应严密封闭）。

（十三）水蒸气较多的场所的天花板有适当的坡度（斜坡或拱形均可）。

第十二条 洗手消毒设施要求

（一）食品处理区内设置足够数量的洗手设施，其位置设置在方便员工的区域。

（二）洗手池的材质为不透水材料，结构不易积垢并易于清洗。

（三）洗手消毒设施旁设有相应的清洗、消毒用品和干手设施，员工专用洗手消毒设施附近有洗手消毒方法标识。

第十三条 工用具、设施设备清洗消毒保洁设施要求

（一）根据加工食品的品种，配备能正常运转的清洗、消毒、保洁设备设施。

（二）采用有效的物理消毒或化学消毒方法。

（三）各类清洗消毒方式设专用水池的最低数量：采用化学消毒的，至少设有3个专用水池或容器。采用热力消毒的，可设置2个专用水池或容器。各类水池或容器以明显标识标明其用途。

（四）接触直接入口食品的工具、容器清洗消毒水池专用，与食品原料、清洁用具及接触非直接入口食品的工具、容器清洗水池分开。

（五）工用具清洗消毒水池使用不锈钢或陶瓷等不透水材料、不易积垢并易于清洗。

（六）设专供存放消毒后工用具的保洁设施，标记明显，易于清洁。

（七）清洗、消毒、保洁设备设施的大小和数量能满足需要。

第十四条 食品原料、清洁工具清洗水池要求

（一）粗加工操作场所分别设动物性食品、植物性食品、水产品3类食品原料的清洗水池，水池数量或容量与加工食品的数量相适应。各类水池以明显标识标明其用途。

（二）加工场所内设专用于拖把等清洁工具、用具的清洗水池，其位置不会污染食品及其加工操作过程。

第十五条 加工食品设备、工具和容器要求

（一）食品烹调后以冷冻（藏）方式保存的，应根据加工食品的品种和数量，配备相应数量的食品快速冷却设备。

（二）应根据待配送食品的品种、数量、配送方式，配备相应的食品包装设备。

（三）接触食品的设备、工具、容器、包装材料等符合食品安全标准或要求。

（四）接触食品的设备、工具和容器易于清洗消毒。

（五）所有食品设备、工具和容器不使用木质材料，因工艺要求必须使用除外。

（六）食品容器、工具和设备与食品的接触面平滑、无凹陷或裂缝（因工艺要求除外）。

第十六条 通风排烟、采光照明设施要求

（一）食品烹调场所采用机械排风。产生油烟或大量蒸汽的设备上部，加设附有机械排风及油烟过滤的排气装置，过滤器便于清洗和更换。

（二）排气口装有网眼孔径小于6毫米的金属隔栅或网罩。

（三）加工经营场所光源不改变所观察食品的天然颜色。

（四）安装在食品暴露正上方的照明设施使用防护罩。冷冻（藏）库房使用防爆灯。

第十七条 废弃物暂存设施要求

（一）食品处理区设存放废弃物或垃圾的容器。废弃物容器与加工用容器有明显区分的标识。

（二）废弃物容器配有盖子，以坚固及不透水的材料制造，内壁光滑便于清洗。专间内的废弃物容器盖子为非手动开启式。

第十八条 库房和食品贮存场所要求

（一）食品和非食品（不会导致食品污染的食品容器、包装材料、工用具等物品除外）库房分开设置。

（二）冷藏、冷冻柜（库）数量和结构能使原料、半成品和成品分开存放，有明显区分标识。

（三）除冷库外的库房有良好的通风、防潮、防鼠（如设防鼠板或木质门下方以金属包覆）设施。

（四）冷藏、冷冻库设可正确指示库内温度的温度计。

（五）库房及冷藏、冷冻库内应设置数量足够的物品存放架，能使贮存的食品离地离墙存放。

第十九条 专间要求

（一）专间内无明沟，地漏带水封，专间墙裙铺设到顶。

（二）专间只设一扇门，采用易清洗、不吸水的坚固材质，能够自动关闭。窗户封闭。

（三）需要直接接触成品的用水，应加装水净化设施。

（四）专间内设符合餐饮服务食品安全管理规范要求的空调设施、空气消毒设施、流动水源、工具清洗消毒设施；凉菜间、食品冷却间、食品包装间设专用冷冻（藏）设施。

（五）专间入口处设置有洗手、消毒、更衣设施的通过式预进间。洗手消毒设施除符合本规范第十三条的规定外，应当为非手触动式。

第二十条 更衣室要求

更衣场所应与加工经营场所处于同一建筑物内，有足够大小的空间、足够数量的更衣设施和适当的照明。

第二十一条 厕所设置要求

(一)厕所不设在食品处理区。

(二)厕所采用水冲式。

(三)厕所地面、墙壁、便槽等采用不透水、易清洗、不易积垢的材料,设有效排气装置,有适当照明,与外界相通的窗户设置纱窗,或为封闭式,外门能自动关闭,在出口附近设置洗手设施。

(四)厕所排污管道与食品加工操作场所的排水管道分设,并有可靠的防臭气水封。

第二十二条 运输设备要求

配备与加工食品品种、数量以及贮存要求相适应的封闭式专用运输冷藏车辆,车辆内部结构平整,易清洗。

第二十三条 食品检验和留样设施设备及人员要求

(一)设置与加工制作的食品品种相适应的检验室。

(二)配备与检验项目相适应的检验设施和检验人员。

(三)配备留样专用容器和冷藏设施,以及留样管理人员。

第二十四条 省级食品药品监督管理部门可根据本规范制定具体实施细则,报国家食品药品监督管理局备案。

第二十五条 本规范由国家食品药品监督管理局负责解释。

第二十六条 本规范自2011年7月1日起实施。

食品经营许可管理办法

国家食品药品监督管理总局令

第17号

《食品经营许可管理办法》已经国家食品药品监督管理总局局务会议审议通过,现予公布,自2015年10月1日起施行。

局长 毕井泉

2015年8月31日

食品经营许可管理办法

第一章 总 则

第一条 为规范食品经营许可活动,加强食品经营监督管理,保障食品安全,根据《中华人民共和国食品安全法》《中华人民共和国行政许可法》等法律法规,制定本办法。

第二条 在中华人民共和国境内,从事食品销售和餐饮服务活动,应当依法取得食品经营许可。

食品经营许可的申请、受理、审查、决定及其监督检查，适用本办法。

第三条 食品经营许可应当遵循依法、公开、公平、公正、便民、高效的原则。

第四条 食品经营许可实行一地一证原则，即食品经营者在一个经营场所从事食品经营活动，应当取得一个食品经营许可证。

第五条 食品药品监督管理部门按照食品经营主体业态和经营项目的风险程度对食品经营实施分类许可。

第六条 国家食品药品监督管理总局负责监督指导全国食品经营许可管理工作。

县级以上地方食品药品监督管理部门负责本行政区域内的食品经营许可管理工作。

省、自治区、直辖市食品药品监督管理部门可以根据食品类别和食品安全风险状况，确定市、县级食品药品监督管理部门的食品经营许可管理权限。

第七条 国家食品药品监督管理总局负责制定食品经营许可审查通则。

县级以上地方食品药品监督管理部门实施食品经营许可审查，应当遵守食品经营许可审查通则。

第八条 县级以上食品药品监督管理部门应当加快信息化建设，在行政机关的网站上公布经营许可事项，方便申请人采取数据电文等方式提出经营许可申请，提高办事效率。

第二章 申请与受理

第九条 申请食品经营许可，应当先行取得营业执照等合法主体资格。

企业法人、合伙企业、个人独资企业、个体工商户等，以营业执照载明的主体作为申请人。

机关、事业单位、社会团体、民办非企业单位、企业等申办单位食堂，以机关或者事业单位法人登记证、社会团体登记证或者营业执照等载明的主体作为申请人。

第十条 申请食品经营许可，应当按照食品经营主体业态和经营项目分类提出。

食品经营主体业态分为食品销售经营者、餐饮服务经营者、单位食堂。食品经营者申请通过网络经营、建立中央厨房或者从事集体用餐配送的，应当在主体业态后以括号标注。

食品经营项目分为预包装食品销售(含冷藏冷冻食品、不含冷藏冷冻食品)、散装食品销售(含冷藏冷冻食品、不含冷藏冷冻食品)、特殊食品销售(保健食品、特殊医学用途配方食品、婴幼儿配方乳粉、其他婴幼儿配方食品)、其他类食品销售；热食类食品制售、冷食类食品制售、生食类食品制售、糕点类食品制售、自制饮品制售、其他类食品制售等。

列入其他类食品销售和其他类食品制售的具体品种应当报国家食品药品监督管理总局批准后执行，并明确标注。具有热、冷、生、固态、液态等多种情形，难以明确归类的食品，可以按照食品安全风险等级最高的情形进行归类。

国家食品药品监督管理总局可以根据监督管理工作需要对食品经营项目类别进行调整。

第十一条 申请食品经营许可，应当符合下列条件：

(一)具有与经营的食品品种、数量相适应的食品原料处理和食品加工、销售、贮存等场所，保持该场所环境整洁，并与有毒、有害场所以及其他污染源保持规定的距离；

（二）具有与经营的食品品种、数量相适应的经营设备或者设施，有相应的消毒、更衣、盥洗、采光、照明、通风、防腐、防尘、防蝇、防鼠、防虫、洗涤以及处理废水、存放垃圾和废弃物的设备或者设施；

（三）有专职或者兼职的食品安全管理人员和保证食品安全的规章制度；

（四）具有合理的设备布局和工艺流程，防止待加工食品与直接入口食品、原料与成品交叉污染，避免食品接触有毒物、不洁物；

（五）法律、法规规定的其他条件。

第十二条 申请食品经营许可，应当向申请人所在地县级以上地方食品药品监督管理部门提交下列材料：

（一）食品经营许可申请书；

（二）营业执照或者其他主体资格证明文件复印件；

（三）与食品经营相适应的主要设备设施布局、操作流程等文件；

（四）食品安全自查、从业人员健康管理、进货查验记录、食品安全事故处置等保证食品安全的规章制度。

利用自动售货设备从事食品销售的，申请人还应当提交自动售货设备的产品合格证明、具体放置地点，经营者名称、住所、联系方式、食品经营许可证的公示方法等材料。

申请人委托他人办理食品经营许可申请的，代理人应当提交授权委托书以及代理人的身份证明文件。

第十三条 申请人应当如实向食品药品监督管理部门提交有关材料和反映真实情况，对申请材料的真实性负责，并在申请书等材料上签名或者盖章。

第十四条 县级以上地方食品药品监督管理部门对申请人提出的食品经营许可申请，应当根据下列情况分别作出处理：

（一）申请事项依法不需要取得食品经营许可的，应当即时告知申请人不受理。

（二）申请事项依法不属于食品药品监督管理部门职权范围的，应当即时作出不予受理的决定，并告知申请人向有关行政机关申请。

（三）申请材料存在可以当场更正的错误的，应当允许申请人当场更正，由申请人在更正处签名或者盖章，注明更正日期。

（四）申请材料不齐全或者不符合法定形式的，应当当场或者在5个工作日内一次告知申请人需要补正的全部内容。当场告知的，应当将申请材料退回申请人；在5个工作日内告知的，应当收取申请材料并出具收到申请材料的凭据。逾期不告知的，自收到申请材料之日起即为受理。

（五）申请材料齐全、符合法定形式，或者申请人按照要求提交全部补正材料的，应当受理食品经营许可申请。

第十五条 县级以上地方食品药品监督管理部门对申请人提出的申请决定予以受理的，应当出具受理通知书；决定不予受理的，应当出具不予受理通知书，说明不予受理的理由，并告知申请人依法享有申请行政复议或者提起行政诉讼的权利。

第三章 审查与决定

第十六条 县级以上地方食品药品监督管理部门应当对申请人提交的许可申请材料进行审查。需要对申请材料的实质内容进行核实的，应当进行现场核查。仅申请预包装食品销售(不含冷藏冷冻食品)的，以及食品经营许可变更不改变设施和布局的，可以不进行现场核查。

现场核查应当由符合要求的核查人员进行。核查人员不得少于2人。核查人员应当出示有效证件，填写食品经营许可现场核查表，制作现场核查记录，经申请人核对无误后，由核查人员和申请人在核查表和记录上签名或者盖章。申请人拒绝签名或者盖章的，核查人员应当注明情况。

食品药品监督管理部门可以委托下级食品药品监督管理部门，对受理的食品经营许可申请进行现场核查。

核查人员应当自接受现场核查任务之日起10个工作日内，完成对经营场所的现场核查。

第十七条 除可以当场作出行政许可决定的外，县级以上地方食品药品监督管理部门应当自受理申请之日起20个工作日内作出是否准予行政许可的决定。因特殊原因需要延长期限的，经本行政机关负责人批准，可以延长10个工作日，并应当将延长期限的理由告知申请人。

第十八条 县级以上地方食品药品监督管理部门应当根据申请材料审查和现场核查等情况，对符合条件的，作出准予经营许可的决定，并自作出决定之日起10个工作日内向申请人颁发食品经营许可证；对不符合条件的，应当及时作出不予许可的书面决定并说明理由，同时告知申请人依法享有申请行政复议或者提起行政诉讼的权利。

第十九条 食品经营许可证发证日期为许可决定作出的日期，有效期为5年。

第二十条 县级以上地方食品药品监督管理部门认为食品经营许可申请涉及公共利益的重大事项，需要听证的，应当向社会公告并举行听证。

第二十一条 食品经营许可直接涉及申请人与他人之间重大利益关系的，县级以上地方食品药品监督管理部门在作出行政许可决定前，应当告知申请人、利害关系人享有要求听证的权利。

申请人、利害关系人在被告知听证权利之日起5个工作日内提出听证申请的，食品药品监督管理部门应当在20个工作日内组织听证。听证期限不计算在行政许可审查期限之内。

第四章 许可证管理

第二十二条 食品经营许可证分为正本、副本。正本、副本具有同等法律效力。

国家食品药品监督管理总局负责制定食品经营许可证正本、副本式样。省、自治区、直辖市食品药品监督管理部门负责本行政区域食品经营许可证的印制、发放等管理工作。

第二十三条 食品经营许可证应当载明:经营者名称、社会信用代码(个体经营者为身份证号码)、法定代表人(负责人)、住所、经营场所、主体业态、经营项目、许可证编号、有效期、日常监督管理机构、日常监督管理人员、投诉举报电话、发证机关、签发人、发证日期和二维码。

在经营场所外设置仓库(包括自有和租赁)的,还应当在副本中载明仓库具体地址。

第二十四条 食品经营许可证编号由JY("经营"的汉语拼音字母缩写)和14位阿拉伯数字组成。数字从左至右依次为:1位主体业态代码、2位省(自治区、直辖市)代码、2位市(地)代码、2位县(区)代码、6位顺序码、1位校验码。

第二十五条 日常监督管理人员为负责对食品经营活动进行日常监督管理的工作人员。日常监督管理人员发生变化的,可以通过签章的方式在许可证上变更。

第二十六条 食品经营者应当妥善保管食品经营许可证,不得伪造、涂改、倒卖、出租、出借、转让。

食品经营者应当在经营场所的显著位置悬挂或者摆放食品经营许可证正本。

第五章 变更、延续、补办与注销

第二十七条 食品经营许可证载明的许可事项发生变化的,食品经营者应当在变化后10个工作日内向原发证的食品药品监督管理部门申请变更经营许可。

经营场所发生变化的,应当重新申请食品经营许可。外设仓库地址发生变化的,食品经营者应当在变化后10个工作日内向原发证的食品药品监督管理部门报告。

第二十八条 申请变更食品经营许可的,应当提交下列申请材料:

(一)食品经营许可变更申请书;

(二)食品经营许可证正本、副本;

(三)与变更食品经营许可事项有关的其他材料。

第二十九条 食品经营者需要延续依法取得的食品经营许可的有效期的,应当在该食品经营许可有效期届满30个工作日前,向原发证的食品药品监督管理部门提出申请。

第三十条 食品经营者申请延续食品经营许可,应当提交下列材料:

(一)食品经营许可延续申请书;

(二)食品经营许可证正本、副本;

(三)与延续食品经营许可事项有关的其他材料。

第三十一条 县级以上地方食品药品监督管理部门应当根据被许可人的延续申请,在该食品经营许可有效期届满前作出是否准予延续的决定。

第三十二条 县级以上地方食品药品监督管理部门应当对变更或者延续食品经营许可的申请材料进行审查。

申请人声明经营条件未发生变化的,县级以上地方食品药品监督管理部门可以不再进行现场核查。

申请人的经营条件发生变化,可能影响食品安全的,食品药品监督管理部门应当就变化情况进行现场核查。

第三十三条 原发证的食品药品监督管理部门决定准予变更的，应当向申请人颁发新的食品经营许可证。食品经营许可证编号不变，发证日期为食品药品监督管理部门作出变更许可决定的日期，有效期与原证书一致。

第三十四条 原发证的食品药品监督管理部门决定准予延续的，应当向申请人颁发新的食品经营许可证，许可证编号不变，有效期自食品药品监督管理部门作出延续许可决定之日起计算。

不符合许可条件的，原发证的食品药品监督管理部门应当作出不予延续食品经营许可的书面决定，并说明理由。

第三十五条 食品经营许可证遗失、损坏的，应当向原发证的食品药品监督管理部门申请补办，并提交下列材料：

（一）食品经营许可证补办申请书；

（二）食品经营许可证遗失的，申请人应当提交在县级以上地方食品药品监督管理部门网站或者其他县级以上主要媒体上刊登遗失公告的材料；食品经营许可证损坏的，应当提交损坏的食品经营许可证原件。

材料符合要求的，县级以上地方食品药品监督管理部门应当在受理后 20 个工作日内予以补发。

因遗失、损坏补发的食品经营许可证，许可证编号不变，发证日期和有效期与原证书保持一致。

第三十六条 食品经营者终止食品经营，食品经营许可被撤回、撤销或者食品经营许可证被吊销的，应当在 30 个工作日内向原发证的食品药品监督管理部门申请办理注销手续。

食品经营者申请注销食品经营许可的，应当向原发证的食品药品监督管理部门提交下列材料：

（一）食品经营许可注销申请书；

（二）食品经营许可证正本、副本；

（三）与注销食品经营许可有关的其他材料。

第三十七条 有下列情形之一，食品经营者未按规定申请办理注销手续的，原发证的食品药品监督管理部门应当依法办理食品经营许可注销手续：

（一）食品经营许可有效期届满未申请延续的；

（二）食品经营者主体资格依法终止的；

（三）食品经营许可依法被撤回、撤销或者食品经营许可证依法被吊销的；

（四）因不可抗力导致食品经营许可事项无法实施的；

（五）法律法规规定的应当注销食品经营许可的其他情形。

食品经营许可被注销的，许可证编号不得再次使用。

第三十八条 食品经营许可证变更、延续、补办与注销的有关程序参照本办法第二章和第三章的有关规定执行。

第六章　监督检查

第三十九条　县级以上地方食品药品监督管理部门应当依据法律法规规定的职责，对食品经营者的许可事项进行监督检查。

第四十条　县级以上地方食品药品监督管理部门应当建立食品许可管理信息平台，便于公民、法人和其他社会组织查询。

县级以上地方食品药品监督管理部门应当将食品经营许可颁发、许可事项检查、日常监督检查、许可违法行为查处等情况记入食品经营者食品安全信用档案，并依法向社会公布；对有不良信用记录的食品经营者应当增加监督检查频次。

第四十一条　县级以上地方食品药品监督管理部门日常监督管理人员负责所管辖食品经营者许可事项的监督检查，必要时，应当依法对相关食品仓储、物流企业进行检查。

日常监督管理人员应当按照规定的频次对所管辖的食品经营者实施全覆盖检查。

第四十二条　县级以上地方食品药品监督管理部门及其工作人员履行食品经营许可管理职责，应当自觉接受食品经营者和社会监督。

接到有关工作人员在食品经营许可管理过程中存在违法行为的举报，食品药品监督管理部门应当及时进行调查核实。情况属实的，应当立即纠正。

第四十三条　县级以上地方食品药品监督管理部门应当建立食品经营许可档案管理制度，将办理食品经营许可的有关材料、发证情况及时归档。

第四十四条　国家食品药品监督管理总局可以定期或者不定期组织对全国食品经营许可工作进行监督检查；省、自治区、直辖市食品药品监督管理部门可以定期或者不定期组织对本行政区域内的食品经营许可工作进行监督检查。

第七章　法律责任

第四十五条　未取得食品经营许可从事食品经营活动的，由县级以上地方食品药品监督管理部门依照《中华人民共和国食品安全法》第一百二十二条的规定给予处罚。

第四十六条　许可申请人隐瞒真实情况或者提供虚假材料申请食品经营许可的，由县级以上地方食品药品监督管理部门给予警告。申请人在 1 年内不得再次申请食品经营许可。

第四十七条　被许可人以欺骗、贿赂等不正当手段取得食品经营许可的，由原发证的食品药品监督管理部门撤销许可，并处 1 万元以上 3 万元以下罚款。被许可人在 3 年内不得再次申请食品经营许可。

第四十八条　违反本办法第二十六条第一款规定，食品经营者伪造、涂改、倒卖、出租、出借、转让食品经营许可证的，由县级以上地方食品药品监督管理部门责令改正，给予警告，并处 1 万元以下罚款；情节严重的，处 1 万元以上 3 万元以下罚款。

违反本办法第二十六条第二款规定，食品经营者未按规定在经营场所的显著位置悬挂或者摆放食品经营许可证的，由县级以上地方食品药品监督管理部门责令改正；拒不改正的，给予警告。

第四十九条 违反本办法第二十七条第一款规定，食品经营许可证载明的许可事项发生变化，食品经营者未按规定申请变更经营许可的，由原发证的食品药品监督管理部门责令改正，给予警告；拒不改正的，处 2 000 元以上 1 万元以下罚款。

违反本办法第二十七条第二款规定或者第三十六条第一款规定，食品经营者外设仓库地址发生变化，未按规定报告的，或者食品经营者终止食品经营，食品经营许可被撤回、撤销或者食品经营许可证被吊销，未按规定申请办理注销手续的，由原发证的食品药品监督管理部门责令改正；拒不改正的，给予警告，并处 2000 元以下罚款。

第五十条 被吊销经营许可证的食品经营者及其法定代表人、直接负责的主管人员和其他直接责任人员自处罚决定作出之日起 5 年内不得申请食品生产经营许可，或者从事食品生产经营管理工作、担任食品生产经营企业食品安全管理人员。

第五十一条 食品药品监督管理部门对不符合条件的申请人准予许可，或者超越法定职权准予许可的，依照《中华人民共和国食品安全法》第一百四十四条的规定给予处分。

第八章 附 则

第五十二条 本办法下列用语的含义：

（一）单位食堂，指设于机关、事业单位、社会团体、民办非企业单位、企业等，供应内部职工、学生等集中就餐的餐饮服务提供者；

（二）预包装食品，指预先定量包装或者制作在包装材料和容器中的食品，包括预先定量包装以及预先定量制作在包装材料和容器中并且在一定量限范围内具有统一的质量或体积标识的食品；

（三）散装食品，指无预先定量包装，需称重销售的食品，包括无包装和带非定量包装的食品；

（四）热食类食品，指食品原料经粗加工、切配并经过蒸、煮、烹、煎、炒、烤、炸等烹饪工艺制作，在一定热度状态下食用的即食食品，含火锅和烧烤等烹饪方式加工而成的食品等；

（五）冷食类食品，指一般无须再加热，在常温或者低温状态下即可食用的食品，含熟食卤味、生食瓜果蔬菜、腌菜等；

（六）生食类食品，一般特指生食水产品；

（七）糕点类食品，指以粮、糖、油、蛋、奶等为主要原料经焙烤等工艺现场加工而成的食品，含裱花蛋糕等；

（八）自制饮品，指经营者现场制作的各种饮料，含冰淇淋等；

（九）中央厨房，指由餐饮单位建立的，具有独立场所及设施设备，集中完成食品成品或者半成品加工制作并配送的食品经营者；

（十）集体用餐配送单位，指根据服务对象订购要求，集中加工、分送食品但不提供就餐场所的食品经营者；

（十一）其他类食品，指区域性销售食品、民族特色食品、地方特色食品等。

本办法所称的特殊医学用途配方食品，是指国家食品药品监督管理总局按照分类管理原则确定的可以在商场、超市等食品销售场所销售的特殊医学用途配方食品。

第五十三条 对食品摊贩等的监督管理，按照省、自治区、直辖市制定的具体管理办法执行。

第五十四条 食品经营者在本办法施行前已经取得的许可证在有效期内继续有效。

第五十五条 各省、自治区、直辖市食品药品监督管理部门可以根据本行政区域实际情况，制定有关食品经营许可管理的具体实施办法。

第五十六条 本办法自 2015 年 10 月 1 日起施行。

餐饮业和集体用餐配送单位卫生规范

第一章 总 则

第一条 为加强餐饮业和集体用餐配送单位食品安全卫生管理，规范其生产经营行为，保障消费者身体健康，根据《中华人民共和国食品卫生法》《餐饮业食品卫生管理办法》《学校食堂与集体用餐卫生管理规定》《学生集体用餐卫生监督办法》等相关法律法规规章，制定本规范。

第二条 本规范适用于餐饮业经营者（包括餐馆、小吃店、快餐店、食堂等）和集体用餐配送单位，但不包括无固定加工和就餐场所的食品摊贩。

第三条 本规范下列用语的含义

（一）餐饮业：指通过即时加工制作、商业销售和服务性劳动等手段，向消费者提供食品、消费场所和设施的食品生产经营行业，包括餐馆、小吃店、快餐店、食堂等。

餐馆（又称酒家、酒楼、酒店、饭庄等）：指以饭菜（包括中餐、西餐、日餐、韩餐等）为主要经营项目的单位，包括火锅店、烧烤店等。

小吃店：指以点心、小吃、早点为主要经营项目的单位和提供简单餐饮服务的酒吧、咖啡厅、茶室等。

快餐店：指以集中加工配送、当场分餐食用并快速提供就餐服务为主要加工供应形式的单位。

食堂：指设于机关、学校、企业、工地等地点（场所），为供应内部职工、学生等就餐的单位。

（二）集体用餐配送单位：指根据集体服务对象订购要求，集中加工、分送食品但不提供就餐场所的单位。

（三）食品：指各种供人食用或者饮用的成品和原料以及按照传统既是食品又是药品的物品，但是不包括以治疗为目的的物品，在餐饮业和集体用餐配送单位中主要指原料、半成品、成品（包括下列用语中的凉菜、生食海产品、裱花蛋糕、现榨果蔬汁、自助餐等）。

原料：指供烹饪加工制作食品所用的一切可食用的物质和材料。

半成品：指食品原料经初步或部分加工后，尚需进一步加工制作的食品或原料。

成品：指经过加工制成的或待出售的可直接食用的食品。

凉菜（又称冷菜、冷荤、熟食、卤味等）：指对经过烹制成熟或者腌渍入味后的食品进行简单制作并装盘，一般无须加热即可食用的菜肴。

生食海产品：指不经过加热处理即供食用的生长于海洋的鱼类、贝壳类、头足类等水产品。

裱花蛋糕：指以粮、糖、油、蛋为主要原料经焙烤加工而成的糕点胚，在其表面裱以奶油、人造奶油、植脂奶油等而制成的糕点食品。

现榨果蔬汁：指以水果或蔬菜为主要原料，以压榨等机械方法加工所得的新鲜水果或蔬菜汁。

自助餐：指集中加工制作后放置于就餐场所，供就餐者自行选择食用的餐饮食品。

（四）加工经营场所：指与加工经营直接或间接相关的场所，包括食品处理区、非食品处理区和就餐场所。

1. 食品处理区

指食品的粗加工、切配、烹调和备餐场所、专间、食品库房、餐用具清洗消毒和保洁场所等区域，分为清洁操作区、准清洁操作区、一般操作区。

（1）清洁操作区：指为防止食品被环境污染，清洁要求较高的操作场所，包括专间、备餐场所。

专间：指处理或短时间存放直接入口食品的专用操作间，包括凉菜间、裱花间、备餐专间、集体用餐分装专间等。

备餐场所：指成品的整理、分装、分发、暂时置放的专用场所。

（2）准清洁操作区：指清洁要求次于清洁操作区的操作场所，包括烹调场所、餐用具保洁场所。

烹调场所：指对经过粗加工、切配的原料或半成品进行煎、炒、炸、焖、煮、烤、烘、蒸及其他热加工处理的操作场所。

餐用具保洁场所：指对经清洗消毒后的餐饮具和接触直接入口食品的工具、容器进行存放并保持清洁的场所。

（3）一般操作区：指其他处理食品和餐具的场所，包括粗加工操作场所、切配场所、餐用具清洗消毒场所和食品库房。

粗加工操作场所：指对食品原料进行挑拣、整理、解冻、清洗、剔除不可食部分等加工处理的操作场所。

切配场所：指把经过粗加工的食品进行洗、切、称量、拼配等加工处理成为半成品的操作场所。

餐用具清洗消毒场所：指对餐饮具和接触直接入口食品的工具、容器进行清洗、消毒的操作场所。

食品库房：指专门用于贮藏、存放食品原料的场所。

2.非食品处理区

指办公室、厕所、更衣场所、非食品库房等非直接处理食品的区域。

3.就餐场所

指供消费者就餐的场所，但不包括供就餐者专用的厕所、门厅、大堂休息厅、歌舞台等辅助就餐的场所。

（五）中心温度：指块状或有容器存放的液态食品或食品原料的中心部位的温度。

（六）冷藏：指为保鲜和防腐的需要，将食品或原料置于冰点以上较低温度条件下贮存的过程，冷藏温度的范围应在0～10℃之间。

（七）冷冻：指将食品或原料置于冰点温度以下，以保持冰冻状态的贮存过程，冷冻温度的范围应在－20～－1℃之间。

（八）清洗：指利用清水清除原料夹带的杂质和原料、工具表面的污物所采取的操作过程。

（九）消毒：用物理或化学方法破坏、钝化或除去有害微生物的操作，消毒不能完全杀死细菌芽孢。

（十）交叉污染：指通过生的食品、食品加工者、食品加工环境或工具把生物的、化学的污染物转移到食品的过程。

（十一）从业人员：指餐饮业和集体用餐配送单位中从事食品采购、保存、加工、供餐服务等工作的人员。

第四条 本规范中“应”的内容表示必须这样做，“不得”的内容表示禁止这样做，“宜”的内容表示以这样做为佳。

第二章 加工经营场所的卫生条件

第五条 选址卫生要求

（一）不得设在易受到污染的区域，应选择地势干燥、有给排水条件和电力供应的地区。

（二）应距离粪坑、污水池、垃圾场（站）、旱厕等污染源25米以上，并应设置在粉尘、有害气体、放射性物质和其他扩散性污染源的影响范围之外。

（三）应同时符合规划、环保和消防的有关要求。

第六条 建筑结构、场所设置、布局、分隔、面积卫生要求

（一）建筑结构坚固耐用、易于维修、易于保持清洁，应能避免有害动物的侵入和栖息。

（二）食品处理区均应设置在室内。

（三）食品处理区应按照原料进入、原料处理、半成品加工、成品供应的流程合理布局，食品加工处理流程宜为生进熟出的单一流向，并应防止在存放、操作中产生交叉污染。成品通道、出口与原料通道、入口，成品通道、出口与使用后的餐饮具回收通道、入口均宜分开设置。

（四）食品处理区，应设置专用的粗加工（全部使用半成品原料的可不设置）、烹调（单

纯经营火锅、烧烤的可不设置）和餐用具清洗消毒的场所，并应设置原料和（或）半成品贮存、切配及备餐（酒吧、咖啡厅、茶室可不设置）的场所。制作现榨果蔬汁和水果拼盘的，应设置相应的专用操作场所。进行凉菜配制、裱花操作和集体用餐配送单位进行食品分装操作的，应分别设置相应专间。集中备餐的食堂和快餐店应设备餐专间，或符合本规范第七条第二项第五目的规定。

（五）食品处理区宜根据附件 1 的规定设置独立隔间的场所。

（六）食品处理区的面积应与就餐场所面积、供应的最大就餐人数相适应，各类餐饮业食品处理区与就餐场所面积之比、切配烹饪场所面积宜符合附件 1 规定。

（七）粗加工操作场所内应至少分别设置动物性食品和植物性食品的清洗水池，水产品的清洗水池宜独立设置，水池数量或容量应与加工食品的数量相适应。食品处理区内应设专用于拖把等清洁工具的清洗水池，其位置应不会污染食品及其加工操作过程。洗手消毒水池、餐用具清洗消毒水池的设置应分别符合本规范第七条第八项、第十一项的规定。各类水池应以明显标识标明其用途。

（八）烹调场所食品加工如使用固体燃料，炉灶应为隔墙烧火的外扒灰式，避免粉尘污染食品。

（九）拖把等清洁工具的存放场所应与食品处理区分开，集体用餐配送单位和加工经营场所面积 500 米^2 以上的餐馆和食堂宜设置独立隔间。

（十）加工经营场所内不得圈养、宰杀活的禽畜类动物。在加工经营场所外设立圈养、宰杀场所的，应距离加工经营场所 25 米以上。

第七条 设施卫生要求

（一）地面与排水卫生要求。

（1）食品处理区地面应用无毒、无异味、不透水、不易积垢的材料铺设，且应平整、无裂缝。

（2）粗加工、切配、餐用具清洗消毒和烹调等需经常冲洗场所、易潮湿场所的地面应易于清洗、防滑，并应有一定的排水坡度（不小于 1.5%）及排水系统。排水沟应有坡度、保持通畅、便于清洗，沟内不应设置其他管路，侧面和底面接合处宜有一定弧度（曲率半径不小于 3 厘米），并设有可拆卸的盖板。排水的流向应由高清洁操作区流向低清洁操作区，并有防止污水逆流的设计。排水沟出口应有符合本条第十二项要求的防止有害动物侵入的设施。

（3）清洁操作区内不得设置明沟，地漏应能防止废弃物流入及浊气逸出（如带水封地漏）。

（4）废水应排至废水处理系统或经其他适当方式处理。

（二）墙壁与门窗卫生要求。

（1）食品处理区墙壁应采用无毒、无异味、不透水、平滑、不易积垢的浅色材料构筑。其墙角及柱角（墙壁与墙壁间、墙壁及柱与地面间、墙壁及柱与天花板）间宜有一定的弧度（曲率半径在 3 厘米以上），以防止积垢和便于清洗。

(2)粗加工、切配、餐用具清洗消毒和烹调等需经常冲洗的场所、易潮湿场所应有1.5米以上的光滑、不吸水、浅色、耐用和易清洗的材料(例如瓷砖、合金材料等)制成的墙裙,各类专间应铺设到墙顶。

(3)食品处理区的门、窗应装配严密,与外界直接相通的门和可开启的窗应设有易于拆下清洗且不生锈的防蝇纱网或设置空气幕,与外界直接相通的门和各类专间的门应能自动关闭。窗户不宜设室内窗台,若有窗台台面应向内侧倾斜(倾斜度宜在45度以上)。

(4)粗加工、切配、烹调、餐用具清洗消毒等场所和各类专间的门应采用易清洗、不吸水的坚固材料制作。

(5)供应自助餐的餐饮单位或无备餐专间的快餐店和食堂,就餐场所窗户应为封闭式或装有防蝇防尘设施,门应设有防蝇防尘设施,以设空气幕为宜。

(三)屋顶与天花板卫生要求。

(1)加工经营场所天花板的设计应易于清扫,能防止害虫隐匿和灰尘积聚,避免长霉或建筑材料的脱落等情形发生。

(2)食品处理区天花板应选用无毒、无异味、不吸水、表面光洁、耐腐蚀、耐温、浅色材料涂覆或装修,天花板与横梁或墙壁结合处宜有一定弧度(曲率半径在3厘米以上);水蒸气较多场所的天花板应有适当坡度,在结构上减少凝结水滴落。清洁操作区、准清洁操作区及其他半成品、成品暴露场所屋顶若为不平整的结构或有管道通过,应加设平整易于清洁的吊顶。

(3)烹调场所天花板离地面宜在2.5米以上,小于2.5米的应采用机械通风使换气量符合JGJ64《饮食建筑设计规范》要求。

(四)厕所卫生要求。

(1)厕所不得设在食品处理区。

(2)厕所应采用冲水式,地面、墙壁、便槽等应采用不透水、易清洗、不易积垢的材料。

(3)厕所内的洗手设施,应符合本规范本条第八项的规定且宜设置在出口附近。

(4)厕所应设有效排气(臭)装置,并有适当照明,与外界相通的门窗应设置严密坚固、易于清洁的纱门及纱窗,外门应能自动关闭。

(5)厕所排污管道应与加工经营场所的排水管道分设,且应有可靠的防臭气水封。

(五)更衣场所卫生要求。

(1)更衣场所与加工经营场所应处于同一建筑物内,宜为独立隔间,有适当的照明,并设有符合本规范本条第八项规定的洗手设施。

(2)更衣场所应有足够大小的空间,以供员工更衣之用。

(六)库房卫生要求。

(1)食品和非食品(不会导致食品污染的食品容器、包装材料、工具等物品除外)库房应分开设置。

(2)食品库房宜根据贮存条件的不同分别设置,必要时设冷冻(藏)库。

(3)同一库房内贮存不同性质食品和物品的应区分存放区域,不同区域应有明显的标识。

(4)库房的构造应以无毒、坚固的材料建成，应能使贮存保管中的食品品质的劣化降至最低程度，防止污染，且易于维持整洁，并应有防止动物侵入的装置(如库房门口设防鼠板)。

(5)库房内应设置数量足够的物品存放架，其结构及位置应能使储藏的食品距离墙壁、地面均在 10 厘米以上，以利空气流通及物品的搬运。

(6)除冷库外的库房应有良好的通风、防潮设施。

(7)冷冻(藏)库应设可正确指示库内温度的温度计。

(七)专间卫生要求。

(1)专间应为独立隔间，专间内应设有专用工具清洗消毒设施和空气消毒设施，专间内温度应不高于 25℃，宜设有独立的空调设施。加工经营场所面积 500 米^2 以上餐馆和食堂的专间入口处应设置有洗手、消毒、更衣设施的通过式预进间。500 米^2 以下餐馆和食堂等其他餐饮单位，不具备设置预进间条件的，应在专间内入口处设置洗手、消毒、更衣设施。洗手消毒设施应符合本条第八项规定。

(2)紫外线灯作为空气消毒装置的，紫外线灯(波长 200～275 纳米)应按功率不小于 1.5 瓦/米^3 设置，紫外线灯宜安装反光罩，强度大于 70 微瓦/厘米^2。专间内紫外线灯应分布均匀，距离地面 2 米以内。

(3)凉菜间、裱花间应设有专用冷藏设施，需要直接接触成品的用水，还宜通过净水设施。

(4)专间不得设置两个以上(含两个)的门，专间如有窗户应为封闭式(传递食品用的除外)。专间内外食品传送宜为可开闭的窗口形式，窗口大小宜以可通过传送食品的容器为准。

(5)专间的面积应与就餐场所面积和供应就餐人数相适应，各类餐饮业专间面积要求宜符合附件 1 规定。

(八)洗手消毒设施卫生要求。

(1)食品处理区内应设置足够数目的洗手设施，其位置应设置在方便从业人员的区域。

(2)洗手消毒设施附近应设有相应的清洗、消毒用品和干手设施。员工专用洗手消毒设施附近应有洗手消毒方法标示。

(3)洗手设施的排水应具有防止逆流、有害动物侵入及臭味产生的装置。

(4)洗手池的材质应为不透水材料(包括不锈钢或陶瓷等)，结构应不易积垢并易于清洗。

(5)水龙头宜采用脚踏式、肘动式或感应式等非手动式开关或可自动关闭的开关，并宜提供温水。

(6)就餐场所应设有数量足够的供就餐者使用的专用洗手设施，其设置应符合本项第二目至第四目要求。

(九)供水设施卫生要求。

(1)供水应能保证加工需要，水质应符合 GB5749《生活饮用水卫生标准》规定。

(2)不与食品接触的非饮用水(如冷却水,污水或废水等)的管道系统和食品加工用水的管道系统,应以不同颜色明显区分,并以完全分离的管路输送,不得有逆流或相互交接现象。

(十)通风排烟设施卫生要求。

(1)食品处理区应保持良好通风,及时排除潮湿和污浊的空气。空气流向应由高清洁区流向低清洁区,防止食品、餐饮具、加工设备设施污染。

(2)烹调场所应采用机械排风。产生油烟的设备上部,应加设附有机械排风及油烟过滤的排气装置,过滤器应便于清洗和更换。

(3)产生大量蒸汽的设备上方除应加设机械排风外,还宜分隔成小间,防止结露并做好凝结水的引泄。

(4)排气口应装有易清洗、耐腐蚀并符合本条第十二项要求的可防止有害动物侵入的网罩。

(5)采用空调设施进行通风的,就餐场所空气应符合 GB 16153《饭馆(餐厅)卫生标准》要求。

(十一)餐用具清洗消毒和保洁设施卫生要求。

(1)餐用具宜用热力方法进行消毒,因材质、大小等原因无法采用的除外。

(2)餐用具清洗消毒水池应专用,与食品原料、清洁用具及接触非直接入口食品的工具、容器清洗水池分开。水池应使用不锈钢或陶瓷等不透水材料、不易积垢并易于清洗。采用化学消毒的,至少设有 3 个专用水池。各类水池应以明显标识标明其用途。

(3)清洗消毒设备设施的大小和数量应能满足需要。

(4)采用自动清洗消毒设备的,设备上应有温度显示和清洗消毒剂自动添加装置。

(5)应设专供存放消毒后餐用具的保洁设施,其结构应密闭并易于清洁。

(十二)防尘防鼠防虫害设施卫生要求。

(1)加工经营场所门窗应按本规范本条第二项规定设置防尘防鼠防虫害设施。

(2)加工经营场所必要时可设置灭蝇设施。使用灭蝇灯的,应悬挂于距地面 2 米左右高度,且应与食品加工操作保持一定距离。

(3)排水沟出口和排气口应有网眼孔径小于 6 毫米的金属隔栅或网罩,以防鼠类侵入。

(十三)采光照明设施卫生要求。

(1)加工经营场所应有充足的自然采光或人工照明,食品处理区工作面不应低于 220 勒克斯,其他场所不应低于 110 勒克斯。光源应不至于改变所观察食品的天然颜色。

(2)安装在食品暴露正上方的照明设施宜使用防护罩,以防止破裂时玻璃碎片污染食品。

(十四)废弃物暂存设施卫生要求。

(1)食品处理区内可能产生废弃物或垃圾的场所均应设有废弃物容器。

(2)废弃物容器应配有盖子,以坚固及不透水的材料制造,能防止有害动物的侵入、不良气味或污水的溢出,内壁应光滑以便于清洗。

(3)在加工经营场所外适当地点宜设置废弃物临时集中存放设施，其结构应密闭，能防止害虫进入、滋生且不污染环境。

第八条 设备与工具卫生要求

(一)食品加工用设备和工具的构造应有利于保证食品卫生、易于清洗消毒、易于检查，避免因构造原因造成润滑油、金属碎屑、污水或其他可能引起污染的物质滞留于设备和工具中。

(二)食品容器、工具和设备与食品的接触面应平滑、无凹陷或裂缝，设备内部角落部位应避免有尖角，以避免食品碎屑、污垢等的聚积。

(三)设备的摆放位置应便于操作、清洁、维护和减少交叉污染。

(四)用于原料、半成品、成品的工具和容器，应分开并有明显的区分标志；原料加工中切配动物性和植物性食品的工具和容器，宜分开并有明显的区分标志。

(五)所有用于食品处理区及可能接触食品的设备与工具，应由无毒、无臭味或异味、耐腐蚀、不易发霉的，符合卫生标准的材料制造。不与食品接触的设备与工具的构造，也应易于保持清洁。

(六)食品接触面原则上不得使用木质材料(工艺要求必须使用除外)，必须使用木质材料的工具，应保证不会对食品产生污染。

(七)集体用餐配送单位应配备盛装、分送集体用餐的专用密闭容器，运送集体用餐的车辆应为专用封闭式，车内宜设置温度控制设备，车辆内部的结构应平整，以便于清洁。

第三章 加工操作卫生要求

第九条 加工操作规程的制定与执行

(一)生产经营者应按本规范有关要求，根据预防食物中毒的基本原则(餐饮业和集体用餐配送单位预防食物中毒的基本原则见附件 2)，制定相应的加工操作规程。

(二)加工操作规程应包括对食品采购、运输和贮存、粗加工、切配、烹调、凉菜配制、现榨果蔬汁及水果拼盘制作、点心加工、裱花操作、烧烤加工、生食海产品加工、备餐及供餐、食品再加热和工具、容器、餐饮具清洗、消毒、保洁、食品配送等各道操作工序的具体规定和详细的操作方法与要求。

(三)加工操作规程应具体规定标准的加工操作程序、加工操作过程关键项目控制标准和设备操作与维护标准，明确各工序、各岗位人员的要求及职责。

(四)应教育培训员工按照加工操作规程进行操作，使其符合加工操作、卫生及品质管理要求。

集体用餐配送单位、加工经营场所面积 2 000 $米^2$ 以上的餐馆、就餐场所有 300 座位以上或单餐供应 300 人以上的餐馆、食堂及连锁经营的餐饮业经营者宜建立和实施 HACCP 食品安全管理体系，制定 HACCP 计划和执行文件。

第十条 原料采购卫生要求

(一)应符合国家有关卫生标准和规定的有关要求，并应进行验收，不得采购《食品卫生法》第九条规定禁止生产经营的食品。

（二）采购时应索取发票等购货凭据，并做好采购记录，便于溯源；向食品生产单位、批发市场等批量采购食品的，还应索取食品卫生许可证、检验（检疫）合格证明等。

（三）入库前应进行验收，出入库时应登记，作好记录。

第十一条 食品运输工具应当保持清洁，防止食品在运输过程中受到污染。

第十二条 贮存卫生要求

（一）贮存食品的场所、设备应当保持清洁，无霉斑、鼠迹、苍蝇、蟑螂，不得存放有毒、有害物品（如：杀鼠剂、杀虫剂、洗涤剂、消毒剂等）及个人生活用品。

（二）食品应当分类、分架存放，距离墙壁、地面均在10厘米以上，并定期检查，使用应遵循先进先出的原则，变质和过期食品应及时清除。

（三）食品冷藏、冷冻贮藏的温度应分别符合冷藏和冷冻的温度范围要求。

（1）食品冷藏、冷冻贮藏应做到原料、半成品、成品严格分开，不得在同一冰室内存放。冷藏、冷冻柜（库）应有明显区分标志，宜设外显式温度（指示）计，以便于对冷藏、冷冻柜（库）内部温度的监测。

（2）食品在冷藏、冷冻柜（库）内贮藏时，应做到植物性食品、动物性食品和水产品分类摆放。

（3）食品在冷藏、冷冻柜（库）内贮藏时，为确保食品中心温度达到冷藏或冷冻的温度要求，不得将食品堆积、挤压存放。

（4）用于贮藏食品的冷藏、冷冻柜（库），应定期除霜、清洁和维修，以确保冷藏、冷冻温度达到要求并保持卫生。

第十三条 粗加工及切配卫生要求

（一）加工前应认真检查待加工食品，发现有腐败变质迹象或者其他感官性状异常的，不得加工和使用。

（二）各种食品原料在使用前应洗净，动物性食品、植物性食品应分池清洗，水产品宜在专用水池清洗，禽蛋在使用前应对外壳进行清洗，必要时消毒处理。

（三）易腐食品应尽量缩短在常温下的存放时间，加工后应及时使用或冷藏。

（四）切配好的半成品应避免污染，与原料分开存放，并应根据性质分类存放。

（五）切配好的食品应按照加工操作规程，在规定时间内使用。

（六）已盛装食品的容器不得直接置于地上，以防止食品污染。

（七）加工用容器、工具应符合第二十三条规定。生熟食品的加工工具及容器应分开使用并有明显标志。

第十四条 烹调加工卫生要求

（一）烹调前应认真检查待加工食品，发现有腐败变质或者其他感官性状异常的，不得进行烹调加工。

（二）不得将回收后的食品（包括辅料）经烹调加工后再次供应。

（三）需要熟制加工的食品应当烧熟煮透，其加工时食品中心温度应不低于70℃。

(四)加工后的成品应与半成品、原料分开存放。

(五)需要冷藏的熟制品,应尽快冷却后再冷藏。

第十五条 凉菜配制卫生要求

(一)加工前应认真检查待配制的成品凉菜,发现有腐败变质或者其他感官性状异常的,不得进行加工。

(二)操作人员进入专间前应更换洁净的工作衣帽,并将手洗净、消毒,工作时宜戴口罩。

(三)专间内应当由专人加工制作,非操作人员不得擅自进入专间。不得在专间内从事与凉菜加工无关的活动。

(四)专间每餐(或每次)使用前应进行空气和操作台的消毒。使用紫外线灯消毒的,应在无人工作时开启30分钟以上。

(五)专间内应使用专用的工具、容器,用前应消毒,用后应洗净并保持清洁。

(六)供加工凉菜用的蔬菜、水果等食品原料,未经清洗处理的,不得带入凉菜间。

(七)制作好的凉菜应尽量当餐用完。剩余尚需使用的应存放于专用冰箱内冷藏或冷冻,食用前按本规范第二十二条规定进行再加热。

第十六条 现榨果蔬汁及水果拼盘制作卫生要求

(一)从事现榨果蔬汁和水果拼盘加工的人员操作前应更衣、洗手并进行手部消毒,操作时佩戴口罩。

(二)现榨果蔬汁及水果拼盘制作的设备、工用具应专用。每餐次使用前应消毒,用后应洗净并在专用保洁设施内存放。

(三)用于现榨果蔬汁和水果拼盘的瓜果应新鲜,未经清洗处理的不得使用。

(四)制作的现榨果蔬汁和水果拼盘应当餐用完。

第十七条 点心加工卫生要求

(一)加工前应认真检查各种食品原辅料,发现有腐败变质或者其他感官性状异常的,不得进行加工。

(二)需进行热加工的应按本规范第十四条要求进行操作。

(三)未用完的点心馅料、半成品点心,应在冷柜内存放,并在规定存放期限内使用。

(四)奶油类原料应低温存放。水分含量较高的含奶、蛋的点心应当在10℃以下或60℃以上的温度条件下贮存。

第十八条 裱花操作卫生要求

(一)专间内操作卫生应符合本规范第十五条第二项至第五项要求。

(二)蛋糕胚应在专用冰箱中贮存,贮存温度10℃以下。

(三)裱浆和新鲜水果(经清洗消毒)应当天加工、当天使用。

(四)植脂奶油裱花蛋糕储藏温度在(3±2)℃,蛋白裱花蛋糕、奶油裱花蛋糕、人造奶油裱花蛋糕贮存温度不得超过20℃。

第十九条 烧烤加工卫生要求

(一)烧烤加工前应认真检查待加工食品,发现有腐败变质或者其他感官性状异常的,不得进行加工。

（二）原料、半成品应分开放置，成品应有专用存放场所，避免受到污染。

（三）烧烤时宜避免食品直接接触火焰和食品中油脂滴落到火焰上。

第二十条 生食海产品加工卫生要求

（一）从事生食海产品加工的人员操作前应清洗、消毒手部，操作时佩戴口罩。

（二）用于生食海产品加工的工具、容器应专用。用前应消毒，用后应洗净并在专用保洁设施内存放。

（三）用于加工的生食海产品应符合相关卫生要求。

（四）加工操作时应避免生食海产品的可食部分受到污染。

（五）加工后的生食海产品应当放置在食用冰中保存并用保鲜膜分隔。

（六）加工后至食用的间隔时间不得超过1小时。

第二十一条 备餐及供餐卫生要求

（一）操作前应清洗、消毒手部，在备餐专间内操作应符合本规范第十五条第二项至第五项要求。

（二）操作人员应认真检查待供应食品，发现有感官性状异常的，不得供应。

（三）操作时要避免食品受到污染。

（四）菜肴分派、造型整理的用具应经消毒。

（五）用于菜肴装饰的原料使用前应洗净消毒，不得反复使用。

（六）在烹饪后至食用前需要较长时间（超过2小时）存放的食品，应当在高于60℃或低于10℃的条件下存放。

第二十二条 食品再加热卫生要求

（一）无适当保存条件（温度低于60℃、高于10℃条件下放置2小时以上的），存放时间超过2小时的熟食品，需再次利用的应充分加热。加热前应确认食品未变质。

（二）冷冻熟食品应彻底解冻后经充分加热方可食用。

（三）加热时中心温度应高于70℃，未经充分加热的食品不得食用。

第二十三条 餐用具卫生要求

（一）餐用具使用后应及时洗净，定位存放，保持清洁。消毒后的餐用具应贮存在专用保洁柜内备用，保洁柜应有明显标记。餐具保洁柜应当定期清洗，保持洁净。

（二）接触直接入口食品的餐用具使用前应洗净并消毒（推荐的餐饮具清洗消毒方法见附件3）。

（三）应定期检查消毒设备、设施是否处于良好状态。采用化学消毒的应定时测量有效消毒浓度。

（四）消毒后餐具应符合GB14934《食（饮）具消毒卫生标准》规定。

（五）不得重复使用一次性餐饮具。

（六）已消毒和未消毒的餐用具应分开存放，保洁柜内不得存放其他物品。

第二十四条 集体用餐配送卫生要求

（一）专间内操作卫生应符合第十五条第二项至第五项要求。

（二）集体用餐配送的食品不得在10～60℃的温度条件下贮存和运输，从烧熟至食用的间隔时间（保质期）应符合以下要求：

烧熟后2小时的食品中心温度保持在60℃以上（热藏）的，其保质期为烧熟后4小时。

烧熟后2小时的食品中心温度保持在10℃以下（冷藏）的，保质期为烧熟后24小时，但供餐前应按本规范第二十二条第三项要求再加热。

（三）盛装、分送集体用餐的容器表面宜标明加工单位、生产日期及时间、保质期，必要时标注保存条件和食用方法。

（四）运送集体用餐的容器和车辆应安装食品热藏和冷藏设备，在每次配送前应进行清洗消毒。

第四章 卫生管理

第二十五条 卫生管理机构与人员要求

（一）餐饮业经营者和集体用餐配送单位的法定代表人或负责人是食品卫生安全的第一责任人，对本单位的食品卫生安全负全面责任。

（二）应设置卫生管理职责部门，对本单位食品卫生负全面管理职责。

（三）应设置食品卫生管理员，集体用餐配送单位、加工经营场所面积1 500米^{2}以上的餐馆、食堂及连锁经营的生产经营者应设专职食品卫生管理员，其他生产经营者的食品卫生管理员可为兼职，但不得由加工经营环节的工作人员兼任。

（四）集体用餐配送单位、加工经营场所面积3 000米^{2}以上的餐馆、食堂及连锁经营的餐饮业经营者宜设置检验室，对食品原料、接触直接入口食品的餐用具和成品进行检验，检验结果应记录。

第二十六条 食品卫生管理员应具备高中以上学历，有从事食品卫生管理工作的经验，参加过食品卫生管理员培训并经考核合格，身体健康并具有从业人员健康合格证明。

食品卫生管理员承担本单位食品生产经营活动卫生管理的职能，主要职责包括：

（一）组织从业人员进行卫生法律和卫生知识培训；

（二）制定食品卫生管理制度及岗位责任制度，并对执行情况进行督促检查；

（三）检查食品生产经营过程的卫生状况并记录，对检查中发现的不符合卫生要求的行为及时制止并提出处理意见；

（四）对食品卫生检验工作进行管理；

（五）组织从业人员进行健康检查，督促患有有碍食品卫生疾病和病症的人员调离相关岗位；

（六）建立食品卫生管理档案；

（七）接受和配合卫生监督机构对本单位的食品卫生进行监督检查，并如实提供有关情况；

（八）与保证食品安全卫生有关的其他管理工作。

第二十七条 生产经营者应制订从业人员食品卫生教育和培训计划，组织各部门负责人和从业人员参加各种上岗前及在职培训。

食品卫生教育和培训应针对每个食品加工操作岗位分别进行，内容应包括法律、法规、规范、标准和食品卫生知识、各岗位加工操作规程等。

第二十八条 生产经营者应制定内部卫生管理制度，实行岗位责任制，制订卫生检查计划，规定检查时间、检查项目及考核标准（餐饮业和集体用餐配送单位卫生管理自查建议项目见附件 4）。每次检查应有记录并存档。

第二十九条 环境卫生管理要求

（一）生产加工经营场所内环境（包括地面、排水沟、墙壁、天花板、门窗等）应保持清洁和良好状况（推荐的场所、设施、设备及工具的清洁计划见附件 5）。

（二）餐厅内桌、椅、台等应保持清洁。

（三）废弃物至少应每天清除 1 次，清除后的容器应及时清洗，必要时进行消毒。

（四）废弃物放置场所不得有不良气味或有害（有毒）气体溢出，应防止有害昆虫的滋生，防止污染食品、食品接触面、水源及地面。

（五）食品加工过程中废弃的食用油脂应集中存放在有明显标志的容器内，定期按照《食品生产经营单位废弃食用油脂管理的规定》予以处理。

（六）污水和废气排放应符合国家环保要求和排放标准。

（七）应定期进行除虫灭害工作，防止害虫滋生。除虫灭害工作不能在食品加工操作时进行，实施时对各种食品（包括原料）应有保护措施。

（八）使用杀虫剂进行除虫灭害，应由专人按照规定的使用方法进行；使用时不得污染食品、食品接触面及包装材料，使用后应将所有设备、工具及容器彻底清洗。

（九）场所内如发现有害动物存在，应追查和杜绝其来源。扑灭方法应以不污染食品、食品接触面及包装材料为原则。

第三十条 场所及设施卫生管理

（一）应建立加工经营场所及设施清洁制度，各岗位相关人员按规定开展清洁工作（推荐的场所、设施、设备及工具的清洁计划见附件 5），使场所及其内部各项设施随时保持清洁。

（二）应建立加工经营场所及设施维修保养制度，并按规定进行维护或检修，以使其保持良好的运行状况。

（三）食品加工经营场所内不得存放与食品加工无关的物品，各项设施也不得用作与食品加工无关的用途。

第三十一条 设备及工具卫生管理

（一）应建立加工操作设备及工具清洁制度，用于食品加工的设备及工具使用后应洗净，接触直接入口食品的还应进行消毒（推荐的场所、设施、设备及工具的清洁计划见附件 5）。

（二）清洗消毒时应注意防止污染食品、食品接触面。

（三）采用化学消毒的设备及工具消毒后要彻底清洗。

（四）已清洗和消毒过的设备和工具，应在保洁设施内定位存放，避免再次受到污染。

(五)用于食品加工操作的设备及工具不得用作与食品加工无关的用途。

第三十二条 清洗和消毒卫生管理

(一)应制定清洗和消毒制度,以保证所有食品加工操作场所清洁卫生,防止食品污染。

(二)使用的洗涤剂、消毒剂应符合 GB 14930.1《食品工具、设备用洗涤卫生标准》和 GB 14930.2《食品工具、设备用洗涤消毒剂卫生标准》等有关卫生标准和要求。

(三)用于清扫、清洗和消毒的设备、用具应放置在专用场所妥善保管。

(四)设备及工具、操作人员手部消毒按本规范第三十一条及本条有关规定执行。

第三十三条 杀虫剂、杀鼠剂、清洗剂、消毒剂及有毒有害物管理

(一)杀虫剂、杀鼠剂及其他有毒有害物品存放,均应有固定的场所(或橱柜)并上锁,包装上应有明显的警示标志,并有专人保管。

(二)各种有毒有害物的采购及使用应有详细记录,包括使用人、使用目的、使用区域、使用量、使用及购买时间、配制浓度等。使用后应进行复核,并按规定进行存放、保管。

第三十四条 食品添加剂的使用应符合 GB 2760《食品添加剂使用卫生标准》的规定,并应有详细记录。

食品添加剂存放应有固定的场所(或橱柜)并上锁,包装上应标示"食品添加剂"字样,并有专人保管。

第三十五条 留样要求

(一)配送的集体用餐及重要接待活动供应的食品成品应留样。

(二)留样食品应按品种分别盛放于清洗消毒后的密闭专用容器内,在冷藏条件下存放 48 小时以上,每个品种留样量不少于 100 克。

第三十六条 生产经营者应建立投诉管理制度,对消费者提出的口头或书面意见与投诉,应立即追查原因,妥善处理。

第三十七条 记录管理

(一)原料采购验收、加工操作过程关键项目、卫生检查情况、人员健康状况、教育与培训情况、食品留样、检验结果及投诉情况、处理结果、发现问题后采取的措施等均应予以记录。

(二)各项记录均应有执行人员和检查人员的签名。

(三)各岗位负责人应督促相关人员按要求进行记录,并每天检查记录的有关内容。食品卫生管理员应经常检查相关记录,记录中如发现异常情况,应立即督促有关人员采取措施。

(四)有关记录至少应保存 12 个月。

第五章 从业人员卫生要求

第三十八条 从业人员健康管理

(一)从业人员应按《中华人民共和国食品卫生法》的规定,每年至少进行一次健康检查,必要时接受临时检查。新参加或临时参加工作的人员,应经健康检查,取得健康合格证明后方可参加工作。凡患有痢疾、伤寒、病毒性肝炎等消化道传染病(包括病原携带者),活动性肺结核,化脓性或者渗出性皮肤病以及其他有碍食品卫生疾病的,不得从事接

触直接入口食品的工作。

（二）从业人员有发热、腹泻、皮肤伤口或感染、咽部炎症等有碍食品卫生病症的，应立即脱离工作岗位，待查明原因、排除有碍食品卫生的病症或治愈后，方可重新上岗。

（三）应建立从业人员健康档案。

第三十九条 从业人员培训

应对新参加工作及临时参加工作的从业人员进行卫生知识培训，合格后方能上岗；在职从业人员应进行卫生培训，培训情况应记录。

第四十条 从业人员个人卫生

（一）应保持良好个人卫生，操作时应穿戴清洁的工作服、工作帽（专间操作人员还需戴口罩），头发不得外露，不得留长指甲，涂指甲油，佩戴饰物。

（二）操作时手部应保持清洁，操作前手部应洗净。接触直接入口食品时，手部还应进行消毒（推荐的洗手消毒方法见附件 6）。

（三）接触直接入口食品的操作人员在有下列情形时应洗手：

(1)开始工作前。

(2)处理食物前。

(3)上厕所后。

(4)处理生食物后。

(5)处理弄污的设备或饮食用具后。

(6)咳嗽、打喷嚏或擤鼻子后。

(7)处理动物或废物后。

(8)触摸耳朵、鼻子、头发、口腔或身体其他部位后。

(9)从事任何可能会污染双手活动（如处理货项、执行清洁任务）后。

（四）专间操作人员进入专间时宜再次更换专间内专用工作衣帽并佩戴口罩，操作前双手严格进行清洗消毒，操作中应适时地消毒双手。不得穿戴专间工作衣帽从事与专间内操作无关的工作。

（五）个人衣物及私人物品不得带入食品处理区。

（六）食品处理区内不得有抽烟、饮食及其他可能污染食品的行为。

（七）进入食品处理区的非加工操作人员，应符合现场操作人员卫生要求。

第四十一条 从业人员工作服管理

（一）工作服（包括衣、帽、口罩）宜用白色（或浅色）布料制作，也可按其工作的场所从颜色或式样上进行区分，如粗加工、烹调、仓库、清洁等。

（二）工作服应有清洗保洁制度，定期进行更换，保持清洁。接触直接入口食品人员的工作服应每天更换。

（三）从业人员上厕所前应在食品处理区内脱去工作服。

（四）待清洗的工作服应放在远离食品处理区。

（五）每名从业人员应有两套或以上工作服。

第六章 附 则

第四十二条 本规范由卫生部负责解释。

第四十三条 本规范于2005年10月1日起施行。

附件1

推荐的各类餐饮业场所布局要求

	加工经营场所面积(米^2)	食品处理区与就餐场所面积之比	切配烹饪场所累计面积	凉菜间累计面积	食品处理区为独立隔间的场所
餐馆	≤150	≥1:2.0	≥食品处理区面积50%且≥8米^2	≥5米^2	加工烹饪、餐用具清洗消毒
	150～500（不含150，含500）	≥1:2.2	≥食品处理区面积50%	≥食品处理区面积10%	加工、烹饪、餐用具清洗消毒
	500～3000（不含500，含3000）	≥1:2.5	≥食品处理区面积50%	≥食品处理区面积10%	粗加工、切配、烹饪、餐用具清洗消毒、清洁工具存放
	＞3000	≥1:3.0	≥食品处理区面积50%	≥食品处理区面积10%	粗加工、切配、烹饪、餐用具清洗消毒、餐用具保洁、清洁工具存放
快餐店、小吃店	≤50	≥1:2.5	≥8米^2	≥5米^2	加工、(快餐店)备餐（或符合本规范第七条第二项第五目规定）
	＞50	≥1:3.0	≥10米^2	≥5米^2	
食堂	供餐人数100人以下食品处理区面积不小于30米^2，100人以上每增加1人增加0.3米^2，1 000人以上超过部分每增加1人增加0.2米^2。切配烹饪场所占食品处理区面积50%以上			≥5米^2	备餐(或符合本规范第七条第二项第五目规定)、其他参照餐馆相应要求设置

注：1.上表中所示面积为实际使用面积或相对使用面积。

2.全部使用半成品加工的餐饮业经营者以及单纯经营火锅、烧烤的餐饮业经营者，食品处理区与就餐场所面积之比在上表基础上可适当减少。

3.表中“加工”指对食品原料进行粗加工、切配。

4.各类专间要求必须设置为独立隔间，未在表中“食品处理区为独立隔间的场所”栏列出。

附件2

餐饮业和集体用餐配送单位预防食物中毒的基本原则

一、食物中毒的常见原因

(一)细菌性食物中毒常见原因

(1)生熟交叉污染。如熟食品被生的食品原料污染，或被与生的食品原料接触过的表面(如容器、手、操作台等)污染，或接触熟食品的容器、手、操作台等被生的食品原料污染。

(2)食品贮存不当。如熟食品被长时间存放在10～60℃之间的温度条件下(在此温度下的存放时间应小于2小时)，或易腐原料、半成品食品在不适合温度下长时间贮存。

(3)食品未烧熟煮透。如食品烧制时间不足、烹调前未彻底解冻等原因使食品加工时中心温度未达到70℃。

(4)从业人员带菌污染食品。从业人员患有传染病或是带菌者，操作时通过手部接触等方式污染食品。

(5)经长时间贮存的食品食用前未彻底再加热至中心温度70℃以上。

(6)进食未经加热处理的生食品。

(二)化学性食物中毒常见原因

(1)作为食品原料的食用农产品在种植养殖过程或生长环境中，受到化学性有毒有害物质污染。如蔬菜中农药、猪肝中瘦肉精等。

(2)食品中含有天然有毒物质，食品加工过程未去除。如豆浆未煮透使其中的胰蛋白酶抑制物未彻底去除，四季豆加工时加热时间不够使其中的皂素等未完全破坏。

(3)食品在加工过程受到化学性有毒有害物质的污染。如误将亚硝酸盐当作食盐使用。

(4)食用有毒有害食品，如毒蕈、发芽马铃薯、河豚。

二、预防食物中毒的基本原则

(一)预防细菌性食物中毒的基本原则和关键点

预防细菌性食物中毒，应根据防止食品受到细菌污染、控制细菌的繁殖和杀灭病原菌三项基本原则采取措施，其关键点主要有：

(1)避免污染。即避免熟食品受到各种致病菌的污染。如避免生食品与熟食品接触、经常性洗手、接触直接入口食品的还应消毒手部、保持食品加工操作场所清洁，避免昆虫、鼠类等动物接触食品。

(2)控制温度。即控制适当的温度以保证杀灭食品中的微生物或防止微生物的生长繁殖。如加热食品应使中心温度达到70℃以上。贮存熟食品，要及时热藏，使食品温度保持在60℃以上，或者及时冷藏，把温度控制在10℃以下。

(3)控制时间。即尽量缩短食品存放时间，不给微生物生长繁殖的机会。熟食品应尽快吃掉；食品原料应尽快使用完。

(4)清洗和消毒，这是防止食品污染的主要措施。对接触食品的所有物品应清洗干净，凡是接触直接入口食品的物品，还应在清洗的基础上进行消毒。一些生吃的蔬菜水果也应进行清洗消毒。

(5)控制加工量。食品的加工量应与加工条件相吻合。食品加工量超过加工场所和设备的承受能力时，难以做到按卫生要求加工，极易造成食品污染，引起食物中毒。

（二）预防常见化学性食物中毒的措施

（1）农药引起的食物中毒。蔬菜粗加工时以食品洗涤剂（洗洁精）溶液浸泡 30 分钟后再冲净，烹调前再经烫泡 1 分钟，可有效去除蔬菜表面的大部分农药。

（2）豆浆引起的食物中毒。生豆浆烧煮时将上涌泡沫除净，煮沸后再以文火维持煮沸 5 分钟左右，可使其中的胰蛋白酶抑制物彻底分解破坏。应注意豆浆加热至 80℃时，会有许多泡沫上浮，出现“假沸”现象。

（3）四季豆引起的食物中毒。烹调时先将四季豆放入开水中烫煮 10 分钟以上再炒。

（4）亚硝酸盐引起的食物中毒。加强亚硝酸盐的保管，避免误作食盐使用。在腌制肉制品时，所使用的亚硝酸盐不得超过《食品添加剂使用卫生标准》（GB 2760）的限量规定。

附件 3

推荐的餐饮具清洗消毒方法

一、清洗方法

（一）采用手工方法清洗的应按以下步骤进行：

（1）刮掉沾在餐饮具表面上的大部分食物残渣、污垢。

（2）用含洗涤剂溶液洗净餐饮具表面。

（3）最后用清水冲去残留的洗涤剂。

（二）洗碗机清洗按设备使用说明进行。餐具表面食物残渣、污垢较多的，应用手工方法先刮去大部分后，再进入洗碗机清洗。

二、消毒方法

（一）物理消毒。包括蒸汽、煮沸、红外线等热力消毒方法。

（1）煮沸、蒸汽消毒保持 100℃10 分钟以上。

（2）红外线消毒一般控制温度 120℃保持 10 分钟以上。

（3）洗碗机消毒一般水温控制 85℃，冲洗消毒 40 秒以上。

（二）化学消毒。主要为各种含氯消毒药物（餐饮业常用消毒剂及化学消毒注意事项见附件 7）。

（1）使用浓度应含有效氯 250 毫克/升（又称 250 ppm）以上，餐饮具全部浸泡入液体中，作用 5 分钟以上。

（2）化学消毒后的餐饮具应用净水冲去表面的消毒剂残留。

（三）保洁方法

（1）消毒后的餐饮具要自然滤干或烘干，不应使用手巾、餐巾擦干，以避免受到再次污染。

（2）消毒后的餐饮具应及时放入餐具保洁柜内。

附件 4

餐饮业和集体用餐配送单位卫生管理自查建议项目

检查项目		结果
环境卫生	厨房内墙壁、天花板、门窗等是否有涂层脱落或破损	
	食品生产经营场所环境是否整洁	
	防蝇、防鼠、防尘设施是否有效	
	废弃物处理是否符合要求	
食品生产经营过程	加工用设施、设备工具是否清洁	
	食物热加工中心温度是否大于 70℃	
	10～60℃存放的食物，烹调后至食用前存放时间是否未超过 2 小时；存放时间超过 2 小时的食用前是否经充分加热	
	用于原料、半成品、成品的容器、工具是否明显区分，存放场所是否分开、不混用	
	食品原料、半成品、成品存放是否存在交叉污染	
	专间操作是否符合要求	
餐饮具、直接入口食品容器	使用前是否经有效清洗消毒	
	清洗消毒水池是否与其他用途水池混用	
	消毒后餐具是否贮存在清洁专用保洁柜内	
个人卫生	从业人员操作时是否穿戴清洁工作衣帽，专间操作人员是否规范佩戴口罩	
	从业人员操作前及接触不洁物品后是否洗手，接触直接入口食品之前是否洗手、消毒	
	从业人员操作时是否有从事与食品加工无关的行为	
	从业人员是否留长指甲或涂指甲油、戴戒指	
	从业人员上厕所前是否在厨房内脱去工作服	
健康管理	从业人员是否有取得有效健康培训证明而上岗操作	
	从业人员是否有有碍食品卫生的病症	
食品采购	是否索取销售发票，批量采购是否索取卫生许可证、卫生检验检疫合格证明	
	食品及原料是否符合食品卫生要求	
食品贮存	库房存放食品是否离地隔墙	
	冷冻、冷藏设施是否能正常运转，贮存温度是否符合要求	
	食品贮存是否存在生熟混放	
	食品或原料是否与有毒有害物品存放在同一场所	
违禁食品	是否生产经营超过保质期食品	
	是否生产经营腐败变质食品	
	是否生产经营其他违禁食品	

附件 5

推荐的场所、设施、设备及工具清洁计划

项目	频率	使用物品	方法
地面	每天完工或有需要时	扫帚、拖把、刷子、清洁剂及消毒剂	1.用扫帚扫地 2.用拖把以清洁剂、消毒剂拖地 3.用刷子刷去余下污物 4.用水彻底冲净 5.用干拖把拖干地面
排水沟	每周一次或有需要时	铲子、刷子、清洁剂及消毒剂	1.用铲子铲去沟内大部分污物 2.用水冲洗排水沟 3.用刷子刷去沟内余下污物 4.用清洁剂、消毒剂洗净排水沟
墙壁、天花板（包括照明设施）及门窗	每月一次或有需要时	抹布、刷子及清洁剂	1.用干布除去干的污物 2.用湿布抹擦或用水冲刷 3.用清洁剂清洗 4.用湿布抹净或用水冲净 5.风干
冷库	每周一次或有需要时	抹布、刷子及清洁剂	1.清除食物残渣及污物 2.用湿布抹擦或用水冲刷 3.用清洁剂清洗 4.用湿布抹净或用水冲净 5.用清洁的抹布抹干/风干
工作台及洗涤盆	每次使用后	抹布、清洁剂及消毒剂	1.清除食物残渣及污物 2.用湿布抹擦或用水冲刷 3.用清洁剂清洗 4.用湿布抹净或用水冲净 5.用消毒剂消毒 6.风干
工具及加工设备	每次使用后	抹布、刷子、清洁剂及消毒剂	1.清除食物残渣及污物 2.用水冲刷 3.用清洁剂清洗 4.用水冲净 5.用消毒剂消毒 6.风干
排烟设施	表面每周一次或有需要时	抹布、刷子及清洁剂	1.用清洁剂清洗 2.用刷子、抹布去除油污 3.用湿布抹净或用水冲净 4.风干
废弃物暂存容器	每天完工或有需要时	刷子、清洁剂及消毒剂	1.清除食物残渣及污物 2.用水冲刷 3.用清洁剂清洗 4.用水冲净 5.用消毒剂消毒 6.风干

附件 6

推荐的从业人员洗手消毒方法

一、洗手程序

(一)在水龙头下先用水(最好是温水)把双手弄湿。

(二)双手涂上洗涤剂。

(三)双手互相搓擦 20 秒(必要时,以干净卫生的指甲刷清洁指甲)。

(四)用自来水彻底冲洗双手,工作服为短袖的应洗到肘部。

(五)用清洁纸巾、卷轴式清洁抹手布或干手机弄干双手。

(六)关闭水龙头(手动式水龙头应用肘部或以纸巾包裹水龙头关闭)。

二、标准洗手方法

掌心对掌心搓擦

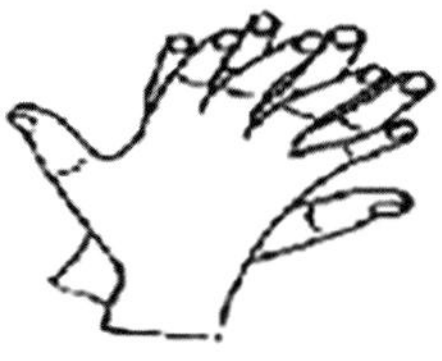

手指交错掌心对手背搓擦

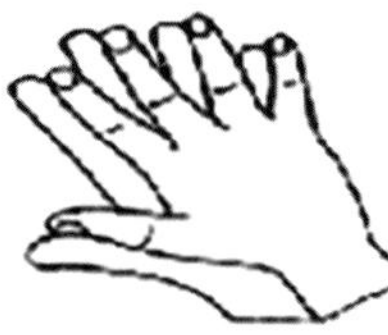

手指交错掌心对掌心搓擦

两手互握互搓指背

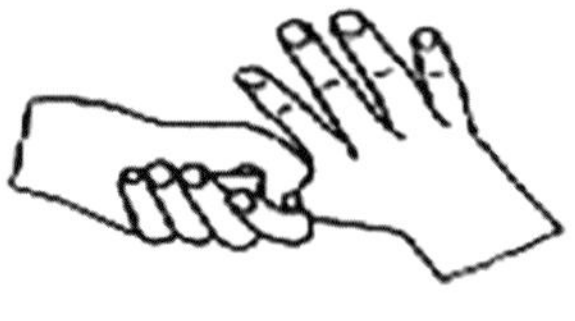

拇指在掌中转动搓擦

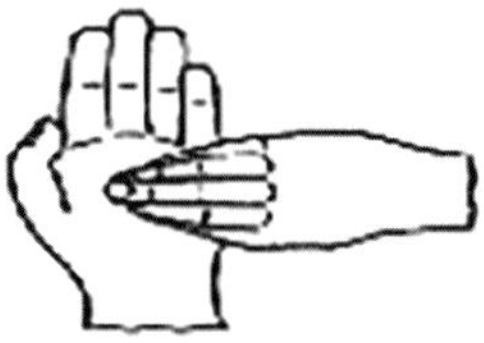

指尖在掌心中搓擦

三、标准的手消毒方法

清洗后的双手在消毒剂水溶液中浸泡或 20~30 秒,或涂擦消毒剂后充分揉搓 20~30 秒(餐饮业常用消毒剂及化学消毒注意事项见附件 7)。

附件 7

餐饮业和集体用餐配送单位常用消毒剂及化学消毒注意事项

一、常用消毒剂

(一)漂白粉:主要成分为次氯酸钠,还含有氢氧化钙、氧化钙、氯化钙等。配制水溶液时应先加少量水,调成糊状,再边加水边搅拌成乳液,静置沉淀,取澄清液使用。漂白粉可用于环境、操作台、设备、餐饮具、工具及手部浸泡消毒。

（二）次氯酸钙（漂粉精）：使用时充分溶解在水中，普通片剂应碾碎后加入水中充分搅拌溶解，泡腾片可直接加入溶解。使用范围同漂白粉。

（三）次氯酸钠：使用时在水中充分混匀。使用范围同漂白粉。

（四）二氯异氰尿酸钠（优氯净）：使用时充分溶解在水中，普通片剂应碾碎后加入水中充分搅拌溶解，泡腾片可直接加入溶解。使用范围同漂白粉。

（五）二氧化氯：因配制的水溶液不稳定，应在使用前加活化剂现配现用。使用范围同漂白粉。因氧化作用极强，应避免接触油脂，以防止加速其氧化。

（六）碘伏：0.3%～0.5%碘伏可用于手部浸泡消毒。

（七）新洁而灭：0.1%新洁而灭可用于手部浸泡消毒。

（八）乙醇：75%乙醇可用于手部或操作台、设备、工具涂擦消毒。

二、消毒液配制方法举例

以每片含有效氯0.25克的漂粉精片配制1升的有效氯浓度为250毫克/升的消毒液为例：

（一）在专用消毒容器中事先标好1升的刻度线。

（二）容器中加水至满刻度。

（三）将1片漂粉精片碾碎后加入水中。

（四）搅拌至药片充分溶解。

三、化学消毒注意事项

（一）使用的消毒剂应在保质期限内，并按规定的温度等条件贮存。

（二）严格按规定浓度进行配制，固体消毒剂应充分溶解。

（三）配好的消毒液定时更换，一般每4小时更换一次。

（四）使用时定时测量消毒液浓度，浓度低于要求立即更换。

（五）保证消毒时间，一般餐具、工具消毒应作用5分钟以上。

（六）应使消毒物品完全浸没于消毒液中。

（七）餐具消毒前应洗净，避免油垢影响消毒效果。

（八）消毒后以洁净水将消毒液冲洗干净。

中华人民共和国卫生行业标准

学生营养餐生产企业卫生规范（WS 103—1999）

1 范围

本标准规定了学生营养餐的生产单位生产、运输、销售的卫生要求。

本标准适用于以学生为主要供应对象的学生营养餐生产单位（包括生产营养餐的生产企业、机关食堂和学校食堂）。

2　引用标准

下列标准所包含的条文，通过在本标准中引用而构成为本标准的条文。本标准出版时，所示版本均为有效。所有标准都会被修订，使用本标准的各方应探讨使用下列标准最新版本的可能性。

GB 2711—1998 非发酵性豆制品及面筋卫生标准

GB 2712—1998 发酵性豆制品卫生标准

GB 2748—1996 蛋卫生标准

GB 5749—1985 生活饮用水卫生标准

GB 13271—1991 锅炉大气污染物排放标准

3　定义

本标准采用下列定义。

3.1　学生营养餐

以保证学生生长发育和健康为目的，生产单位根据平衡膳食的要求，在严格卫生消毒条件下向学生提供安全卫生，符合营养标准的色、香、味俱佳的配餐。

3.2　学生课间餐

为适量补充学生热量和各种营养素而制作的食品。

4　工厂设计与设施的卫生要求

4.1　选址

学生营养餐生产厂必须建在无有害气体、烟尘、灰沙及其他危害食品安全卫生的地区。30 米内不得有粪坑、垃圾站(场)、污水池或厕所等，1 500 米内不得有大粪场。

4.2　厂区与道路

厂区应绿化，厂区主要道路应用水泥、沥青或石块铺砌，防止尘土飞扬，路面平坦，无积水，并有良好的排水系统。

4.3　厂区的卫生设施

4.3.1　应在远离营养餐加工车间处设置垃圾和废物临时存放设施，垃圾和废物须当天清理出厂。车间存放垃圾的设施应采用便于清洗、消毒的材料制成，能防止虫害侵入，避免废弃物污染食品、生产用水、设备和道路。

4.3.2　锅炉(包括茶炉)应设在厂区常年主风向的下风侧，并有消烟除尘措施，烟尘排放必须符合 GB 13271 的规定。

4.3.3　厂区厕所应有冲水、洗手设施和防蝇、防虫设施，墙裙应砌浅色瓷砖或相当的材料。地面应平整，易于清洗、消毒，并经常保持清洁，厕所应远离车间 25 米以上。

4.3.4　工厂应有足够的生产用水，水质必须符合 GB 5749 的规定。

4.4　厂房与设施

4.4.1　厂房的车间应按工艺流程合理布局，须设有与产品种类、产量相适应的原辅料处理、生产加工、成品包装车间。

4.4.2　必须设有与生产人员相适应的通风良好、灯光明亮、清洁卫生并与车间相连接的更衣室、厕所、工间休息室和淋浴室，这些场所应布局合理，厕所门窗不得直接开向生产车间。

4.4.3　车间墙壁、地面应采用不透水、不吸潮、易冲洗材料建成，下有1.5米的墙裙（白色瓷砖或相当的材料），地面稍向下水口处倾斜，利于清洗、冲刷。下水口应有翻碗或蓖盖。

4.4.4　生产车间应有充足的光线，门窗必须有防蝇、防虫、及防鼠防尘措施。做到车间无蝇、无虫、无鼠。

4.4.5　车间出入口应配备与生产人员相适应的不用手开关的洗手和消毒设施、并备有干手设施。

4.4.6　车间内水、气管道须避开操作场地的上方，灯具应有防护罩，以免破碎后混入食品中。

4.4.7　生产用的操作台（案子）和直接接触食品的工具、容器等所选用的材质应符合有关卫生标准，表面应光滑，无凹陷及裂痕。

5　原料采购、运输、储藏的卫生要求

5.1　采购

采购的原料必须符合国家有关的食品卫生标准或规定。

5.1.1　肉禽类原料必须采用来自非疫区健康良好的畜肉；必须有兽医卫生检验合格证书。

5.1.2　水产类原料必须采用新鲜的或冷冻的，组织有弹性、骨肉紧密连接的水产品；不得使用变质及被有害物质污染的水产类原料。

5.1.3　蔬菜必须新鲜，无腐败变质。

5.1.4　蛋类应符合GB 2748的规定。

5.1.5　大豆制品：外观气味正常，表面无黏液，其产品质量应符合HN 2711及GB 2712的规定。

5.1.6　原购原料、辅料时须向售方索取该批原、辅料检验合格证书或化验单。外地产品应索取县以上食品监督机构卫生检验合格证明。

5.2　运输

5.2.1　工厂应做到运输车辆（密闭货车、冷藏车）专用，保持清洁、防尘、防蝇，生熟食品分车运输，易腐食品（肉禽及其制品、水产品、豆制品、蛋制品）冷藏运输。

5.2.2　运送营养餐的车辆和容器用前须洗刷消毒，容器上盖下垫。运生肉、生禽水产品、蔬菜的车辆和容器用后，彻底洗刷干净。

5.2.3　装卸人员装卸营养餐前必须洗手消毒，不能用手抓直接入口的食品，不得将衣物沾食品上，更不能踩坐食品。

5.3　储藏

5.3.1　原辅料进库前必须严格检验，发现不合格或无检验合格证书又无化验单者，拒绝入库，验收之后进行登记，登记内容包括品名、供货单位、数量、进货日期、感官检查情况、索证情况等。

5.3.2　食品储藏应做到各类食物分库存放，隔墙离地，分类上架。一般要设主食库、副食库、干货库、调料库，还要有足够的冷藏库。肉、禽、水产、蛋、豆制品必须冷藏。

5.3.3　常温库要通风、防潮，保持库内干燥。环境相对湿度低于70%，地面、货架、容器保持清洁。设有防鼠、防蝇措施，并避免阳光直晒食品，容器应加盖防尘。

5.3.4　冷库要加强温度管理、设温度计，每天检查记录温度。高温冷库应0℃～10℃之间，低温冷库应在－18℃以下。冷库要及时清扫保持无霜、无血水、无冰碴。

5.3.5　储存货品应遵循先进先出的原则，储存期限不超过保存期限，各种货品应挂牌，标出进货日期，尽量缩短储存期。

6　食品初加工

6.1　荤素分开，即动物性食品要有专用的加工间和刀、墩、案、盆、洗涤池等用具。蔬菜的初加工也要设有专用的房间和加工用具容器。

6.2　工具、用具、容器和各种机械保持清洁卫生，用后洗刷干净，定位存放。

6.3　初加工肉、禽、鱼要洗净、掏净内脏，去净毛、血块、鳞；菜要择洗干净，无杂物，无泥沙。初加工后的半成品放在清洁容器内，并上架码放整齐。

6.4　初加工的量要有计划，做到当天进原料当天加工，并及时冷藏，当天用完。

6.5　初加工的废弃物要及时清理，做到地面、地沟无油泥、无积水、无异味。

7　烹调熟加工

7.1　生熟分开。生、熟食品不能放在同一容器里，接触生食品的工具、用具、容器、抹布、机械等与接触熟食品的工具要分开，两者不能交叉使用。

7.2　彻底加热。动物性食品须防止里生外熟，植物性食品如扁豆含有天然毒素，需要高温加热破坏毒素。

7.3　学生营养餐不得使用剩菜剩饭。

7.4　厨师品尝味道要有专用的工具，食物品尝后须废弃，不准用炒菜勺或用手抓取品尝味道。

7.5　各种炊具、用具、容器用后洗刷干净，定位存放，如盛熟食前还必须消毒。

7.6　保持环境清洁。台面、地面每餐打扫一次，废弃物桶及时清理。排烟罩应经常清洗。

7.7　盛调料的容器要保持清洁卫生，调料内无异物，用后加盖防尘。每次用后要将容器洗刷一次，再倒入新的调料。

7.8　厨房内不得存放私人物品、杂物。未经初加工的食品不得进入厨房。废弃物应放在有盖的容器内，一餐一清。

8　营养餐的包装、运输与分发

8.1　学生营养餐要设专门的配餐间，内设空调、紫外线灭菌灯、缓冲间及清洗、消毒池等设施。

8.2　上饭菜的推车、托盘要每餐清洗，接触食品的工具、用具、容器要每餐清洗后再消毒，保洁存放。

8.3　学生用的餐具必须每餐做到彻底清洗与消毒，使用一次性餐盒应符合有关塑料成形品国家卫生标准。

8.4　营养餐的盒饭或保温桶的运输必须有专用车辆，运输工具必须做到清洁、无毒、专用。

8.5　营养餐制作成品到学生食用其间隔不得超过3小时。

8.6　供应的食品均应在专用的冰箱内留样48小时，留样量为两人份，每份不少于150克。留样时无菌操作，防止采样时污染食品，留样的容器、取样的工具必须消毒；一种食品一个容器，并由管理人员负责登记。

8.7　参与分餐的人员每年必须进行健康检查，持有健康合格证方能上岗，分餐人员应保持良好的个人卫生，如突患传染性疾病应立即停止分餐工作。

8.8　学生在食用营养餐之前必须用流水洗手。

9　生产企业的卫生管理

9.1　企业应根据本标准的要求，制定生产营养餐的卫生管理制度。

9.2　企业应配备经培训合格的专业卫生管理人员，负责监督全体工作人员执行本标准的有关规定。

9.3　新参加或临时参加工作的人员必须经过营养卫生安全培训，取得合格证后方可上岗参加工作。

9.4　生产车间的设备应经常检修，符合卫生要求。

9.5　除害灭虫。

9.5.1　厂区周围及厂区内应定期或在必要时进行除害灭虫，防止虫害滋生。

9.5.2　车间内使用杀虫剂时，应按卫生部门规定采取妥善措施，不得污染食品、设备、器具和容器。

9.6　凡直接参与营养餐生产加工人员，每人必须有两套（或一次性）工作服、帽、雨鞋，并应经常洗换，保持清洁。

9.7　车间应有营养专职人员，每周应根据平衡膳食原则，制定出符合儿童少年年龄特点的配餐食谱，并建立营养配餐管理与技术档案。

10　营养餐加工人员的健康要求及个人卫生

10.1　健康要求

10.1.1　营养餐加工人员及有关管理人员，每年至少进行一次健康检查，必要时接受临时检查。新参加或临时参加工作的人员，必须经健康检查合格后方可上岗。工厂应建立职工健康档案。

10.1.2　凡患有传染性肝炎、活动性肺结核、肠道传染病及传染病带菌者、化脓性或渗出性皮肤病及其他有碍食品卫生的疾病，均不得在营养餐加工车间工作。

10.2　个人卫生

10.2.1　营养餐生产加工车间的工人应保持良好的个人卫生，勤洗澡、勤理发、勤换衣，不得留长指甲、涂指甲油及使用其他化妆品。

10.2.2 车间工人进车间必须穿戴本厂统一的工作服、工作鞋、工作帽，头发不得外露，不得将与生产无关的个人用品或饰物带入车间。

10.2.3 车间工人不得穿工作服、工作鞋、工作帽进入与生产无关的场所。

广东省食品药品监督管理局

关于食品经营许可的实施细则（试行）

（广东省食品药品监督管理局2016年1月29日
以粤食药监办食餐〔2016〕36号发布
自2016年2月20日起施行）

第一章 总 则

第一条 为规范食品经营许可，根据国家食品药品监督管理总局《食品经营许可管理办法》《食品经营许可审查通则（试行）》（以下简称《通则》）的规定，结合本省实际，制定本实施细则。

第二条 本细则适用于本省辖区内食品经营许可的申请、受理与审查。

第三条 食品药品监督管理部门按照主体业态、食品经营项目，并根据风险高低对食品经营许可申请进行分类审查。

第四条 省食品药品监督管理局负责监督指导全省食品经营许可管理工作。

县级以上地方食品药品监督管理部门负责本辖区内食品经营许可实施工作。

设区的市食品药品监督管理部门可以结合实际制定本市食品经营许可工作实施方案，并负责对辖区内食品安全风险较高的集体用餐配送单位、中央厨房以及食品经营连锁企业总部等食品经营单位实施许可审查。

第五条 食品经营许可证上应当标明主体业态和食品经营项目。

第六条 主体业态包括食品销售经营者、餐饮服务经营者、单位食堂。

食品销售经营者包括销售食品的商场超市、便利店、食杂店、食品贸易商、通过自动售货设备销售食品的经营者（以下简称食品自动售货销售商）、网络食品销售商、食品销售连锁企业总部等具体业态。食品贸易商、食品自动售货销售商、网络食品销售商、食品销售连锁企业总部等具体业态，应在主体业态后以括号标注。

餐饮服务经营者包括餐馆（大型、中型、小型）、中央厨房、集体用餐配送单位、饮品店、糕点店、小餐饮、餐饮服务连锁企业总部、餐饮管理企业等具体业态。餐饮服务经营者的具体业态应在主体业态后以括号标注。

单位食堂，包括学校食堂、托幼机构食堂、职工食堂、养老机构食堂、工地食堂等。

第七条 食品经营项目分为预包装食品销售(含冷藏冷冻食品、不含冷藏冷冻食品)、散装食品销售(含冷藏冷冻食品、不含冷藏冷冻食品、含散装熟食、不含散装熟食)、特殊食品销售(保健食品、特殊医学用途配方食品、婴幼儿配方乳粉、其他婴幼儿配方食品)、其他类食品销售;热食类食品制售、冷食类食品制售(含烧卤熟肉、不含烧卤熟肉)、生食类食品制售、糕点类食品制售(含裱花类糕点,不含裱花类糕点)、自制饮品制售(含自酿酒、不含自酿酒)、其他类食品制售(具体到品种 * *)、食品经营管理等。

申请散装熟食销售的,应当在散装食品销售项目后以括号标注。

食品经营管理项目仅适用于食品销售连锁企业总部、餐饮服务连锁企业总部或餐饮管理企业的许可申请。

第八条 申请者应根据实际经营情况申报一种主体业态。对多种经营项目的食品经营者,主体业态按其主要经营项目归类。

餐饮服务经营者提供给就餐者现场消费的酒水饮料等非自制食品,不需在许可证上专门标注销售类的经营项目。

食品销售经营者将预包装食品拆封、简单加热提供给消费者即时食用的,列为散装食品销售,不需在许可证上专门标注制售类的经营项目。

无实体门店的网络食品销售商不得申请所有食品制售项目以及散装熟食销售。

第九条 许可机关实施食品经营许可审查应当结合主体业态和食品经营项目分类进行:

第一类:食品销售经营者(不含食品销售连锁企业总部);

第二类:餐馆,单位食堂;

第三类:集体用餐配送单位,中央厨房;

第四类:糕点店,饮品店,小餐饮;

第五类:食品销售连锁企业总部,餐饮服务连锁企业总部,餐饮管理企业。

第十条 食品经营许可审查包括对申请材料的书面审查和经营场所的现场核查。

仅申请预包装食品销售(含冷藏冷冻食品、不含冷藏冷冻食品)、特殊食品销售(保健食品、特殊医学用途配方食品)、食品经营管理等经营项目,从事网络食品销售、食品自动售货销售,以及食品经营许可变更、延续、补办等不改变经营场所、设备设施和布局的,可不进行现场核查。

第十一条 申请食品经营许可,应当提供以下书面材料:

(一)食品经营许可申请书;

(二)营业执照或法人登记证等主体资格证明(复印件,并提供原件核对)。申请单位食堂许可,应当提交开办者的法人登记证、社团登记证或营业执照等主体证明文件;

(三)法定代表人(负责人)、食品安全管理员的身份证明(复印件);

(四)与食品经营相适应的主要设备设施布局、操作流程等文件;

(五)企业食品安全管理制度。食品安全管理制度包括:从业人员健康管理制度和培训管理制度、食品安全管理员制度、食品安全自检自查与报告制度、食品经营过程与控制制度、场所及设施设备清洗消毒和维修保养制度、进货查验和查验记录制度、食品贮存管理制度、废弃物处置制度、食品安全突发事件应急处置方案等。餐饮服务企业还应当提交食品添加剂使用公示制度。

申请人所提交的材料，应当真实、合法、有效，申请人应当对其提交材料的合法性、真实性、有效性负责。

第十二条 食品经营许可现场核查时，核查人员应当填写相应类别的《食品经营许可现场核查表》，经申请人核对无误后，由核查人员和申请人在核查表上签名或者盖章。申请人拒绝签名或者盖章的，核查人员应当注明情况。必要时，可另行制作现场核查记录。

现场核查项目按其对食品安全的影响程度，分为关键项、重点项和一般项。现场核查结果实行综合判定。

第十三条 对食品安全风险较低的食品经营业态，食品药品监督管理部门可以在食品经营许可审批过程中试点推行“申请人承诺制”制度，简化和优化许可流程，加强事中事后核查与监管，促进经营者落实食品安全主体责任。申请人书面承诺符合许可条件并依法承担相应法律责任的，可以当场或者当天发放许可证。需要现场核查类事项，由后续监管部门在规定的时限内完成监督检查工作。

在食品销售经营者、饮品店、糕点店、小餐饮等食品经营许可审批过程中优先推行“申请人承诺制”制度。

“申请人承诺制”制度具体实施办法由省食品药品监督管理局另行制定。

第十四条 鼓励食品经营者通过安装视频监控、建设透明或开放式厨房等形式，畅通消费者行使知情权和监督权的渠道。

第二章　第一类食品经营许可核查要求

第十五条 食品销售经营者应当具有与经营的食品品种、数量相适应的食品经营和贮存场所。

食品销售经营者经营场所和贮存场所的设置和设备设施应当符合《通则》的规定。具体核查项目和判定标准见第一类食品经营许可现场核查表。

第十六条 申请经营项目含冷藏冷冻食品的，应配备与经营品种、数量相适应的冷藏冷冻设备，设备应当保证食品贮存所需的温度等要求。

第十七条 申请销售散装食品的，应配备与经营的食品品种相适应的洗涤消毒设施。

散装食品与其他商品应有明显的区域划分或隔离措施，与生鲜禽畜、水产品应有一定距离的物理隔离。

直接入口的散装食品应当有防尘、防蝇设施，直接接触食品的工具、容器和包装材料等应当具有符合食品安全标准的产品合格证明，直接接触食品的从业人员应当具有有效的健康证明。

第十八条 申请销售散装熟食、散装酒的，应当提交与挂钩生产单位的合作协议（合同），提交生产单位的《食品生产许可证》或《食品小作坊登记证》等有效的许可证明材料。

销售散装熟食应有专用操作区域,配备具有防蝇、防尘、防鼠及加热或冷藏功能的密闭熟食柜,设置可开合的取物窗(门),配备专用工(用)具及容器夹取及售卖。

第十九条 食品自动售货销售商,还应当提交自动售货设备的产品合格证明、具体放置地点以及有关食品经营许可证、经营者联系方式公示方法的说明材料。

第二十条 网络食品销售商,应当向许可机关提交具有可现场登录申请人网站、网页或网店等功能的设备设施清单,并自其入网之日起30日内将其网址、IP地址以及有关食品经营许可证、经营者联系方式公示方法等信息向原许可机关备案。

第二十一条 申请特殊食品销售(保健食品、特殊医学用途配方食品、婴幼儿配方乳粉、其他婴幼儿配方食品)的经营者,应当在经营场所划定专门的区域或柜台、货架摆放、销售,并设立提示牌,注明"* * * *销售专区(或专柜)"字样,提示牌为绿底白字,字体为黑体,字体大小可根据设立的专柜或专区的空间大小而定。

销售婴幼儿配方乳粉的,经营场所还应当配备必要的信息化设备,以满足婴幼儿配方乳粉等重点食品电子追溯系统的实施条件。

第二十二条 食品贸易商应当有固定、独立的办公场所,其办公场所视为经营场所,经营场所可不必配备食品销售设施设备。

有食品贮存场所的,申请时应当提供食品贮存场所地址、面积、设备设施等信息。

第二十三条 食品销售经营者在经营场所外另设食品贮存场所的,在申请许可时,应当将食品贮存场所地址、面积、设备设施等信息一并填报。

食品贮存场所、自动售货设备跨辖区设置的,经营场所所在地许可机关应当通报其所在地的同级许可机关。

第二十四条 食品销售经营者在其经营场所内进行热食类、冷食类、生食类、糕点类和自制饮品等食品加工制售,相应按第二类或第四类许可核查要求进行核查。

第三章 第二类食品经营许可核查要求

第二十五条 食品加工经营场所和设备设施应当符合《通则》的规定。

单位食堂的面积应当与就餐人数、加工和供应品种及数量相适应。食品处理区的面积不得小于30米^2,就餐人数人均面积应当不小于0.2米^2。

各级各类学校食堂的备餐场所应当按专间要求设置,不在备餐场所分餐的托幼机构食堂以及部分送餐到教室分餐的中小学食堂除外。

其他单位食堂和其他集中加工、当场分餐食用的餐饮经营者的备餐场所,可根据实际情况按照专用操作场所或专间的要求设置。

对外承包的单位食堂,应当提交与承包者签订的承包合同复印件以及承包者具有相应食品经营管理能力的证明文件。

具体核查项目和判定标准见第二类食品经营许可现场核查表。

第二十六条 食品处理区内的粗加工操作场所应当根据加工品种和规模相应设置食品原料清洗水池,保障动物性食品、植物性食品、水产品三类食品原料能分开清洗。

设置专用的餐用具清洗消毒水池，与食品原料、清洁用具及非直接接触食品的工具、容器清洗水池分开。

大型餐馆和各类学校食堂的餐饮具清洗消毒应当采用热力消毒（因材质等原因无法采用的除外）。

小型餐馆没有条件设置各类清洗消毒水池的，可使用桶、盆等容器代替，但应当设置固定的有给排水设施的操作台和2个以上的水龙头，确保清洗、消毒等操作在操作台上进行。用于食品原料清洗、餐饮具清洗消毒和工用具清洗的容器应当分开专用，并以明显标识标明其用途。

第二十七条 申请现场制售冷食类食品、生食类食品、糕点类食品、自制饮品的，除对通用要求项目进行审查外，还应当对相关食品加工场所和设备设施进行重点审查。

第二十八条 冷食类食品、生食类食品制作应当分开设立专间。生食水产品还应当相应设置前处理专用场所及相应设施。

直接接触冷食类食品、生食类食品的用水应当经过加装水净化设施处理或使用直接饮用水。

中等职业学校、普通中等学校、小学、特殊教育学校、托幼机构的食堂不得申请冷食类食品、生食类食品制售项目。

第二十九条 制作糕点类食品应当设专用操作场所，成品存放区域应当与半成品加工、加热熟制区域相对分开。制作裱花类糕点应当设立单独的裱花专间。

仅制作少量、品种单一的中式面点，可不设置独立的专用操作场所。

第三十条 自制饮品应当设专用操作场所。

直接接触成品的用水，应当经过加装水净化设施处理或使用直接饮用水。

提供自酿酒的经营者在申请许可前应当先行取得具有资质的食品检验机构出具的符合相关食品安全标准的成品检验合格报告。自酿酒仅限于在本门店销售，在制酒过程中不得使用压力容器，不得用酒精勾兑调制。

第四章 第三类食品经营许可核查要求

第三十一条 中央厨房和集体用餐配送单位应当设置独立的食品安全管理部门，并相应配备1名以上专职的食品安全管理员。

第三十二条 中央厨房、集体用餐配送单位食品加工经营场所的设置和设备实施应当符合《通则》的规定。

中央厨房和集体用餐配送单位食品处理区的面积不得小于300米^2。

具体核查项目和判定标准见第三类食品经营许可现场核查表。

第三十三条 中央厨房和集体用餐配送单位，不得配送冷食类食品、生食类食品、自制冷冻饮品（包括冰淇淋、酸奶、乳酸发酵饮料、鲜榨果汁以及其他冷冻饮品）、裱花蛋糕以及其他冷加工糕点，但中央厨房以半成品形式配送至门店后现场改刀的烧卤熟肉制品以及现场调制的凉菜、沙拉等冷食类食品除外。

第三十四条 中央厨房和集体用餐配送单位应当配置相应的设备设施，为配送食品的容器(或包装)标注产品信息，如加工单位、生产日期或批号及时间、保质期、保存条件、食用或加工方法等。

应当建立食品追溯系统，食品采购、配送台账使用信息化管理；制作一式两联以上的产品配送清单(出货单)，项目内容包括配送单位名称、配送对象、配送日期、品种、数量、生产日期或批号、发货人、收货人等。

第三十五条 中央厨房仅限于为本餐饮服务单位所属(含加盟)的餐饮门店配送食品成品或半成品。

配送门店清单、地址、联系方式等信息应当在申请许可时一并提交备案，如发生变更，应在 5 个工作日内报许可审批部门。

第三十六条 集体用餐配送单位餐饮具清洗消毒应当采用热力消毒(因材质等原因无法采用的除外)。

第三十七条 中央厨房和集体用餐配送单位应当设置与加工制作的食品品种相适应的检验室。

检验室应当配备相应的检验设施和检验人员，具有快速检测食品原料中兽药残留、农药残留等理化指标和检验食品菌落总数、大肠菌群等微生物指标以及接触直接入口食品的餐用具大肠菌群等项目的能力。

第五章 第四类食品经营许可核查要求

第三十八条 经营者应当设置与供应方式和品种相适应的场所和设备设施，其设置应当基本符合《通则》的有关规定。

制售凉茶的饮品店，应当提交所使用的中药材原料清单备案。

具体核查项目和判定标准见第四类食品经营许可现场核查表。

第三十九条 经营者应当设置与食品供应方式和品种相适应的粗加工、半成品制作、成品加工、餐具与工用具(含容器)清洗消毒、原料存放、售卖等功能区。同时经营糕点类食品和自制饮品的，应分别设置相应的专用操作场所。

糕点店的成品存放场所(或区域)应当与其他食品场所相对分开。

制作冷食类、生食类食品和裱花类糕点应当分开设立专间。

第四十条 没有条件分类设置清洗消毒水池的经营者，有关设施的设置要求应当符合本细则第二十六条第四款的规定。

直接接触成品的用水要求和自酿酒的有关要求应当符合本细则第三十条第二款和第三款的规定。

第六章 第五类食品经营许可核查要求

第四十一条 食品销售连锁企业总部、餐饮服务连锁企业总部和餐饮管理企业等食品经营管理单位应当设置独立的食品安全管理部门，并相应配备至少 1 名以上专职的食品安全管理员。

食品经营管理单位应当在申请许可时提交下属食品经营门店或承包管理的单位食堂名单、地址、联系方式等备案。

第四十二条 食品经营管理单位根据其经营模式，应当相应具备以下条件：

（一）使用信息化手段，建立食品追溯系统。建立食品采购、配送电子管理台账，内容包括：供货商信息和产品采购信息；配送点信息（名称、地址、联系方式以及配送食品的品种）等。制作一式两联以上的配送清单，分别由总部、门店留存。配送清单的项目内容应当符合本细则第三十四条第二款的规定。

（二）配备与配送食品品种和数量相适应的食品仓库和设备设施。

（三）配备一定数量的密闭运输工具，且与配送食品品种、数量相适应的保温、冷藏（冻）设备设施。

（四）配备与配送食品品种相适应的检验室，以快检为主要手段，重点对统一采购的生鲜食品原料与非预包装食品进行检测，有条件的配置常规检验设备设施。

（五）设置相应的食品安全培训场所与设备设施，为所属门店管理人员和从业人员提供食品安全法律法规、食品安全经营管理制度培训。

第七章　附　则

第四十三条 本细则下列用语的含义：

大型餐馆，指加工经营场所使用面积在1000米^{2}以上，以提供饭菜为主要经营项目的一种食品经营业态。

中型餐馆，指加工经营场所使用面积在200～1 000米^2（含1 000米^2），以提供饭菜为主要经营项目的一种食品经营业态。

小型餐馆，指加工经营场所使用面积在50～200米^2（含200米^2），以提供饭菜为主要经营项目的一种食品经营业态。

饮品店，指加工经营场所使用面积在50米^{2}以上，以供应现场制作的冷、热饮品为主要经营项目的一种食品经营业态。

糕点店，指加工经营场所使用面积在50米^{2}以上，以供应现场制作的中、西式糕点为主要经营项目的一种食品经营业态。

小餐饮，指经营场所使用面积在50米^{2}以下（含50米^2）的快餐店、小吃店、饮品店、糕点店、农家乐等规模较小的餐饮服务经营者。农村地区小餐饮的面积标准各地可根据实际情况适当调整至100米^{2}以下，具体由各地级以上市食品药品监督管理部门确定。

餐饮管理企业，指承包经营单位食堂或者为其他餐饮服务经营者提供委托管理服务的一种食品经营业态，不包括餐饮连锁经营企业总部。

食品经营管理，指食品经营连锁企业总部或者餐饮管理企业等经营者，向其属下门店提的食品统一配送、运营管理、人员培训等形式的与食品经营相关的管理活动。

第四十四条 供餐人数在50人以下的机关、企事业单位以及以简单加工学生自带粮食、蔬菜或以为学生热饭为主的规模小的农村学校，其供餐场所暂不纳入食品经营许可范畴。

第四十五条　本细则由广东省食品药品监督管理局负责解释。

第四十六条　本细则自2016年2月20日实施，有效期3年。有关法律依据变化或者有效期届满，根据实施情况依法评估修订。

食品安全地方标准

集体用餐配送膳食生产配送卫生规范(DB 31/2024—2014)

1　范围

本标准规定了集体用餐配送膳食生产配送过程中原料采购、加工、包装、贮存和配送等环节的场所、设施、人员等基本要求和管理准则。

2　规范性引用文件

本标准中引用的文件对于本标准的应用是必不可少的。凡是注日期的引用文件，仅所注日期的版本适用于本标准。凡是不注日期的引用文件，其最新版本(包括所有的修改单)适用于本标准。

3　术语和定义

下列术语和定义适用于本标准。本标准中未注释的术语与《餐饮服务食品安全操作规范》(国食药监食[2011]395号)、GB 14881中的用语含义相同。

3.1　集体用餐配送膳食

指集体用餐配送企业根据集体用餐服务对象订购要求，采用热链(也称“加热保温”)工艺或冷链(也称“冷藏”)工艺集中生产配送的非预包装膳食(包括主食和菜肴)。根据分装形式分为盒饭和桶饭。

3.2　热链工艺

指膳食烧熟后，采取加热保温措施，将膳食在中心温度≥60℃的条件下分装成盒或直接将膳食盛放于密闭保温设备中进行贮存、运输和供餐，使膳食在食用前的中心温度始终保持在≥60℃的生产加工工艺。

3.3　冷链工艺

指膳食烧熟后，在2小时内将膳食中心温度降至≤10℃，并将膳食在中心温度≤10℃的条件下进行分装、贮存和运输，食用前将膳食中心温度加热至≥70℃的生产加工工艺。

3.4　盒饭

指膳食集中生产加工后，经集体用餐配送企业在生产现场分装成盒，集中配送到供餐点后不再分餐供应的盒装主食和菜肴。根据加工工艺分为热链盒饭和冷链盒饭。根据供应对象分为学生盒饭和社会盒饭。

3.4.1　学生盒饭

指配送至中小学校供学生食用的盒饭。

3.4.2 社会盒饭

指供应除中小学校学生以外的人群食用的盒饭。

3.5 桶饭

指膳食集中生产后，不经集体用餐配送企业生产现场分装成盒，采用热链工艺集中配送到供餐点后需经现场分餐供应的主食和菜肴。

3.6 分装专间

指集体用餐配送企业在生产场所设立的，用于分装盒饭的专用场所。

3.7 分餐专用场所

指在集体用餐配送企业供餐点设立的，用于桶饭分餐的专用场所。

3.8 生产加工场所

指用于食品加工处理的场所。包括原料贮存、原料加工、热加工、冷却、分装、装箱、待配送食品贮存、工用具清洗消毒和保洁场所。分为清洁作业区、准清洁作业区、一般作业区。

3.8.1 清洁作业区

清洁要求高的作业区域，包括膳食分装、冷却专间等场所。

3.8.2 准清洁作业区

清洁要求次于清洁作业区的作业区域，包括热加工场所、工用具保洁场所等。

3.8.3 一般作业区

清洁度要求低于准清洁作业区的作业区域。包括原料加工场所、装箱场所、工用具清洗消毒场所、原料贮存场所等。

3.9 环节表面

食品直接接触的食(饮)具、工用具、容器、操作台面、操作者手部等的总称。

4 选址和厂区环境

4.1 选址

应选择地势干燥、有给排水条件和电力供应的地区，不得设在易受到污染的区域并符合规划、环保和消防等有关要求。距离粪坑、污水池、暴露垃圾场(站)、旱厕等污染源25米以上，并设置在粉尘、有害气体、放射性物质和其他扩散性污染源的影响范围之外。

4.2 厂区环境

按照GB 14881有关规定执行。

5 厂房和生产加工场所

5.1 设计与布局

按照GB 14881有关规定执行，并符合以下要求：

5.1.1 应设置与生产工艺及生产品种、数量相适应的原料贮存、原料加工、半成品贮存、烹调热加工、食品冷却(冷链工艺产品)、盒饭分装(盒饭生产企业)、膳食暂存(桶饭生产企业)、装箱、成品储存配送、工用具清洗消毒和保洁等生产加工场所，以及更衣室、检验室等。其中烹调热加工、食品冷却(冷链工艺产品)、盒饭分装(盒饭生产企业)、膳食暂存(桶饭生产企业)、工用具清洗消毒和保洁等生产加工场所应设置为独立隔间。生产加工场所分为一般作业区、准清洁作业区、清洁作业区,各作业区均应设置在室内,且应相互分隔。

5.1.2 食品生产加工场所总使用面积应≥500 米^2,且各加工场所的面积应与生产加工品种和数量相适应。

其中分装专间、冷却专间、清洗消毒场所、预处理间及切配间、烹饪间等关键场所面积比例应相互协调。

企业的生产能力(单餐或单班生产品种和数量)需由第三方专业机构或 3 名以上食品相关技术专家组成的专家组,根据食品处理区总面积和各关键场所面积、冷却和微波二次加热关键技术参数等条件进行评估论证,并向监管部门提供第三方机构或专家论证报告。

5.1.3 生产加工场所应按照原料进入、原料处理、半成品加工、成品制作、食品冷却、盒饭分装、膳食暂存、成品储存配送的顺序合理布局,食品加工处理流程应为生进熟出的单一流向,防止食品在贮存和生产加工过程中造成交叉污染,避免食品接触有毒物和不洁物。成品通道、出口与原料通道、入口以及使用后的周转箱、餐饮具回收通道、入口三者均应分开设置。

5.2 建筑内部结构

按照 GB 14881 有关规定执行,并符合以下要求:

5.2.1 生产加工场所天花板离地面 2.5 米以上,并采用机械通风使换气量符合 JGJ 64 要求。其中,烹饪热加工场所的天花板宜离地面 3 米以上。

5.2.2 生产加工场所墙壁应用光滑、不吸水、浅色、耐用和易清洗的材料铺设到顶。

5.2.3 与外界直接相通的门和可开启的窗应设有易于拆洗且不生锈的防蝇纱网或设置空气幕,室内窗台下斜 45 度或采用无窗台结构。

5.2.4 水蒸气较多场所天花板应有适当坡度,在结构上减少凝结水滴落。清洁作业区、准清洁作业区及其他半成品、成品暴露场所屋顶若为不平整的结构或有管道通过,应加设平整易于清洁的吊顶。

5.2.5 地面应用不透水、不易积垢的材料铺设,并且保持平整无裂缝。易积水场所应有一定的排水坡度(不小于 1.5%),其最低处应设在排水沟或地漏的位置,使地面积水能迅速排干。清洁操作区不得设置明沟,地漏应能防止废弃物流入及浊气逸出。

5.2.6 生产加工场所建筑内部使用的建筑材料应牢固并耐用。

5.3 各类场所设施设备

5.3.1 通用要求

按照 GB 14881 有关规定执行。根据生产需要,在适当位置配备足够数量的洗手、消毒、照明、更衣、通风、排水、温控等设施,并具备防尘、防蝇、防虫、防鼠以及处理废水、存放垃圾和废弃物等保证生产场所卫生条件的设施。各类设施设备应牢固并耐用,使用的材质应安全无毒。

5.3.2 原料贮存场所

5.3.2.1 食品和非食品(不会导致食品污染的食品容器、包装材料、工用具等物品除外)库房应分开设置,并按食品种类分别设立冷藏库、冷冻库和常温库房,各类库房的容量应当满足生产加工数量的需要。

5.3.2.2 冷藏、冷冻库数量和结构能使原料、半成品和膳食成品分开存放,有明显区分标识。冷藏库、冷冻库应配备温度指示装置。

5.3.2.3 库房内应设置数量足够的物品存放货架,能使贮存的食品隔墙离地存放。配备可对不同物品、进货和使用时间及存量等进行标示的标识。

5.3.3 原料加工场所

5.3.3.1 原料加工场所分别设与加工食品品种相符合的原料清洗水池和操作台(如畜禽类、果蔬类、水产类等),水池数量或容量和操作台数量应与加工食品的数量相适应,各类水池和不同场所(功能间)、区域有明显的区分标识。

5.3.3.2 加工畜禽肉、水产品等易腐食品原料的场所宜配备空调等温度控制装置。

5.3.4 烹调热加工场所

5.3.4.1 食品烹调场所应采用机械方式排风。产生油烟或大量蒸汽的设备上部,加设附有机械排风及油烟过滤的排气装置,过滤器便于清洗和更换。

5.3.4.2 排气口装有网眼孔径小于6毫米的金属隔栅或网罩,纱网或网罩便于装卸和清洗。

5.3.4.3 使用煤油炉灶的,燃料储存容器应设置在烹饪热加工场所外,避免燃料或燃烧不完全物质污染食品。食品烹调场所应配备自动或半自动机械炊饭设备。易产生大量蒸汽的专用蒸煮场所宜设置为独立隔间,并配备良好排汽装置。

5.3.5 冷却场所

5.3.5.1 采用冷链工艺生产盒饭的,应配备与盒饭生产数量相适应的冷却专间和快速冷却设备(如真空冷却机、隧道式冷却设备)。

5.3.5.2 快速冷却设备和冷却专间的其冷却设备功率和技术参数应能满足冷却温度和生产数量的需要。

冷却专间应配备能满足冷却要求的风冷设备,以及紫外线灭菌灯、温度指示装置等设施。

5.3.6 盒饭分装专间

盒饭生产企业应设立盒饭分装专间。专间设施应符合《餐饮服务食品安全操作规范》中专间的要求。

5.3.7 加热保温场所

5.3.7.1 采用热链工艺生产盒饭的,应设置盒饭二次加热场所(宜紧邻盒饭分装专间),配备微波膳食加热设施,以及与膳食加工配送数量相适应的储存、配送保温设施(如保温性能良好的保温箱)。

5.3.7.2 采用热链工艺生产桶饭的,应设置膳食暂存间,配备膳食加热设施(如电加热柜、蒸箱),以及膳食储存、配送时的保温设施(如保温性能良好的保温箱、保温桶)。

5.3.8 成品贮存

采用冷链工艺生产盒饭的，应设置成品冷库。成品冷库大小应能满足成品贮存温度和生产数量的需要。

5.3.9 成品运输车辆

配备与供应方式、数量相适应的封闭式专用运输车辆。运输车辆和容器内部材质和结构便于清洗和消毒。冷链工艺膳食运输车辆应配备制冷装置和温度记录装置，使运输时膳食中心温度保持在≤10℃。

5.3.10 膳食供餐点

5.3.10.1 冷链工艺盒饭供餐点应配备充足的冷藏设施，微波炉、加热柜或蒸箱等盒饭再加热设施以及膳食留样冰箱，保证盒饭中心温度持续保持在10℃以下，膳食食用前中心温度能加热至70℃以上。

5.3.10.2 生产配送桶饭的，供餐点应设立面积满足分餐需要的分餐专用场所，配备膳食加热保温设施设备，手部和工用具清洗消毒设备设施，以及食品留样冰箱等。

5.3.11 工用具清洗消毒和保洁场所

5.3.11.1 根据加工食品的品种和数量，配备清洗、消毒、保洁设备设施。

5.3.11.2 工用具和容器宜用热力方法进行消毒(因材质、大小等原因无法采用的除外)。采用热力消毒的，至少设有2个专用水池；采用化学消毒的，至少设有3个专用水池。各类水池应以明显标识标明其用途。

5.3.11.3 接触即食食品的工用具、容器的清洗消毒水池应专用，与食品原料、清洁用具及接触非直接入口食品的工具、容器清洗水池分开。

5.3.11.4 水池应使用不锈钢或陶瓷等不透水材料、不易积垢并易于清洗。

5.3.11.5 采用自动清洗消毒设备的，设备上应有温度显示和清洗消毒剂自动添加装置。温度仪和自动添加装置应定期校验。

5.3.11.6 应设专供存放消毒后工用具和容器的保洁设施，其结构应密闭并易于清洁。

5.3.12 检验室

5.3.12.1 配备经专业培训合格的检验人员，负责产品检验和生产过程卫生监测和评估工作。

5.3.12.2 设置与加工制作的食品品种相适应的检验室，检验室的面积和布局应当与企业的生产规模、加工品种、检测项目相适应。

5.3.12.3 配备食品中心(环境)温度计、表面环节清洁度测定仪(ATP检测仪)、余氯消毒测试纸等食品加工环节控制快速检测设备，以及肉品瘦肉精、有机磷农药残留、甲醛、亚硝酸盐、煎炸油极性组分等重点食品安全快速检测设备，自行开展食品安全快速检测。

5.3.12.4 自行开展微生物检验的，应设置微生物检验无菌室。无菌室应当设置准备间、缓冲间、洁净实验室。布局采用单方向工作流程，避免交叉污染。洁净实验室面积不小于4米^2(配备无菌操作台的可适当减小)，具备适当的通风和温度调节设施。配备与检验能力和工作量相适应的仪器设备和设施以及标准物质。检验仪器设备和检验用计量器具应定期校验。

5.3.12.5　委托具备检验资质的检验机构开展微生物检测的，可不设立微生物检验室，但应与受委托检验机构签订委托检验合同，实施定期委托检验。被委托的检验机构应使用监管部门的抽检系统实时上报检验结果。监管部门定期对承担委托检验机构进行质量考核。

6　设备、工具和容器

按照《餐饮服务食品安全操作规范》的有关规定执行。

7　卫生管理

7.1　场所与设施卫生管理

按照 GB 14881 和 GB 31/2015 的有关规定执行。

7.2　其他

人员健康、环境管理、设备及工具、清洗和消毒以及杀虫剂、杀鼠剂、清洗剂、消毒剂和有毒有害物的管理及卫生要求应按照《餐饮服务食品安全操作规范》和 DB 31/2015 的有关规定执行。

8　原料与包装材料的要求

8.1　原料

原料的采购、验收、贮存和运输，按照国家食品安全法律、法规、规章，《餐饮服务食品安全操作规范》《餐饮服务食品采购索证索票管理规定》(国食药监食[2011]178 号)和 DB 31/2015 的要求执行。

8.2　包装材料

8.2.1　餐盒和桶饭容器应清洁、无毒且符合国家相关安全标准的规定。在高温、微波加热等特定贮存和使用条件下不影响食品的安全。

8.2.2　餐盒和桶饭容器应能在正常贮存、运输、销售中充分保护食品免受污染，防止损坏。

8.2.3　重复使用的餐盒和桶饭容器在使用前应彻底清洗，必要时进行消毒。

8.2.4　一次性餐盒应脱去外包装后进入专间。

9　生产配送过程的食品安全控制

9.1　规程制定与执行

9.1.1　制定相应的生产配送操作规程，建立和实施 HACCP 等先进的食品安全管理体系。

9.1.2　生产配送操作规程应包括食品采购、运输和贮存、粗加工切配、烹饪热加工、分装、运输、膳食再加热、现场供餐和工具、容器、餐饮具清洗、消毒、保洁等各道操作工序的具体规定和详细的操作方法与要求。

9.1.3　生产配送操作规程应具体规定标准的加工操作程序和设备操作与维护标准，明确各工序、各岗位人员的要求及职责。

9.1.4　应教育培训员工按照生产配送操作规程进行操作，使其符合生产配送操作、食品安全及品质管理要求。

9.2 生产加工工艺

集体用餐配送膳食生产企业仅可选择采用热链或冷链工艺生产配送盒饭;生产配送桶饭的,只能采用热链工艺。

9.3 原料加工

9.3.1 食品原料应进行挑选、解冻、清洗(干燥)、去皮,剔除腐烂、病、虫、其他感官性状异常的原料,去除不可食用部分。

9.3.2 畜禽类、果蔬类、水产类原料应当分池清洗,清洗后要沥干,去除多余水分,禽蛋在使用前应对外壳进行清洗,必要时进行消毒。盛装沥干的容器不得与地面直接接触,以防止食品受到污染。

9.3.3 严格按照加工配方和工艺规程,对原料进行切配、分割、腌制和上浆等加工。

9.3.4 切配、调制好的半成品应根据性质分类存放,与原料分开,避免受到污染。需冷藏或冷冻保存的半成品需按照贮存条件分类存放。

9.4 烹饪与加工

9.4.1 热加工前应认真检查待加工食品,发现有腐败变质或者其他感官性状异常的,不得进行加工。

9.4.2 热加工的食品应能保证加热温度的均匀性。需要熟制的应烧熟煮透,其加工时食品中心温度应不低于70℃。

9.4.3 热加工后的食品应与生制半成品、原料分开存放,熟制的食品与未熟制的食品分开存放,避免受到污染。

9.4.4 应根据附录A要求,采用极性组份快速测定方法对煎炸食用油进行监控。无法采取措施或实施监控的,连续煎炸食品的食用油累计使用期限不超过12小时。非连续使用的食用油使用期限不超过3天。

废弃的食用油应全部更换,不能以添加新油的方式延长使用期限。食用油煎炸使用和废弃情况应记录。

9.5 冷链工艺膳食冷却

9.5.1 采用冷链工艺生产的,膳食烧熟后立即冷却,保证膳食在2小时内将膳食中心温度降至10℃以下。

冷却步骤宜先采用快速冷却机将膳食冷却到25℃以下,然后放入冷却专间冷却到10℃以下。

9.5.2 操作人员进入冷却专间前应更换洁净的工作衣帽,并将手洗净、消毒,工作时应戴口罩。非操作人员不得擅自进入专间,不得在专间内从事与膳食冷却无关的活动。

9.5.3 冷却专间每餐(或每次)使用前应进行空气和食品货架的消毒。使用紫外线灯消毒的,应在无人工作时开启30分钟以上。

9.5.4 冷却设备内壁和用于冷却设备及冷却专间内的专用工具、容器用前应消毒,用后应洗净并保持清洁。

9.5.5 冷却设备和冷却专间内不得放置半成品、生食品等易造成交叉污染的物品。

9.5.6 应定时测量每餐次冷却后膳食的中心温度。2 小时内膳食中心温度未降到 10℃以下的，不得使用。

9.6 膳食分装

9.6.1 操作人员进入膳食分装专间前应更换洁净的工作衣帽，并将手洗净、消毒，工作时应戴口罩。

9.6.2 非操作人员不得擅自进入专间。不得在专间内从事与膳食分装无关的活动。

9.6.3 专间每餐(或每次)使用前应进行空气和操作台的消毒。使用紫外线灯消毒的，应在无人工作时开启 30 分钟以上。

9.6.4 专间内应使用专用的工具、容器，用前应消毒，用后应洗净并保持清洁。

9.6.5 分装中应严格控制脱离冷藏或加热保温设施或容器的时间。其中，冷链膳食中心温度应保证控制在 10℃以下。

9.7 膳食加热保温

9.7.1 热链工艺盒饭分装后，应再次使用微波炉对盒饭进行二次加热，使盒饭中心温度高于 60℃(一般不低于 70℃)后，将盒饭盛放于密闭的保温箱中保温待运输配送。

9.7.2 生产配送桶饭的，热加工烹饪后的膳食应立即盛放于保温箱(柜)设备中保温贮待运输配送；不立即盛放于保温箱(柜)设备的膳食应采用加热柜等加热设备进行加热保温，使膳食贮存中心温度始终高于 60℃，出厂前再盛放于保温箱(柜)设备中进行运输配送。在供餐点分餐时，应采用加热保温措施，使膳食中心温度保持在 60℃以上。

9.7.3 采用冷链工艺的盒饭，应在供餐点对盒饭进行二次加热，盒饭中心温度达到 70℃以上的方可供应。

9.8 膳食食用时间控制

9.8.1 冷链工艺膳食从烧熟到食用前加热，时间控制在 24 小时。如在供餐点供餐加热至 70℃以上后不立即食用的，时间控制在加热后 1 小时。

9.8.2 热链工艺膳食从烧熟到食用时间控制在 3 小时。由多种组分组成的，应以最早完成热加工的菜肴或主食计。

9.9 膳食配送品种控制

9.9.1 应按照核准的生产工艺生产配送膳食，不得生产配送核准工艺以外的膳食品种。

9.9.2 不得生产配送国家和本市禁止生产经营的其他食品，以及配送改刀熟食、裱花蛋糕、生食水产品、色拉等预先拌制的生拌菜。

9.9.3 冷链工艺膳食与热链工艺膳食不能同时盛装在同一保温箱或同一餐盒。

9.9.4 超过保质期限或已配送出厂的膳食均不得回收后再次用于生产加工膳食。

9.10 分装和标签

9.10.1 膳食盛装容器和包装材料应清洁、无毒且符合国家相关规定。可重复使用的餐具和容器在使用前应彻底清洗消毒，消毒宜采用热力方式。

9.10.2 标签标识应符合 DB 31/2023 的要求。学生盒饭还应根据供应学生所在年级，在箱体表面分别标明“小学低年级”“小学高年级”“初中”“高中”等字样。

9.11 成品运输

9.11.1 成品运输工具应当保持清洁，运输前应当消毒，防止食品在运输过程中受到污染。

9.11.2 运输需冷链或热链条件的食品的，应分别配备符合条件的冷藏或保温设施。

9.12 餐饮具和保温箱（桶）要求

9.12.1 餐饮具和保温箱（桶）使用后应及时洗净，定位存放，保持清洁。消毒后的餐用具应贮存在专用保洁柜内备用，保洁柜应有明显标记。餐具保洁柜应当定期清洗，保持洁净。

9.12.2 接触直接入口食品的餐饮具和保温箱使用前应洗净并消毒。

9.12.3 应定期检查消毒设备、设施是否处于良好状态。采用化学消毒的应定时测量有效消毒浓度。

9.12.4 消毒后餐饮具和保温箱（桶）与膳食接触部位应符合 GB 14934 规定。

9.12.5 不得重复使用一次性餐饮具。

9.12.6 已消毒和未消毒的餐饮具（保温箱）应分开存放，保洁柜内不得存放其他物品。

9.13 食品添加剂使用管理

按照《餐饮服务食品安全操作规范》的要求执行。

10 生产过程监控与检验

10.1 集体用餐配送企业应根据附录 A 要求开展原料检验、过程监控和产品检验。

10.2 集体用餐配送企业宜在生产场所关键部位安装视频监控，至少对烹饪场所、分装场所、清洗消毒场所、膳食二次加热、配送、检验等场所进行视频记录监控。对视频监控发现的问题，应立即采取措施予以纠正，并对发现的问题和处置结果予以记录。

11 留样管理

11.1 生产企业和供餐点均应对每餐次膳食进行留样。盒饭样品留存已分装成盒的盒饭，桶饭样品留存所有主食和菜肴品种。

11.2 留样食品盛放于清洗消毒后的密闭专用容器内，放置在专用冷藏设施中，留样应保存至保质期届满之后 48 小时。

11.3 每件样品数量应满足检验需要，不少于 100 克。

11.4 留样记录应包括样品名称、留样量、留样时间、留样人员、审核人员等项目。

12 产品追溯和召回

12.1 应建立产品追溯制度，对食品原料采购和生产配送信息录入上海市餐饮服务食品安全溯源系统，确保对产品从原料采购到产品销售的所有环节都可进行有效追溯。鼓励企业采用二维码技术集成产品食品原料来源、产品安全质量、产品自检等信息供用餐者查询。

12.2 建立产品召回制度，当发现某一餐次或类别的产品含有或可能含有对消费者健康造成危害的因素时，应按照国家相关规定启动产品召回程序，及时向相关部门通告，并作好相关记录。

12.3　应对召回的食品采取无害化处理、销毁等措施，并将食品召回和处理情况向相关部门报告。

12.4　应建立客户投诉处理制度，对客户提出的书面或口头意见、投诉，企业相关管理部门应作记录并查找原因妥善处理。

13　管理机构和人员

13.1　应设立与生产能力相适应的食品安全管理机构，负责企业的食品安全管理，建立健全本单位的食品安全管理制度，负责生产实施产品全过程的食品安全质量控制，保证产品符合法律、法规和相关标准的要求。

13.2　食品安全管理机构应配备专职食品安全管理人员，对食品安全生产质量进行即时分析评估并采取控制措施。

13.3　企业负责人，食品安全管理人员，厨师长，原料采购、烹调、冷却、分装、工用具消毒等关键环节操作人员应持有有效食品安全培训合格证明。

13.4　应针对不同岗位制订培训计划，评估培训效果，并建立各类人员培训及考核档案。

14　记录和文档管理

按 DB 31/2015 的有关规定执行，并符合以下要求：

14.1　应对人员健康状况、人员教育与培训情况、膳食生产加工中原料和包装材料等的采购、生产、贮存、留样、检验等环节详细记录，以增加食品安全管理体系的可信性和有效性。

14.2　应如实记录食品原料、食品添加剂、食品相关产品的名称、规格、数量、供货者名称及联系方式、进货日期等内容。

14.3　应如实记录膳食的加工过程，包括人员健康状况、食品留样原料采购验收、加工操作过程关键项目、膳食加工供应的时间和中心温度、配送时间和食用时间、产品贮存情况、企业自查和纠偏情况，以及产品的检验餐次、检验日期、检验人员、检验方法、检验结果等内容。

14.4　应如实记录出厂膳食的品种、规格、数量、生产日期、生产餐次、发货地点、收货人名称及联系方式、发货日期等内容。

14.5　应如实记录发生召回和投诉的食品名称、餐次、规格、数量、发生召回和投诉的原因及后续整改方案等内容。

14.6　各项记录均应由执行人员和有关督导人员复核签名或签章，记录内容如有修改，不能将原文涂掉以致无法辨认，且修改后应由修改人在修改文字附近签名或签章。

14.7　所有生产和品质管理记录应由相关部门审核，以确定所有处理均符合规定，如发现异常现象，应立即处理。

14.8　有关记录至少应保存 2 年。

14.9　采用电子计算机信息技术系统和手段进行文件和记录的管理。

15　管理制度

应制定切实可行、便于操作和检查的食品安全管理制度。制度至少应包括以下方面：

a. 食品和食品原料采购查验管理。

b. 场所环境卫生管理。

c. 设施设备卫生管理。

d. 清洗消毒管理。

e. 人员卫生管理。

f. 人员培训管理。

g. 加工操作管理。

h. 餐厨垃圾及废弃食用油脂管理。

i. 消费者投诉管理。

j. 食品安全管理人员岗位职责规定。

k. 食品供应商遴选制度。

l. 食品添加剂使用管理制度。

m. 食品检验制度。

n. 问题食品召回和处理方案。

o. 食品安全突发事件应急处置方案。

p. 根据生产加工工艺的产品类别，制定关键环节操作规程。包括采购、贮存、烹调温度控制、专间操作、留样、运输、清洗消毒等。

16 学生盒饭营养管理要求

16.1 学生盒饭生产企业应配备专职或兼职的营养师（士）。

16.2 营养师（士）指导企业制定每周学生盒饭食谱，并对热能、蛋白质、脂肪等营养素进行测算评价，或通过抽样检测学生盒饭营养素实际含量。学生盒饭热能、蛋白质、脂肪等营养素评价参照附录 B《上海市学生盒饭营养指标推荐值及抽样评价方法》。

附录 A

集体用餐配送膳食生产企业生产过程监控和检验要求

	监控项目	监控指标	监控方法*	执行标准	监控频率*
原料检验	畜禽肉	瘦肉精（盐酸克伦特罗、沙丁胺醇、莱克多巴胺）	快速检测	阴性	批发采购的每批次产品
	水发产品	甲醛	快速检测	阴性	批发采购的每批次产品
	果蔬	农残（有机磷、氨基甲酸酯类）	快速检测	阴性	批发采购的每批次产品
	腌制畜禽肉品、腌（盐）制料	亚硝酸盐	快速检测	阴性	批发采购腌制畜禽肉品、腌（盐）制料

续表

	监控项目		监控指标	监控方法*	执行标准	监控频率*
过程监控	烹调热加工中心温度		温度	中心温度计	≥70℃	每餐次不少于1次
	膳食冷却后中心温度(冷链工艺)		温度	中心温度计	≤10℃	每餐次不少于1次
	膳食冷却时间(冷链工艺)		时间	时钟	≤2小时	每餐次不少于1次
	二次加热中心温度(热链工艺)		温度	中心温度计	≥70℃	每餐次不少于3次
	成品贮存中心温度(冷链工艺)		温度	中心温度计	≤10℃	每餐次不少于3次
	食用前中心温度(冷链工艺)		温度	中心温度计	≥60℃	每餐次至少选择1个供餐点测定
	加工到食用时间		时间	计时器	≤3小时	每餐次计算
过程监控	消毒液浓度		浓度	测试纸	200毫克/升或参照使用说明	每4小时1次
	接触食品环节表面	接触即食食品工用具和容器	洁净度	ATP检测仪	≤30 RLU良好，≤100 RLU合格	每餐次不少于1件次
		餐饮具及保温箱内壁	洁净度	ATP检测仪	≤30 RLU良好，≤100 RLU合格	每餐次不少于2件次
		接触即食食品人员手部	洁净度	ATP检测仪	≤30 RLU良好，≤100 RLU合格	每餐次不少于1人次
	煎炸油		极性组分	极性组分仪	≤27%	每餐次1次
产品检验	盒饭和桶饭		感官	自检	DB 31/160	每餐次不少于3件
			标签	自检	DB 31/160	每餐次不少于3件
			指示菌(菌落总数、大肠埃希氏菌)	自检或委托	DB 31/160	学生盒饭每餐次1件次 其他每周不少于1件次
			致病菌(沙门氏菌、金黄色葡萄球菌、志贤氏菌、蜡样芽孢杆菌，单核细胞增生李斯特菌、副溶血性弧菌)	委托检测	DB 31/160	企业自定

续表

	监控项目	监控指标	监控方法*	执行标准	监控频率*
食品接触材料	盒饭饭盒及餐具、桶饭保温箱等直接接触食品容器表面	根据产品特性	委托检测	国家相关标准	企业自定

* 对盒饭和桶饭产品微生物检验超标的，企业应自行或委托检验机构连续追踪抽样 3 餐次同类产品，样品检验全部合格，方可恢复正常检验频次。

* 热链盒饭或桶饭企业在同一时间段生产供应的同餐膳食，计为一个餐次，如早、中、晚餐，冷链盒饭企业在同一时间段完成热加工、膳食冷却、膳食分装等生产工序的同品种盒饭，计为一个餐次（班次）。

附录 B

上海市学生盒饭营养指标推荐值及抽样评价方法

B.1　上海市学生盒饭营养指标推荐值符合表 1。

上海市学生盒饭营养素指标推荐值

营养素指标	推荐值			
	小学 1—3 年级	小学 4—5 年级	初中	高中
热能（千卡/盒）≥	640	730	910	970
蛋白质（克/盒）≥	24	28	32	32
脂肪（占热能百分比，%）≤	30			

B.2　学生盒饭营养指标评价抽样和测定方法

每天随机抽取相同供应对象、相同餐次的 3 件盒饭样品进行热能、蛋白质和脂肪值的测定，取平均值，连续抽样测定 5 天（周一至周五）。

食品安全地方标准

中央厨房卫生规范（DB31 2008—2012）

1　范围

本标准适用于中央厨房。

本标准规定了中央厨房从原料采购、加工过程、到运输贮存各环节的场所、设施、人员的基本卫生要求和管理准则。

2　规范性引用文件

本标准中引用的文件对于本标准的应用是必不可少的。凡是注日期的引用文件，仅所注日期的版本适用于本标准。凡是不注日期的引用文件，其最新版本（包括所有的修改单）适用于本标准。

3 术语和定义

下列术语和定义适用于本标准。本标准中未注释的术语与《餐饮服务食品安全操作规范》（国食药监食[2011]395 号）中的用语含义相同。

3.1 中央厨房

由餐饮连锁企业建立的，具有独立场所及设施设备，集中完成食品成品或半成品加工制作，并直接配送给餐饮服务单位的单位。

3.2 待配送食品

经中央厨房加工制作后，待配送至餐饮单位的所有产品，包括生制半成品、热加工半成品、即食食品。

3.3 生制半成品

经挑选、清洗、分割、切配等初加工后，经调制或不经调制，添加或不添加食品辅料、调味料和食品添加剂等，发酵或不经发酵（米面类），不经热加工处理的非即食半成品。

3.4 热加工半成品

原料经初步热加工处理后，仍需进一步加工制作的阶段性成品。

3.5 即食食品

可直接食用的食品。

3.6 易腐食品

蛋白质或碳水化合物含量一般较高，通常 pH 大于 4.6 且水分活度大于 0.85，需要控制温度和时间以防止腐败变质和细菌生长、繁殖、产毒的食品。常见的易腐食品包括生鲜或熟制的动物性食品（如畜禽肉、蛋类、水产、奶类等）、熟制的植物性食品（如煮熟的米饭、面食、豆类和蔬菜）、豆腐或其他大豆蛋白食品（干燥制品除外）、切开的弱酸类水果和瓜类等。

3.7 原料加工

指对食品原料进行挑拣、整理、解冻、清洗、剔除不可食部分，以及分切、配料、腌制、上浆等不需热加工处理的操作过程。

3.8 热加工

指食品的煎、炒、炸、焖、煮、烤、烘、蒸等加热处理过程。

3.9 生产加工场所

指用于食品加工处理的场所。包括原料贮存、原料加工、热加工、冷却、分装（或内包装）、外包装、待配送食品贮存、工用具清洗消毒和保洁场所。分为清洁作业区、准清洁作业区、一般作业区。

3.10 清洁作业区

清洁要求高的作业区域，包括即食食品分装（冷却、存放）专间等场所。

3.11 准清洁作业区

清洁要求次于清洁作业区的作业区域，包括热加工场所、热加工半成品冷却（分装、存放）场所、面点制作场所、发酵场所、工用具保洁场所等。

3.12 一般作业区

清洁度要求低于准清洁作业区的作业区域。包括原料加工场所、生制半成品分装（存放）场所、外包装场所、工用具清洗消毒场所等。

3.13 环节表面

食品直接接触的食（饮）具、工用具、容器、操作台面、操作者等的总称。

3.14 缺陷

指不符合有关食品卫生规定和标准，或者存在或可能存在健康安全隐患。

4 选址和厂区环境

4.1 选址

应选择地势干燥、有给排水条件和电力供应的地区，不得设在易受到污染的区域并符合规划、环保和消防等有关要求。距离粪坑、污水池、暴露垃圾场（站）、旱厕等污染源25米以上，并设置在粉尘、有害气体、放射性物质和其他扩散性污染源的影响范围之外。

4.2 厂区环境

按照GB 14881有关规定执行。

5 厂房和生产加工场所

5.1 设计与布局

5.1.1 应设置具有与加工方式及加工品种、数量相适应的原料贮存、原料加工、烹调热加工、食品冷却、分装（或内包装）、外包装、待配送食品贮存、工用具清洗消毒和保洁等生产加工场所，以及更衣室、检验室等。生产加工场所分为一般作业区、准清洁作业区、清洁作业区，各作业区均应设置在室内，且独立分隔。

5.1.2 生产加工场所的使用面积不小于300米^2，并与加工食品的品种和数量相适应。

5.1.3 生产加工场所应按照原料进入、原料处理、半成品加工、成品制作、食品冷却、分装、包装及待配送食品贮存的顺序合理布局，防止食品在存放、操作中产生交叉污染。

5.1.4 即食食品分装（冷却、暂存）应当设置专间，其面积应与食品品种和分装数量相适应。单纯分装即食调味料（如火锅蘸料）的分装间面积不小于15米^2，其他即食食品的分装间面积不小于30米^2。

5.2 建筑内部结构

按照GB 14881有关规定执行，并符合以下要求：

5.2.1 生产加工场所天花板离地面2.5米以上。

5.2.2 生产加工场所墙壁应用光滑、不吸水、浅色、耐用和易清洗的材料铺设到顶。

5.2.3 与外界直接相通的门和可开启的窗应设有易于拆洗且不生锈的防蝇纱网或设置空气幕，室内窗台下斜45度或采用无窗台结构。

5.2.4 水蒸气较多场所的天花板应有适当坡度，在结构上减少凝结水滴落。清洁作业区、准清洁作业区及其他半成品、成品暴露场所屋顶若为不平整的结构或有管道通过，应加设平整易于清洁的吊顶。

5.3　各类场所的设施设备

5.3.1　通用要求

按照 GB 14881 有关规定执行。根据生产需要，在适当位置配备足够数量的洗手、消毒、照明、更衣、通风、排水、温控等设施，并具备防尘、防蝇、防虫、防鼠以及处理废水、存放垃圾和废弃物等保证生产场所卫生条件的设施。配备满足加工用水要求的水处理系统。

5.3.2　原料加工场所

5.3.2.1　原料加工场所分别设与加工食品品种相符合的原料清洗水池和操作台（如畜禽类、果蔬类、水产类等），水池数量或容量和操作台数量应与加工食品的数量相适应，各类水池和不同场所（功能间）、区域有明显的区分标识。

5.3.2.2　加工易腐食品原料的场所应配备空调等温度控制装置。

5.3.3　烹调热加工场所

5.3.3.1　食品烹调场所应采用机械排风。产生油烟或大量蒸汽的设备上部，加设附有机械排风及油烟过滤的排气装置，过滤器便于清洗和更换。

5.3.3.2　排气口装有网眼孔径小于 6 毫米的金属隔栅或网罩，纱网或网罩便于装卸和清洗。

5.3.4　冷却场所

5.3.4.1　食品烹调后需要采用冷链工艺的，应配备与加工食品的品种和数量相适应的快速冷却设备（如真空冷却机、隧道式冷却设备）或设置冷却专间。

5.3.4.2　采用专间方式冷却的，专间内应配备降温、紫外线灭菌、温度指示装置等设施。

5.3.5　分装间

即食食品分装间应符合《餐饮服务食品安全操作规范》中专间的要求。

5.3.6　贮存场所

5.3.6.1　食品和非食品（不会导致食品污染的食品容器、包装材料、工用具等物品除外）库房分开设置。按食品种类分别设立冷藏库、冷冻库和常温库房，各类库房的容量应当满足生产加工数量的需要。

5.3.6.2　冷藏、冷冻库（柜）数量和结构能使原料、半成品和即食食品分开存放，有明显区分标识。冷藏库、冷冻库应配备温度指示装置。

5.3.6.3　库房内应设置数量足够的物品存放货架，能使贮存的食品隔墙离地存放。并配备标识设施，以标注不同物品、进货和使用时间及存量等内容。

5.3.7　工用具清洗消毒和保洁场所

5.3.7.1　根据加工食品的品种和数量，配备能正常运转的清洗、消毒、保洁设备设施。

5.3.7.2　工用具和容器宜用热力方法进行消毒（因材质、大小等原因无法采用的除外）。采用热力消毒的，至少设有 2 个专用水池；采用化学消毒的，至少设有 3 个专用水池。各类水池应以明显标识标明其用途。

5.3.7.3 接触即食食品的工用具、容器的清洗消毒水池应专用，与食品原料、清洁用具及接触非直接入口食品的工具、容器清洗水池分开。

5.3.7.4 水池应使用不锈钢或陶瓷等不透水材料、不易积垢并易于清洗。

5.3.7.5 采用自动清洗消毒设备的，设备上应有温度显示和清洗消毒剂自动添加装置，自动添加装置应定期检定。

5.3.7.6 应设专供存放消毒后工用具和容器的保洁设施，其结构应密闭并易于清洁。

5.3.8 检验室

5.3.8.1 设置与加工制作的食品品种相适应的检验室，检验室的面积和布局应当与企业的生产规模、经营特点、检测项目相适应，开展微生物检测的检验室总面积不小于 25 米^2，不开展微生物检测的，总面积不小于 15 米^2。

5.3.8.2 开展微生物检验应设有无菌室。无菌室应当设置准备间、缓冲间、洁净实验室。布局采用单方向工作流程，避免交叉污染。洁净实验室面积不小于 4 米^2，具备适当的通风和温度调节设施。

5.3.8.3 实验室应配备与检验能力和工作量相适应的仪器设备和设施以及标准物质(参考物质)；检验仪器设备和检验用计量器具应按照有关规定定期进行校验。

5.3.8.4 检验室应配备经专业培训并考核合格的检验人员，从事检验工作。

6 设备、工具和容器

按照《餐饮服务食品安全操作规范》的有关规定执行。

7 卫生管理

7.1 场所与设施卫生管理

按照 GB 14881 的有关规定执行。

7.2 人员健康管理与卫生要求

按照《餐饮服务食品安全操作规范》的有关规定执行。

7.3 环境管理要求

按照《餐饮服务食品安全操作规范》的有关规定执行。

7.4 设备及工具管理

按照《餐饮服务食品安全操作规范》的有关规定执行。

7.5 清洗和消毒管理

按照《餐饮服务食品安全操作规范》的有关规定执行。

7.6 杀虫剂、杀鼠剂、清洗剂、消毒剂及有毒有害物管理

按照《餐饮服务食品安全操作规范》的有关规定执行。

8 原料与包装材料的要求

8.1 原料

原料的采购、验收、贮存和运输，按照国家食品安全法律、法规、规章和《餐饮服务食品安全操作规范》、《餐饮服务食品采购索证索票管理规定》(国食药监食[2011]178 号)的要求执行。

8.2 包装材料

8.2.1 包装材料应清洁、无毒且符合国家相关安全标准的规定。

8.2.2 内包装材料应能在正常贮存、运输、销售中充分保护食品免受污染，防止损坏。

8.2.3 重复使用的包装材料在使用前应彻底清洗，必要时进行消毒。

8.2.4 一次性内包装材料应脱去外包装后进入专间。

9 生产过程的食品安全控制

9.1 原料加工

9.1.1 食品原料应进行挑选、解冻、清洗（干燥）、去皮，剔除腐烂、病、虫、异常、畸形、其他感官性状异常的，去除不可食用部分。

9.1.2 畜禽类、果蔬类、水产类原料应当分池清洗，清洗后要沥干，去除多余水分，禽蛋在使用前应对外壳进行清洗，必要时进行消毒。盛装沥干的容器不得与地面直接接触，以防止食品受到污染。

9.1.3 严格按照加工配方和工艺规程，对原料进行切配、分割、腌制和上浆等加工。

9.1.4 切配、调制好的半成品应根据性质分类存放，与原料分开，避免受到污染。需冷藏或冷冻保存的半成品需按照贮存条件分类存放。

9.1.5 动物性食品的腌制应在4℃以下冷藏条件下进行。易腐食品暂存应在7℃以下冷藏条件下进行，分装应在25℃以下条件下进行。

9.2 热加工

9.2.1 热加工前应认真检查待加工食品，发现有腐败变质或者其他感官性状异常的，不得进行加工。

9.2.2 热加工的食品应能保证加热温度的均匀性。需要熟制的应烧熟煮透，其加工时食品中心温度应不低于70℃。

9.2.3 热加工后的食品应与生制半成品、原料分开存放，熟制的食品与未熟制的食品分开存放，避免受到污染。

9.2.4 应按照GB 7102.1的要求，采取措施或监测控制食用油煎炸过程的安全质量；若无法实施监控措施的，连续煎炸食品的食用油累计使用期限不超过12小时，非连续使用的食用油使用期限不超过3天。废弃的食用油应全部更换，不能以添加新油的方式延长使用期限。

9.3 冷却

9.3.1 热加工处理的易腐食品应在快速冷却设备或冷却专间内进行冷却，在2小时内将食品中心温度降至10℃以下。

9.3.2 应及时测量每批冷却后食品的中心温度，2小时内食品中心温度未降到10℃以下的，不得使用。

9.3.3 用于即食食品冷却的快速冷却设备或冷却专间应专用，不得用于冷却热加工半成品。

9.3.4 采用冷却专间方式冷却的，应当符合9.7专间操作要求。

9.4 分装

9.4.1 分装前应认真检查待分装食品，发现有腐败变质或者其他感官性状异常的，不得进行分装。

9.4.2 即食食品分装应当在食品加工专间内进行，并符合 9.7 专间操作要求。

9.5 包装和标签

9.5.1 中央厨房待配送的食品应采用密闭包装。鼓励采用分装密封后加热处理工艺或真空（充氮）包装。

9.5.2 中央厨房加工配送食品的最小使用包装或食品容器包装上的标签应标明食品名称、加工单位、生产日期及时间、保存条件、保质期、加工方法与要求，成品食用方法等。中央厨房加工食品过程中使用食品添加剂的，应在标签上标明。

9.5.3 非即食的熟制品种应在标签上明示“食用前应彻底加热”。

9.6 工用具清洗消毒和保洁要求

9.6.1 工用具使用后应及时洗净，定位存放，保持清洁。

9.6.2 接触热加工半成品和即食食品的工用具、容器要专用，使用前要消毒，消毒后的工用具应贮存在专用保洁柜（或保洁间）内备用，保洁柜应有明显标记。

9.6.3 应定期检查消毒设备、设施是否处于良好状态。采用化学消毒的应定时测量有效消毒浓度。

9.6.4 消毒后工用具和容器应符合 GB 14934《食（饮）具消毒卫生标准》规定。

9.6.5 不得重复使用一次性包装材料。

9.6.6 已消毒和未消毒的工用具应分开存放，保洁柜（或保洁间）应当定期清洗，保持洁净，不得存放其他物品。

9.7 专间操作要求

9.7.1 专间内应当由专人加工制作，非操作人员不得擅自进入专间。不得在专间内从事与食品加工无关的活动。

9.7.2 专间每次使用前应进行空气和食品货架的消毒。使用紫外线灯消毒的，应在无人工作时开启 30 分钟以上。

9.7.3 进入专间前应更换洁净的工作衣帽，并将手洗净、消毒，工作时应戴口罩，操作中适时地消毒双手。加工操作时专间温度应在 25℃以下。

9.7.4 专间内应使用专用的设备、工具、容器，用前应消毒，用后应洗净并保持清洁。

9.7.5 专间内不得放置未经消毒的原料、半成品等易造成交叉污染的物品。

9.8 有效期管理

企业应根据加工生产工艺的特点和国家相应标准的规定，制定原料、生制半成品、热加工半成品、即食食品的保质期，必要时应进行产品保质期试验和验证，并严格执行保质期规定。

9.9 食品添加剂使用管理

按照《餐饮服务食品安全操作规范》的要求执行。

9.10 生产加工过程的监控

9.10.1 应针对生产过程中的关键环节制定操作规程，并严格执行。配方和工艺条件未经核准不得随意更改。

9.10.2 应根据产品工艺特点，规定各类产品用于杀灭或抑制微生物生长繁殖的方法，如冷冻冷藏、高温灭菌等，并实施有效的监控。

9.10.3 应按配方和工艺规定要求，对关键技术参数进行监控，并有监控记录，具体监控内容见附录 A。

9.10.4 用于测定、控制、记录的监控设备，如温湿度计、压力表等，应定期校准、维护，确保准确有效。

10 检验

10.1 原料检验

10.1.1 根据采购原料的品种和数量，制定原料品质验收标准、抽样及检测方法。

10.1.2 鲜冻畜肉及内脏、果蔬、食用油等原料应每批进行检验。检验项目按附录 B.1。

10.2 环节表面检验

10.2.1 根据生产工艺和产品品种的特点，定期对环节表面进行检测，检验项目按附录 B.2。

10.2.2 即食食品生产环境微生物监控参照附录 C。

10.3 产品检验

10.3.1 即食食品检验中的的食品安全指标应符合相应国家标准、地方标准或企业标准的要求。

10.3.2 应定期对加工的即食食品进行检验，检验项目按附录 B.3。检验结果不符合标准的，应及时查找原因，并采取措施进行改进。

10.3.3 每年应委托有资质的检验机构对即食食品进行至少一次的全项目检验。

10.4 留样管理

10.4.1 每批即食食品均应有留样，留样食品应按品种、批号分别盛放于清洗消毒后的密闭专用容器内，放置在专用冷藏设施中，留样应保存至保质期届满之后 48 小时。

10.4.2 每个品种留样量应满足检验需要，不少于 100 克。

10.4.3 留样记录应包括食品名称、留样量、留样时间、留样人员、审核人员等项目。

11 产品的贮存与运输

11.1 应根据产品的种类和性质选择贮存和运输的方式，并符合产品标签所标识的贮存条件。贮存和运输过程中应避免日光直射、雨淋。

11.2 配备与加工食品品种、数量以及贮存要求相适应的封闭式专用运输车辆，配送易腐食品时应采用冷藏车，车辆内部结构便于清洗和消毒。

11.3 采用冷链工艺生产的食品，应根据产品特性在冷藏或冷冻的条件下贮存和运输。

11.4 贮存、运输和装卸食品的容器、工具和设备应当安全、无害，保持清洁，防止食品污染，不得将食品与有毒、有害物品一同运输。

11.5　贮存场所中的食品应定期检查，如有异常应及时处理。

12　产品追溯和召回

12.1　应建立产品追溯制度，确保对产品可进行有效追溯。

12.2　应及时向餐饮门店收集汇总所配送产品的缺陷信息，包括品种、数量、质量指标、可能危害等。

12.3　应建立产品召回制度。当发现某一批次或类别的产品含有或可能含有对消费者健康造成危害的因素时，应按照国家相关规定启动产品召回程序，及时向相关部门通告，并作好相关记录。

12.4　召回食品应采用染色、毁形等措施予以销毁，采用照片或视频方式记录销毁过程，并详细记录食品召回和处理情况。

12.5　不得将回收后的食品加工后再次使用。

13　管理机构和人员

13.1　应设立与生产能力相适应的食品安全管理机构，负责企业的食品安全管理，建立健全本单位的食品安全管理制度，负责生产实施产品全过程的食品安全质量控制，保证产品符合法律、法规和相关标准的要求。

13.2　食品安全管理机构应配备专职食品安全管理人员。

13.3　企业负责人、食品安全管理人员、原料采购、烹调、分装（内包装）、清洁作业区、工用具消毒等关键环节操作人员应持有有效食品安全培训合格证明。

13.4　应建立从业人员培训制度，针对不同岗位制订培训计划，评估培训效果，应建立各类人员培训及考核档案。

14　记录和文件的管理

14.1　应建立相应的记录管理制度，对加工中原料、成品和包装材料等的采购、生产、贮存、检验、配送、销售等环节详细记录。

14.2　应如实记录食品原料、食品添加剂、食品相关产品的名称、规格、数量、保质期、供货者名称及联系方式、进货日期等内容。

14.3　应如实记录产品的加工过程（包括工艺参数、环境监测等）、产品贮存情况及产品的检验批号、检验日期、检验人员、检验方法、检验结果等内容。

14.4　应如实记录出厂产品的名称、规格、数量、生产日期、保质期、生产批号、发货地点、收货人名称及联系方式、发货日期等内容。

14.5　应如实记录发生召回的食品名称、批次、规格、数量、发生召回的原因、处理销毁方式及后续整改方案等内容。

14.6　各项记录均应由执行人员和管理人员复核签名或签章，记录内容如有修改，不能将原文涂掉以致无法辨认，且修改后应由修改人在修改文字附近签名或签章。

14.7　所有生产和管理记录应由相关部门审核，以确定所有处理均符合规定，如发现异常现象，应立即处理。

14.8　对本标准所规定的有关记录，保存期不应少于二年。

14.9　应建立文件的管理制度，并建立完整的食品安全管理档案，文件应分类归档、保存。分发、使用的文件应为批准的现行文本。已废除或失效的文件除留档备查外，不应在工作现场出现。

14.10　鼓励企业采用电子计算机信息技术系统和手段进行文件和记录的管理。

15　管理制度

食品安全管理机构应制定食品安全管理制度，管理制度应切实可行、便于操作和检查，至少应包括下列内容：

15.1　食品和食品原料采购查验管理。

15.2　场所环境卫生管理。

15.3　设施设备卫生管理。

15.4　清洗消毒管理。

15.5　人员卫生管理。

15.6　人员培训管理。

15.7　加工操作管理。

15.8　餐厨垃圾及废弃食用油脂管理。

15.9　消费者投诉管理。

15.10　食品安全管理人员岗位职责规定。

15.11　食品供应商遴选制度。

15.12　食品添加剂使用管理制度。

15.13　食品检验制度。

15.14　问题食品召回和处理方案。

15.15　食品安全突发事件应急处置方案。

15.16　根据生产加工工艺的产品类别，制定关键环节操作规程。包括采购、贮存、烹调温度控制、专间操作、包装、留样、运输、清洗消毒等。

附　录A

中央厨房生产加工过程的关键技术参数控制要求

中央厨房生产加工过程的关键技术参数控制按表A.1执行。

表A.1　中央厨房生产加工过程的关键技术参数控制表

序号	工艺名称	适用产品	关键技术参数控制内容
1	原料加工	有此工艺要求的产品	防止工用具容器交叉污染、环境温度控制、食品添加剂品种、范围及使用量严格按照GB2760执行

续表

序号	工艺名称	适用产品	关键技术参数控制内容
2	热加工	有此工艺要求的产品	时间和中心温度控制、防止工用具容器交叉污染
3	冷却	有此工艺要求的产品	时间和中心温度控制
4	分装	全部产品	环境温度控制、防止工用具容器交叉污染
		即食食品	生产环境微生物监控
5	工用具清洗消毒	即食食品	热力消毒的温度及消毒时间、化学消毒使用的消毒剂浓度
6	贮存	需要采取温控措施的产品	产品中心温度、环境温度控制
7	运输	需要采取温控措施的产品	产品中心温度、环境温度控制

附　录 B

中央厨房检验机构检验项目设置要求

中央厨房检验机构设置的原料检验项目按表 B. 1 执行。

表 B. 1　原料检验项目设置要求

序号	检测项目	适用范围
1	农药残留(有机磷、氨基甲酸酯类)	果蔬原料
2	瘦肉精残留 (盐酸克伦特罗、沙丁胺醇、莱克多巴胺等)	鲜冻畜肉及内脏
3	酸价、极性组分	食用油

中央厨房检验机构设置的生产环节检验项目按表 B. 2 执行。

表 B. 2　生产加工环节表面检验项目设置要求

序号	检测项目	适用范围
1	微生物(菌落总数、大肠菌群或大肠杆菌)	即食食品生产环境监控

中央厨房检验机构设置的即食食品成品检验项目按表 B. 3 执行。

表 B. 3　即食食品成品检验项目设置要求

序号	检测项目	适用范围
1	微生物(菌落总数、大肠菌群或大肠杆菌)	即食食品

附　录 C

即食食品生产环境微生物监控计划指南

生产过程中的环境微生物监控措施是保证即食食品产品安全的重要手段。当相应即食食品产品安全标准设置指示性微生物指标时，建立的环境微生物监控计划应以使终产品符合标准中的微生物指标为目标；当相应即食食品产品安全标准未设立指示性微生物指标时，建立的环境微生物监控计划应通过设定生产过程中卫生指示微生物指标确保终产品的安全。

本附录给出了制订即食食品生产环境微生物监控计划时应当考虑的要点。

监测环境中卫生状况指示微生物（如菌落总数、大肠菌群或大肠杆菌）的水平，可以帮助评估需要保持干燥的加工环境的湿度控制情况，也常常用作验证清洁消毒效果的指标。即食食品环境微生物监控计划涵盖了生产环境的微生物学评估、清洁消毒效果以及微生物控制效果的评价。从本质上来讲它不是一种控制手段，而是验证或评估目标微生物控制程序整体有效性的工具。

C.1　在建立环境微生物监控计划时，需要考虑以下几点：

(1)该程序应当包括的要素：取样点、取样频率、样品量，取样方法和检测方法。

(2)取样点的分布区域：在全面监控的前提下，将关注点放到清洁作业区域，同时帮助找到适当的纠正措施。例如，可划分为以下四个区（参见表C.1）：

一区：在控制区域的产品接触表面；

二区：在控制区域、与产品接触表面接近或邻近的非产品接触表面；

三区：在控制区域，与产品接触表面远离的非产品接触表面；

四区：在非生产区域的所有地方（例如：卫生通道，仓库，衣帽间，卸料平台）。

(3)在正常生产情况下，常规环境微生物监控应当重点监测非产品接触表面。

(4)还应当对操作人员的手部、工作服、手套等，以及生产区域的空气进行取样监控。

(5)清洁消毒后的环境取样只供验证清洁效果，不用于环境监控目的。

(6)取样计划应是动态的，并且应该随着数据变化而有所响应；取样点不宜限定在某个区域的特定位置；需要定期回顾环境监控的结果。

(7)监控计划应使中央厨房中需要监控的区域按照一定的周期（如：每天隔几小时、每天、每周、每月、每季度）得到监控。每个区域的监控周期可以不同，但应保证在一定时间内监控到所有的区域。取样计划应有一定的灵活度，必要时应允许一些额外的取样。

(8)在出现新建项目、改建项目、设备安装、设备维修等情况时，在工作进行中和结束后都应该加强环境监控，如增加监控频率和/或取样数量。

C.2　即食食品 环境微生物监控计划中各取样点卫生指示微生物的指标，应综合考虑微生物控制程序的效果以及对产品安全的影响后确定。对各生产控制区域的建议指标参见表C.2。

C.3　即食食品环境微生物监控计划中各取样点卫生指示微生物的实际水平应当符合预先确定的指标并保持稳定。如出现轻微异常，通常需要加强监控，如采取增加取样频次等措施；若异常情况显著，则应当针对微生物控制程序采取相应的纠偏措施。

表 C.1 即食食品生产环境微生物监控示例

分区	定义	取样点举例	检测微生物 a	频率
一区	清洁作业区内产品接触表面	设备接触产品面、产品传送带、刀具、托盘、包装机等	菌落总数、大肠菌群（或大肠杆菌）	清洁之后以及监测、确认或验证需要时，也可定期为上岗时、上岗后间隔一定时间等
二区	清洁作业区内产品间接接触表面——在正常操作条件下，这些区域一旦污染，产品接触表面被污染的可能性就很高	设备外表面、腿/支架、电动机盖、狭小通道、控制面板、零件车、地沟、空调通风口、空气过滤器等	菌落总数、大肠菌群（或大肠杆菌）	每周、每两周或每月
三区	清洁作业区内非产品接触表面——这些地方一旦污染，在没有机械力或人为干预的情况下不会直接导致产品接触表面的污染	清洁工具（扫帚）、地面洗刷用具、叉车/升降车、地沟、到生产区域的通道、墙与地面的连接处、清洗池或清洗间、原料存放区等	菌落总数、大肠菌群（或大肠杆菌）	每周或每月
四区	准清洁作业区内非产品接触表面——这些区域一旦污染，可能通过鞋底或流动设备带入生产区域（例如：废料处理区域的废料车将污染源携带到其他区域）	垃圾处理区、卫生通道、衣帽间、储藏室等	菌落总数、大肠菌群（或大肠杆菌）	每月或每季度

[a]可根据需要选择一个或多个卫生指示微生物实施监控。

即食食品生产过程中卫生指示微生物参考指标设置可参考表 C.2 执行。

表 C.2 即食食品生产过程中卫生指示微生物参考指标设置示例

取样位置	取样方法	监测微生物	参考指标
产品接触表面	涂抹	菌落总数 大肠菌群	≤ cfu/100 厘米^2 ≤ cfu/100 厘米^2
非产品接触表面	涂抹	菌落总数 大肠菌群	≤ cfu/100 厘米^2 ≤ cfu/100 厘米^2

注：实际制定时应综合考虑微生物控制程序的效果以及对产品安全的影响后确定。

参考文献

[1] 马晓明.中央厨房规划设计要点研究[J].物流技术,2011(17).

[2] 冯明会,童光森.中央厨房的立体剖析[J].餐饮世界,2012(12).

[3] 樊培华,沈志远.论中国传统食品的工业化[J].中国烹饪研究,2000(1):50-52.

[4] 冯霖,屠振华,朱大洲. 中央厨房设计概论.北京:北京科学技术出版社,2016.5.

[5] 邓东泉,孙恒,肖尤明,等. 真空预冷技术的现状和发展前景.食品工业科技, 2002, 23(7).

[6] 谭向勇.中国食品工业的现状及发展趋势研究[J].北京工商大学学报(自然科学版),2010(1):1-7.

[7] 李莉.中央厨房加工能力与配送能力的匹配问题研究[D].北京交通大学硕士专业学位论文,2015.

[8] 刘胜利.食品安全 RFID 全程溯源及预警关键技术研究[M].北京:科学出版社,2012.

[9] 鲁满新.现代检测技术在食品安全中的应用[J].安徽农业科学,2007(21).

[10] 李淑兰,沈容, 杨玉芬.无菌包装技术及其应用.全国化学与化工技术学术研讨会,2005.

[11] 刘永好. 如何解决外卖餐饮的监管难题? 大规模建设中央厨房[J].计算机应用文摘, 2017 (7) :69-69.

[12] 林菡卿.中式餐饮连锁企业构建中央厨房的困境与对策[J].岳阳职业技术学院学报,2013,28 (6) :106-109.

[13] 梁志杰,黄英君.我国食品冷链物流建设研究[J].生态经济,2007,(11):124-126.

[14] 郭顺堂,刘贺.中央厨房——中国食品产业新的增长极[J]. 食品科技,2013(03).

[15] 郭全中. 中央厨房之辩. 南方电视学刊, 2017 (1) :32-34.

[16] 霍建聪,李湘利.气调包装技术在冷鲜肉中保鲜的应用[J].肉类工业,2009(11).

[17] 黄琛.中央厨房冷、热链配送技术研究 [D].上海交通大学硕士学位论文,2008.

[18] 曲鹏鹏.液氮制冷用于食品的冷却和冻结.21 世纪中国食品冷藏链大会暨速冻食品发展研讨会, 1998.

[19] 辛松林.我国中央厨房产业发展现状与发展趋势[J].食品研究与开发,2014(6):119-112.

[20] 许庆生.浅谈大众餐饮中央厨房的精细化管理. 当代经济, 2015 (2) :66-67.

[21] 张华.食品保藏学课件.哈尔滨工业大学——食品科学与工程学院.

[22] 赵林度. 食品溯源与召回. 北京:科学出版社,2009.
[23] 赵帅,李学工. 中央厨房冷链质量安全标准及可追溯信息技术应用[J]. 标准科学, 2016,(5).
[24] 张倩,江萍. 多糖功能的研究进展[J]. 食品研究与开发,1998,19(3):11-13.
[25] 周凯玲,宋兹鹏. 中央厨房+互联网+取餐机打造外卖新模式. 中国商界, 2016(8): 94-95.
[26] 张媛, 李学工. 互联网+中央厨房的流程设计与品控策略. 物流技术与应用, 2015, 20(10):192-194.
[27] 郑敏莹. 联合区域中央厨房建设及其创新运作模式设想. 中外食品工业:下, 2013(12):56-58.
[28] 陈学智. 中国烹饪文化大典(精). 杭州:浙江大学出版社,2012年4月.
[29] 陈海权. 食品冷链物流在国内发展的挑战与展望[J]. 食品安全导刊,2008,(3):23-26.
[30] 施建年. 物流配送. 北京:人民交通出版社,2007.
[31] 蔡卫华. 气调冷藏保鲜技术[J]. 农业机械化,1998(05).
[32] 蔡永峰. 中央厨房与餐食工业化[J]. 食品与发酵工业,2014(12).
[33] 苏秋成,中国餐饮业发展报告(2014)[M]. 北京:中共中央党校出版社. 2014.
[34] 于子钧,张金玲,陈银玲. 浅析中国餐饮业中的民俗文化因素. 中国经贸,2015(17).
[35] 杨铭铎,曲敏. 传统食品及工业化的涵义与意义[J]. 食品科学,2002,23(2):145-147.
[36] 杨铭铎. 中国现代快餐[M]. 北京:高等教育出版社,2005.
[37] 杨铭铎,郑雪. 中国团餐企业中央厨房建设现状与发展研究[J]. 四川旅游管理学院, 2014(2).
[38] 吴齐. 中国气调保鲜技术的应用与发展[J]. 现代农业科技,2009(15).
[39] 王雨生,傅建祥. 生物质能源的应用技术研究. 青岛农业大学学报(自然科学版),2015(03).
[40] 王红梅. 中央厨房在中式连锁餐饮企业中的运行优势及发展趋势[J]. 美食研究,2015(3):37-39.
[41] 王如福. 食品工厂设计. 北京:中国轻工业出版社,2008.
[42] 艾冰. 中央厨房成就未来餐饮[J]. 企业观察家, 2015(1):77-78.

致　　谢

经过大家近一年的努力,《中国餐饮业中央厨房与餐饮食品工业化发展研究》已顺利完成。本专著编委会在这里,向各位参编者辛勤的付出表示衷心感谢,向参加编审工作的各位高校老师、行业专家、企业家及协会领导表示诚挚的谢意。

对于本文中引用和借鉴了相关内容的作者也一并表示感谢。

最后,我们要对在本文编写过程中提供过帮助的相关企业、机构、专业人员及朋友表示真挚的感谢。

感谢名单

(排名顺序不分先后)

张立强　中国饭店协会餐饮食品工业指导委员会　主任

崔明杰　中国饭店协会餐饮食品工业指导委员会　秘书长

冯　霖　(国家)食品行业生产力促进中心副主任　特级高级工程师

袁　超　中国餐饮业中央厨房产业技术创新战略联盟　秘书长助理兼副秘书长

蔡高斯　广东省食品安全质量协会　秘书长

刘大志　吉林省食品工业设计研究院　院长

唐建华　扬州大学旅游烹饪(食品科学与工程)学院烹饪与营养教育系　副主任、副教授

熊　敏　四川旅游学院食品学院　教授

肖　岚　四川旅游学院食品学院　副教授、博士研究生

安攀宇　四川旅游学院食品学院　讲师

郑彦云　广东食品药品职业学院　校长

黄国平　广东食品药品职业学院食品学院　院长

马丽萍　广东食品药品职业学院食品学院　副教授、博士

文庆均　中广核服务集团基地服务事业部餐饮管理中心　总经理

贾贵龙　深圳航空有限责任公司配餐部　生产经理、硕士研究生

胡郁汉　广州酒家集团利口福食品有限公司团餐项目部　副总监

李五星　深圳中快餐饮管理有限公司　董事长

黄端权　广西贺州市正丰现代农业股份有限公司　董事局主席
关　健　春满园饮食管理服务(深圳)集团有限公司　总经理
王俊铁　天津商软信息系统开发有限公司　总经理
杨顺德　广州市多满分食品有限公司　总经理
姜崇斌　深圳民声第三方监管有限公司民声公社　执行董事
朱高峰　广东丰天下实业有限公司　经理
刘江波　深圳市头等尝网络餐饮有限公司　执行总经理
林木锐　深圳市永盛餐饮投资有限公司　董事长
黄玉新　广州加克供应链管理有限公司　副总经理
金新华　深圳市劲厨厨具设备有限公司　总经理
张乐善　广州市大唐智讯电子技术有限公司　总经理
陈晓文　大江机械设备有限公司　总经理
何至伟　上海论宇商务咨询有限公司　总经理
王存山　深圳市普凡逊中央厨房科技有限公司　总经理
王晓华　深圳市普凡逊中央厨房科技有限公司　董事